漢書五行志校疏

二十四史研究資料叢刊

梅軍 校疏

中華書局

圖書在版編目（CIP）數據

漢書五行志校疏/梅軍校疏. —北京:中華書局,2022.3
（2025.4重印）
（二十四史研究資料叢刊）
ISBN 978-7-101-15598-3

Ⅰ.漢… Ⅱ.梅… Ⅲ.《漢書》-注釋 Ⅳ.K234.104.2

中國版本圖書館 CIP 數據核字（2022）第 016589 號

封面題簽：梅　軍
責任編輯：石　玉
封面設計：周　玉
責任印製：韓馨雨

二十四史研究資料叢刊
漢書五行志校疏
梅　軍 校疏
＊
中 華 書 局 出 版 發 行
（北京市豐臺區太平橋西里 38 號　100073）
http://www.zhbc.com.cn
E-mail:zhbc@zhbc.com.cn
北京新華印刷有限公司印刷
＊
850×1168 毫米 1/32 · 15⅛印張 · 2 插頁 · 386 千字
2022 年 3 月第 1 版　2025 年 4 月第 2 次印刷
印數:3001-3600 冊　定價:72.00 元
ISBN 978-7-101-15598-3

目　録

漢書五行志校疏卷二　　五行志中之上

漢書五行志校疏卷五　五行志下之下

前　言

一、漢書五行志的編撰性質

漢書原本一百卷,今本分爲一百二十卷。今本漢書中,五行志有五卷,在漢書十志(合計十八卷)中篇幅最多,同時也是漢書中篇幅最多的部分。班固投入大量精力開創並編撰五行志,這不是偶然的。關於五行志的編撰動機,班固自序説:"河圖命庖,洛書賜禹。八卦成列,九疇逌敘。世代寔寶,光演文武。春秋之占,咎徵是舉。告往知來,王事之表。述五行志第七。"(漢書卷一百下敘傳下)他又説:"昔殷道弛,文王演周易;周道敝,孔子述春秋,則乾坤之陰陽,效洪範之咎徵,天人之道粲然著矣。"(漢書卷二十七上五行志上)這些話語明確表達了班固編撰五行志的意圖,即:在世道弛敝之時,繼承文王演周易、孔子述春秋的優良傳統,效法天地之陰陽、洪範之咎徵,揭示天人之道,以告往而知來,用作治理國家的借鑒。

這一意圖是如何實施的呢? 首先,班固擇取洪範"九疇"中的"五行"(水、火、木、金、土)作爲五行志的理論出發點。班固指出:"五行者,五常之形氣也。書云'初一曰五行,次二曰羞用五事',言進用五事以順五行也。貌、言、視、聽、思心失,而五行之序亂。"(漢書卷三十藝文志）洪範所云“五行”、“五事”（貌、言、視、聽、思心），皆爲君王治國的大法，其間本無因果對應關係。而班固云“進用五事以順五行”，則將“五行”與“五事”關聯起來。他認爲五事失則五行之序亂，強化了自然之“五行”與人世之“五事”的聯繫，二者成爲交感互通的共同體。班固的這些觀點，是對董仲舒的天人感應思想的繼承。董仲舒“治國以春秋災異之變推陰陽所以錯行”（漢書卷五十六董仲舒傳），認爲“凡災異之本，盡生於國家之失”（春秋繁露卷八必仁且知第三十），即災異現象的發生與治理國家的偏失有因果關係，爲班固編撰五行志奠定了理論基礎。

　　其次，班固吸收洪範五行傳“六沴”說，[1]將洪範的“五事”、“皇極”與“咎徵”結合起來，構建五行志的災異理論框架。漢書五行志上篇論述洪範五行傳的“五行”（木、火、土、金、水），中篇、下篇論述“五事”、“皇極”。“五事”象五行，“皇極”象天。天變化，爲陰爲陽，覆成五行。班固説：“‘五行’者，何謂也？謂金、木、水、火、土也。言‘行’者，欲言爲天行氣之義也。地之承天，猶妻之事夫、臣之事君也。其位卑，卑者親親事，故自同於一行，尊於天也。”（白虎通義卷四五行）他採用洪範五行傳的“六沴”說，將“五行”、“五事”統於地，將“皇極”統於天。因此，“皇極”（君道）成爲“五行”、“五事”之本。班固指出：“人君貌、言、視、聽、思心五事皆失，不得其中，則不能立萬事。凡君道傷者，病天氣。”（漢書卷二十七下五行志下之上）闡述了君王治國須持中行正的道理。若君道失，則會出

―――――――――

[1] 皮錫瑞云：“‘六沴’，即‘金沴木’、‘木沴金’、‘水沴火’、‘火沴水’、‘木金水火沴土’。‘沴’止五而傳言‘六’者，鄭注云：‘不言“沴天”，天至尊，無能沴之者。’故傳文合言‘六沴’矣。”（尚書大傳疏證卷四洪範五行傳）

現相應的"咎徵"。這樣一來,治國偏失、人事禍咎與自然災異之間就構成了相對穩定的因果對應關係。參見下表。

漢書五行志"六沴""五行""五事""皇極""咎徵"對應表

漢書五行志	五行		木　金　火　水　土					
	六沴	五事	貌　言　視　聽　思心					
			皇極					
		咎徵	恒雨	恒陽	恒奥	恒寒	常風	常陰

這裏需要提及的是,漢書五行志關於"五行"的概念有三個不同層次。其一,是漢書五行志上篇第四條引述尚書洪範"九疇"中的"五行"(水、火、木、金、土),指五種不同的自然元素,彼此之間無因果對應關係。其二,是漢書五行志上篇引述的洪範五行傳的"五行"(木、火、土、金、水),彼此之間有相生相勝的因果對應關係。[①]其三,是漢書五行志中篇、下篇引述的洪範五行傳"六沴"中的"五行"(木、金、火、水、土),彼此之間有與"五事"、"皇極"、"咎徵"相匹配的對應關係。這第三個層次,是漢書五行志關注的重點。

再次,班固倣效春秋編年記事的體例,將夏商至秦漢的災異事件分門歸類,繫於五行志災異理論框架中,按時間先後順序依次排列。五行志載錄夏、商、西周、戰國、秦之事數量很少,各祇有數條;而以春秋、西漢之事居多,各達數百條。如此編排,使抽象的災異理論與具體的歷史事件配合出現,強化了自然災異與治國偏失、人事禍咎之間的高度關聯,五行志也就能夠彰明天人之道,告往而知

①這與春秋繁露記載的"天次之序"是相同的。彼文云:"天有五行:一曰木,二曰火,三曰土,四曰金,五曰水。木,五行之始也;水,五行之終也;土,五行之中也。此其天次之序也。"(春秋繁露卷十一五行之義)說參蘇德昌漢書五行志研究,"國立"臺灣大學出版中心,二〇一三年,第九十至九十二頁。

來,爲君王治國提供較有説服力的歷史借鑒。

今列漢書五行志條目結構示意表如下:

漢書五行志條目結構示意表

五行志上	五行志中之上 a	五行志中之上 b	五行志中之下 a
緒論(1—3)			
五行(4)	五事(1)		
木(5)	貌(2)	言(37)	視(1)
木不曲直(6)	貌之不恭(3—16)	言之不從(38—46)	視之不明(無)
火(7)	庶徵之恒雨(17)	庶徵之恒陽(47)	庶徵之恒奥(2)
火不炎上(8—39)	恒雨(18—21)	恒陽(48—78)	恒奥(3—8)
土(40)	服妖(22—25)	詩妖(79—84)	草妖(9—20)
稼穡不成(41)	龜孽(無)	毛蟲之孽(85—86)*	羽蟲之孽(21—27)**
金(42)	雞禍(26—27)	犬禍(87—92)	羊禍(28)
金不從革(43—44)	下體生上之痾(無)	口舌之痾(無)	目痾(無)
水(45)	青眚青祥(28—32)	白眚白祥(93—97)	赤眚赤祥(29—31)
水不潤下(46—58)	金沴木(33—36)	木沴金(98—99)	水沴火(無)
五行志中之下 b	**五行志下之上 a**	**五行志下之上 b**	**五行志下之下**
聽(32)	思心(1)	皇極(40)	
聽之不聰(無)	思心之不容(無)	皇之不極(無)	
庶徵之恒寒(33)	庶徵之常風(2)	皇極之常陰(41)	
恒寒(34—52)	恒風(3—7)	恒陰(42)	
鼓妖(53—55)	脂夜之妖(8)	射妖(43—44)	
魚孽(56—60)	嬴蟲之孽(9—12)***	龍蛇之孽(45—50)	
介蟲之孽(61—82)			
豕禍(83—84)	牛禍(13—15)	馬禍(51—55)	
耳痾(無)	心腹之痾(16—17)	下人伐上之痾(56—66)	
黑眚黑祥(無)	黄眚黄祥(18—19)		日月亂行(1—97)
火沴水(85—86)	木金水火沴土(20—39)		星辰逆行(98—124)

　　* "毛蟲之孽",洪範五行傳作"介蟲之孽"。"介蟲之孽",班固移至漢書五行志中之下"魚孽"下。

　　** "羽蟲之孽",洪範五行傳作"倮蟲之孽"。

　　*** "嬴蟲之孽",洪範五行傳作"華孽",鄭玄注云:"華,當爲'夸'。夸,蚓蟲之生於土而遊於土者。"

　　對照本書目録可知，此表中五行志上“緒論（1-3）”，意謂漢書五行志上第一條至第三條。這三條依次論述了“洪範來源”、“洪範九章”、“洪範傳述”，可視作漢書五行志的導言。

　　五行志上第四條“五行”、五行志中之上第一條“五事”，這兩條皆冠以“經曰”二字，分別鈔録尚書洪範“五行”、“五事”之原文。

　　五行志上第五條“木”、第七條“火”、第四十條“土”、第四十二條“金”、第四十五條“水”，這五條是對洪範“五行”的解釋，行文皆冠以“傳曰”二字，分別鈔録洪範五行傳“五行”原文，然後著“説曰”二字，載録西漢學者對洪範五行傳的解説。這類“説曰”的作者究竟是誰，班固没有明言，今已不可確考。五行志上第四十五條“水”在“傳曰”、“説曰”之後還引録京房易傳，行文體例與前四條稍有不同。

　　五行志中之上第二條“貌”、第三十七條“言”，五行志中之下第一條“視”、第三十二條“聽”，五行志下之上第一條“思心”、第四十條“皇極”，這六條是對洪範五行傳“六沴”的解釋。這六條皆冠以“傳曰”二字，依次鈔録洪範五行傳“六沴”原文，然後載録西漢其他學者的解説，最後載録劉歆的解説。其中，五行志中之上第二條“貌”在載録西漢其他學者的解説時，著“説曰”二字；後五條皆未著“説曰”二字，疑承上而省略。五行志下之上第一條“思心”在“説曰”之後、劉歆的解説之前，還載録了劉向的解説，因此，這類“説曰”的作者應該不包括劉向、歆父子。

　　五行志中之上第十七條“庶徵之恒雨”、第四十七條“庶徵之恒陽”，五行志中之下第二條“庶徵之恒奥”、第三十三條“庶徵之恒寒”，五行志下之上第二條“庶徵之常風”、第四十一條“皇極之常陰”，這六條皆是對洪範五行傳“六沴之罰”的解釋。在洪範中，“庶徵”包括“休徵”、“咎徵”兩類。而漢書五行志所闡述的，祇是洪範的“咎徵”。五行志下之上第二條所云“常風”，文與洪範五行傳同，洪範則作“恒風”。總的來看，這六條載録了劉向、劉歆、京房易傳的相關解説。

上述二十二條，主要由經（尚書洪範）、傳（洪範五行傳）、説（西漢學者對洪範五行傳的解説）三個層次組成，構建了漢書五行志的災異理論框架，行文中未載録具體的災異事件。

漢書五行志的另外四百餘條，組成了漢書五行志的第四個層次，即災異例説。這些條目大體是按照洪範五行傳“五行”、“六沴”的順序，將夏、商至秦、西漢的災異事件進行分門歸類，並將西漢學者詮釋災異的相關解説附繫於後。其中，以董仲舒、劉向、京房、劉歆四人的解説數量居多。其他學者有眭孟（説見本書五行志中之上第九十五條、中之下第十三條）、夏侯勝（説見五行志下之上第四十二條）、龔遂（説見五行志中之上第二十四條、第八十六條）、谷永（説見五行志中之上第二十五條、第九十九條，五行志中之下第四十三條，五行志下之下第四十二條、第七十九條、第八十四條、第八十五條、第九十九條、第一百一十一條、第一百一十二條）、杜欽（説見五行志下之下第七十九條）、楊雄（説見五行志中之下第五十四條）、李尋（説見五行志中之下第五十四條）諸人，解説數量相對較少。此外，還有少量解説不知作者，班固以“一曰”、“或曰”的形式，將其内容也保留了下來。

漢書五行志中載録的這些災異事件及解説，爲我們瞭解和研究西漢學者的災異思想提供了寶貴的文獻資料。

二、關於漢書五行志校疏

漢書五行志校疏（以下簡稱“校疏”）是在吸收前輩學者研究成果的基礎上，對今本漢書五行志及顏師古注所作的較全面的校勘與疏解。

（一）文本校勘

校疏以中華再造善本叢書影印中國國家圖書館藏北宋刻遞修本漢書爲底本，這是目前存世最早、錯誤最少的漢書與顏注合刻本（舊稱“景祐本”）。

校疏使用的參校本及相應簡稱如下：

南宋慶元元年（一一九五）建安劉元起家塾刻本	建安本
南宋嘉定間蔡琪家塾刻本	蔡本
元至元二十一年（一二八四）白鷺洲書院刻本	鷺洲本
元大德九年（一三〇五）太平路儒學刻明成化、正德遞修本	大德本
明嘉靖十六年（一五三七）廣東崇正書院刻本	崇正本
明嘉靖二十八年（一五四九）崇陽汪文盛刻本	汪本
明萬曆二十五年（一五九七）北京國子監刻本	北監本
明崇禎十五年（一六四二）琴川毛晉汲古閣刻本	毛本
清乾隆四年（一七三九）武英殿刻本	殿本
清同治八年（一八六九）金陵書局刻本	局本
清光緒二十六年（一九〇〇）長沙王先謙虛受堂刻漢書補注本	王本
一九六二年北京中華書局點校本	點校本

上述參校本按時代先後排列,共計十二種。另外,四部叢刊收錄的百衲本二十四史之漢書(簡稱"百衲本"),雖是影印北宋刻遞修本,但對底本文字有挖改,或對或錯,且其中五行志中之下有十七頁被替換,已非北宋刻遞修本原貌,因此校疏就沒把它用作參校本了。

校疏在使用漢書諸本進行校勘的同時,對漢晉至唐宋轉載漢書五行志文本的相關文獻也頗留意,如漢紀、三輔黃圖、古今注、搜神記、北堂書鈔、初學記、白氏六帖事類集、開元占經、太平御覽、記纂淵海等。這些文獻中保留的漢書五行志文本,其來源比我們今天所能見到的北宋刻遞修本漢書更早,因而具有很高的參考價值,能夠幫助我們解決一些關於漢書五行志文本校勘的疑難問題。例如漢書五行志中之下第四十八條云:

> 故雹者,陰脅陽也。

此下北宋刻遞修本原無"霰者,陽脅陰也"六字,而蔡本、鷺洲本、大德本、崇正本、毛本、局本、王本、點校本有此六字;"脅陰"二字,建安本、汪本、北監本、殿本作"薄陰"。然則何者爲是? 今案:初學記卷二天部下雹第四、白氏六帖事類集卷一雹第十五、太平御覽卷十四天部十四雹引漢書,"故雹者,陰脅陽也"下皆有"霰者,陽脅陰也"六字,可知北宋刻遞修本誤脫此六字,建安本、汪本、北監本、殿本"薄陰"當作"脅陰"。這種情形在校疏中較常見,不一一列舉。

這裏值得指出的是,筆者在使用宋本太平御覽校勘時,從太平御覽卷八百八十咎徵部七地震中發現漢書五行志下之上第二十六條至第三十二條有較連續的脫文,合計一百二十六字。這些脫文是前所未有的發現,不見於傳世的各種漢書版本。爲便於讀者知曉,現將五行志下之上相關文段引述如下,其中依據御覽增補的文字皆加邊框,以便識別。

漢書五行志下之上第二十六條:(此條脱文八字)

哀公三年“四月甲午,地震”。

劉向以爲:“是時,諸侯皆信邪臣,莫能用仲尼,仲尼見棄而季氏强,盗殺蔡侯,齊陳乞弒君。”

第二十七條:(此條脱文四十字)

趙幽王五年,代地大動,自樂徐以西,北至平陰,臺屋墙垣大半壞,地坼東西百三十步。

六年,大飢,秦滅之。

第二十八條:(此條脱文五字)

惠帝二年正月,地震隴西,厭四百餘家。

時諸吕用事。

第二十九條:(此條脱文七字)

武帝征和二年八月癸亥,地震,厭殺人。

明年,皇后陳氏廢。

第三十條:(此條脱文三十八字)

宣帝本始四年四月壬寅,地震河南以東四十九郡,北海琅邪壞祖宗廟、城郭,殺六千餘人。後又京師地震至北邊郡國三十餘,壞城郭,殺四百餘人。

後霍禹反誅,清河王遷房陵,皇后霍氏廢。

第三十一條:

元帝永光三年冬,地震。

第三十二條：（此條脱文二十八字）

> 建昭四年，藍田地震，沙石流擁灞水，安陵岸崩，擁水，水
> 逆流。

> 時石顯用事。

又，記纂淵海卷五災異部地震引漢書五行志，有上述第三十條“後又”至“四百餘人”二十二字，及第三十二條“建昭四年，藍田地震，沙石流擁潭水，安陵岸崩，擁水逆流”二十二字，“潭”乃“灞”字誤，“逆”上“水”字不重。

此外，由於漢書五行志較多引用春秋三傳等經部文獻，因而這些文獻也能爲我們校勘漢書五行志文本提供幫助。如漢書五行志中之上第四十一條云：

> 九月，高子出奔燕。

“高子出奔燕”，漢書諸本同。今案：襄二十九年春秋云：“九月，高止出奔北燕。”蘇輿云：“春秋云：‘高子出奔北燕。’此‘燕’上當有‘北’字。史通引此文亦有，明此脱也。”（見漢書補注卷二十七五行志第七中之上）蘇氏引春秋，“高止”亦誤作“高子”。他認爲漢書此文“燕”上誤脱“北”字，則是也。劉知幾云：“‘九月，高止出奔北燕’，所載至此，更無他説。”（史通卷十九外篇漢書五行志錯誤）可知劉氏所見漢書不誤。據此，漢書此文“高子”當作“高止”，“燕”上當補“北”字。

又如漢書五行志中之上第八十五條云：

> 京房易傳曰：“廢正作淫，大不明，國多麋。”

“大不明”，漢書諸本同。今案：莊十七年穀梁傳范甯注云：“京房易傳曰：‘廢正作淫，爲火不明，則國多麋。’”楊士勋疏云：“五行

與五事、五常相配,則視與禮同配南方。言'火不明',猶言視與禮不明也。"(春秋穀梁傳注疏卷五)可知京房易傳本作"火不明"。漢書此文引作"大不明","大"乃形近而譌,當據莊十七年穀梁傳范注、楊疏改作"火"。

(二)分段標點

在全面校勘文本的基礎上,準確地施加標點、劃分段落,是讀懂古籍的前提。就漢書五行志而言,一九六二年點校本由於底本選擇不夠精當,對行文體例把握不夠準確,對具體文句的理解或有偏差,因而施加標點、劃分段落皆存在遺憾。如漢書五行志中之下第八十三條云:"公孫無知有寵於先君,襄公絀之。"顏師古注云:

> 無知僖公弟夷仲年之子也於襄公從父昆弟先君即僖公

點校本(第一四三六頁)標點作:

> 無知,僖公弟,夷仲年之子也,於襄公從父昆弟。先君即僖公。

今案:莊八年左傳云:"齊僖公之母弟曰夷仲年,生公孫無知,有寵於僖公,衣服禮秩如適,襄公絀之。"可知無知乃夷仲年之子,夷仲年乃齊僖公弟。點校本以無知爲僖公弟,非是。因此,校疏標點作:

> 無知,僖公弟夷仲年之子也,於襄公從父昆弟。先君,即僖公。

又如漢書五行志上第十條,點校本(第一三二三頁)標點作:

> 釐公二十年"五月乙巳,西宮災"。穀梁以爲愍公宮也,以謚言之則若疏,故謂之西宮。劉向以爲釐立妾母爲夫人以入宗廟,故天災愍宮,若曰,去其卑而親者,將害宗廟之正禮。董

> 仲舒以爲釐娶於楚，而齊媵之，脅公使立以爲夫人。西宮者，小寢，夫人之居也。若曰，妾何爲此宮！誅去之意也。以天災之，故大之曰西宮也。左氏以爲西宮者，公宮也。言西，知有東。東宮，太子所居。言宮，舉區皆災也。

點校本如此標點，行文脈絡不明。董仲舒之説究竟止於何處，也没理清。因此，校疏施加標點、劃分段落爲：

> 釐公二十年"五月乙巳，西宮災"。

> 穀梁以爲："愍公宮也，以諡言之則若疏，故謂之'西宮'。"

> 劉向以爲："釐立妾母爲夫人，以入宗廟。故天災愍宮，若曰：'去其卑而親者，將害宗廟之正禮。'"

> 董仲舒以爲："釐娶於楚，而齊媵之，脅公使立以爲夫人。'西宮'者，小寢，夫人之居也。若曰：'妾何爲此宮？'誅去之意也。以天災之，故大之曰'西宮'也。"

> 左氏以爲："'西宮'者，公宮也。言'西'，知有東。東宮，太子所居。言'宮'，舉區皆災也。"

這種情形很多。校疏在劃分段落時，盡量遵循漢書五行志的行文體例，避免過於瑣碎。有的段落頗長，則酌情再分爲若干段。每個條目之間皆空一行，以清眉目。

（三）注釋疏解

顏師古漢書注參酌衆家注釋，擇取嚴謹，迄今仍是很好的注本。校疏以師古注爲基礎而展開，对漢書五行志作較全面的疏解。如漢書五行志上第三十九條云：

> 高皇帝廟在長安城中，後以叔孫通議復道，故復起原廟於渭北，非正也。

今案：漢書卷一下高帝紀下"上居南宮，從復道上"，師古注引如淳曰："復，音複。上下有道，故謂之'復'。"卷四十張良傳"上居雒陽南宮，從復道望見諸將"，師古注云："復，讀曰'複'。"卷四十三叔孫通傳"願陛下爲原廟於渭北"，師古注云："原，重也。先以有廟，今更立之，故云'重'也。"據此，"復道"、"原廟"之義皆可明曉。

師古漢書注也有一些錯誤，這在五行志中也有表現，校疏則予以指正。如五行志中之下第十條云："高宗祭成湯，有蜚雉登鼎耳而雊。"師古注云：

> 蜚，古"飛"字。

今案："蜚"爲"飛"之同音假借字。師古此注以"蜚"、"飛"爲古今字，非是。五行志中之下第三十三條、第五十一條、第七十八條師古注皆云"蜚，讀曰'飛'"，則是也。

又如五行志中之上第八十三條云："成帝時童謠曰：'燕燕尾涏涏。'"師古注云：

> 涏涏，光澤貌也，音徒見反。

今案：爾雅釋水："直波爲徑。"郭璞注云："言徑涏。"是"涏"有"直"義。"涏涏"者，狀燕尾直挺之貌。班固於此條下文訓"涏涏"爲"美好貌"，是也。師古訓"涏涏"爲"光澤貌"，非是。

校疏在引用其他學者關於漢書五行志的注解時，對其錯誤之處也予以辨正。如五行志中之下第八十五條云："周靈王將擁之。"朱一新漢書管見卷三五行志中之下云：

> "擁"當作"雍"。"雍"即"壅"也。漢書凡"壅"皆作"雍"。

今案：朱説不確。"擁"、"雍"、"壅"字通，此不必改。漢書"雍"字或作"廱"。"廱"、"雍"字同。

（四）史實考訂

對漢書五行志及顏師古注所載史實進行校覈考訂，也是校疏的重要内容。這主要涉及以下兩個方面。

其一，對漢書五行志載録史實的考訂。如漢書五行志中之下第四十八條云：

> 釐公二十九年"秋，大雨雹"。（下略）
>
> 釐公末年，信用公子遂，遂專權自恣，將至於殺君，故陰脅陽之象見。釐公不寤，遂終專權。後二年，殺子赤，立宣公。

"後二年"，諸本同。今案：建安本、蔡本、鷺洲本、殿本引劉敞校語云："'二年，殺子赤，立宣公'，自僖末至文公卒凡二十二年，言'二年'，誤也。"沈欽韓云："自釐公二十九年至文公十八年，不得云'後二年'。有訛脱。"（漢書疏證卷二十一五行志）周壽昌云："僖公去宣公尚隔文公一世，計二十九年。'雨雹'至襄仲殺子赤之時，凡二十二年。此云'後二年'，疑有脱字。"（漢書管見卷三五行志中之下）劉、沈、周説是也。"後二年"當作"後二十二年"。

其二，對顏師古漢書注載録史實的考訂。如漢書五行志中之上第三十三條云："釐公薨，十六月迺作主。"師古注云：

> 主，廟主也。僖公三十三年十二月薨，至文二年二月乃作主，間有一閏，故十六月也。

"十二月"，諸本同。今案：僖三十三年左氏經云："冬十有二月乙巳，公薨于小寝。"杜預注云："乙巳，十一月十二日。經書'十二月'，誤。"（見春秋左傳正義卷十七）杜説是也。師古注"十二月"當作"十一月"，方與下文"十六月"吻合。

　　以上是筆者對漢書五行志校疏所做工作的大致介紹，希望能
爲研讀漢書五行志提供便利。

　　限於學力，本書或尚有錯誤，懇請讀者諸君批評指正。

　　　　　　　　　　　　　　　辛丑仲春，江夏梅軍撰

凡　例

　　一、本書以中華再造善本叢書影印中國國家圖書館藏北宋刻遞修本漢書爲底本。

　　二、本書在遵循漢書五行志行文體例的基礎上，對底本施加全式標點並劃分段落。有的段落頗長，則酌情再分爲若干段。每個條目之間皆空一行，以清眉目。

　　三、底本所引用文獻，逐一檢覈原書，並注明出處。底本的避諱字酌情保留。

　　四、尊重底本的用字習慣，酌情保留異體字。

　　五、本書所作校疏，皆標注序號繫於相應正文之後，以便閱讀。引用前輩學者著述，一般在文末注明“某書某卷”；若係轉引者，則注明“見某書某卷”，以便檢索。梅軍之案語皆冠以“軍案”二字，以便區分。

　　六、本書於周易六十四卦之卦名各標書名號。三畫之卦名僅八，容易識別，故不標書名號。各卦之卦題、爻題皆不標書名號。

　　七、本書根據各卷條目之內容編制了詳細目錄，以便閱讀與檢索。

　　八、附錄漢書五行志校疏參考文獻，乃作校疏時直接使用的文獻，無關者皆不錄入。

漢書五行志校疏卷一

五行志上〔一〕

1.1　易曰:"天垂象,見吉凶,聖人象之;河出圖,雒出書,聖人則之。"〔二〕師古曰:"上繫之辭也。則,效也。"〔三〕

〔一〕楊樹達云:"古人於君主專政無奈之何,故創爲陰陽五行災異之説以恐之。漢世此説盛行,故班創爲此志以記其説。"(漢書窺管卷三五行志第七上)劉咸炘云:"漢五行學最盛,故作此以存其説。雜引諸家,不加論斷,使學者自詳其是非。蓋史家綜紀學術,不能以私意棄取,序固已自言其旨矣。自劉子玄以後,考據家多譏其乖舛,知幾至專作錯誤、雜駁二篇。此固學者所應審理,然以咎班,則班不受也。"(漢書知意志五行志)

〔二〕"天垂"至"則之",周易繫辭上傳文。

〔三〕"則"、"效",法也。詩小雅鹿鳴云:"君子是則是傚。"毛傳云:"是則是傚,言可法傚也。""傚"、"效"字同。

　　劉歆以爲:"虙羲氏繼天而王,師古曰:"虙,讀與'伏'同。"受河圖,則而畫之,八卦是也。師古曰:"放效河圖而畫八卦也。"〔一〕禹治洪水,賜雒書,法而陳之,洪範是也。〔二〕師古曰:"取法雒書而陳洪範也。"聖人行其道而寶其真。降及于殷,箕子在父師位而典之。〔三〕師古曰:"父師,即太師,殷之三公也。箕子,紂之諸父而爲太師,故曰'父師'。"周既克殷,以箕子歸,武王親虛己而問焉。故經曰:'惟十有三祀,王訪于箕子。師古曰:"祀,年也。商曰'祀'。自此以下,皆周書洪範之文。"王迺言曰:〔四〕"烏嘑,〔五〕箕子!惟天陰騭下民,相協厥居,我不知其彝倫逌敘。"〔六〕服虔曰:"騭,音陟也。"〔七〕應劭曰:"陰,覆也。騭,升也。〔八〕相,助也。協,和也。倫,理也。〔九〕攸,所也。〔一〇〕言天覆下民,王者當助天居,我不知居天常理所次序也。"師古曰:"騭,音質。騭,定也。協,和也。天不言而默定下人,助合其居。"〔一一〕箕子迺言曰:"我聞在昔,鯀陻洪水,汨陳其五行。應劭曰:"陻,塞也。汨,亂也。水性流行,而鯀障塞之,失其本性,其餘所陳列皆亂,故曰'亂陳五行'也。"師古曰:"汨,音骨。"帝迺震怒,弗畀洪範九疇,〔一二〕彝倫逌斁。師古曰:"帝,謂上帝,即天也。震,動也。畀,與也。疇,類也。九類,即九章也。斁,敗也,音丁故反。"鯀則殛死,禹迺嗣興。師古曰:"殛,誅也。見誅而死。殛,音居力反。"〔一三〕天迺錫禹洪範九疇,彝倫逌敘。"'師古曰:"自此以上,洪範之文。"〔一四〕此武王問雒書於箕子,箕子對禹得雒書之意也。"

〔一〕"放效"之"放",通作"倣",亦作"仿"。

〔二〕尚書洪範孔穎達正義引此文作"劉歆以爲:'伏羲繼天而王,河出圖,則而畫之,八卦是也。禹治洪水,錫洛書,法而陳之,洪範是也'"。齊召南云:"易大傳曰:'河出圖,洛出書,聖人則之。'是言圖、書二者皆出于伏羲之世,故則之以畫八卦。即尚書本文祇云‘天乃錫禹洪範九疇’，不云錫禹以洛書，亦不云禹因洛書陳洪範也。以洛書爲洪範，始于孔安國書傳，而劉歆父子又言之，後儒遂依其説。”（前漢書考證五行志上）齊氏云“易大傳”，謂周易繫辭傳也。

〔三〕尚書洪範孔穎達正義引此文，“位”上有“之”字。

〔四〕“逎”，尚書洪範作“乃”，下同。

〔五〕“烏嘑”，尚書洪範作“烏呼”。説文“呼，外息也”，段玉裁注云：“今人用此爲‘號嘑’、‘評召’字，非也。”説文“嘑，號也”，段注云：“大雅‘式號式呼’以及諸書云‘叫呼’者，其字皆當作‘嘑’，不當用‘外息’之字。‘嘑’或作‘謼’。”（説文解字注二篇上）繆祐孫云：“漢書凡‘呼’皆作‘嘑’，或作‘謼’。”（漢書引經異文録證卷三）

〔六〕“逎”，尚書洪範作“攸”，下同。

〔七〕“音陟也”，北監本、殿本無“也”字。

〔八〕“騭”，王本、點校本作“陟”，非是。

〔九〕朱一新云：“下文‘天逎錫禹大法九章，常事所次’，即釋‘天逎錫禹洪範九疇，彝倫逎敘’之文也。據此，則‘倫’當訓‘事’。”（漢書管見卷三五行志上）

〔一〇〕“攸”，諸本同。依行文例，應劭注“攸”當作“逎”。

〔一一〕“居”下，建安本、蔡本、鷺洲本、北監本、局本、殿本有“也”字。

〔一二〕“弗”，尚書洪範作“不”。

〔一三〕“見誅”至“力反”，北監本無此九字。師古注“見誅而死”四字，乃釋正文“殛死”之義。“見誅”之“誅”，王本

作“桀”，點校本作“殛”，皆非。朱一新云：“汪本‘桀’作
‘誅’，是也。”（漢書管見卷三五行志上）點校本用王本爲底
本，“桀”誤作“殛”，而據朱説改作“誅”。

〔一四〕“師古”至“之文”，北監本、殿本無此注十一字。師古注
“以”字，王本改作“曰”，非是。後皆倣此。

1.2　“初一曰五行，師古曰：“謂之‘行’者，言順天行氣。”次二
曰羞用五事，師古曰：“羞，進也。”〔一〕次三曰農用八政，張
晏曰：“農，食之本。食爲八政首，故以‘農’爲名也。”師古曰：“此
説非也。農，厚也。‘羞用’義例皆同，非‘田農’之義也。”〔二〕次
四曰叶用五紀，應劭曰：“叶，合也。合成五行，爲之條紀也。”〔三〕
師古曰：“叶，讀曰‘叶’，和也。”〔四〕次五曰建用皇極，應劭曰：
“皇，大；極，中也。”次六曰艾用三德，應劭曰：“艾，治也。治大
中之道用三德也。”師古曰：“艾，讀曰‘乂’。”次七曰明用稽疑，
應劭曰：“疑事明考之於蓍龜。”〔五〕次八曰念用庶徵，師古曰：
“念，思也。庶，衆也。徵，應也。”次九曰嚮用五福、畏用六
極。”〔六〕應劭曰：“天所以嚮樂人，用五福；所以畏懼人，用六極。”
凡此六十五字，皆雒書本文，所謂“天迺錫禹大法九章，
常事所次”者也。〔七〕以爲河圖、雒書相爲經緯，八卦、九
章相爲表裏。〔八〕

〔一〕“羞”，諸本同，今本尚書洪範作“敬”。後皆倣此。錢大昕云：
“古文‘敬’作‘茍’，與‘羞’相似。‘羞’疑‘敬’之譌也。又
考藝文志引書云：‘初一曰五行，次二曰羞用五事。’言進用五
事以順五行也。五行、藝文二志皆取劉歆之説，則歆所傳尚書

本是‘羞’字。孔光對日蝕事，亦引書‘羞用五事’。”（見漢
書補注卷二十七五行志第七上）楊樹達云：“説文九篇上苟部
云：‘苟，自急敕也。从羊省，从包省，从口。或作“茍”，从羊不
省。’錢説‘敬’古文作‘茍’，誤。江聲云：‘貌、言、視、聽、思
爲切身之事，人當自整敕者。“茍”與“羞”相似，故誤“茍”爲
“羞”。’按：江説是也。”（漢書窺管卷三五行志第七上）

〔二〕朱一新云：“師古引尚書注皆依孔義，‘農’訓‘厚’蓋孔義也。
書正義曰：‘鄭玄云：“農，讀爲醲。”’是‘農’是‘醲’意，故
爲‘厚’也。張晏、王肅皆言‘農，食之本也’。釋文引馬融云：
‘農爲八政之首，故以“農”名之。’”（漢書管見卷三五行志上）
楊樹達云：“顏説是矣，而未盡也。左傳文公七年曰：‘正德、
利用、厚生，謂之三事。’八政首食、貨，次之以祀、司空、司徒、
司寇、賓、師，皆厚生之事，故云‘厚以八政’也。”（漢書窺管
卷三五行志第七上）

〔三〕“爲”，北監本、殿本作“謂”。

〔四〕周壽昌云：“韻會：‘叶，古文“協”字。’”（漢書注校補卷
二十五行志第七上）楊樹達云：“段玉裁云：‘説文“叶”、“旪”
皆古文“協”字。顏不知漢人作注言“讀爲”、“讀曰”者皆是
易其字而妄效之，但當云“叶，同‘協’”。’樹達按：‘叶用五紀’
者，謂以歲月日星辰曆數合天時，即堯典所謂‘協時月正日’
也。‘叶’、‘協’同字見於説文，周氏引韻會爲證，失之。”（漢
書窺管卷三五行志第七上）　軍案：楊説是也。

〔五〕楊樹達云：“應説非也。此謂吉凶禍福不明者，以卜筮稽疑明
之。”（同上）

〔六〕“初一”至“六極”,尚書洪範文。楊樹達云:“‘饗’疑當讀爲
　　　‘賞’。‘賞’字從尚聲,‘尚’從向聲,‘向’、‘饗’音同。‘畏’,
　　　洪範作‘威’,‘畏’與‘威’同。經傳‘威’字古文皆作‘畏’。
　　　毛公鼎云‘歆天疾畏’,即詩之‘旻天疾威’。全盂鼎云‘畏天
　　　畏’,即‘畏天威’也。”(同上)

〔七〕尚書洪範孔疏云:“傳言此‘禹所第敘’,不知洛書本有幾字。
　　　五行志悉載此一章,乃云‘凡此六十五字,皆洛書本文’。計天
　　　言簡要,必無次第之數。上傳云‘禹因而第之’,則孔以第是禹
　　　之所爲,‘初一曰’等二十七字必是禹加之也。其‘敬用’、‘農
　　　用’等一十八字,大劉及顧氏以爲龜背先有總三十八字。小劉
　　　以爲‘敬用’等亦禹所第敘,其龜文惟有二十字。並無明據,
　　　未知孰是。”(尚書正義卷十二)　軍案:“天迺”至“所次”,乃
　　　班固釋尚書洪範“天迺錫禹洪範九疇,彝倫迺敘”十二字也。

〔八〕尚書洪範孔疏云:“‘疇’是輩類之名,故爲‘類’也。言其
　　　每事自相類者有九,九者各有一章,故漢書謂之爲‘九章’。”
　　　(尚書正義卷十二)

1.3　　昔殷道弛,〔一〕文王演周易;師古曰:“演,廣也,更廣其文
也。演,音弋善反。”周道敝,孔子述春秋,則乾坤之陰陽,
效洪範之咎徵,〔二〕天人之道粲然著矣。

〔一〕“弛”原作“絕”,今據諸本改。

〔二〕“則”、“效”,法也。

　　　漢興,承秦滅學之後,景、武之世,董仲舒治公羊春
秋,始推陰陽,爲儒者宗。〔一〕宣、元之後,劉向治穀梁春

秋,數其旤福,傳以洪範,〔二〕師古曰:"旤,古文'禍'字。以
洪範義傳而説之。傳,字或作'傅',讀曰'附',謂附著。"〔三〕與仲
舒錯。師古曰:"錯,互不同也。"至向子歆治左氏傳,其春秋
意亦已乖矣;言五行傳,又頗不同。〔四〕是以攬仲舒,別
向、歆,師古曰:"攬,字與'擥'同,謂引取之。攬,音來敢反。"傳
載眭孟、夏侯勝、京房、谷永、李尋之徒所陳行事,〔五〕師古
曰:"眭,音息規反。説在眭孟傳。"〔六〕訖于王莽,舉十二世,
以傳春秋,著于篇。師古曰:"傳,讀曰'附',謂比附其事。"〔七〕

〔一〕葉德輝云:"春秋繁露有陰陽位、陰陽終始、陰陽義、陰陽出
　　入諸篇名,蓋即志文所本。"(見漢書補注卷二十七五行志
　　第七上)

〔二〕楊樹達云:"藝文志書家有劉向五行傳記十一卷。"(漢書窺管
　　卷三五行志第七上)

〔三〕錢大昕云:"或説是也。"(廿二史考異卷七漢書二五行志上)

〔四〕王先謙云:"説文:'乖,戾也。'晉志作'其書春秋及五行,又
　　甚乖異'。"(漢書補注卷二十七五行志第七上)　軍案:王引
　　"晉志",見晉書卷二十七五行志上。"其書",晉志作"其言"。

〔五〕錢大昕云:"'傳'亦當爲'傅',讀曰'附'。言以仲舒、向、歆
　　爲主,而附載眭孟諸人説也。"(廿二史考異卷七漢書二五
　　行志上)

〔六〕"師古曰"至"眭孟傳",蔡本、鷺洲本、崇正本、北監本、殿本、
　　局本無此注十三字。

〔七〕"比"原作"此",形近而譌,今據諸本改。

1.4　經曰：^{〔一〕}“初一曰五行。五行：一曰水，二曰火，三曰木，四曰金，五曰土。水曰潤下，火曰炎上，師古曰：“皆水、火自然之性也。”木曰曲直，師古曰：“言可揉而曲，可矯而直。”金曰從革，張晏曰：“革，更也。可更銷鑄也。”土爰稼穡。”師古曰：“爰，亦‘曰’也。一説：‘爰，於也。可於其上稼穡也。’種之曰稼，收聚曰穡。”^{〔二〕}

〔一〕王鳴盛云：“五行志先引‘經曰’一段，是尚書洪範文。次引‘傳曰’一段，是伏生洪範五行傳文。又次引‘説曰’一段，是歐陽、大小夏侯等説，乃當時列於學官，博士所習者。以下則歷引春秋及漢事以證之，所采皆董仲舒、劉向、歆父子説也。而歆説與傳説或不同，志亦或舍傳説而從歆。又采京房易傳亦甚多，今所傳京氏易傳中皆無之，則今所傳京氏易傳已非足本。間亦采眭孟、谷永、李尋之説，眭、谷語皆見其傳中，尋説則傳無之也。”（十七史商榷卷十三漢書七“五行志所引”條）王先謙云：“尋説見‘聽’傳下。”（漢書補注卷二十七五行志第七上）軍案：眭孟説見本書五行志中之上第九十五條、中之下第十三條。李尋説見本書五行志中之下第五十四條。

〔二〕“土爰稼穡”，白虎通五行篇、論衡驗符篇、漢紀孝惠皇帝紀引尚書洪範皆同。爾雅釋詁“爰，曰也”郭璞注引亦同。史記宋微子世家引洪範作“土曰稼穡”。故此“爰”當訓“曰”。師古所引“一説”非是。王引之云：“玉篇曰：‘爰，爲也。’‘曰’與‘爰’，皆‘爲’也，互文耳。”（經傳釋詞卷二“爰”條）

1.5　傳曰："田獵不宿,服虔曰:"不得其時也。或曰:'不豫戒曰"不宿",不戒以其時也。'"〔一〕飲食不享,師古曰:"不行享獻之禮也。"出入不節,奪民農時,及有姦謀,李奇曰:"姦謀,增賦履畝之事也。"臣瓚曰:"姦,謂邪謀也。"〔二〕師古曰:"即下所謂'作爲姦詐以奪農時'。李説是。"〔三〕則木不曲直。"

〔一〕王先謙云:"續志劉注引鄭注大傳曰:'不宿,不宿禽也。角主天兵。周禮,四時習兵,因以田獵。禮志曰:"天子不合圍,諸侯不掩羣。"過此則暴天物,爲不宿禽。'"(漢書補注卷二十七五行志第七上)　軍案:王氏引"續志",見後漢書卷一百三五行志一注。"天子"至"掩羣",禮記王制文。

〔二〕"謂",建安本、蔡本、鷺洲本、大德本、崇正本、汪本、北監本、毛本、殿本、局本同;王本、點校本改作"謀",上屬爲句。

〔三〕"李説是",北監本、殿本無此三字。沈家本云:"下云'妄興縣役以奪民時,作爲姦詐以傷民財',本文又加一'及'字,則'奪民時'、'興姦謀'自是兩事,不得如李説。"(諸史瑣言卷六漢書三五行志)

　　説曰:"木,東方也。於易,地上之木爲觀。師古曰:"坤下巽上,觀。巽爲木,故云'地上之木'也。"其於王事,威儀容貌亦可觀者也。故行步有佩玉之度,師古曰:"玉佩上有雙衡,下有雙璜,琚、瑀以雜之,衝牙、蚍珠以納其間;〔一〕右徵、角而左宮、羽,進則掩之,退則揚之,然後玉鏘鳴焉:是爲行步之節度也。璜,音黃。琚,音居。瑀,音禹。蚍,音步千反。"登車有和、鸞之節,師古曰:"和,鈴也,以金爲之,施於衡上。鸞,亦以金爲鸞鳥而銜鈴焉,〔二〕施於鑣上。動皆有聲,以爲舒疾之節也。"〔三〕田狩有三驅之制，師古曰：“謂田獵三驅也。三驅之禮，一爲乾豆，二爲賓客，三爲充君之庖也。”飲食有享獻之禮，師古曰：“以禮飲食謂之‘享’，進爵於前謂之‘獻’。”出入有名，使民以時，務在勸農桑，謀在安百姓，如此，則木得其性矣。若迺田獵馳騁不反宮室，飲食沈湎不顧法度，師古曰：“沈湎，謂溺於酒食。湎，音彌善反。”妄興繇役以奪民時，作爲姦詐以傷民財，則木失其性矣。蓋工匠之爲輪矢者多傷敗，如淳曰：“揉輪不曲，矯矢不直也。”及木爲變怪，臣瓚曰：“梓柱更生及變爲人形是也。”是爲‘木不曲直’。”

〔一〕“衝”，蔡本、大德本、崇正本、汪本、毛本、王本作“衡”。“蚍”，建安本、蔡本、鷺洲本、北監本、毛本、殿本、局本、王本作“玭”。下注同。朱一新曰：“汪本‘玭’作‘蚍’，是也。蚍珠，即蠙珠。禹貢釋文：‘蠙，或作“蚍”。’”（漢書管見卷三五行志上）

〔二〕“衡鈴”原作“衡鈴”，北監本同，今據建安本、蔡本、鷺洲本、大德本、毛本、局本、王本、點校本改。崇正本原作“衡鈴”，後挖改作“栖衡衡鈴”。汪本、殿本亦作“栖衡衡鈴”。

〔三〕“節”，汪本作“疾”，非是。

1.6　春秋成公十六年“正月，雨，木冰”。

劉歆以爲：“上陽施不下通，下陰施不上達，〔一〕故雨而木爲之冰，雰氣寒，師古曰：“雰，音紛。”木不曲直也。”〔二〕

〔一〕王念孫云：“‘上陽施不下通，下陰施不上達’，兩‘施’字師古無音。念孫案：陽可言‘施’，陰不可言‘施’，‘施’皆讀爲

‘弛’。(經傳通以“施”爲“弛”。)‘弛’，解也。言陰陽俱解，故
上下不交也。開元占經冰占篇引此正作‘弛’。”(讀書雜志四
漢書第五五行志“施”條)

〔二〕臧琳云：“左氏無傳，當從劉子政説。説文气部：‘氛，祥气也。
从气，分聲。雰，氛或从雨。’則‘氛’、‘雰’爲一字。釋名釋
天：‘氛，粉也。潤氣著草木，因寒凍凝，色白若粉之形。’劉
説與釋名合，‘氛’、‘雰’字異也。”(經義雜記卷十九“雨木
冰”條)

　劉向以爲：“冰者，陰之盛而水滯者也。〔一〕木者，少
陽，貴臣卿大夫之象也。此人將有害，則陰氣脅木，〔二〕
木先寒，故得雨而冰也。是時，叔孫喬如出奔，公子偃誅
死。師古曰：“叔孫喬如，叔孫宣伯也，通於宣公夫人穆姜，謀欲作
亂，不克而出奔齊。公子偃，宣公庶子，成公弟也，豫喬如之謀，故
見誅。事並在十六年冬。”一曰：‘時晉執季孫行父，又執公，
此執辱之異。’〔三〕師古曰：“行父，季文子也。十六年秋，公會
晉侯于沙隨，晉受喬如之譖而止公。是年九月，又信喬如之譖而執
行父也。”〔四〕或曰：‘今之長老名木冰爲“木介”。〔五〕“介”
者，甲；甲，兵象也。是歲，晉有鄢陵之戰，楚王傷目而
敗。師古曰：“晉、楚戰于鄢陵，呂錡射恭王，中目。鄢陵，鄭地。”
屬“常雨”也。’”〔六〕

〔一〕王先謙云：“晉、宋志删‘而水滯’三字。隋志作‘陰之盛而凝
　　滯也’。先謙案：此‘水’字當爲‘冰’。‘凝’、‘冰’同字，‘冰’
　　省作‘氷’，傳寫遂誤爲‘水’耳。‘金不從革’傳下‘冰滯’尤
　　其明證。”(漢書補注卷二十七五行志第七上)　軍案：王氏引

“晉、宋志”，見晉書卷二十七五行志上、宋書卷三十五五行志一；“隋志”，見隋書卷二十二五行志上。

〔二〕“脅”，王本作“協”，非是。王先謙云：“官本作‘脅’，晉、宋、隋、唐志同。”（漢書補注卷二十七五行志第七上）　軍案：王氏引“唐志”，見新唐書卷三十四五行志。後皆倣此。

〔三〕沈欽韓云：“何休本此説，以爲幼君大臣之象，成公、季孫行父見執於晉之徵。”（漢書疏證卷二十一五行志）

〔四〕沈家本云：“春秋成十六年書‘不見公’，三傳皆無‘止公’之事。此子政之誤。而小顏既引沙隨之會，何亦增‘止公’之文？”（諸史瑣言卷六漢書三五行志）

〔五〕王先謙云：“‘木介’，唐志作‘樹介’。”（漢書補注卷二十七五行志第七上）

〔六〕臧琳云：“穀梁當從劉子政説，言人將有害，則陰氣脅木，得雨而冰，是不必以‘冰’爲‘木介’，取象於‘甲兵’矣。何注公羊、徐注穀梁，皆本劉子政義。范則專取‘甲兵’之説，不知穀梁引傳曰‘根枝折’，正與‘陰氣脅木’之言合，明非取象於‘甲兵’也。”（經義雜記卷十九“雨木冰”條）王先謙云：“‘木不曲直’與‘視’傳下‘草妖’互見，又‘恒雨’互見。以文義言，‘屬’上當有‘又’字。晉志此段全倣漢志，‘屬’上有‘又’字，亦其證矣。”（漢書補注卷二十七五行志第七上）

1.7　傳曰：“棄法律，逐功臣，殺太子，以妾爲妻，則火不炎上。”

說曰：“火，南方，揚光煇爲明者也。其於王者，南面鄉明而治。師古曰："鄉，讀曰'嚮'。"書云："知人則悊，能官人。"師古曰："虞書咎繇謨之辭。悊，智也。能知其材則能官之，所以爲智也。"〔一〕故堯、舜舉羣賢而命之朝，師古曰："謂稷、卨以下。"〔二〕遠四佞而放諸埜。〔三〕師古曰："四佞，即四凶也。遠，離也。埜，古'野'字。"孔子曰："浸潤之譖、膚受之訴不行焉，可謂明矣。"〔四〕師古曰："論語載孔子之言也。浸潤，言積漸也。膚受，謂初入皮膚，以至骨髓也。"賢佞分別，官人有序，帥由舊章，師古曰："帥，循也。由，從也，用也。"〔五〕敬重功勳，殊別適庶，師古曰："適，讀曰'嫡'。"如此則火得其性矣。若迺信道不篤，師古曰："篤，厚也。"或燿虛僞，讒夫昌，邪勝正，則火失其性矣。自上而降，及濫炎妄起，師古曰："炎，讀曰'燄'。"災宗廟，燒宮館，雖興師衆，弗能救也，是爲'火不炎上'。"

〔一〕繆祐孫云："今書'悊'作'哲'。志又引'明作悊'，今書亦作'哲'。祐孫案：正義曰：'"哲"字，王肅及漢書五行志皆云："悊，智也。"鄭本作"悊"。'又案：石經及宋本尚書孔傳亦作'哲'。段玉裁曰：'説文日部："哲，昭晢，明也。從日，折聲。"口部："哲，知也。（古"知"、"智"不分。）從口，折聲。"心部："悊，敬也。從心，折聲。"三字各有所屬本義，而經傳多相假借。洪範五行傳作"悊"，而孟堅因之、子雝從之作"悊"，訓"智"。此假"悊"爲"哲"也。漢書内多如此。鄭本云："君視明則臣照晢。""照晢"二字與説文"昭晢"同。（古"昭"、"照"通用。）與易之"明辨晢也"同解，非讀爲"哲"也。'"（漢書引經異文録證卷三）　軍案：繆引段説，見古文尚書撰異卷十三。段氏今文尚書經説考卷十四亦載此説,文稍異。

〔二〕“禼”,諸本同,通作“契”。契乃帝嚳與簡狄之子,帝堯異母兄,被帝堯封於商(今河南省商丘市),主管火正,爲商族始祖。

〔三〕“四佞”,謂共工、驩兜、三苗、鯀也。尚書舜典云:“舜流共工于幽州,放驩兜于崇山,竄三苗于三危,殛鯀于羽山,四罪而天下咸服。”孔安國注云:“共工象恭滔天,足以惑世,故流放之。幽州,北裔。水中可居者曰州。驩兜黨於共工,罪惡同。崇山,南裔。三苗,國名,縉雲氏之後,爲諸侯,號饕餮。三危,西裔。鯀方命圮族,績用不成。殛、竄、放、流,皆誅也。羽山,東裔,在海中。”(見尚書注疏卷三)孟子萬章上趙岐注亦云:“舜誅四佞,以其惡也。”(見孟子注疏卷九上)

〔四〕“浸潤”至“明矣”,論語顔淵篇文。“愬”,漢書諸本皆同,論語作“愬”。説文言部云:“訴,告也。愬,訴或从朔、心。”邢昺云:“夫水之浸潤,漸以壞物;皮膚受塵,漸成垢穢。譖人之言,如水之浸潤、皮膚受塵,亦漸以成之,使人不覺知也。若能辨其情僞,使譖愬之言不行,可謂明德也。”(論語注疏卷十二)

〔五〕“由,從也,用也”,北監本、殿本無此五字。

1.8 春秋桓公十四年“八月壬申,御廩災”。

董仲舒以爲:“先是,四國共伐魯,大破之於龍門。韋昭曰:“魯郭門。”〔一〕百姓傷者未瘳,怨咎未復,而君臣俱惰,内怠政事,外侮四鄰,非能保守宗廟、終其天年者也,故天災御廩以戒之。”〔二〕

〔一〕沈家本云:“春秋三傳皆無此事。桓十年郎之戰,乃齊、衞、鄭

三國，非四國。仲舒學公羊，或別有據。”（諸史瑣言卷六漢書
三五行志）蘇輿云：“四國，謂齊、宋、衞、燕，共伐魯，爲魯所
敗。事在桓十三年。經不書地。何休公羊注‘親戰龍門，兵
攻城池’，即本於此。”（見漢書補注卷二十七五行志第七上）
軍案：蘇説是也。此謂桓十三年龍門之戰，魯死傷者衆，民甚
悲哀，故恥之，而春秋經不書地。

〔二〕臧琳云：“董生推所以致災之由，可謂遠識矣。”（經義雜記卷
二十四“御廩災”條）沈欽韓云：“何休襲其説。”（漢書疏證
卷二十一五行志）　軍案：臧、沈説是也。桓十四年公羊傳何
休注云：“先是，龍門之戰死傷者衆，桓無惻痛於民之心，不
重宗廟之尊，逆天、危先祖，鬼神不饗，故天應以災御廩。”即
本董説。

　劉向以爲：“御廩，夫人、八妾所舂米之臧以奉宗廟
者也。師古曰：“一娶九女，正嫡一人，餘者妾也，故云‘八妾’。”〔一〕
時夫人有淫行，師古曰：“謂通於齊侯。”挾逆心。師古曰：“謂
欲弒桓公。”天戒若曰：‘夫人不可以奉宗廟。’桓不寤，與
夫人俱會齊，師古曰：“十八年春，公會齊侯于濼，公與夫人姜氏
遂如齊也。”夫人譖桓公於齊侯，師古曰：“言世子同非吾子，齊
侯之子。”〔二〕齊侯殺桓公。”師古曰：“齊侯享公，公醉，使公子
彭生乘公，拉其幹而殺之，公薨于車。”〔三〕

〔一〕桓十四年穀梁傳云：“甸粟而内之三宮，三宮米而藏之御廩。”
　　僖二十年公羊傳何休注云：“禮，夫人居中宮，少在前；右媵居
　　西宮，左媵居東宮，少在後。”

〔二〕事見莊元年公羊傳。

〔三〕事見桓十八年左傳、莊元年公羊傳。毛詩齊風南山孔疏辨析
　　此事頗詳，可參看。

　　劉歆以爲："御廩，公所親耕藉田以奉粢盛者也。〔一〕
師古曰："黍稷曰粢，在器曰盛也。" 棄法度、亡禮之應也。"〔二〕

〔一〕"藉"，大德本、崇正本、毛本、局本、王本同，建安本、蔡本、鷺洲
　　本、汪本、北監本、殿本、點校本作"籍"。"藉"、"籍"字通。

〔二〕臧琳云："穀梁但言'旬粟内之三宮，三宮米而藏之御廩'，而
　　子政復推其本，以爲夫人文姜不可以奉宗廟祭祀，益深切著明
　　矣。"（經義雜記卷二十四"御廩災"條）

1.9　嚴公二十年"夏，齊大災"。師古曰："嚴公，謂莊公也，
避明帝諱，故改曰'嚴'。凡漢書載謚、姓爲'嚴'者，皆類此。"

　　劉向以爲："齊桓好色，聽女口，〔一〕以妾爲妻，適庶
數更，師古曰："更，改也。桓公之夫人三，王姬、徐嬴、蔡姬，皆無
子。而桓公好内多寵，内嬖如夫人者六人。長衛姬，生公子無虧，
即武孟也；少衛姬，生惠公；鄭姬生孝公；葛嬴生昭公；密姬生懿
公；宋華子生公子雍。公與管仲屬孝公於宋襄公，以爲太子。易牙
有寵於衛恭姬，因寺人貂以薦羞於公，〔二〕請立武孟。公許之。管
仲卒，五公子皆求立。適，讀曰'嫡'，下亦同。數，音所角反。"故
致大災。〔三〕桓公不瘳，及死，適庶分爭，九月不得葬。"
師古曰："魯僖十七年，齊桓公卒，易牙入，因内寵以殺羣吏，立無
虧，孝公奔宋。十八年，齊立孝公，不勝四公子之徒，〔四〕遂與宋人
戰，敗齊師于甗，立孝公而還。八月，葬桓公，是爲過於九月乃得
葬也。"

〔一〕錢大昭云:“左氏傳:‘齊侯好内。’服虔曰:‘内,婦言也。’”
　　（漢書辨疑卷十三五行志上）

〔二〕“寺”,北監本、殿本作“侍”。

〔三〕“大”,王本作“太”,形近而譌。

〔四〕“四”,大德本、王本作“曰”,非是。

　　公羊傳曰:“大災,疫也。”〔一〕

〔一〕某氏云:“啖助春秋曰:‘公羊傳曰:“‘大災’者何?大瘠也。”
　　若以“大災”爲“大瘠”,“新宮災”亦是“新宮瘠”乎?“災”,
　　天火也。“大”之者,其災大也。’愚按:志既改公羊‘大瘠’
　　爲‘疫’,而李奇注:‘以爲疫殺其民人。’經明言‘火不炎上’,
　　上言‘御廩災’,下言‘西宮災’,皆以‘災’爲‘天火’,奚獨此
　　條屬之‘大疫’?其不類明矣。”（佚名漢書疏證卷九）　軍
　　案:啖助、某氏説皆是也。啖説見元汪克寬春秋胡傳附録纂
　　疏卷九。

　　董仲舒以爲:“魯夫人淫於齊,齊桓姊妹不嫁者七
人。〔一〕**國君,民之父母;夫婦,生化之本。本傷則末夭,**
故天災所予也。”〔二〕李奇曰:“以爲疫殺其民人。”

〔一〕沈欽韓云:“管子小匡篇:‘桓公曰:“寡人不幸而好色,而姑姊
　　有不嫁者。”’公羊疏引晏子春秋齊景公問於晏子曰:‘吾先君
　　桓公淫,女公子不嫁者九人。’”（漢書疏證卷二十一五行志）

〔二〕“予”原作“子”,形近而譌,大德本同,今據建安本、蔡本、鷺洲
　　本、崇正本、汪本、北監本、毛本、殿本、局本、王本、點校本改。

1.10　釐公二十年“五月乙巳,〔一〕**西宮災”。**師古曰:“釐,讀

曰‘僖’。後皆類此。”

〔一〕“乙巳”，王本作“己酉”，非是。

　　穀梁以爲：“閔公宮也，以謚言之則若疏，故謂之‘西宮’。”

　　劉向以爲：“釐立妾母爲夫人，以入宗廟。師古曰：“僖公之母，謂成風也。本非正嫡，僖既爲君，而母遂同夫人禮。文四年經書‘夫人風氏薨’，五年‘王使榮叔歸含且賵’，是也。”故天災閔宮，若曰：‘去其卑而親者，將害宗廟之正禮。’”師古曰：“閔公於僖公爲弟，故云‘卑’。”

　　董仲舒以爲：“釐娶於楚，而齊媵之，脅公使立以爲夫人。師古曰：“僖公初娉楚女爲嫡，〔一〕齊女爲媵。時齊先致其女，脅魯使立爲夫人。事見公羊、穀梁傳。”〔二〕‘西宮’者，小寢，夫人之居也。〔三〕若曰：‘妾何爲此宮？’誅去之意也。以天災之，故大之曰‘西宮’也。”

〔一〕“娉”，建安本、蔡本、鷺洲本、毛本、局本、王本同，大德本、崇正本、汪本、北監本、殿本、點校本作“聘”。“娉”、“聘”字通。

〔二〕沈欽韓云：“此亦可疑。左傳宗人釁夏曰：‘周公及武公娶于薛，孝、惠娶于商，自桓以下娶于齊。’”（漢書疏證卷二十一五行志）　軍案：沈氏引釁夏語，見哀二十四年左傳。又，僖八年公羊經云：“秋七月，禘于太廟，用致夫人。”傳云：“‘夫人’何以不稱‘姜氏’？貶。曷爲貶？譏以妾爲妻也。其言‘以妾爲妻’奈何？蓋脅于齊媵女之先至者也。”何休注云：“僖公本聘楚女爲嫡，齊女爲媵。齊先致其女，脅僖公使用爲嫡，故從父母辭言‘致’。不書夫人及楚女至者，起齊先致其女，然後脅魯立也。”何休乃用董説也。

〔三〕沈欽韓云：“據何休説，則‘西宮’是右媵所居。楚女廢在西宮
　　而不見恤，悲愁怨曠之所生也。後書陳蕃上疏曰：‘楚女悲而
　　西宮災。’”（漢書疏證卷二十一五行志）楊樹達云：“鹽鐵論備
　　胡篇云：‘魯妾不得意而魯寢災也。’稱‘西宮’爲‘魯寢’，正
　　用董義。”（漢書窺管卷三五行志第七上）　軍案：沈引何休
　　説，見僖二十年公羊傳何注；引陳蕃語，見後漢書卷六十六
　　陳蕃傳。

左氏以爲：“‘西宮’者，公宮也。言‘西’，知有東。
東宮，太子所居。言‘宮’，舉區皆災也。”〔一〕
〔一〕“區”，大德本、崇正本、汪本、殿本作“國”，非是。又臧琳云：
　　“杜注左氏謂‘無傳’，則班志所引，當是解左氏者之言。如劉
　　歆輩説，知‘西宮災’不特一西宮也。公宮，爲國君所居，既
　　不可斥言；東宮，太子宮，太子，國之本也，又不可言災，故舉
　　‘西宮’以概之。據董生説，知‘西宮’即夫人所居。僖公爲
　　齊所脅，以妾爲夫人而居此宮，故天災誅去之。乃何氏既用董
　　義，而又采禮緯，爲‘夫人居中，右媵居西，左媵居東’之説，以
　　‘西宮’爲楚女所居。然楚女無罪，何反焚其所居？又言楚女
　　本當爲夫人，不當繫於齊女，故言‘西宮’而不繫小寢，亦曲説
　　也。范解穀梁，未能發明，當以劉子政説補之。三傳之學，惟
　　穀梁最微，今所宜急治者也。”（經義雜記卷一“西宮災”條）
　　錢大昭云：“左傳無此文，是左氏説。”（漢書辨疑卷十三五行
　　志上）　軍案：臧、錢説是也。

1.11　宣公十六年“夏，成周宣榭災”。[一]師古曰：“公羊經也。[二]成周，洛陽也。”“榭”者，所以臧樂器；“宣”，其名也。

〔一〕“災”原作“火”，諸本同，左氏經同，今據公羊經改，穀梁經亦作“災”。臧琳改作“宣榭災”，云：“舊本作‘火’，今據顏注校正。”（經義雜記卷一“宣謝火”條）　軍案：臧説是也。阮元春秋左傳正義校勘記云：“釋文‘榭’作‘謝’，云：‘本又作“榭”。’案：惠棟云：‘説文無“謝”字。周邿敦銘曰：“王格于宣射。”古文“榭”字作“射”。’”（見皇清經解卷九百八十五）

〔二〕大德本“經”字誤脱，“也”下誤衍“十”字。“也”字，北監本、殿本誤作“曰”。王先謙云：“注上‘也’字，官本作‘曰’，是。”（漢書補注卷二十七五行志第七上）王説非是。“成周，洛陽也”非公羊經文，乃師古所注。宣十六年公羊經何休注云：“成周，東周，今之洛陽。宣榭，宣王之榭。”（見春秋左傳正義卷二十四）

董仲舒、劉向以爲：“十五年，王札子殺召伯、毛伯，師古曰：“王札子，即王子捷也。召伯、毛伯，周二大夫也。[一]召，讀曰‘邵’。後皆類此。”天子不能誅。天戒若曰：‘不能行政令，何以禮樂爲而臧之？’”

〔一〕“周”下原無“二”字，今據諸本補。

左氏傳曰：[一]“成周宣榭火，人火也。[二]人火曰火，天火曰災。”“榭”者，講武之坐屋。[三]

〔一〕“傳”原作“經”，諸本同，今據宣十六年左傳改。

〔二〕“也”上，宣十六年左傳有“之”字。

〔三〕臧琳云：“左氏以‘宣謝’爲講武之屋，服、杜注皆本漢書。服
　　謂‘宣揚威武’，更得命名之意。‘火’爲人火，見守戒之無人
　　而武功之廢弛也。公、穀以‘宣謝’爲藏樂器之所，董、劉義
　　同。故漢志云“‘謝’者，所以藏樂器；‘宣’，其名也’。蓋樂以
　　宣節陰陽，故名‘宣謝’。（説文宀部：“宣，天子宣室也。从宀，
　　亘聲。”徐鍇曰：“風回轉，所以宣陰陽也。”漢書賈誼傳：“坐
　　宣室。”）何氏不得其解，而以爲宣王，并以樂器爲宣王中興所
　　作，既違公羊本文，復乖左、穀之義矣。”（經義雜記卷一“宣謝
　　火”條）

1.12 成公三年“二月甲子，新宮災”。

　　穀梁以爲：“宣宮，不言謚，恭也。”

　　劉向以爲：“時魯三桓子孫始執國政，宣公欲誅之，
恐不能，使大夫公孫歸父如晉謀。未反，宣公死。三家
譖歸父於成公。成公父喪未葬，聽讒而逐其父之臣，使
奔齊。師古曰：“三桓，謂孟孫、叔孫、季孫三家，俱出桓公之子也。
公孫歸父，東門襄仲之子也。歸父欲去三桓以張公室，與宣公謀，
而聘于晉，欲以晉人去之。而宣公薨，成公即位，季文子及臧宣叔乃
逐東門氏。歸父還，復命於介，遂出奔齊。”故天災宣宮，明不用
父命之象也。一曰：‘三家親而亡禮，猶宣公殺子赤而立。
師古曰：“赤，文公太子，即子惡也。宣公，文公之庶子。襄仲殺赤而
立宣公。”亡禮而親，天災宣廟，欲示去三家也。’”〔一〕

〔一〕臧琳云：“穀梁當從劉説，謂成不能用父命以誅三家。夫能用
　　父命，方可謂之孝。天意若曰：爾不能聽父生前之命，安用死

後之廟哉？不如災之，庶成能感悟，追用父命，乃不能而徒爲
三日之哭。哭而哀，禮也；不敢稱諡，恭也。夫能用父命，方可
謂之孝。有禮而恭，非孝子之能事也。”（經義雜記卷十八“新
宮災”條）

董仲舒以爲：“**成居喪亡哀戚心**，[一]**數興兵戰伐**，師古
曰：“謂元年，作丘甲；二年，季孫行父帥師會晉郤克，及齊侯戰于鞌；
三年，叔孫僑如帥師圍棘。”**故天災其父廟，示失子道，不能奉
宗廟也。一曰**：‘**宣殺君而立，不當列於羣祖也**。’”[二]

〔一〕錢大昭云：“‘心’，閩本作‘宣’。予謂‘心’下脱‘宣’字。”
　　（漢書辨疑卷十三五行志上）王先謙云：“上下文俱屬成説，
　　‘宣’字不當有。”（漢書補注卷二十七五行志第七上）　軍案：
　　王説是也。

〔二〕臧琳云：“公羊當從董説。天意以成失子道，不能奉宗廟，不
　　如災之；欲成公之追念其父，寢兵息民也。若謂以宣篡立，故
　　災之，則天何不誅之於未亡之先，而必欲災之於入廟之後乎？
　　何注謂‘臣威大重，結怨彊齊’，則與宣廟無涉。”（經義雜記卷
　　十八“新宮災”條）

1.13　襄公九年“春，宋災”。

劉向以爲：“**先是，宋公聽讒，逐其大夫華弱，出奔
魯**。”師古曰：“華弱，華耦之孫也，與樂轡少相狎，長相優，又相謗。
轡以弓梏弱于朝，宋平公怒，逐之，遂來奔。事在襄六年。”

左氏傳曰：“**宋災，樂喜爲司城**，師古曰：“司城，本司
空，避武公之諱，故改其官爲‘司城’。”**先使火所未至徹小屋**，

師古曰：“恐火及之，故徹去。”**塗大屋**，師古曰：“大屋難徹，故以泥塗之，令火至不可焚。”**陳畚筥**，〔一〕應劭曰：“畚，草籠也，讀與‘本’同。筥，所以興土也。”師古曰：“筥，音居玉反。”**具綆缶**，師古曰：“綆，汲索也。缶，即盎也。綆，音工杏反。”〔二〕**備水器**，師古曰：“罃、瓮之屬也。〔三〕許氏説文解字曰‘罃，備火，今之長頸缾也’。”〔四〕**畜水潦，積土塗**，師古曰：“潦，行潦也。畜，讀曰‘蓄’。蓄，謂障遏聚之也。塗，泥也。”**繕守備**，師古曰：“繕，謂補修之也。修守禦之備，恐因火有它故也。”**表火道**，師古曰：“火之所起之道皆立標記也。”〔五〕**儲正徒**，〔六〕師古曰：“儲，偫也。正徒，役徒也。偫，音丈紀反。”**郊保之民，使奔火所**。師古曰：“郊保之人，謂郊野之外保聚者也。〔七〕使奔火所，共救災也。”**又飭衆官，各慎其職**。師古曰：“飭，讀與‘敕’同。”〔八〕**晉侯聞之，問士弱曰**：師古曰：“士弱，晉大夫士莊伯。”**‘宋災，於是乎知有天道，何故？’對曰：‘古之火正，或食於心，或食於咮，以出入火**，〔九〕師古曰：“咮，音竹救反。”**是故咮爲鶉火，心爲大火。陶唐氏之火正閼伯，居商丘，祀大火，而火紀時焉。相土因之，故商主大火。商人閲其旤敗之釁必始於火，是以知有天道。’公曰：‘可必乎？’對曰：‘在道。國亂亡象，不可知也。’”**韋昭曰：“大亂之君，天不復告，故無象。”〔一〇〕

〔一〕“筥”，襄九年左傳作“挶”。阮元春秋左傳正義校勘記云：“‘挶’字，石經初刻從‘才’，改刊從‘木’。惠棟云：‘唐石經作“桐”。正義曰“其字從手”，此臆説也。漢書引此傳作“筥”。’筥，音菊，與“桐”同音。史記河渠書云“山行則梮”，韋昭曰："栚,木器,如今轝牀,人舉以行也。"然則"轝"與"栚"音義皆同。'案:説文有'捈'字,無'栚'字。正義云'其字從手',謂以手持物,與'畚'共文。'畚'是盛土之器,則'捈'是舉土之物。是孔沖遠所據之本从'才'不从'木'。必以爲'栚'是'捈'非,未可也。"(見皇清經解卷九百六十九)　軍案:阮説是也。

〔二〕"緪,音工杏反",北監本無此五字。"工",汪本、殿本作"王",形近而譌。

〔三〕"瓮",大德本、崇正本、汪本、北監本、殿本作"甖",音義同。

〔四〕"今",王本作"金",非是。説文缶部云:"罃,備火長頸缾也。"段注云:"各本無'今之'二字。'備火長頸缾'者,備火之汲甖則長其頸,以多盛水,且免傾覆也。"(説文解字注五篇下)

〔五〕師古此條注下,蔡本、鷺洲本有校語"○宋祁曰:'別本無"表火道"以下十七字'"十五字,乃宋人增附,原不當有。

〔六〕"儲",諸本同,襄九年左傳作"具"。臧琳云:"傳作'具',與上文複,當從此。"(經義雜記卷二十四"襄九年宋災"條)　軍案:其説是也。

〔七〕"人",王本作"民",非是。王先謙云:"官本注'民'作'人',是。"(漢書補注卷二十七五行志第七上)楊樹達云:"禮記月令云:'四鄙入保。'鄭注云:'小城曰保。'顏訓'保聚',非也。"(漢書窺管卷三五行志第七上)

〔八〕"救",王本作"赤",非是。朱一新云:"汪本'赤'作'救',是也。"(漢書管見卷三五行志上)

〔九〕"人",諸本同,襄九年左傳作"内"。臧琳云:"'人',古'内'

字。”（經義雜記卷二十四 “襄九年宋災” 條）

〔一〇〕“不”，王本作 “下”，形近而譌。

　　説曰：〔一〕“古之火正，謂火官也，掌祭火星，行火政。季春昏，心星出東方，而啄、〔二〕七星、鳥首正在南方，則用火；季秋，星入，則止火，以順天時，救民疾。帝嚳則有祝融，堯時有闕伯，民賴其德，死則以爲火祖，配祭火星，故曰‘或食於心，或食於咮’也。相土，商祖契之曾孫，師古曰：“契，讀曰‘偰’，音先列反；字或作‘禼’，其用同耳。據諸典籍，相土即禼之孫；今云‘曾孫’，未詳其意。”代闕伯後主火星。宋，其後也。世司其占，故先知火。〔三〕賢君見變，能修道以除凶；亂君亡象，天不譴告，故不可必也。”

〔一〕臧琳云：“漢志所引‘説曰’，蓋秦、漢相傳左氏舊義，可以補正後儒之説，學者寶之。”（經義雜記卷二十四 “襄九年宋災” 條）
　　軍案：臧説是也。

〔二〕“啄”，諸本皆作“咮”。蔡本、鷺洲本、北監本、殿本此下有校語 “○宋祁曰：‘“咮”，邵本作“啄”’”九字，乃宋人增附。王先謙曰：“‘咮’、‘啄’字通，詳天文志。”（漢書補注卷二十七五行志第七上）

〔三〕“火”下，建安本、蔡本、鷺洲本有“灾”字，大德本、崇正本、汪本、北監本、毛本、殿本、局本、王本、點校本有“災”字。“灾”、“災”字同。蔡本、鷺洲本此下有校語 “劉氏校本云：‘“火”下無“灾”字’”十字，乃宋人增附。

1.14　三十年 “五月甲午，宋災”。

　　董仲舒以爲："伯姬如宋五年，宋恭公卒，師古曰："伯
姬，魯宣公女恭姬也。成九年歸于宋，十五年而宋公卒。今云'如
宋五年'，則是轉寫誤。"〔一〕伯姬幽居守節三十餘年，〔二〕又
憂傷國家之患禍，積陰生陽，故火生災也。"〔三〕

〔一〕師古所言是也。"如宋五年"，"五"當作"七"。

〔二〕劉向云："伯姬者，魯宣公之女，成公之妹也。其母曰繆姜，嫁
　　伯姬于宋恭公。伯姬既嫁于恭公七年，恭公卒。至景公時，伯
　　姬遇夜失火，左右曰：'夫人少避火！' 伯姬曰：'婦人之義，保、
　　傅不俱，夜不下堂。待保、傅來也。' 保母至矣，傅母未至也。
　　左右又曰：'夫人少避火！' 伯姬曰：'婦人之義，傅母不至，夜
　　不可下堂。越義求生，不如守義而死。' 遂逮于火而死。"（列
　　女傳卷四貞順傳 "宋恭伯姬" 章）某氏云："據此，則前云'如
　　宋五年' 者，蓋 '七年' 之誤。而 '三十餘年' 者，則三十有四
　　年也。"（佚名漢書疏證卷九）　單案：某氏説是也。

〔三〕沈欽韓云："何休本其説，云：'伯姬守禮，含悲極思之所生。'
　　按：宋於數年内并無患禍，董生不見古文而妄説。伯姬既能守
　　禮，一老婦人何所悲思？ 何休更難通。惟劉向合洪範傳 '殺
　　太子' 之應。"（漢書疏證卷二十一五行志）楊樹達云："鹽鐵
　　論備胡篇云 '宋伯姬愁思而宋國火'，用董生義。"（漢書窺管
　　卷三五行志第七上）

　　劉向以爲："先是，宋公聽讒而殺太子痤，師古曰：
"痤，宋平公太子也。寺人惠牆伊戾譖太子，云與楚客盟，〔一〕平
公殺之。事在襄二十六年。痤，音在戈反。"應 '火不炎上' 之
罰也。"

〔一〕“客”，王本作“各”，非是。

1.15　左氏傳昭公六年“六月丙戌，鄭災”。是春三月，鄭人鑄刑書。士文伯曰：“火見，鄭其火乎？師古曰：“士文伯，晉大夫伯瑕也。”火未出而作火以鑄刑器，臧爭辟焉。〔一〕師古曰：“著刑於鼎，故稱‘刑器’。法設下爭，故云‘爭辟’。”火而象之，〔二〕不火何爲？”

〔一〕“臧”，諸本同，昭六年左傳作“藏”。臧琳云：“臧，傳作‘藏’，俗字。”（經義雜記卷一“昭六年鄭災”條）

〔二〕“而”，諸本同，昭六年左傳作“如”。臧琳云：“而，傳作‘如’，古通。”（同上）

　　説曰：“火星出於周五月，而鄭以三月作火鑄鼎，刻刑辟書，以爲民約，是爲‘刑器’、‘爭辟’。故火星出，與五行之火爭明爲災，其象然也，又棄法律之占也。不書於經，時不告魯也。”〔一〕

〔一〕臧琳云：“所引‘説曰’，乃西漢説左氏者之言。春秋正義引服虔云：‘鑄鼎藏爭辟，故今出火，與五行之火爭明，故爲災在器，故稱“藏”也。’即本西漢舊解。杜注云：‘象，類也。同氣相求，火未出而用火，相感而致災。’與兩漢義乖，其説非是。”（經義雜記卷一“昭六年鄭災”條）

1.16　九年“夏四月，陳火”。〔一〕師古曰：“公羊經。”〔二〕

〔一〕“火”，諸本同，昭九年公羊經、穀梁經同，左氏經作“災”。

〔二〕北監本無此注六字。“經”，毛本、局本、王本作“傳”，非是。

董仲舒以爲:"陳夏徵舒殺君,楚嚴王託欲爲陳討
賊,陳國闔門而待之,至因滅陳。〔一〕師古曰:"夏徵舒,陳卿
夏南,即少西氏也。徵舒之母通於靈公,靈公飲酒于夏氏,徵舒射
而殺之。〔二〕楚子爲夏氏亂故伐陳,〔三〕謂陳人無動,〔四〕將討於少
西氏,〔五〕遂入陳,殺夏徵舒,〔六〕輾諸栗門,因縣陳。〔七〕事在宣十
年、十一年。"〔八〕陳臣子尤毒恨甚,極陰生陽,故致火災。"

〔一〕劉知幾云:"楚靈王之入陳,乃宣十一年事也。始有蹊田之謗,
　　取譏隗叔;終有封國之恩,見賢尼父。毒恨尤甚,其理未聞。
　　按:陳前後爲楚所滅者三:始,宣十一年爲楚嚴王所滅;次,昭
　　八年爲楚靈王所滅;後,哀十七年爲楚惠王所滅。今董生誤以
　　陳亡之役是楚始滅之時,遂妄有占候,虛辨物色。尋昭之上去
　　於宣,魯易四公;嚴之下至於靈,楚經五代。雖懸隔頓別,而混
　　雜無分。嗟乎!下帷三年,誠則勤矣,差之千里,何其闊哉?"
　　(史通卷十九外篇漢書五行志雜駁)劉敞云:"予按:昭九年,
　　夏徵舒事且六十歲矣。仲舒之言,一何謬乎?"錢大昕云:"當
　　云'陳公子招殺太子,楚靈王託欲爲陳討賊'。傳寫舛謁,校
　　書者妄以意改竄耳。劉知幾、劉貢父譏其謬,固當然。董生明
　　於春秋,不應乖舛若此,恐非董、班元文也。"(三史拾遺卷三
　　漢書五行志上)

〔二〕"射",殿本誤作"討"。

〔三〕"氏",殿本誤作"兵"。

〔四〕"無",毋也。

〔五〕宣十一年左傳杜注云:"少西,徵舒之祖子夏之名。"孔疏云:
　　"禮以王父字爲氏。徵舒以'夏'爲氏,知'子夏'是字,'少

西'是名。言'少西氏'者，'氏'猶'家'也。言將討少西之家。"（春秋左傳正義卷二十二）

〔六〕"殺"，殿本誤作"役"。

〔七〕宣十一年左傳杜注云："轘，車裂也。栗門，陳城門。滅陳以爲楚縣。"（見春秋左傳正義卷二十二）

〔八〕"宣十年"，大德本、崇正本、汪本、毛本、局本同。北監本、殿本、王本、點校本改作"宣公"，非是。建安本、蔡本、鷺洲本刪"十年"二字，亦非。"陳夏徵舒殺君"，事在宣十年；"楚莊王滅陳"，事在宣十一年。又師古此條注下，建安本、蔡本、鷺洲本、汪本、北監本、殿本有"○劉敞曰：'予按：昭九年，夏徵舒事且六十歲矣。仲舒之言，一何謬乎'"二十六字。崇正本原無，後剜補，"劉敞曰予按"改作"原父曰按"，"歲"下脱"矣"字，"徵"下脱"舒"字，"言"下脱"一"字。"原父"者，劉敞字。此皆宋人增附，原不當有。

劉向以爲："先是，陳侯弟招殺陳太子偃師，師古曰："招，謂陳哀公之弟。偃師，即哀公子也。哀公有廢疾，招殺太子而立公子留。事在昭八年。招，音韶。" 皆外事，不因其宮館者，〔一〕略之也。八年十月壬午，楚師滅陳，師古曰："莊王初雖縣陳，納申叔時之諫，乃復封陳；至此時，陳又爲楚靈王所滅。"春秋不與蠻夷滅中國，故復書'陳火'也。"師古曰："九年火時，陳已爲楚縣，猶追書陳國者，以楚蠻夷，不許其滅中夏之國。"〔二〕

〔一〕周壽昌云："言不詳其火之所因，並火何宮館也。"（漢書注補校卷二十）

〔二〕臧琳云："劉子政説穀梁,以招殺太子偃師(事在昭八年),故天
　　降之災。楚已滅陳,而復書陳者,不與蠻夷滅中國也。案:宣
　　十一年'楚子入陳'傳:'"入"者,内弗受也。曰"入",惡入者
　　也。何用"弗受"也? 不使夷狄爲中國也。'義本此。故賈、服
　　解左傳,范注穀梁,無不盡同。獨杜氏好爲異例,輕改舊説,非
　　也。"(經義雜記卷一"昭九年陳災"條)

　　左氏經曰"陳災"。傳曰:"鄭裨竈曰:'五年,陳
將復封,師古曰:"裨竈,鄭大夫。"封五十二年而遂亡。'子
産問其故,對曰:'陳,水屬也。火,水妃也,而楚所相
也。〔一〕今火出而火陳,逐楚而建陳也。〔二〕妃以五成,〔三〕
故曰'五年'。歲五及鶉火,而後陳卒亡,楚克有之,天之
道也。'"〔四〕

〔一〕昭九年左傳杜注云:"陳,顓頊之後,故爲水屬。火畏水,故爲
　　之妃。相,治也。楚之先祝融爲高辛氏火正,主治火事。"(見
　　春秋左傳正義卷四十五)

〔二〕昭九年左傳杜注云:"水得妃而興,陳興則楚衰,故曰'逐楚而
　　建陳'。"(同上)

〔三〕"成",王本作"陳",非是。錢大昭云:"'陳',左氏作'成',南
　　雍本、閩本與左傳同,下文亦云'故曰"妃以五成"'。"(漢書
　　辨疑卷十三五行志上)

〔四〕昭九年左傳杜注云:"是歲歲在星紀,五歲及大梁,而陳復封。
　　自大梁四歲而及鶉火,後四周四十八歲,凡五及鶉火,五十二
　　年。天數以五爲紀,故'五及鶉火',火盛水衰。"孔疏云:"楚
　　卒城陳,在哀十七年,則歲星當踰鶉火至鶉尾。而云'五及鶉

火’者，以顓頊歲在鶉火而滅，故神竈舉大略而言，云‘五及鶉火’，不復細言殘數。雖至鶉尾，亦經由鶉火。天有五星，又大微宮中有五帝坐，又四方中央亦有五，是天數以五爲紀，故‘五及鶉火’也。歲星，天之貴神，所在之國必昌。歲在鶉火，火得歲星之助，火所盛而水則衰。”（春秋左傳正義卷四十五）

説曰：“顓頊以水王，陳其族也。師古曰：“陳，舜後也。舜本出顓頊。”今兹歲在星紀，後五年在大梁。大梁，昴也。金爲水宗，得其宗而昌，故曰‘五年，陳將復封’。楚之先爲火正，故曰‘楚所相’也。天以一生水，地以二生火，天以三生木，地以四生金，天以五生土。五位皆以五而合，而陰陽易位，故曰‘妃以五成’。然則水之大數六，火七，木八，金九，土十。故水以天一爲火二牡，木以天三爲土十牡，土以天五爲水六牡，火以天七爲金四牡，金以天九爲木八牡。陽奇爲牡，陰耦爲妃。師古曰：“奇，音居宜反。”故曰‘水，火之牡也’，‘火，水妃也’。〔一〕於易，坎爲水、爲中男，離爲火、爲中女，蓋取諸此也。自大梁四歲而及鶉火，四周四十八歲，凡五及鶉火，五十二年而陳卒亡。火盛水衰，故曰‘天之道’也。哀公十七年七月己卯，楚滅陳。”〔二〕

〔一〕“水，火之牡也”，昭十七年左傳文。“火，水妃也”，昭九年左傳文。錢大昕云：“十干配合之説，本於易繫辭及春秋左氏傳，而漢書五行志衍其義尤詳。今按：‘水一爲火二牡’者，壬與丁合也。（天一壬水，地二丁火。）‘木三爲土十牡’者，甲與己合也。（天三甲木，地十己土。）‘土五爲水六牡’者，戊與癸

合也。（天五戊土，地六癸水。）‘火七爲金四牡’者，丙與辛合
也。（天七丙火，地四辛金。）‘金九爲木八牡’者，庚與乙合
也。（天九庚金，地八乙木。）”（十駕齋養新録卷十七“十干配
合”條）

〔二〕臧琳云：“所引左氏説，乃秦、漢以來舊誼，當與伏生書大傳、毛
公詩傳等觀，不第足以補正杜注而已。董、劉説公、穀，推所
以致災之由，一自遠者言之，一自近者言之。”（經義雜記卷一
“昭九年陳災”條）

1.17 昭十八年“五月壬午，宋、衞、陳、鄭災”。

董仲舒以爲：“象王室將亂，天下莫救，故災四國，言
亡四方也。又宋、衞、陳、鄭之君皆荒淫於樂，不恤國政，
與周室同行，陽失節則火災出，是以同日災也。”

劉向以爲：“宋、陳，王者之後；師古曰：“宋微子啓，本出
殷；陳胡公滿，有虞苗裔，皆王者之後。”衞、鄭，周同姓也。師
古曰：“衞康叔，文王之子；鄭桓公，宣王之弟。”時周景王老，劉
子、單子事王子猛，師古曰：“劉子，劉獻公摯也；單子，穆公旗
也，皆周大夫也。猛，景王太子。〔一〕單，音善。”尹氏、召伯、毛
伯事王子朝。師古曰：“尹氏，文公圉也；召伯，莊公奐也；毛
伯，毛得也，皆周大夫也。子朝，景王庶子也。朝，古‘朝’字。”子
朝，楚之出也。師古曰：“姊妹之子曰‘出’。”〔二〕及宋、衞、陳、
鄭亦皆外附於楚，亡尊周室之心。後五年，〔三〕景王崩，
王室亂，故天災四國。天戒若曰：‘不救周，反從楚，廢世
子，〔四〕立不正，以害王室，明同辜也。’”

〔一〕沈家本云：“景王太子名壽，先卒。王子猛，杜預以爲次正，非太子。”（諸史瑣言卷六漢書三五行志）

〔二〕釋名卷三釋親屬云：“姊妹之子曰‘出’，出嫁於異姓而生之也。”

〔三〕“五”原作“三”，諸本同，今改。蘇輿云：“案春秋，景王崩於昭二十二年，合本年計之，則後五年。‘三’當爲‘五’。”（見漢書補注卷二十七五行志第七上）　軍案：蘇説是也。

〔四〕周壽昌云：“案周制，王之太子亦曰‘世子’。周禮天官‘惟王及后、世子不會’，是也。此敘周景王太子猛事，猶稱‘世子’，用周制也。”（漢書注校補卷二十五行志第七上）　軍案：周氏引文，見周禮天官膳夫職。彼文“惟”作“唯”，“不會”上有“之膳”二字。

1.18　定公二年“五月，雉門及兩觀災”。師古曰：“雉門，公宮南門也。兩觀，謂闕。”

　　董仲舒、劉向以爲：“此皆奢僭過度者也。先是，季氏逐昭公，昭公死于外。師古曰：“謂薨于乾侯。”〔一〕定公即位，既不能誅季氏，又用其邪説，淫於女樂，而退孔子。師古曰：“齊人歸女樂，季桓子勸定公受之，君臣相與觀之，廢朝禮三日，孔子乃行。”〔二〕天戒若曰：‘去高顯而奢僭者。’一曰：‘門闕，號令所由出也。今舍大聖而縱有皋，亡以出號令矣。’”

〔一〕季氏逐昭公，公遜于齊，事在昭二十五年。昭公薨于乾侯，事在昭三十二年。

〔二〕沈欽韓云：“雉門、兩觀災在定二年，退孔子在十五年，安可傅會？”（漢書疏證卷二十一五行志）

　　京房易傳曰：“君不思道，厥妖火燒宫。”

1.19 哀公三年“五月辛卯，桓、釐宫災”。〔一〕

〔一〕“桓、釐宫災”，諸本同，哀三年春秋經“桓”下有“宫”字。

　　董仲舒、劉向以爲：“此二宫不當立，違禮者也。哀公又以季氏之故，不用孔子。孔子在陳，聞魯災，曰：‘其桓、釐之宫乎？’以爲桓，季氏之所出；釐，使季氏世卿者也。”〔一〕

〔一〕臧琳云：“公、穀及董、劉説以桓、僖廟爲毁後復立者，左傳無明文，故服、杜以爲原未毁者也。定二年‘雉門及兩觀災’言‘及’，此不言‘及’者，公、穀以爲尊卑敵體，故不言；服氏則以並毁，故不言也。哀公時，桓、僖有廟者，服解亦本董、劉之義。至於桓、僖親盡，不當有廟，天故災之，三傳説並同也。”（經義雜記卷二十“桓宫、僖宫災”條）

1.20 四年“六月辛丑，亳社災”。師古曰：“亳社，殷社也。”〔一〕

〔一〕“亳社”，諸本同，左氏經、穀梁經同，公羊經作“蒲社”。臧琳云：“考禮記郊特牲‘薄社北牖’，注：‘薄社，殷之社。殷始都薄。’釋文：‘薄，本又作“亳”。’書序：‘將遷其君於蒲姑。’釋文：‘蒲，如字，徐又扶各反，馬本作“薄”。’史記周本紀作‘遷其君薄姑’。是‘薄’、‘蒲’、‘亳’三字古通。”（經義雜記卷一“亳社災”條）沈欽韓云：“公羊作‘蒲社’，‘蒲’是‘薄’之訛耳。"（漢書疏證卷二十一五行志）　軍案：沈氏以"蒲"爲訛字，其説非是。

董仲舒、**劉向**以爲："亡國之社，所以爲戒也。**師古**曰："存其社者，欲使君常思敬慎、懼危亡也。"天戒若曰：'國將危亡，不用戒矣。'〔一〕春秋火災，屢於定、哀之間，〔二〕不用聖人而縱驕臣，將以亡國，不明甚也。一曰：'天生孔子，非爲定、哀也。蓋失禮不明，火災應之，自然象也。'"

〔一〕臧琳云："公、穀及董、劉義皆以'亳社'爲殷社（杜注左傳同），故云'亡國之社'。先王立之，俾諸侯以亡爲戒。今天災之，因人君不能爲戒，而國將亡也。"（經義雜記卷一"亳社災"條）

〔二〕"定、哀"，北監本誤作"哀、定"。齊召南："'定、哀'，監本作'哀、定'，非也，今改正。"（前漢書考證五行志上）下同。

1.21 **高后**元年五月丙申，**趙**叢臺災。

劉向以爲："是時，**吕氏**女爲**趙**王后，嫉妒，將爲讒口以害**趙**王。王不寤焉，卒見幽殺。"〔一〕

〔一〕漢紀卷六高后紀云："七年春正月，趙王友死于邸。吕氏女爲趙王后，王后妒，讒王於高后曰：'吕氏安得王？太后百年後，吾必擊之。'高后怒之，至邸，令衛士圍之，不得食，遂幽死，以民禮葬之長安，謚爲幽王。"

1.22 **惠帝**四年十月乙亥，〔一〕未央宫凌室災；**師古**曰："藏冰之室也。"〔二〕丙子，織室災。**師古**曰："織作之室。"〔三〕

〔一〕蘇輿云："'十月'，惠紀作'七月'。"（見漢書補注卷二十七五

行志第七上）劉光蕡云：“惠紀‘十’作‘七’。通鑑同。”（前漢
書校勘記五行志第七上）

〔二〕“藏”，諸本皆作“臧”。漢書惠帝紀師古注云：“凌室，藏冰之
室也。豳詩七月之篇曰：‘納于凌陰。’”

〔三〕漢書卷二惠帝紀師古注云：“主織作繒帛之處。”

劉向以爲：“元年，呂太后殺趙王如意，殘戮其母戚
夫人。是歲十月壬寅，太后立帝姊魯元公主女爲皇后。
其乙亥，凌室災。明日，織室災。凌室所以供養飲食，
織室所以奉宗廟衣服，與春秋‘御廩’同義。天戒若曰：
‘皇后亡奉宗廟之德，將絶祭祀。’其後，皇后亡子，後宫
美人有男，太后使皇后名之，而殺其母。惠帝崩，嗣子
立，有怨言，太后廢之，更立呂氏子弘爲少帝。賴大臣共
誅諸呂而立文帝，惠后幽廢。”〔一〕

〔一〕事見漢書卷三高后紀。

1.23 文帝七年六月癸酉，未央宫東闕罘思災。師古曰：
“罘思，闕之屏也。解具在文紀。”〔一〕

〔一〕“思”，崇正本、毛本、局本、王本、點校本同，建安本、蔡本、鷺
洲本、大德本、汪本、北監本、殿本作“罳”。注同。葉德輝云：
“德藩本‘思’並作‘罳’。”（見漢書補注卷二十七五行志第七
上）漢書文帝紀“七年六月癸酉，未央宫東闕罘罳災”，師古注
云：“罘罳，謂連闕曲閣也，以覆重刻垣墉之處，其形罘罳然。
一曰：‘屏也。’罘，音浮。”崔豹云：“罘罳，屏之遺象也，塾門
外之舍也。臣來朝君，至門外，當就舍更衣，熟詳所應對之事。

‘埶’之言‘孰’也。行至門内屏外，復應思惟。罘罳，言‘復思’也。漢西京罘罳合版爲之，亦築土爲之，每門闕殿舍前皆有焉。于今郡國廳前亦樹之。”（古今注卷上都邑第二）劉光蕡云：“文紀宋祁曰：‘江南本“罳”作“思”。’案：江南本是也。説文無‘罳’字。此‘罳’字因‘罘’字誤加耳。且顔注文‘罘’字有音而‘罳’字無音，則此書紀作‘思’明矣。”（前漢書校勘記五行志第七上）

劉向以爲：“東闕，所以朝諸侯之門也；罘思在其外，諸侯之象也。漢興，大封諸侯王，連城數十。文帝即位，賈誼等以爲違古制度，必將叛逆。先是，濟北、淮南王皆謀反。〔一〕其後，吳、楚七國舉兵而誅。”〔二〕

〔一〕事詳漢書卷四十四淮南衡山濟北王傳。

〔二〕事詳漢書卷三十五荊燕吳傳。

1.24　景帝中五年八月己酉，未央宫東闕災。

先是，栗太子廢臨江王，師古曰：“景帝太子，栗姬所生，謂之‘栗太子’。”〔一〕以罪徵詣中尉，自殺。丞相條侯周亞夫以不合旨稱疾免，後二年下獄死。

〔一〕漢景帝四年，立栗太子；七年十一月，廢栗太子爲臨江王。

1.25　武帝建元六年六月丁酉，〔一〕遼東高廟災。四月壬子，高園便殿火。

〔一〕錢大昕云：“武紀作‘二月乙未’。”（廿二史考異卷七漢書二五行志上）劉光蕡云：“武紀作‘春二月乙未’。通鑑同。”（前漢

書校勘記 五行志上）

　董仲舒對曰：[一]“春秋之道，舉往以明來。是故天下有物，視春秋所舉與同比者，師古曰：“比，類也，音必寐反。”精微眇以存其意，通倫類以貫其理，天地之變，國家之事，粲然皆見，亡所疑矣。

〔一〕周壽昌云：“仲舒傳云：‘仲舒居家，推说其意，中稾未上，主父偃候仲舒，私見嫉之，竊其書而奏焉。’是所對雖出仲舒，而實偃所奏也。”（漢書注校補卷二十五行志第七上）

　“案春秋，魯定公、哀公時，季氏之惡已孰，師古曰：“孰，成也。”而孔子之聖方盛。夫以盛聖而易孰惡，季孫雖重，魯君雖輕，其勢可成也。故定公二年五月，兩觀災。兩觀，僭禮之物。師古曰：“兩觀，天子之制也。”天災之者，若曰：‘僭禮之臣可以去。’已見皋徵，而後告可去，此天意也。定公不知省。師古曰：“省，察也。”[一]至哀公三年五月，桓宫、釐宫災。二者同事，所爲一也，若曰‘燔貴而去不義’云爾。師古曰：“燔，音煩。”哀公未能見，故四年六月，亳社災。兩觀、桓、釐廟、亳社，四者皆不當立，[二]天皆燔其不當立者以示魯，欲其去亂臣而用聖人也。季氏亡道久矣，前是天不見災者，魯未有賢聖臣，雖欲去季孫，其力不能，昭公是也。師古曰：“前是，謂此時之前也。見，顯示也，音胡電反。次下並同。”[三]至定、哀迺見之，其時可也。不時不見，天之道也。

〔一〕“師古”至“察也”，大德本、汪本、北監本、殿本無此六字。

〔二〕沈欽韓云：“桓、釐廟親盡當毀，此孔子所言者。禮運正義、何休公羊注：‘天子兩觀外闕，諸侯臺門。’則諸侯不得有闕。魯有闕者，魯以天子之禮，故得有之。（按：郊特牲不言兩觀爲僭。彼疏云：“臺上架屋曰臺門。”則“臺門”非“闕門”之差。諸侯之門應有闕，公羊言禮何足據也？）‘亳社’者，左氏解云：‘諸侯有之，所以戒亡國。’傳云：‘間於兩社，爲公室輔。’（正義云：“左有亳社，右有周社。卿大夫有大事，詢衆庶在其間也。”）二傳亦不譏魯有亳社也。”（漢書疏證卷二十一五行志）

〔三〕“次”，大德本、汪本、北監本、殿本作“以”。

　“今高廟不當居遼東，高園殿不當居陵旁，於禮亦不當立，與魯所災同。其不當立久矣，至於陛下時天迺災之者，殆亦其時可也。昔秦受亡周之敝，而亡以化之；漢受亡秦之敝，又亡以化之。夫繼二敝之後，承其下流，兼受其猥，難治甚矣。師古曰：“猥，積也，謂積敝也。”又多兄弟親戚骨肉之連，驕揚奢侈師古曰：“揚，謂振揚張大也。”〔一〕恣睢者衆，〔二〕服虔曰：“自恣意怒貌也。”師古曰：“睢，音呼季反。”所謂重難之時者也。陛下正當大敝之後，又遭重難之時，甚可憂也。故天災若語陛下‘當今之世，雖敝而重難，非以太平至公，不能治也。視親戚貴屬在諸侯遠正最甚者，忍而誅之，師古曰：“遠，離也，謂離正道者也。”如吾燔遼東高廟迺可；〔三〕視近臣在國中處旁仄及貴而不正者，忍而誅之，師古曰：“仄，古‘側’字。”〔四〕如吾燔高園殿迺可’云爾。

〔一〕周壽昌云：“揚，輕揚也。”（漢書注校補卷二十五五行志第七上）

〔二〕王先謙云：“此連上四字爲句。”（漢書補注卷二十七五行志

第七上）

〔三〕“柬”字，王本無，非是。王先謙云：“‘遼’下官本有‘柬’字，
　　是。”（漢書補注卷二十七五行志第七上）

〔四〕説文厂部云：“仄，側傾也。”段注云：“‘傾’下曰‘仄也’，此
　　‘仄’下云‘傾也’，是之謂轉注。古與‘側昃’字相假借。”師
　　古以“仄”爲古“側”字，非是。

　　“在外而不正者，雖貴如高廟，猶災燔之，況諸侯乎？
在內不正者，雖貴如高園殿，猶燔災之，況大臣乎？此天
意也。皋在外者，天災外；皋在內者，天災內。燔甚，罪
當重；〔一〕燔簡，罪當輕，承天意之道也。”

〔一〕“罪”，北監本、殿本、點校本改作“皋”。下同。

　　先是，淮南王安入朝，始與帝舅太尉武安侯田蚡有
逆言。其後，膠西于王、趙敬肅王、常山憲王皆數犯法，
或至夷滅人家，藥殺二千石，而淮南、衡山王遂謀反。膠
東、江都王皆知其謀，陰治兵弩，欲以應之。至元朔六
年，廼發覺而伏辜。〔一〕時田蚡已死，不及誅。上思仲舒
前言，使仲舒弟子吕步舒持斧鉞治淮南獄，以春秋誼顓
斷於外，不請。〔二〕師古曰：“顓，與‘專’同。‘不請’者，不待奏
報。”〔三〕既還奏事，上皆是之。

〔一〕王先謙云：“‘伏辜’在元狩元年，即元朔六年後一年；‘發覺’
　　在六年，淮南衡山傳可證。或疑此志文誤，非也。”（漢書補注
　　卷二十七五行志第七上）

〔二〕周壽昌云：“董仲舒傳云：‘仲舒弟子吕步舒不知其師書，以爲
　　大愚。於是下仲舒吏，當死，詔赦之。’此乃復用步舒治獄，

且以春秋誼頹斷於外。據淮南王傳,是獄所連引與王謀反列侯二千石豪傑數千人,皆以罪輕重受誅。"(漢書注校補卷二十五行志第七上)

〔三〕"待奏"二字原倒,今據北監本、殿本乙正。

1.26 太初元年十一月乙酉,未央宮柏梁臺災。〔一〕

〔一〕漢書卷六武帝紀云:"元鼎二年春,起柏梁臺。"服虔曰:"用百頭梁作臺,因名焉。"師古曰:"三輔舊事云:'以香柏爲之。'今書字皆作'柏',服説非也。"又,宋敏求云:"柏梁臺,漢武故事曰:'以香柏爲之,香聞數十里。'廟記曰:'柏梁臺,漢武帝造,在北闕内道西。'漢武帝集:'武帝作柏梁臺,詔羣臣二千石有能爲七言者乃得上坐。'"(長安志卷三宮室一未央宮)

先是,大風發其屋,夏侯始昌先言其災日。〔一〕後有江充巫蠱衛太子事。〔二〕

〔一〕王先謙云:"亦見始昌傳。"(漢書補注卷二十七五行志第七上)

〔二〕王先謙云:"誣衛太子爲巫蠱也。"(同上)　軍案:事詳漢書卷六十三武五子傳。

1.27 征和二年春,涿郡鐵官鑄鐵,鐵銷,皆飛上去,〔一〕此火爲變使之然也。

〔一〕此下,建安本、蔡本、鷺洲本、北監本、殿本有校語"○宋祁云:"'鐵鐵'疑作'錢錢'"十字,乃宋人所增。齊召南云:"此條及下'成帝河平二年正月,沛郡鐵官鑄鐵,鐵不下',其事正同。宋祁並疑‘鑄鐵’當作‘鑄錢’,非也。元狩五年以後,令天下非三官錢不行,安得有外郡鑄錢之事? 雖涿郡鐵飛,武紀不載,而涿郡有鐵官,地理志有明文矣。至河平沛郡鐵散,則孝成紀亦載其事。不得疑‘鐵’字爲‘錢’字之訛也。”(前漢書考證五行志上)　軍案:齊説是也。

　其三月,涿郡太守劉屈氂爲丞相。〔一〕後月,巫蠱事興,帝女諸邑公主、陽石公主、師古曰:“諸,琅邪之縣也。公主所食曰邑,故謂之‘諸邑’。陽石,北海之縣,字亦作‘羊’。”丞相公孫賀、子太僕敬聲、平陽侯曹宗等皆下獄死。〔二〕七月,使者江充掘蠱太子宮,太子與母皇后議,恐不能自明,迺殺充,舉兵與丞相劉屈氂戰,死者數萬人,太子敗走,至湖自殺。師古曰:“湖,縣名也,即今閿鄉、湖城二縣界。”明年,屈氂復坐祝詛要斬,師古曰:“詛,古‘詛’字也,音側據反。”妻梟首也。

〔一〕王先謙云:“説文:‘氂,家福也。氂,牛尾也。’此通用字。侯表作‘屈氂’,與此同。紀、傳作‘屈氂’,總目同,則作‘氂’者是也。”(漢書補注卷二十七五行志第七上)　軍案:王氏以作“氂”者爲是,其説非也。説文犛部云:“斄,彊曲毛也,可以箸起衣。”段注云:“箸,同‘褚’,裝衣也。王莽傳‘以氂裝衣’,師古曰:‘毛之彊曲者曰氂,以裝褚衣,令其張起也。’按:此‘氂’皆‘斄’之誤。‘劉屈氂’亦當本作‘屈斄’。‘屈斄’,謂彊曲毛也。”(説文解字注二篇上)段説是也。作“屈氂”者,“氂”爲“斄”之假借字也。

〔二〕王先謙云:“侯表宗征和二年‘坐與中人姦,闌入宮掖門,入

財贖完爲城旦’,不言爲巫蠱下獄死,疑有誤。”（漢書補注卷
二十七五行志第七上）　軍案:梁玉繩云:“‘廿四,征和二年,
侯宗坐太子死,國除。’附案:漢表、傳言‘宗坐與中人姦,闌入
宮掖門,入財贖完爲城旦’。此及世家云‘坐太子死’,蓋坐征
和二年巫蠱事也,罪狀亦異。”（史記志疑卷十一高祖功臣侯
者年表第六）錢大昭云:“‘侯宗坐與中人姦,闌入宮掖門,入
財贖完爲城旦。’案:史記世家:‘宗坐太子死,國除。’五行志:
‘征和二年四月,巫蠱事興,平陽侯曹宗下獄死。’與此異。”
（漢書辨疑卷六高惠高后文功臣表）

1.28 成帝河平二年正月,沛郡鐵官鑄鐵,鐵不下,〔一〕隆隆
如雷聲,又如鼓音,工十三人驚走。音止,還視地,地陷
數尺,鑪分爲十,一鑪中銷鐵散如流星,皆上去,與征和
二年同象。

〔一〕此下,建安本、蔡本、鷺洲本、北監本、殿本有校語“○宋祁
　　云:‘作“錢錢不下”’”九字,乃宋人所增。宋祁説非是,辨
　　見上條。

　　其夏,帝舅五人封列侯,號五侯。師古曰:“譚、商、立、
根、逢時,凡五人。”〔一〕元舅王鳳爲大司馬、大將軍,秉政。
後二年,丞相王商與鳳有隙,鳳譖之,免官,自殺。明年,
京兆尹王章訟商忠直,言鳳顓權,鳳誣章以大逆辠,下獄
死,〔二〕妻子徙合浦。後許皇后坐巫蠱廢,而趙飛燕爲皇
后,妹爲昭儀,賊害皇子,成帝遂亡嗣。皇后、昭儀皆伏
辜。一曰:“鐵飛屬‘金不從革’”。〔三〕

〔一〕“立”，大德本、王本、點校本同；建安本、蔡本、鷺洲本、崇正本、汪本、北監本、殿本作“音”，非是。王鳴盛云：“凌稚隆本‘立’作‘音’。沈炯云：‘外戚恩澤侯表紅陽荒侯立與譚、商、根、逢時俱以河平二年六月乙亥封，五人皆皇太后弟。安陽敬侯王音封在鴻嘉元年六月乙巳。以“立”作“音”，乃凌本之誤。又，成紀亦作“立”，與表同。而音之封不見於紀，史漏之也。’”（十七史商榷卷十三漢書七“王立”條）朱一新云：“汪本‘立’作‘音’，非也。”（漢書管見卷三五行志上）

〔二〕“皋”，大德本、汪本、毛本、局本、王本、點校本同，北監本、殿本作“罪”，建安本、蔡本、鷺洲本、崇正本作“章”。此下，建安本、蔡本、鷺洲本有校語“○宋祁云：‘“逆章”作“逆皋”’”九字，乃宋人所增。錢大昭云：“‘皋’，閩本作‘章’。”（漢書辨疑卷十三五行志上）葉德輝云：“德藩本作‘皋’。”（見漢書補注卷二十七五行志第七上）　軍案：“大逆皋”聯屬爲句，宋祁説是也，作“章”非是。

〔三〕王先謙云：“‘金不從革’互見。”（漢書補注卷二十七五行志第七上）

1.29　昭帝元鳳元年，燕城南門災。

　　劉向以爲：“時燕王使邪臣通於漢，爲讒賊，謀逆亂。‘南門’者，通漢道也。天戒若曰：‘邪臣往來，爲姦讒於漢，絕亡之道也。’燕王不寤，卒伏其辜。”〔一〕

〔一〕事詳漢書卷六十三武五子傳。

1.30　<u>元鳳</u>四年五月丁丑,<u>孝文廟</u>正殿災。

<u>劉向</u>以爲:“<u>孝文</u>,太宗之君,與‘<u>成周宣榭</u>災’同義。〔一〕先是,皇后父車騎將軍<u>上官安</u>、安父左將軍<u>桀</u>謀爲逆,大將軍<u>霍光</u>誅之。皇后以<u>光</u>外孫,年少不知,居位如故。<u>光</u>欲后有子,因上侍疾醫言,禁內後宮皆不得進,唯皇后顓寢。皇后年六歲而立,十三年而<u>昭帝</u>崩,〔二〕遂絕繼嗣。<u>光</u>執朝政,猶<u>周公</u>之攝也。是歲正月,上加元服,<small><u>師古</u>曰</small>:“謂冠也。”通<u>詩</u>、<u>尚書</u>,有明悊之性。<u>光</u>亡<u>周公</u>之德,秉政九年,久於<u>周公</u>,上既已冠而不歸政,將爲國害。故正月加元服,五月而災見。古之廟皆在城中,<u>孝文廟</u>始出居外。〔三〕天戒若曰:‘去貴而不正者。’<u>宣帝</u>既立,<u>光</u>猶攝政,驕溢過制,至妻<u>顯</u>殺<u>許皇后</u>,<u>光</u>聞而不討,後遂誅滅。”

〔一〕“災”原作“火”,諸本同,<u>宣</u>十六年<u>左氏</u>經同,今據<u>公羊</u>經、<u>穀梁</u>經改。説詳本卷第十一條。

〔二〕<u>錢大昭</u>云:“<u>外戚傳</u>皇后立十歲而<u>昭帝</u>崩,后年十四五云。此‘十三年’當作‘十年’,‘三’字衍。”(<u>漢書辨疑</u>卷十三<u>五行志上</u>)<u>施之勉</u>云:“此言<u>昭帝</u>即位十三年而崩也。<u>昭帝</u>始元、元鳳各六年,元平一年,著紀即位十三年。<u>錢</u>説非。”(<u>漢書集釋五行志</u>第七上)　<u>軍</u>案:<u>施</u>説是也。

〔三〕<u>葉德輝</u>云:“<u>黄圖</u>:‘<u>太上皇廟</u>在<u>長安城</u>中。<u>高祖廟</u>在<u>長安城</u>中。’此廟在城中之證。又云‘<u>文帝廟</u>號<u>顧成廟</u>’,不云在何處。<u>西漢會要</u>十二引云:‘<u>文帝廟</u>在<u>長安城</u>南。’此所云‘居外’是也。”(見<u>漢書補注</u>卷二十七<u>五行志</u>第七上)　<u>軍</u>案:<u>葉</u>

引"黄圖",見三輔黄圖卷五宗廟。

1.31 宣帝甘露元年四月丙申,中山太上皇廟災。〔一〕甲辰,孝文廟災。

〔一〕"丙申"下,諸本皆有"中山"二字,今據補。王念孫云:"景祐本無'中山'二字,是也。宣紀云:'甘露元年夏四月丙申,太上皇廟火。甲辰,孝文廟火。'漢紀'火'作'災',皆無'中山'二字。"(讀書雜志四漢書第五五行志"中山"條)葉德輝云:"西漢會要三十引亦無'中山'二字,是宋人所見本皆與景祐本同。"(見漢書補注卷二十七五行志第七上) 軍案:王、葉所言非是。檢南宋建寧郡齋刻徐天麟西漢會要卷三十祥異下"火災"條,有"中山"二字。今所見南宋刻漢書如建安本、蔡本皆有"中山"二字。施之勉云:"按元帝紀及韋玄成傳,罷郡國廟在元帝永光四年。則在宣帝時,中山自有太上皇廟。此是,紀非,王説非也。又西漢會要三十引有'中山'二字,葉説亦誤。"(漢書集釋五行志第七上)施説是也。

1.32 元帝初元三年四月乙未,孝武園白鶴館災。〔一〕

〔一〕三輔黄圖卷六陵墓云:"武帝茂陵在長安城西北八十里。建元二年,初置茂陵邑(武帝自作陵也),本槐里縣之茂鄉,故曰茂陵,周回三里。三輔舊事云:'武帝於槐里茂鄉徙户一萬六千置茂陵,高一十四丈,一百步。茂陵園有白鶴觀。'"錢大昕云:"元帝紀:'初元三年四月乙未晦,茂陵白鶴館災。'按:五行志:'四月乙未,孝武園白鶴館災。''茂陵'即孝武陵也。志不書‘晦’，以三統術推之，是歲四月乙酉朔，乙未乃月之十一日，非晦日也，‘晦’字衍文。翼奉傳載此事，亦不云‘晦’。”（廿二史考異卷六漢書一元帝紀）

　　劉向以爲：“先是，前將軍蕭望之、光祿大夫周堪輔政，爲佞臣石顯、許章等所譖，〔一〕望之自殺，堪廢黜。〔二〕明年，白鶴館災。園中五里馳逐走馬之館，師古曰：“‘五里’者，言其周迴五里。”不當在山陵昭穆之地。天戒若曰：‘去貴近逸遊不正之臣，將害忠良。’後章坐走馬上林下熢馳逐，免官。”孟康曰：“夜於上林苑下舉火馳射也。熢，或作‘熯’。”〔三〕晉灼曰：“冠首曰熢。競走曰逐。”師古曰：“孟說是。”

〔一〕楊樹達云：“章又見諸葛豐傳。”（漢書窺管卷三五行志第七上）

〔二〕事詳漢書卷七十八蕭望之傳。

〔三〕“熯”原作“逢”，今據諸本改。

1.33 永光四年六月甲戌，孝宣杜陵園東闕南方災。〔一〕

〔一〕漢書卷九元帝紀作“永光四年六月甲戌，孝宣園東闕災”。杜陵園，宣帝陵園也。

　　劉向以爲：“先是，上復徵用周堪爲光祿勳，及堪弟子張猛爲太中大夫，石顯等復譖毀之，皆出外遷。是歲，上復徵堪領尚書，猛給事中，石顯等終欲害之。園陵小於朝廷，闕在司馬門中，內臣石顯之象也。孝宣，親而貴；闕，法令所從出也。〔一〕天戒若曰：‘去法令，內臣親而貴者必爲國害。’後堪希得進見，因顯言事，事決顯

口。堪病不能言。顯誣告張猛，自殺於公車。成帝即位，顯卒伏辜。"〔二〕

〔一〕"闕"上，建安本、蔡本、鷺洲本、崇正本、汪本、北監本、殿本有"門"字。錢大昭云："南雍本、閩本'闕'上有'門'字。"（漢書辨疑卷十三五行志上）葉德輝云："德藩本有'門'字。"（見漢書補注卷二十七五行志第七上）　軍案："門"係衍文。法令所從出者，謂之"闕"。説文門部云："闕，門觀也。"徐鍇繫傳云："爲二臺於門外，人君作樓觀於上，上員下方。以其闕然爲道，謂之'闕'；以其上可遠觀，謂之'觀'；以其縣法，謂之'象魏'。"

〔二〕事詳漢書卷三十六劉向傳。

1.34 成帝建始元年正月乙丑，皇考廟災。〔一〕

〔一〕"皇考廟"，諸本同。錢大昕云："成帝紀'皇曾祖悼考廟災'，此有脱文。"（廿二史考異卷七漢書二五行志上）周壽昌云："成帝紀云：'皇曾祖悼考廟災。'注：'宣帝父史皇孫廟。'若'皇考廟'，則孝元之廟矣。此句明有脱文。"（漢書注校補卷二十五行志第七上）施之勉云："按：宣紀：'元康元年夏五月，立皇考廟。'戾太子傳：'親史皇孫，謚曰悼，尊號曰皇考，立廟。'韋玄成傳：'元帝永光四年，玄成等四十四人奏議曰："太上皇、孝惠、孝文、孝景廟皆親盡，宜毀。皇考廟親未盡，如故。"諫大夫尹更始等十八人以爲："皇考廟上序於昭穆，非正禮，宜毀。"依違者一年，乃下詔曰："皇考廟親盡，其正禮儀。"玄成等奏曰："皇考廟親未盡。"至平帝元始中，大司馬王莽奏：“本始元年丞相義等議，諡孝宣皇帝親曰悼園。至元康元年，丞相相等奏，悼園宜稱尊號曰皇考，立廟。臣愚以爲：皇考廟本不當立，累世奉之，非是。臣請皇高祖考廟奉明園毀勿修。”奏可。’據此，則宣帝父史皇孫廟號‘皇考’，累世奉之，至平帝時始毀。此云‘皇考廟’，並無脫誤也。詩周頌雝‘假哉皇考’，箋云：‘皇考，斥文王也。’閔予小子‘於乎皇考’，箋云：‘君考武王。’正義：‘釋詁云：“皇，君也。”此“大祖”宜爲一代始王，故知“嘉哉君考”斥文王也。閔予小子“皇考”與“皇祖”相對，故知“皇考”爲武王。雝則下有“烈考”爲武王，故知“皇考”爲文王。“考”者，成德之名，可以通其父、祖故也。祭法云：“父曰考，祖父曰王考，曾祖曰皇考。”雝與閔予小子非曾祖，亦云“皇考”者，以其散文，取“尊君”之義，故父、祖皆得稱之。’然則此‘皇考’非謂曾祖，蓋亦取‘尊君’之義耳。”（漢書集釋五行志第七上）

初，宣帝爲昭帝後而立父廟，於禮不正。是時，大將軍王鳳顓權擅朝，甚於田蚡，將害國家，故天於元年正月而見象也。其後寖盛，師古曰：“寖，古‘浸’字。浸，漸也。”五將世權，遂以亡道。孟康曰：“謂王五大司馬也。”師古曰：“謂鳳、音、商、根、莽也。”〔一〕

〔一〕王先謙云：“元后傳云：‘三世據權，五將秉政。’贊亦云：‘羣弟世權，更持國柄。五將十侯，卒成新都。’案：鳳、商、根大將軍，音車騎將軍，莽未爲將軍，而與鳳等四人同爲‘五將’者，以皆爲大司馬故也。百官表大司馬初置本以冠‘將軍’之號，故得稱之。其實惟將軍稱‘將’。匈奴傳：‘漢遣田廣明等五

將軍出塞,匈奴遠遁,是以五將少所得。'是其證也。'思心'
傳亦云:'鳳爲上將,秉國政。'"(漢書補注卷二十七五行志
第七上)

1.35 鴻嘉三年八月乙卯,孝景廟北闕災。[一]

〔一〕"北闕",諸本同,漢紀卷二十五孝成皇帝紀二同。漢書卷十
　　成帝紀無"北"字,疑脱。王念孫云:"'孝景廟闕災',念孫案:
　　'闕'上當有'北'字。五行志及漢紀皆作'孝景廟北闕災'。
　　又,文紀'未央宮東闕罘思災',景紀'未央宮東闕災',元紀
　　'孝宣園東闕災',皆其例也。"(讀書雜志四漢書第一成紀"孝
　　景廟闕"條)　軍案:王説是也。

十一月甲寅,許皇后廢。[一]

〔一〕事詳漢書卷九十七下外戚列傳下。漢紀卷二十五孝成皇帝紀
　　二云:"是後,趙飛鷰爲皇后,妹爲昭儀,姊妹專寵,卒害皇子,
　　果絶嗣。後上暴崩,昭儀自殺,皇后亦誅。此災異之應,非許
　　后之咎也。一曰'王氏貴戚將生易代之禍'云。"

1.36 永始元年正月癸丑,大官凌室災。戊午,戾后園南闕災。[一]

〔一〕宋敏求云:"漢書曰,戾太子妃史良娣也。太子遇害,良娣亦
　　死。宣帝即位,思悼不已,尊太子爲悼皇考,妃號戾后,改葬
　　長安白亭東,故號曰戾后園。"(長安志卷五宮室二宮廟章)
　　軍案:史良娣爲宣帝祖母,事詳漢書卷九十七上外戚列傳上。

是時,趙飛燕大幸,許后既廢,上將立之,故天見象

於凌室,與惠帝四年同應。〔一〕戾后、衞太子妾,〔二〕遭巫
蠱之戹。宣帝既立,追加尊號,於禮不正。又戾后起於
微賤,與趙氏同應。〔三〕天戒若曰:"微賤亡德之人不可
以奉宗廟,將絕祭祀,有凶惡之戹至。"其六月丙寅,趙
皇后遂立,姊妹驕妒,賊害皇子,卒皆受誅。

〔一〕惠帝四年"凌室災",見本卷第二十二條。

〔二〕"妾",大德本、汪本、北監本、毛本、局本、王本、點校本同;崇正
　　本作"妻",建安本、蔡本、鷺洲本、殿本作"妄",皆形近而譌。

〔三〕"應"字王本無,非是。錢大昭云:"'同'字下,南雍本、閩本
　　皆有'應'字。"(漢書辨疑卷十三五行志上)王先謙云:"官本
　　有'應'字。"(漢書補注卷二十七五行志第七上)戾后與戾太
　　子遭江充巫蠱,受冤屈而死,不當與趙皇后之驕妒、賊害皇子
　　相提並論。漢書卷八宣帝紀云:"孝宣皇帝,武帝曾孫戾太子
　　孫也。"韋昭曰:"以違戾擅發兵,故諡曰'戾'。"臣瓚曰:"太
　　子誅江充以除讒賊,而事不見明。後武帝覺寤,遂族充家。宣
　　帝不得以加惡諡也。董仲舒書曰:'有功無其意謂之戾,無其
　　功有其意謂之罪。'"師古曰:"瓚說是也。"周壽昌云:"説文:
　　'戾,曲也。'漢宣斷不忍以'暴戾'、'乖戾'、'罪戾'等惡諡加
　　其祖。訓'戾'爲'曲',與當時情事相合,言身受曲戾不能伸
　　也。"(漢書注校補卷四宣帝紀第八)

1.37　永始四年四月癸未,長樂宮臨華殿及未央宮東司馬
門災。〔一〕六月甲午,孝文霸陵園東闕南方災。

〔一〕"臨"原作"金",今據諸本改。三輔黃圖卷二長樂宮云:"臨

華殿在長樂宮前殿後，武帝建。漢書：‘成帝永始四年，長樂宮臨華殿災。’”卷三未央宮云：“未央宮有金華殿。漢書曰：‘成帝初方向學，召鄭寬中、張禹説尚書、論語於金華殿中。’”其引成帝向學事，見漢書卷一百上敘傳上。彼文師古注亦云：“金華殿在未央宫。”是也。

長樂宫，成帝母王太后之所居也。〔一〕未央宫，帝所居也。霸陵，太宗盛德園也。〔二〕是時，太后三弟相續秉政，師古曰：“謂陽平侯鳳、安陽侯音、成都侯商相代爲大司馬。”舉宗居位，充塞朝廷，兩宫親屬將害國家，師古曰：“謂太后家王氏、皇后家趙氏，故云‘兩宫親屬’。”故天象仍見。師古曰：“仍，重也。”明年，成都侯商薨，弟曲陽侯根代爲大司馬秉政。後四年，根乞骸骨，薦兄子新都侯莽自代，遂覆國焉。

〔一〕沈欽韓云：“班倢伃傳：‘求共養太后長信宫。’趙昭儀傳云：‘奈何令長信得聞之？’傅昭儀傳云：‘成帝母太皇太后稱長信宫。’水經注：‘長樂宫殿西有長信、長秋諸殿。’（玉海引黄圖：“長樂宫有長信宫。”）然長信又長樂之别殿，就其見居者名之也。”（漢書疏證卷二十一五行志）　軍案：沈引水經注，見水經注卷十九渭水；引玉海，見玉海卷一百五十五宫室；引黄圖，見三輔黄圖卷二宫。

〔二〕三輔黄圖卷六陵墓云：“文帝霸陵在長安城東七十里，因山爲藏，不復起墳，就其水名，因以爲陵號。”

1.38 哀帝建平三年正月癸卯，桂宫鴻寧殿災。〔一〕

〔一〕沈欽韓云："黄圖：'桂宮，漢武帝造。' 水經注：'未央宮北即桂
　　宮也，周十餘里，舊乘複道，用相逕通。' 案：孔光傳大司空何
　　武言 '傅太后可居北宮'，則桂宮也。傳言 '紫房複道，通未央
　　宮' 者是也。因傅太后居此，名曰永信宮耳。"（漢書疏證卷
　　二十一五行志）　　軍案：沈引 "黄圖"，見三輔黄圖卷二宮；引
　　水經注，見水經注卷十九渭水。

　　帝祖母傅太后之所居也。時傅太后欲與成帝母等
號齊尊，大臣孔光、師丹等執政，以爲不可，太后皆免官
爵，遂稱尊號。後三年，帝崩，傅氏誅滅。

1.39　平帝元始五年七月己亥，高皇帝原廟殿門災盡。師
古曰："原廟，重廟也。"〔一〕

〔一〕沈欽韓云："'盡'，俗爲 '燼'。"（漢書疏證卷二十一五行志）
　　軍案：沈説非是。"盡" 爲 "妻" 之假借字，"燼" 爲 "妻" 之俗
　　字。説文皿部云："盡，器中空也。" 火部云："妻，火之餘木
　　也。" 段注云："各本作 '火餘也'，今依唐初玄應本。火之餘木
　　曰 '妻'，死火之妻曰 '灰'。引伸爲 '餘' 之偁。"（説文解字注
　　十篇上）

　　高皇帝廟在長安城中，後以叔孫通讖復道，〔一〕故復
起原廟於渭北，〔二〕非正也。是時，平帝幼，成帝母王太
后臨朝，委任王莽，將篡絶漢，墮高祖宗廟，師古曰："墮，
毁也，音火規反。" 故天象見也。其冬，平帝崩。明年，莽居
攝，因以篡國，後卒夷滅。

〔一〕"復"，建安本、蔡本、鷺洲本、大德本、北監本、毛本、局本、王

本、點校本同，崇正本、汪本、殿本作“複”。此不必改。漢書卷
一下高帝紀下“上居南宮，從復道上”，如淳注云：“復，音複。
上下有道，故謂之‘復’。”卷四十張良傳“上居雒陽南宮，從復
道望見諸將”，師古注云：“復，讀曰‘複’。”

〔二〕事詳漢書卷四十三叔孫通傳。彼文“原廟”師古注云：“原，重
也。先以有廟，今更立之，故云‘重’也。”

1.40　傳曰：“治宮室，飾臺榭，師古曰：“臺有室曰榭。”內淫
亂，犯親戚，侮父兄，則稼穡不成。”

　　說曰：“土，中央，生萬物者也。其於王者爲內事。
宮室、夫婦、親屬，亦相生者也。〔一〕古者，天子諸侯宮廟
大小高卑有制，后夫人媵妾多少進退有度，九族親疏長
幼有序。孔子曰：‘禮，與其奢也，寧儉。’師古曰：“論語載
孔子之言也。若不得禮之中而失於奢，則不如儉。”〔二〕故禹卑
宮室，師古曰：“論語載孔子曰：‘禹，吾無間然矣，卑宮室而盡力
乎溝洫。’謂勤於治水而所居狹陋也。”〔三〕文王刑于寡妻，師古
曰：“大雅思齊之詩云：‘刑于寡妻，至于兄弟，以御于家邦。’刑，法
也。寡妻，謂正嫡也。御，治也。此美文王以禮法接待其妻，旁及
兄弟宗族，又廣以政教治家邦。”〔四〕此聖人之所以昭教化也。
師古曰：“昭，明也。”〔五〕如此，則土得其性矣。若迺奢淫驕
慢，則土失其性，亡水旱之災而草木百穀不孰，〔六〕是爲
‘稼穡不成’。”

〔一〕王先謙云：“隋志作‘宮室、臺榭、夫婦、親屬也’，蓋文有刪易。
　‘內事’謂此。”（漢書補注卷二十七五行志第七上）　軍案：

王引“隋志”，見隋書卷二十二五行志上。

〔二〕文見論語八佾篇。皇侃云：“云‘禮，與其奢也，寧儉’者，‘奢’，奢侈也；‘儉’，儉約也。夫禮之本意在奢、儉之中，不能中者皆爲失也。然爲失雖同，而成敗則異，奢則不遜，儉則固陋。俱是致失，奢不如儉，故云‘禮，與其奢，寧儉’也。”（論語義疏卷二八佾第三）

〔三〕“乎”，建安本、蔡本、鷺洲本、大德本、崇正本、汪本、毛本、局本、王本、點校本同，論語泰伯篇同，殿本誤作“於”。北監本無此注。皇侃云：“云‘禹，吾無間然矣’者，‘間’猶‘非覷’也。孔子美禹之德美盛，而我不知何以厝於非覷矣。郭象曰：‘舜、禹相承，雖三聖，故一堯耳。天下化成則功美漸去，其所因循常事而已，故史籍無所稱，仲尼不能間，故曰“禹吾無間然矣”。’云‘卑宫室而盡力乎溝洫’者，‘溝洫’，田上通水之用也。禹自所居，土階三尺，茅茨不翦，是‘卑宫室’也；而通達畎畝，以利田農，是‘盡力溝洫’也。”（論語義疏卷四泰伯第八）

〔四〕“師古曰大”至“家邦”，北監本無此注。

〔五〕“師古曰：‘昭，明也’”，北監本無此注。

〔六〕“亡”，大德本、崇正本、毛本、局本、王本、點校本同，建安本、蔡本、鷺洲本、汪本、北監本、殿本誤作“有”。王念孫云：“景祐本‘有水旱’作‘亡水旱’，是也。此言土失其性，則雖無水旱之災而不能成稼穡。下文云‘劉向以爲：“不書水旱而曰‘大亡麥禾’者，土氣不養，稼穡不成者也”’，是其證。（左氏春秋莊二十八年“冬，大無麥禾”，正義曰：“此年不言水旱而得‘無麥

禾’者,服虔曰:‘陰陽不和,土氣不養,故禾麥不成也。’”即用
劉向之説。)此篇但説‘稼穡不成’之事,若水旱之災,則在後
篇‘水不潤下’及‘厥罰恒陽’下。後人既改下文之‘大亡麥
禾’爲‘大水亡麥禾’,故又改此文之‘亡水旱’爲‘有水旱’以
從之,而不自知其謬也。”(讀書雜志四漢書第五五行志“有水
旱之災”條)

1.41 嚴公二十八年“冬,大亡麥禾”。〔一〕

〔一〕“大”下,建安本、蔡本、鷺洲本、大德本、崇正本、汪本、北監
本、毛本、殿本、局本、王本誤衍“水”字。王念孫云:“景祐本
無‘水’字,是也。後人以下文云‘董仲舒以爲:“夫人哀姜淫
亂,逆陰氣,故大水也”’,遂增入‘水’字。不知三家經文皆無
‘水’字,且下文云‘不書水旱而曰“大亡麥禾”’,則‘大’下
本無‘水’字,明矣。董仲舒獨言‘大水’者,其意以爲無麥禾
由於大水,大水由於夫人之淫亂。此是揣度之詞,非經文實
有‘水’字也。何注公羊傳云:‘此蓋秋水所傷,夫人淫洪之所
致。’即用仲舒之説。”(讀書雜志四漢書第五五行志“大水”
條)　軍案:王説是也。

董仲舒以爲:“夫人哀姜淫亂,師古曰:“哀姜,莊公夫
人,齊女也。”逆陰氣,故大水也。”

劉向以爲:“水旱當書;不書水旱而曰‘大亡麥禾’
者,土氣不養,稼穡不成者也。是時,夫人淫於二叔,内
外亡別,師古曰:“二叔,謂莊公二弟仲慶父及叔牙。”又因凶
飢,一年而三築臺,師古曰:“謂三十一年春,築臺于郎;夏,築臺

于薛；秋，築臺于秦也。郎、薛、秦，皆魯地。”〔一〕故應是而稼穡不成，‘飾臺榭，内淫亂’之罰云。遂不改寤，四年而死，師古曰：“莊公三十二年薨，距‘大無麥禾’凡四歲也。”〔二〕既流二世，師古曰：“謂子般及閔公，皆殺死。”奢淫之患也。”

〔一〕“地”下，建安本、蔡本、鷺洲本有“名也”二字，大德本、崇正本、汪本、北監本、毛本、殿本、局本、王本、點校本有“也”字。又，此下建安本、蔡本、鷺洲本有校語“○宋祁曰：‘注“名也”當删’”九字，乃宋人增附。　軍案：宋祁所言是也。

〔二〕“大”下，建安本、蔡本、鷺洲本、大德本、崇正本、汪本、北監本、毛本、殿本、局本、王本誤衍“水”字。

1.42　傳曰：“好戰攻，〔一〕輕百姓，飾城郭，侵邊境，則金不從革。”

〔一〕王先謙云：“續志引作‘攻戰’。晉、宋志與此同。”（漢書補注卷二十七五行志第七上）

説曰：“金，西方，萬物既成，殺氣之始也。故立秋而鷹隼擊，秋分而微霜降。其於王事，出軍行師，把旄杖鉞，誓士衆，抗威武，所以征畔逆、〔一〕止暴亂也。詩云：‘有虔秉鉞，如火烈烈。’師古曰：“商頌長發之詩也。虔，固也。此美殷湯興師出征，固持其鉞以誅有罪，威力猛盛如火熾烈。”又曰：‘載戢干戈，載櫜弓矢。’師古曰：“周頌時邁之詩也。戢，聚也。櫜，韜也。言天下太平，兵不復用，故戢斂而韜藏也。”〔二〕動靜應誼，‘説以犯難，民忘其死’，師古曰：“言以和悦使人，雖犯危難，〔三〕不顧其死生也。〔四〕易兑卦象曰‘説以犯難，人忘其死’,故引之也。説,讀曰‘悦’。金得其性矣。^{〔五〕}若乃貪欲恣睢,務立威勝,師古曰:“睢,音呼季反。”^{〔六〕}不重民命,則金失其性。蓋工冶鑄金鐵,金鐵冰滯涸堅,^{〔七〕}不成者衆,師古曰:“涸,讀與‘沍’同。沍,凝也,^{〔八〕}音下故反。春秋左氏傳曰‘固陰沍寒’。”^{〔九〕}及爲變怪,^{〔一○〕}是爲‘金不從革’。”

〔一〕“畔”,讀爲“叛”。

〔二〕“藏”,大德本、崇正本、汪本、北監本、毛本、殿本、局本同,建安本、蔡本、鷺洲本、王本、點校本作“臧”。

〔三〕“雖”,王本作“難”,形近而譌。朱一新云:“汪本‘難犯’作‘雖犯’,是也。”(漢書管見卷三五行志上)

〔四〕“死”,諸本無此字。

〔五〕“金”上,北監本、殿本、點校本有“如此則”三字。葉德輝云:“德藩本‘金’上有‘如此則’三字。”王先謙云:“官本有‘如此則’三字,此脱。晉志亦無。”(漢書補注卷二十七五行志第七上) 軍案:“如此則”三字不當有。王云“此脱”,非是。

〔六〕“師古”至“季反”,北監本無此注,殿本在上文“恣睢”下。

〔七〕沈欽韓云:“‘涸’當爲‘涸’。左傳省文作‘固’。昭四年傳:‘固陰沍寒。’郊祀志:‘秋涸凍。’按:集韻‘涸,凝也’,‘沍,固寒也’。師古謂‘涸’與‘沍’同,則左傳何爲一字兩設乎?”(漢書疏證卷二十一五行志)

〔八〕“凝”,王本作“疑”,非是。朱一新云:“‘疑’,汪本作‘凝’,是也。”(漢書管見卷三五行志上)王先謙云:“官本‘疑’作‘凝’。”(漢書補注卷二十七五行志第七上)

〔九〕此注下,建安本、蔡本、鷺洲本、北監本、殿本有校語“○劉敞

曰：‘冰，音凝’”七字，乃<u>宋</u>人增附。<u>崇正本</u>原無校語，後劄補
“○<u>原父</u>曰：‘冰，音凝’”七字。“<u>原父</u>”，<u>劉敞</u>字。

〔一○〕“及”，<u>崇正本</u>誤作“乃”。<u>錢大昭</u>云：“‘及’，閩本作‘乃’。”
　　（<u>漢書辨疑卷十三五行志上</u>）<u>蘇輿</u>云：“‘及’下疑當有
　　‘金’字。上文‘及木爲變怪’與此一例。”（見<u>漢書補注卷
　　二十七五行志第七上</u>）<u>楊樹達</u>云：“<u>蘇</u>説非也。‘木爲變怪’
　　句上文無‘木’字，故有‘木’字；此上文有‘金鐵’二字，故
　　不重見耳。下文‘雞多死及爲怪’、‘犬多狂死及爲怪’、‘羊
　　多疫死及爲怪’、‘豕多死及爲怪’、‘牛多死及爲怪’，皆與此
　　一例。”（<u>漢書窺管卷三五行志第七上</u>）　軍案：<u>楊</u>説是也。

1.43 <u>左氏傳</u>曰：<u>昭公</u>八年“春，石言于<u>晉</u>”。<u>晉平公</u>問
於<u>師曠</u>，<u>師古</u>曰：“<u>晉</u>掌樂大夫。”對曰：“石不能言，神或馮
焉。〔一〕‘作事不時，怨讟動於民，<u>師古</u>曰：“讟，痛怨之言也，
音讀。”則有非言之物而言。’今宮室崇侈，民力彫盡，怨
讟並興，〔二〕莫信其性。<u>師古</u>曰：“信，猶‘保’也。性，生也。一
説：‘信，讀曰“申”。言不得申其性命也。’”〔三〕石之言，不宜
乎？”於是<u>晉侯</u>方築<u>虒祁</u>之宮。<u>師古</u>曰：“<u>虒祁</u>，地在<u>絳</u>西，臨
<u>汾水</u>。虒，音斯。”〔四〕<u>叔向</u>曰：“君子之言，〔五〕信而有徵。”
<u>師古</u>曰：“<u>叔向</u>，<u>晉</u>大夫<u>羊舌肸</u>也。向，音許兩反，字亦作‘嚮’，其音
同。”〔六〕

〔一〕“神”，諸本同，<u>昭</u>八年<u>左傳</u>無此字。<u>臧琳</u>云：“<u>杜</u>注：‘謂有精
　　神馮依石而言。’則作注時本有‘神’字，今本脱耳。”（<u>經義雜
　　記卷二</u>“石言于<u>晉</u>”條）

〔二〕“興”，諸本同，昭八年左傳作“作”。

〔三〕“莫信其性”之“信”，諸本同，昭八年左傳作“保”。臧琳云：
　　“當依師古訓爲‘保’。一讀爲‘申’，非是。漢書所載左傳，即
　　劉歆等所據古文。今杜本作‘保’，是以詁訓代經也。”（同上）
　　蘇輿云：“左傳‘信’作‘保’。此因‘信’、‘保’形近而誤。顏
　　曲爲之説，非。”（見漢書補注卷二十七五行志第七上）　軍
　　案：臧説是也。

〔四〕“絳”，北監本誤作“鋒”。齊召南云：“‘絳’，監本訛‘鋒’，今改
　　正。”（前漢書考證五行志上）昭八年左傳杜注云：“虒祁，地
　　名，在絳西四十里，臨汾水。”

〔五〕“君子”，謂師曠也。

〔六〕“亦”，建安本、蔡本、鷺洲本、汪本作“或”。北監本、殿本無
　　“向音”以下十二字。

　　　劉歆以爲：“金、石同類，〔一〕是爲‘金不從革’，失其
性也。”

〔一〕葉德輝云：“白虎通五行云：‘金，少陰。’又云：‘金者，陰嗇
　　丞。’公羊僖十六年傳：‘隕石于宋五。’何休注：‘石者，陰德
　　之專者也。’據此，則金、石性皆主陰，故劉歆以爲‘同類’也。”
　　（見漢書補注卷二十七五行志第七上）

　　　劉向以爲：“石白色爲主，屬白祥。”〔一〕

〔一〕王先謙云：“‘白祥’互見。”（漢書補注卷二十七五行志
　　第七上）

1.44　成帝鴻嘉三年五月乙亥，天水冀南山大石鳴，師

古曰：“天水之冀縣南山也。”聲隆隆如雷，有頃止，聞平襄二百四十里，韋昭曰：“天水縣。”雊雞皆鳴。師古曰：“雄也。”〔一〕石長丈三尺，廣厚略等，師古曰：“廣及厚皆如其長。”旁著岸脅，去地二百餘丈，民俗名曰石鼓。

〔一〕王先謙云：“此自雊地之雞，非雄也。説詳郊祀志。”（漢書補注卷二十七五行志第七上）　軍案：漢書卷二十五郊祀志上“野雞夜鳴”，師古注云：“野雞，亦雄也。避吕后諱，故曰‘野雞’。”王引之云：“如淳曰：‘野雞，雄也。吕后名雉，故曰“野雞”。’（見史記封禪書集解。）引之曰：‘雄’字之見於史記、漢書者甚多，皆不爲吕后諱，何獨於此而諱之？五行志云：‘有飛雄集于庭。’又云：‘天水冀南山大石鳴，雊雞皆鳴。’一篇之中，既言‘雄’，又言‘野雞’，正與郊祀志同。蓋書傳中稱‘野雞’者有二：一爲雄之别名，杜鄴傳云‘野雞著怪，高宗深動’是也；一爲野地所畜之雞，則此云‘野雞夜鳴’是也。”（見讀書雜志四漢書第五郊祀志“野雞”條）引之所言是也。

石鼓鳴，有兵。是歲，廣漢鉗子謀攻牢，師古曰：“鉗子，謂鉗徒也。牢，係重囚之處。”篡死罪囚鄭躬等，〔一〕盜庫兵，劫略吏民，衣繡衣，自號曰山君，黨與寖廣，〔二〕師古曰：“寖，漸也。”〔三〕明年冬，迺伏誅，自歸者三千餘人。後四年，尉氏樊並等謀反，〔四〕殺陳留太守嚴普，自稱將軍；山陽亡徒蘇令等黨與數百人盜取庫兵，經歷郡國十餘，〔五〕皆踰年迺伏誅。

〔一〕説文厶部云：“篡，屰而奪取曰篡。”“罪”，諸本作“辠”。

〔二〕“寖”，大德本、崇正本、汪本、王本同，建安本、蔡本、鷺洲本、北

監本、殿本、點校本作“寖”,毛本、局本作“寖”。“寖”、“寖”、
“寖”字同,今作“浸”。

〔三〕“師古”至“漸也”,北監本、殿本無此六字。“寖”,建安本、蔡
本、鷺洲本、點校本作“寖”,毛本、局本作“浸”。

〔四〕“尉氏”,地名,漢屬陳留郡,今河南省開封市尉氏縣。

〔五〕“十”上原有“四”字,諸本同,今删。周壽昌云:“成紀永始
三年作‘經歷郡國十九’,此作‘四十餘’,不合。漢郡國共
一百三,據此當半天下矣。成帝時無此大亂,明此衍‘四’
字。”(漢書注校補卷二十五行志第七上)　軍案:周説是也。

　　是時,起昌陵,作者數萬人,徙郡國吏民五千餘户,
以奉陵邑。作治五年不成,乃罷昌陵,還徙家。師古曰:
“初徙人陪昌陵者,令皆還其本居。”石鳴,與“晉石言”同應,〔一〕
師曠所謂“民力彫盡”,〔二〕傳云“輕百姓”者也。〔三〕虒
祁離宫去絳都四十里,〔四〕昌陵亦在郊壄,皆與城郭同
占。城郭屬金,宫室屬土,外、内之别云。〔五〕

〔一〕“晉石言”,見本卷第四十三條。

〔二〕參見本卷第四十三條。

〔三〕“傳”,謂洪範五行傳也。參見本卷第四十二條。

〔四〕“宫”字原無,今據諸本補。

〔五〕王先謙云:“又一條互見‘火不炎上’下。”(漢書補注卷二十
七五行志第七上)

1.45　傳曰:“簡宗廟,不禱祠,廢祭祀,逆天時,則水不
潤下。”

　　説曰：“水，北方，終臧萬物者也。其於人道，命終而形臧，精神放越，聖人爲之宗廟以安魂氣，〔一〕春秋祭祀，以終孝道。王者即位，必郊祀天地，禱祈神祇，望秩山川，懷柔百神，亡不宗事。師古曰：“懷，來也。柔，安也。謂招來而祭祀之，使其安也。宗，尊也。”慎其齊戒，致其嚴敬，鬼神歆饗，多獲福助。此聖王所以順事陰氣，和神、人也。至發號施令，亦奉天時。十二月咸得其氣，則陰陽調而終始成。如此，則水得其性矣。若迺不敬鬼神，政令逆時，〔二〕則水失其性。霧水暴出，百川逆溢，壞鄉邑，溺人民，及淫雨傷稼穡，是爲‘水不潤下’。”

〔一〕“安”，建安本、蔡本、鷺洲本、大德本、崇正本、汪本、北監本、殿本、王本、點校本作“收”。此下，建安本、蔡本、鷺洲本有校語“○宋祁曰：‘“收”，越本作“安”’”九字，乃宋人增附。

〔二〕“政”，毛本、殿本、局本、王本作“致”，非是。朱一新云：“‘致’，汪本作‘政’，是也。”（漢書管見卷三五行志上）葉德輝云：“德藩本作‘政’。”王先謙云：“晉志作‘政’。”（漢書補注卷二十七五行志第七上）

　　京房易傳曰：“顓事有知，〔一〕誅罰絶理；厥災水，其水也，雨殺人以隕霜，大風天黄。飢而不損，〔二〕茲謂泰；厥災水，水殺人。〔三〕辟遏有德，茲謂狂；應劭曰：“辟，天子也。有德者雍遏不見用也。”師古曰：“遏，音一曷反。”〔四〕厥災水，〔五〕水流殺人，已水則地生蟲。歸獄不解，茲謂追非；李奇曰：“歸罪過於民，不罪己也。”張晏曰：“謂釋有罪之人而歸無辜者也。解，止也。〔六〕追非，遂非也。”厥水寒，殺人。追誅不解，兹謂不理；厥水五穀不收。大敗不解，兹謂皆陰。解，舍也。王者於大敗，誅首惡，赦其衆，不則皆函陰氣。〔七〕師古曰："函，讀與'含'同。"厥水流入國邑，隕霜殺叔草。"〔八〕

〔一〕王先謙云："晉、宋志作'顓事者加'。"（漢書補注卷二十七五行志第七上） 軍案：後漢書卷一百五五行志三作"知"。

〔二〕王先謙云："飢，凶年也。損，如減膳省費之類。"（同上）

〔三〕王先謙云："晉、宋志並作'厥大水'。"（同上） 軍案：後漢書卷一百五五行志三作"厥水"。宋書卷三十三五行志四"水"字不重。

〔四〕"師古"至"曷反"，北監本、殿本無此八字。

〔五〕"厥災水"，後漢書卷一百五五行志三作"厥水"。

〔六〕朱一新云："下文云'解，舍也'，即'解'字之義，不必訓爲'止'。"（漢書管見卷三五行志上））

〔七〕"解舍"至"陰氣"，乃"大敗不解，兹謂皆陰"之訓釋，疑係舊注而混入京房易傳正文。後漢書卷一百五五行志三、晉書卷二十七五行志上、宋書卷三十三五行志四無此二十字。李慈銘云："晋、宋志皆無此二十字，蓋師古所引舊注也。案上文'兹謂狂，厥災水流殺人'，又'兹謂追非，厥水寒殺人'，又'兹謂不理，厥水五穀不收'，皆與此文法一例。'解，舍也'等二十字乃'大敗'二句之注，不知何時混入正文。上文'歸獄不解'注引'張晏曰："解，止也"'。此處'解'字與上異義，故注曰'解，舍也'，蓋亦師古所引舊注，而傳寫失其名耳。又'皆函陰氣'下有'師古曰："函，讀與'含'同"'八字小注。案：上以

‘皆函陰氣’釋‘皆陰’二字，故師古以‘函’同“含”’釋之。然
‘皆陰’二字不成文義，疑本當作‘函陰’，故舊注既以‘皆函陰
氣’釋‘函陰’字，師古復以‘含’釋‘函’字也。”（越縵堂讀
史札記漢書札記卷二五行志第七上）

〔八〕“叔草”，建安本、蔡本、鷺洲本、大德本、崇正本、汪本、北監本、
毛本、殿本、局本、王本作“穀”。此下，建安本、蔡本、鷺洲本有
校語“○宋祁曰：‘“穀”當作“菽”’”八字，乃宋人增附。王先
謙云：“晉、宋志作‘穀’。”（漢書補注卷二十七五行志第七上）
後漢書卷一百五五行志三亦作“穀”。楊樹達云：“按中之下卷
亦云‘隕霜殺叔草’。”（漢書窺管卷三五行志第七上）“隕霜
殺叔草”，亦見本書五行志中之下第三十三條。

1.46 桓公元年“秋，大水”。

董仲舒、劉向以爲：“桓弑兄隱公，民臣痛隱而賤桓。
後宋督弑其君，師古曰：“宋華父督爲太宰，弑殤公。事在桓公
二年。”諸侯會，將討之，師古曰：“謂齊、陳、鄭也。”桓受宋賂
而歸，師古曰：“謂郜大鼎。”又背宋。諸侯由是伐魯，仍交
兵結讎，伏尸流血，百姓愈怨，師古曰：“桓會宋公者五，與宋
公、燕人盟，已而背盟伐宋。宋公、燕人怨而求助，齊、衛助之。桓
公懼，而會紀侯、鄭伯及四國之師大戰。”〔一〕故十三年夏復大
水。一曰：‘夫人驕淫，將弑君，陰氣盛。桓不寤，卒弑
死。’”〔二〕師古曰：“已解於上也。”〔三〕

〔一〕“四國”，謂宋、燕、齊、衛也。此下，建安本、蔡本、鷺洲本有校
語“○宋祁曰：‘注“助之”作“明年”’”十字，乃宋人增附。

〔二〕“弑死”原作“殺”,今據諸本改。

〔三〕見本卷第八條。“師古”至“上也”,北監本、殿本無此注。此下,蔡本、鷺洲本有校語“劉氏校本云:‘監本、越本“弑”下無“死”字’”十四字,乃宋人增附。

劉歆以爲:“桓易許田,不祀周公,師古曰:“許田,魯朝宿之邑,而有周公別廟。〔一〕桓既篡位,遂以許田與鄭,而取鄭之祊田,故云‘不祀周公’。”**‘廢祭祀’之罰也。”**〔二〕

〔一〕“廟”,毛本、局本、王本作“號”,非是。朱一新云:“汪本‘號’作‘廟’,是也。”(漢書管見卷三五行志上)王先謙云:“官本作‘廟’。”(漢書補注卷二十七五行志第七上)

〔二〕沈欽韓云:“何休注參用董、劉三家之説。案:歆説非也。許田,朝宿之邑,本非祀周公之所。左傳云:‘鄭伯請釋泰山之祀,而祀周公。’此行人之辭耳。杜預云:‘後世朝宿邑,立周公別廟。’果爾,鄭於祊遂祀泰山乎?傳云:‘邑有宗廟。先君之主曰都。’此謂子弟同姓食采得立廟,於禮則非也。朝宿邑而立廟,其義尤無據矣。劉歆欲附洪範傳‘廢祭祀’之文,理不可通也。”(漢書疏證卷二十一五行志)

1.47 嚴公七年“秋,大水,亡麥苗”。〔一〕

〔一〕齊召南云:“‘苗’,監本訛‘田’,今改正。”(前漢書考證五行志上)　軍案:莊七年左傳杜注云:“今五月,周之秋,平地出水,漂殺熟麥及五稼之苗。”孔疏云:“直言‘無麥苗’,似是麥之苗,而知‘麥’、‘苗’別者,公羊傳曰:‘曷爲先言“無麥”而後言“無苗”?待“無麥”然後書“無苗”。’如彼傳文,知‘麥’、

‘苗’別也。且此‘秋’,今之五月,麥已熟矣,不得方云麥之無苗,故知熟麥及五稼之苗皆爲水漂殺也。”（春秋左傳正義卷八）

董仲舒、**劉向**以爲:“**嚴母文姜**與兄**齊襄公**淫,共殺**桓公**,〔一〕**嚴**釋父讎,復取**齊**女,未入,先與之淫,一年再出,會於道逆亂,臣下賤之之應。”〔二〕

〔一〕“殺”,**建安本**、**蔡本**、**鷺洲本**、**崇正本**作“弑”。“桓”,**毛本**、**殿本**、**局本**、**王本**作“威”,非是。**錢大昭**云:“‘威’,**閩本**作‘桓’。上文‘桓’字互見,此處不應獨作‘威’。**閩本**是。”（前漢書考證五行志上）**葉德輝**云:“**德藩本**亦作‘桓’。”**王先謙**云:“官本作‘桓’。”（漢書補注卷二十七五行志第七上）

〔二〕“應”下,諸本有“也”字。此下,**建安本**、**蔡本**、**鷺洲本**有校語“○宋祁曰:‘浙本“應”下無“也”字’”十一字,乃**宋**人增附。**沈欽韓**云:“娶**哀姜**在二十四年,與七年大水事遠。”（漢書疏證卷二十一五行志）

1.48　十一年“秋,**宋**大水”。

董仲舒以爲:“時**魯**、**宋**比年爲**乘丘**、**鄑**之戰,師古曰:“比年,頻年也。**莊**十年,公敗**宋**師于**乘丘**;十一年,公敗**宋**師于**鄑**。**乘丘**、**鄑**,**魯**地。**鄑**,音子移反。”百姓愁怨,陰氣盛,故二國俱水。”〔一〕

〔一〕**沈欽韓**云:“謂**魯**、**宋**同在十一年被水。公羊傳云:‘外災不書,此何以書? 及我也。’”（漢書疏證卷二十一五行志）

劉向以爲:“時**宋愍公**驕慢,睹災不改。明年,與其

臣宋萬博戲,婦人在側,矜而罵萬,萬殺公之應。”〔一〕師
古曰:“萬,宋大夫也。戰敗獲于魯,復歸宋,又爲大夫。與愍公
博,婦人在側。萬曰:‘甚矣,魯侯之淑,魯侯之美! 天下諸侯宜爲
君者,唯魯侯耳! ’愍公矜此婦人,妒其言,顧曰:‘此虜也。爾虜焉,
故魯侯之美惡乎至! ’〔二〕萬怒,搏愍公,絶其脰而死。事在莊十二
年。”〔三〕

〔一〕“罵萬”下,今據諸本補“萬”字。

〔二〕“故”,建安本、蔡本、鷺洲本、毛本、局本、王本、點校本同,大德
　　本、崇正本、汪本、北監本、殿本作“知”。朱一新云:“今公羊
　　傳作‘故’,何邵公注云:‘女嘗執虜于魯侯,故稱譽爾。’春秋
　　繁露、韓詩外傳均作‘知’,蓋連下七字爲句也。”(漢書管見卷
　　三五行志上)“爾虜焉知魯侯之美惡乎至”,見春秋繁露卷四
　　王道第六、韓詩外傳卷八。

〔三〕此下,建安本、蔡本、鷺洲本有校語“○宋祁曰:‘“殺公之應”
　　上邵本只一“萬”字’”十五字,乃宋人增附。臧琳云:“三傳義
　　不同:左氏以宋來告災,公使弔之,故書。公羊傳以有‘及我’
　　之文,故董生謂兩國俱水。何氏本之,言爲比興兵而百姓怨之
　　應,亦同。穀梁言宋爲王者之後,故書。故劉子政言宋愍驕慢
　　之應。義不同,而各得本傳意也。”(經義雜記卷二“莊十一年
　　宋大水”條)

1.49　二十四年,“大水”。
　　　董仲舒以爲:“夫人哀姜淫亂不婦,陰氣盛也。”
　　　劉向以爲:“哀姜初入,公使大夫宗婦見用幣,師古

曰：“宗婦，同姓之婦也。大夫妻及宗婦見夫人者皆令執幣，是踰禮也。”又淫於二叔，公弗能禁。臣下賤之，故是歲、明年仍大水。”師古曰：“仍，頻也。”〔一〕

〔一〕“師古”至“頻也”，北監本、殿本無此注。

　　劉歆以爲：“先是，嚴飾宗廟，刻桷丹楹，以夸夫人，臣瓚曰：“桷，榱也。”〔一〕韋昭曰：“楹，柱也。”師古曰：“莊公二十三年，丹桓宮楹；二十四年，刻桓宮桷。將迎夫人，故爲盛飾。”〔二〕‘簡宗廟’之罰也。”師古曰：“簡，慢也。”

〔一〕莊二十四年左氏經陸德明釋文云：“字林云：‘齊、魯謂“榱”爲“桷”。’”

〔二〕莊二十四年左氏經孔疏云：“‘桷’謂之‘榱’。‘榱’，即橡也。
　　穀梁傳曰：‘刻桷，非正也。夫人所以崇宗廟也，取非禮與非正而加之於宗廟以飾夫人，非正也。“刻桓宮桷”、“丹桓宮楹”，斥言桓宮以惡莊也。’是言丹楹、刻桷皆爲將逆夫人，故爲盛飾。”

1.50 宣公十年“秋，大水，飢”。

　　董仲舒以爲：“時比伐邾取邑，師古曰：“比，頻也。九年秋，取根牟。公羊傳曰：‘“根牟”者何？邾婁之邑也。’十年，公孫歸父帥師伐邾，取繹。故云比年也。”亦見報復，兵讎連結，百姓愁怨。”

　　劉向以爲：“宣公殺子赤而立，子赤，齊出也，師古曰：“赤母姜氏。赤死，姜氏大歸，齊市人皆哭，魯人謂之‘哀姜’。”故懼，以濟西田賂齊。師古曰：“宣既即位，與齊侯會于平州，以定其位。元年六月,齊人取濟西田,爲立公故,以賂齊也。"〔一〕邾子貜且亦齊出也,師古曰:"貜且,邾文公之子邾定公也,亦齊女所生。貜,音俱碧反,又音钁。且,音子余反。"而宣比與邾交兵。師古曰:"比,頻也。"臣下懼齊之威,創邾之戲,師古曰:"創,懲也,音初亮反。"〔二〕皆賤公行而非其正也。"

〔一〕"賂"原作"敗",形近而譌,今據諸本改。

〔二〕"懲"下,建安本、蔡本、鷺洲本、大德本、崇正本、汪本、北監本、殿本、點校本有"艾"字,毛本、局本、王本有"乂"字。"乂"、"艾"皆爲衍文。説文心部"忿,懲也","懲,忿也"。段注云:"古多用'乂'、'艾'爲之而'忿'廢矣。二篆爲轉注。"(説文解字注十篇下)蓋校書者旁注以"忿"訓"懲",而將"忿"寫作"乂"或"艾",後遂竄入師古注中。

1.51 成公五年"秋,大水"。

　　董仲舒、劉向以爲:"時成幼弱,政在大夫,前此一年再用師,師古曰:"成三年春,公會晉侯、宋公、衞侯、曹伯伐鄭;秋,叔孫僑如帥師圍棘,是也。"明年復城鄆以彊私家,師古曰:"四年城鄆。鄆,季氏邑,音運。"仲孫蔑、叔孫僑如頔會宋、晉,陰勝陽。"師古曰:"仲孫蔑,孟獻子也。成五年春,仲孫蔑如宋。夏,叔孫僑如會晉荀首于穀。頔,與'專'同。'專'者,不稟命於公。"〔一〕

〔一〕"稟",毛本、局本、王本、點校本作"秉"。

1.52 襄公二十四年"秋,大水"。

董仲舒以爲：“先是一年，齊伐晉，襄使大夫帥師救晉，師古曰：“襄二十三年秋，齊伐衞，遂伐晉。八月，叔孫豹帥師救晉，次于雍榆。”〔一〕後又侵齊，師古曰：“二十四年，仲孫羯帥師侵齊。”國小兵弱，數敵彊大，百姓愁怨，陰氣盛。”

〔一〕襄二十三左氏經杜注云：“豹救晉待命于雍榆，故書‘次’。雍榆，晉地。汲郡朝歌縣東有雍城。”

劉向以爲：“先是，襄慢鄰國，是以邾伐其南，師古曰：“十五年，邾人伐我南鄙，是也。”齊伐其北，師古曰：“十六年，齊人伐我北鄙，是也。”莒伐其東，師古曰：“十二年，莒人伐我東鄙，是也。”百姓騷動，後又仍犯彊齊也。師古曰：“十八年，公會晉侯、宋公、衞侯、鄭伯同圍齊；〔一〕二十三年，救晉；二十四年，又侵齊，是重犯也。”大水，饑，穀不成，其災甚也。”〔二〕

〔一〕此年同圍齊者，尚有曹伯、莒子、邾子、滕子、薛伯、杞伯、小邾子。襄十八左氏經杜注云：“齊數行不義，諸侯同心俱圍之。”

〔二〕沈欽韓云：“何休依董説。按：魯事盟主有禮，故救晉、侵齊，‘大水’之徵恐不爲此。劉向遠徵前數十年事，益非。”（漢書疏證卷二十一五行志）　軍案：襄二十四年公羊經“大水”，何休注云：“前此，叔孫豹救晉，仲孫羯侵齊，比興師衆，民怨之所生。”

1.53　高后三年夏，漢中、南郡大水，水出，流四千餘家。〔一〕

〔一〕漢書卷三高后紀云：“三年夏，江水、漢水溢，流民四千餘家。”師古注云：“水所漂没也。”漢紀卷六高后紀亦云：“三年夏，江水、漢水溢,流四千餘家。"

1.54　四年秋,河南大水,伊、雒流千六百餘家,汝水流
八百餘家。

1.55　八年夏,漢中、南郡水復出,流六千餘家;〔一〕南陽沔
水流萬餘家。師古曰:"沔,漢水之上也,音彌善反。"
〔一〕漢書卷三高后紀云:"八年夏,江水、漢水溢,流萬餘家。"漢紀
　　卷六高后紀載同。周壽昌云:"云'復出'者,承三年之'水出'
　　而言。"(漢書注校補卷二高后紀)
　　是時,女主獨治,諸呂相王。

1.56　文帝後三年秋,大雨,晝夜不絕三十五日。藍田
山水出,流九百餘家。漢水出,壞民室八千餘所,〔一〕殺
三百餘人。
〔一〕"漢水出"原作"燕",諸本同,今改。王念孫云:"'燕壞民室'
　　本作'漢水出,壞民室'。今本'漢'譌作'燕',(孔龢碑"爲漢
　　制作","漢"字作"灢",其右邊與"燕"相似而誤。)又脱'水
　　出'二字矣。'漢水出'與'藍田山水出'文同一例。若不言
　　'水出'而但言'壞室',則敘事不明。漢紀孝文紀正作'漢水
　　出,壞民室八千餘所'。"(讀書雜志四漢書第五五行志"燕壞
　　民室"條)　軍案:王説是也。其引孔龢碑,見洪适隸釋卷一
　　孔廟置守廟百石孔龢碑。
　　先是,趙人新垣平以望氣得幸,爲上立渭陽五帝

廟，〔一〕欲出周鼎，以夏四月郊見上帝。師古曰："事並見郊
祀志。"〔二〕歲餘懼誅，謀爲逆，發覺，要斬，夷三族。〔三〕是
時，比再遣公主配單于，賂遺甚厚，師古曰："比，頻也。高祖
使劉敬奉宗室女翁主爲冒頓單于閼氏。〔四〕冒頓死，其子老上單于
初立，文帝復遣宗人女爲單于閼氏。"〔五〕匈奴愈驕，侵犯北邊，
殺略多至萬餘人，漢連發軍征討戍邊。

〔一〕事詳史記卷二十八封禪書。彼文張守節正義云："括地志云：
　　'五帝廟在雍州咸陽縣東三十里。宮殿疏云："五帝廟一宇五
　　殿也。"'按：一宇之内而設五帝，各依其方帝別爲一殿，而門
　　各如帝色也。"

〔二〕見漢書卷二十五上郊祀志上。

〔三〕周壽昌云："郊祀志上云：'人有上書告平所言皆詐也。下吏
　　治，誅夷平。'不云謀反。此史家詳略互見法。"（漢書注校補
　　卷二十五行志第七上）

〔四〕事見漢書卷九十四上匈奴傳上。彼文師古注云："諸王女曰
　　'翁主'者，言其父自主婚。"

〔五〕事亦見漢書卷九十四上匈奴傳上。彼文師古注云："宗人女，
　　亦諸侯王之女。"

1.57　元帝永光五年夏及秋，大水。潁川、汝南、淮陽、廬
江雨，壞鄉聚民舍，及水流殺人。
　　先是一年，有司奏罷郡國廟。是歲，又定迭毀，師古
曰："親盡則毀，故云'迭毀'事在韋玄成傳。迭，音大結反。"〔一〕
罷太上皇、孝惠帝寢廟，皆無復脩，〔二〕通儒以爲違古

制。〔三〕刑臣石顯用事。師古曰："石顯宦者，故曰'刑臣'。"〔四〕

〔一〕"迭，音大結反"，北監本、殿本無此五字。

〔二〕"脩"，建安本、蔡本、鷺洲本、大德本、崇正本、汪本、北監本同，
　　　毛本、殿本、局本、王本、點校本作"修"。

〔三〕王鳴盛云："五行志上卷末段以'罷郡國廟'及'太上皇、惠帝
　　　寢廟'、'徙甘泉泰畤、河東后土于長安南、北郊'、'又罷雍五
　　　畤、郡國諸舊祀'皆致水災之應，而不言其說出於何人。觀郊
　　　祀志劉向之言，知其出於向也。夫毀廟、徙郊等皆復古而得禮
　　　之正者，貢禹、匡衡、谷永說皆是也。而向乃以爲能致水災，向
　　　之曲說如此。班書采輯諸書而成，有未加裁剪者，如郊祀志贊
　　　云：'究觀方士祠官之變，谷永之言不亦正乎？'是固以毀廟、
　　　徙郊爲正也。而此志乃復云云，殊自相矛盾矣。"（十七史商
　　　榷卷十三漢書七"二志矛盾"條）

〔四〕此注下，建安本、蔡本、鷺洲本有校語"○宋祁曰：'"脩"作
　　　"循"'"七字，乃宋人增附。

1.58　成帝建始三年夏，大水。三輔霖雨三十餘日，郡
　　國十九雨，山谷水出，凡殺四千餘人，壞官寺民舍八萬
　　三千餘所。

　　元年，有司奏徙甘泉泰畤、河東后土于長安南、北
　　郊。二年，又罷雍五畤、郡國諸舊祀，凡六所。〔一〕

〔一〕事詳漢書卷二十五下郊祀志下。王先謙云："成紀但書'罷
　　　雍五畤'。郊祀志：'匡衡等復條奏："長安廚官縣官給祠、郡
　　　國候神方士使者所祠凡六百八十三所。其四百七十五所不應

禮，或復重，請皆罷。”奏可。’是所罷者不止六所。‘凡六’下疑有脱文。”（漢書補注卷二十七五行志第七上）施之勉云：“按郊祀志，是年罷雍五畤、郡國舊祠四百七十五所。又，雍舊祠二百三所，（地理志作“三百三所”。）唯山川諸星十五所爲應禮，杜主五祠置其一，餘皆罷。又，高帝、武帝、宣帝所立山川羣祠，據漢紀，凡百二十餘所，皆罷。”（漢書集釋五行志第七上）

漢書五行志校疏卷二

五行志中之上

2.1　經曰:"羞用五事。五事:〔一〕一曰貌,二曰言,三曰視,四曰聽,五曰思心。應劭曰:"心思慮。"〔二〕貌曰恭,言曰從,視曰明,聽曰聰,思曰睿。應劭曰:"睿,通也,古文作'睿'。"恭作肅,從作艾,師古曰:"艾,讀曰'乂'。乂,治也。其下亦同。"〔三〕明作悊,聰作謀,應劭曰:"上聰則下謀,故聰爲謀也。"〔四〕睿作聖。張晏曰:"睿通達以至於聖。"休徵:孟康曰:"善行之驗也。"曰肅,時雨若;應劭曰:"居上而敬,則雨順之。"艾,時陽若;應劭曰:"君政治,則陽順之。"〔五〕悊,時奧若;應劭曰:"悊,明也。"師古曰:"奧,讀曰'燠'。燠,溫也,音於六反。其下亦同。"〔六〕謀,時寒若;聖,時風若。師古曰:"凡言'時'者,皆謂行得其道,則寒暑風雨以時應而順之。"咎徵:師古曰:"言惡行之驗。"曰狂,恒雨若;僭,恒陽若;應劭曰:"僭,僭差。"〔七〕舒,恒奧若;〔八〕急,恒寒若;霧,恒風若。"服虔曰:"霧,音'人僄霧'。"〔九〕應劭曰:"人君散霧鄙吝,〔一〇〕則風不順之也。"師古曰:"凡言'恒'者,謂所行者失道,則寒暑風雨不時,而恒久爲災也。霧,音莫豆反。僄、散,〔一一〕並音構,又音寇。"

〔一〕“羞用五事”，參見本書五行志上第二條。此下，諸本皆有“五事”二字，尚書洪範同，今據補。

〔二〕“五曰思心”，“心”字原無，諸本亦無，今補。注“心思慮”原作“思，思慮”，今改。北監本、殿本無此注六字。洪範五行傳“次五事曰思心。思心之不容，是謂不聖”，鄭玄注云：“‘容’當爲‘睿’。睿，通也。心明曰聖。孔子説‘休徵’曰：‘“聖”者，通也。兼四而明，則所謂聖。’‘聖’者，貌、言、視、聽而載之以思心者，通以待之。君思心不通，則是非不能心明其事也。”（見文獻通考卷八十八郊社考二十一）錢大昕云：“伏生傳本作‘容’。董生春秋繁露述五行五事云：‘思曰容。容者，言無不容。’又云：‘容作聖。聖者，設也。王者心寬大無不容，則聖，能施設事，各得其宜也。’此志説‘思心之不容’云：‘容，寬也。’孔子曰：‘居上不寬，吾何以觀之哉？’言上不寬大包容臣下，則不能居聖位。則爲‘包容’之‘容’，非‘睿智’字，明矣。‘容’與‘恭’、‘從’、‘聰’爲韻。鄭氏破‘容’爲‘睿’，於義爲短。今漢書刊本作‘容’，非‘容’、非‘睿’，亦失班志之舊。”（廿二史考異卷七漢書二五行志中之上）王念孫云：“錢説是也。本志下篇曰‘宋襄公區霧自用，不容臣下’，正所謂‘思心之不容’也。説苑君道篇尹文曰：‘人君之事，無爲而能容下。大道容衆，大德容下，聖人寡爲，而天下理矣。’書曰：‘容作聖。’（今本“容”作“睿”，乃後人所改，與上文不合。）此又一證也。今本漢書‘思曰容’本作‘思心曰容’，（“思心”説見下。）應注‘容，寬也，古文作“睿”’本作‘容，寬也，古文作“睿”’。‘容，寬也’即用班氏原文。‘睿’與‘容’

不同字,故別之曰'古文作"睿"'。若正文本作'容'而訓爲
'通',則'容'、'睿'聲義並同,何必別言之乎?下文'容作聖'
亦本是'容作聖',其注文張晏曰'容,通達,以至于聖'七字文
不成義,亦是後人所改也。又案:上文'五曰思'本作'五曰思
心',注文應劭曰'思,思慮'本作'心思慮',此是釋'思心'二
字之義,非專釋'思'字之義。下篇曰:'思心之不容,是謂不
聖。''思心'者,心思慮也。此即應注所本。後人既於正文
内删去'心'字,又改注文'心思慮'爲'思,思慮',甚矣其妄
也。其春秋繁露之'五曰思。思曰容','思'下無'心'字,亦
是後人所删。洪範五行傳曰:'次五事曰思心。思心之不容,
是謂不聖。'(今本改作"次五事曰心維思。思之不容,是謂
不聖"。據鄭注及續漢書、晉書、隋書五行志所引訂正。)又本
志中篇曰:'劉歆以爲:"屬思心不容。"'又曰:'劉歆以爲:"思
心'蠃蟲孽'也。"'下篇曰:'思心氣毀,故有牛禍。'又曰:'凡
思心傷者,病土氣。'又曰:'劉歆"思心"傳曰:"時則有蠃蟲
之孽。"'又曰:'思心失,逆土氣。'又曰:'貌、言、視、聽、思心,
五事皆失。'藝文志曰:'貌、言、視、聽、思心失,而五行之序
亂。''思'下皆有'心'字。蓋古文尚書作'五曰思。思曰睿,
睿作聖',今文尚書作'五曰思心。思心曰容,容作聖'。漢書
及五行傳、春秋繁露、説苑皆本今文,故與古文不同。後人見
古文而不見今文,故以其所知改其所不知也。又本志下篇曰:
'梁孝王田北山,有獻牛,足上出背上。劉向以爲:"近牛禍。
内則思慮霿亂,外則土功過制,故牛既。"'作'思慮',亦本作
'思心',而後人改之也。下文曰:'周景王思心霿亂。'敍傳曰:

‘思心既霿，牛旤告妖。’漢紀孝景紀曰：‘梁王北獵梁山，有獻牛，足出背上。’本志以爲：‘牛旤，思心瞀亂之咎也。’皆其證矣。又律歷志‘宮爲土、爲信、爲思’，‘思’下無‘心’字，亦是後人所删。天文志曰‘填星曰中央，季夏土，信也，思心也’，義正與此同。（下文“貌、言、視、聽，以心爲主”，“心”上亦當有“思”字。）漢紀孝武紀曰：‘宮爲土、爲信、爲思心。’此尤其明證。（今本作“爲思爲心”，下“爲”字因上而衍。）（讀書雜志四漢書第五五行志“五曰思”條）

〔三〕周壽昌云：“‘艾’，書作‘乂’。”（漢書注校補卷二十五行志第七中之上）

〔四〕王先慎云：“鄭康成注大傳五行傳云：‘君貌不恭，則不能敬其事。君言不從，則不能治其事。君視不明，則是不能暸其事。君聽不聰，則是不能謀其事。君思心不通，則是不能心明其事。’‘肅、艾、悊、謀、聖’皆就君言，與下張晏説合。其尚書注云：‘君貌恭，則臣禮肅。君言從，則臣職治。君視明，則臣昭悊。君聽聰，則臣進謀。君思容，則臣賢智。’以‘肅、艾、悊、謀、聖’皆就臣言，與應説合。案：上脩其政而臣下化之，於‘休徵’之義更爲允當。以應注爲長。”（見漢書補注卷二十七中之上五行志第七中之上）

〔五〕“政治”上原無“君”字，今據諸本補。周壽昌云：“‘陽’，書作‘暘’。”（漢書注校補卷二十五行志第七中之上）

〔六〕“其下亦同”，建安本、蔡本、鷺洲本、大德本、崇正本、汪本、北監本、毛本、局本、王本、點校本同，殿本無此四字。周壽昌云：“‘奧’，書作‘燠’。”（同上）

〔七〕“僭差”，建安本、蔡本、鷺洲本、大德本、崇正本、毛本、局本、王本、點校本同，北監本誤作“潛差”，汪本、殿本倒作“差僭”。齊召南云：“監本訛‘潛差’，今改正。”（前漢書考證五行志中之上）

〔八〕周壽昌云：“‘舒’，書作‘鬱’。”（漢書注校補卷二十五行志第七中之上）

〔九〕“人僭霿”原作“人僭反”，蔡本同，今據建安本、鷺洲本、大德本、崇正本、汪本、北監本、毛本、殿本、局本、王本、點校本改。洪範五行傳“厥咎霿”鄭玄注云：“霿，冒也。君臣心有不明，則相蒙冒矣。”錢大昕云：“‘霿’、‘蒙’聲相近。”（廿二史考異卷七漢書二五行志中之上）周壽昌云：“荀子儒效篇‘愚陋溝瞀’注：‘瞀，音寇。溝瞀，無知也。’‘僭’譌作‘溝’；‘霿’作‘瞀’，即‘霿’也。”（漢書注校補卷二十五行志第七中之上）

〔一〇〕集韻五十候云：“瞀，音寇。瞉霿鄙吝，心不明也。”

〔一一〕“僭”，汪本、殿本作“備”，形近而譌。

2.2　傳曰：“貌之不恭，是謂不肅。厥咎狂，厥罰恒雨，厥極惡。時則有服妖，時則有龜孽，師古曰：‘孽，音魚列反。其下並同。’時則有雞旤，師古曰：‘旤，與‘禍’同。’時則有下體生上之痾，韋昭曰：‘若牛之足反出背上，下欲伐上之禍也。’〔一〕師古曰：‘痾，音阿。’時則有青眚、青祥，李奇曰：‘内曰眚，外曰祥。’唯金沴木。”〔二〕服虔曰：‘沴，害也。’如淳曰：‘沴，音‘拂戾’之‘戾’，義亦同。’”

〔一〕王先謙云：“韋說非也，五痾皆屬人言。此牛旤，見‘思心’

傳。”（漢書補注卷二十七五行志第七中之上）　軍案：王
說是也。

〔二〕“木”，建安本、蔡本、鷺洲本、大德本、崇正本、汪本、北監本、
　　殿本、點校本同；毛本、局本、王本作“水”，非是。尚書洪
　　範孔疏引此文亦作“木”，是也。朱一新云：“汪本‘水’作
　　‘木’，是也。”（漢書管見卷三五行志中之上）葉德輝云：“德藩
　　本作‘木’。”王先謙云：“官本作‘木’。”（同上）

　　　說曰：“凡草物之類，〔一〕謂之‘妖’。妖，猶‘夭胎’，
言尚微。師古曰：“夭，音烏老反。”蟲豸之類，謂之‘孽’。師
古曰：“有足謂之‘蟲’，無足謂之‘豸’。”孽，則牙孽矣。及六
畜，謂之‘旤’，言其著也。〔二〕及人，謂之‘痾’。痾，病
貌，言寖深也。師古曰：“寖，漸也。”〔三〕甚則異物生，謂之
‘眚’；自外來，謂之‘祥’。祥，猶‘禎’也。氣相傷，謂
之‘沴’。沴，猶‘臨莅’，不和意也。每一事云‘時則’
以絶之，言非必俱至，或有、或亡，或在前、或在後也。”

〔一〕“草物”，建安本、蔡本、鷺洲本、大德本、崇正本、汪本、毛本、
　　局本、王本、點校本同，北監本、殿本作“草木”。王先謙云：
　　“官本作‘草木’，晉志同。”（漢書補注卷二十七五行志第七
　　中之上）

〔二〕葉德輝云：“續志引洪範傳曰：‘妖者，敗胎也。’少小之類，言
　　其事之尚微也。至孽，則牙孽也。言乎禍，則著矣。”（見漢書
　　補注卷二十七五行志第七中之上）

〔三〕“師古”至“漸也”，建安本、蔡本、鷺洲本、大德本、崇正本、汪
　　本、毛本、局本、王本、點校本同，北監本、殿本無此注六字。

孝武時，夏侯始昌通五經，善推五行傳，以傳族子夏侯勝，下及許商，[一]皆以教所賢弟子。其傳與劉向同，唯劉歆傳獨異。

〔一〕楊樹達云：“儒林傳云：‘商著五行論歷。’藝文志書家有許商五行傳記一篇。”（漢書窺管卷三五行志第七中之上）

　　“貌之不恭，是謂不肅”，“肅”，敬也；內曰恭，外曰敬。人君行己，體貌不恭，怠慢驕蹇，則不能敬萬事，失在狂易，故“其咎狂”也。師古曰：“狂易，謂狂而易其常性。”[一]上嫚下暴，[二]則陰氣勝，故“其罰常雨”也。水傷百穀，衣食不足，則姦軌並作，故“其極惡”也。一曰“民多被刑，或形貌醜惡”，亦是也。風俗狂慢，變節易度，則爲剽輕奇怪之服，師古曰：“剽，音匹妙反。”故“有服妖”。[三]水類動，故“有龜孽”。如淳曰：“河魚大上，以爲魚孽之比。”[四]於易，巽爲雞。雞有冠、距，文、武之貌。不爲威儀，貌氣毀，故“有雞旤”。一曰“水歲，雞多死及爲怪”，亦是也。上失威儀，則下有彊臣害君上者，故“有下體生於上之痾”。木色青，故“有青眚、青祥”。凡貌傷者，病木氣；[五]木氣病，則金沴之，衝氣相通也。[六]

〔一〕建安本、蔡本、鷺洲本此下有校語“○宋祁曰：‘晏本“易”作“咎”’”九字，乃宋人增附。

〔二〕“嫚”，建安本、蔡本、鷺洲本、大德本、崇正本、汪本、毛本、局本、王本、點校本同，北監本、殿本作“慢”。

〔三〕王先謙云：“續志引鄭注：‘服，貌之飾也。’”（漢書補注卷二十七五行志第七中之上）　軍案：王引“服，貌之飾也”，見後漢書卷一百三五行志一注引鄭玄注尚書大傳文。補注“續志”下脱“注”字。

〔四〕王先謙云：“續志引鄭注：‘蛆，蟲之生於水而游於春者也，屬木。’案：‘蛆孽’無證。”（同上）　軍案：補注“續志”下亦脱“注”字。

〔五〕建安本、蔡本、鷺洲本此下有校語“○宋祁曰：‘“者”下當添“痾”字’”十字，乃宋人增附。

〔六〕王先謙云：“續志注引鄭注：‘沴，殄也。凡貌、言、視、聽、思心一事失，則逆人之心。人心逆，則怨。木、金、水、火、土氣爲之傷，傷則衝勝來乘殄之。於是神怒人怨，將爲禍亂。故五行先見變異，以譴告人也。及妖、孽、禍、痾、眚、祥，皆其氣類暴作非常爲時怪者也，各以物象爲之占也。’”（漢書補注卷二十七五行志第七中之上）　軍案：王引“續志注”，見後漢書五行志一劉昭注。

於易，震在東方，爲春、爲木也；兌在西方，爲秋、爲金也；離在南方，爲夏、爲火也；坎在北方，爲冬、爲水也。春與秋，日夜分，寒暑平，是以金、木之氣易以相變，故貌傷則致秋陰常雨，言傷則致春陽常旱也。至於冬、夏，日夜相反，寒暑殊絶，水火之氣不得相併，故視傷常奥、聽傷常寒者，其氣然也。逆之，其極曰惡；順之，其福曰攸好德。孟康曰：“政不順則致妖，順則致福也。”師古曰：“攸，所也。所好者德也。”

劉歆“貌”傳曰：“有鱗蟲之孽，羊旤，鼻痾。説以爲：‘於天文，東方辰爲龍星，故爲鱗蟲。於易，兌爲

羊。木爲金所病,故致羊旤,與“常雨”同應。’”此説
非是。〔一〕春與秋,氣陰陽相敵,木病金盛,故能相并,
唯此一事耳。旤與妖、痾、祥、眚同類,不得獨異。

〔一〕齊召南云:“班書十志半取衷於劉歆,惟五行志時糾劉歆之
　　失。”(前漢書考證五行志中之上)沈欽韓云:“庖人注云:‘羊
　　屬司馬,火也。’故班氏説劉歆非是。月令注:‘羊,火畜也。
　　時尚寒,食之以安性也。’”(漢書疏證卷二十一五行志)

2.3　史記師古曰:“此志凡稱‘史記’者,皆謂司馬遷所撰也。”〔一〕
成公十六年,公會諸侯于周,單襄公見晉厲公視遠步
高,〔二〕師古曰:“單襄公,周卿士單子朝也。晉厲公,景公之子也,
名州蒲。單,音善。”告公曰:“晉將有亂。”魯侯曰:“敢問
天道也?抑人故也?”師古曰:“抑,發語辭也。”〔三〕對曰:
“吾非瞽史,師古曰:“瞽,樂太師。史,太史。”焉知天道?吾
見晉君之容,殆必禍者也。夫君子目以定體,足以從之,
師古曰:“體定則目安,足之進退皆無違也。”是以觀其容而知其
心矣。目以處誼,足以步目。師古曰:“視瞻得其宜,行步中
其節也。”晉侯視遠而足高,目不在體,而足不步目,其心
必異矣。目、體不相從,何以能久?夫合諸侯,民之大事
也,於是虖觀存亡。故國將無咎,其君在會,步、言、視、
聽必皆無讁,則可以知德矣。師古曰:“讁,責也。無讁,謂得
其義理,無可咎責也。”視遠,曰絶其誼;〔四〕足高,曰棄其德;
言爽,曰反其信;師古曰:“爽,差也。”聽淫,曰離其名。師
古曰:“淫,邪也。”夫目以處誼,足以踐德,師古曰:“踐,履也,

所履皆德行也。”口以庇信，師古曰：“庇，覆也。言行相覆則爲信矣。”耳以聽名者也，故不可不慎。偏喪有咎；師古曰：“苟喪其一，則有咎。”既喪，則國從之。師古曰：“既，盡也。若盡喪之，則國亦亡。”晉侯爽二，吾是以云。”〔五〕張晏曰：“‘視遠’一也，‘步高’二也。”後二年，晉人殺厲公。凡此屬，皆“貌不恭”之咎云。

〔一〕王鳴盛云：“愚謂：師古注此書成，年已六十一，六十五而卒，學識本不甚高，又已老悖，故舛謬頗多。此注以左氏爲司馬遷，竟如不辨菽麥者。”（十七史商榷卷十三漢書七“五行志所引”條）齊召南云：“‘單襄公見晉厲公’一段，史記晉世家不載，此國語文也。國語本於各國之史記，故以‘史記’稱之。顏以司馬遷所撰爲解，非也。下文尚有數處稱‘史記’，皆國語文。”（前漢書考證五行志中之上）錢大昕云：“此條引‘單襄公見晉厲公視遠步高’事，見國語，而太史公書無之。此外所引‘史記’，如‘單襄公見晉三郤、齊國佐’一條，‘晉惠公時童謠’一條，‘穀、洛水鬭，將毀王宮’一條，‘周三川震，伯陽甫言周將亡’一條，‘夏后氏之衰，二龍止于夏廷’一條，‘季桓子穿井得土缶’一條，‘隼集陳廷，楛矢貫之，石砮’一條，皆國語之文；惟‘夏后二龍’、‘伯陽甫’事見周紀，‘土缶楛矢’事見孔子世家，餘皆無之。又戰國及秦事，志稱‘史記’者，間與太史公合；而‘秦昭王三十四年，渭水赤’，‘始皇二十六年，有大人長五丈，見於臨洮’，‘二世元年，天無雲而雷’，今史記亦無之。則班志所云‘史記’，非專指太史公書矣。古者，列國之史俱稱‘史記’。周本紀云：‘太史伯陽讀史記。’陳杞世家云：'孔子讀史記。'而漢書藝文志稱：'仲尼以魯周公之國，史官有法，故與左丘明觀其史記，據行事，仍人道，因興以立功，就敗以成罰，有所褒諱貶損不可盡者，口授弟子。丘明恐弟子各安其意，以失其真，故論本事而作傳，明夫子不以空言說經也。'然則丘明所論次者，謂之春秋傳。國語乃左氏所錄史記舊文，故亦可稱'史記'。劉知幾以班志所引不云'國語'，惟稱'史記'，訾其忘本徇末，逐近棄遠，蓋未識此旨也。史遷著書未嘗以'史記'名之，即孟堅亦未嘗以'史記'目太史公書。小顏考之未詳爾。"（廿二史考異卷七漢書二五行志中之上）沈欽韓云："古人以春秋爲'史記'。董子俞序云：'史記十二公之間。'杜預序：'春秋者，魯史記之名也。'觀此志，則兼以外傳爲'史記'。遷書在漢自名太史公書。"（漢書疏證卷二十一五行志）施之勉云："志所引'史記'凡十七條。'穀、洛水鬭，將毀王宮'、'幽王時，三川皆震'、'夏后氏之衰，二龍止于夏廷'、'威烈王時，九鼎震'四條見周紀。'秦武王三年，渭水赤三日'、'始皇八年，河魚大上'、'始皇三十六年，有人持璧與客，曰："爲吾遺鎬池君。"因言"今年祖龍死"'三條見始皇紀。'秦孝公時，有馬生人'、'魏有女子，化爲丈夫'二條見六國表。'女化爲丈夫'一條並見魏世家。'晉惠公時童謠'一條見晉世家。'季桓子穿井得土缶'、'隼集陳廷，楛矢貫之，石砮'二條見孔子世家。此十二條，皆見於遷書。惟'公見晉厲公'、'公見晉三郤、齊國佐'、'秦昭王三十四年，渭水赤三日'、'始皇二十六年，有大人長五丈，見于臨洮'、'二世元年，天無雲而雷'五條不見耳。齊、錢、沈三氏皆以志所引'史記'爲國

語，而非遷書。然‘季桓子穿井得土缶’，魯語作‘其中有羊’，
此作‘若羊’；‘隼集陳廷，楛矢貫之，石砮’，魯語在陳惠公時，
此在陳湣公時，皆與孔子世家合，而不與國語同。此明是引遷
書，非國語文也。則謂‘孟堅未嘗以“史記”目太史公書’，非
其實矣。”（漢書集釋五行志第七中之上）

〔二〕蘇輿云：“國語以此事屬柯陵之會。據春秋，書‘同盟于柯陵’
在成十七年。此云‘十六年’，不合周語。簡王十一年，諸侯會
于柯陵；十三年，晉侯弒簡王。十一年，正當成公十六年。（韋
昭云“簡王十一年，魯成十七年”，非也。）左、國互歧，志用國
語也。劉知幾以爲：‘春秋、史記雜亂難別。謂“成公”即魯
侯。今引“史記”居先，“成公”在下，書非魯史，而公捨魯名。’
用爲譏議。案：志文偶脱耳。”（見漢書補注卷二十七五行志
第七中之上）　　軍案：蘇氏引劉知幾語，見史通卷十九外篇漢
書五行志錯誤。“謂‘成公’即魯侯”，史通作“‘成公’者，即魯
侯也”。

〔三〕“師古”至“辭也”，建安本、蔡本、鷺洲本、大德本、崇正本、
汪本、毛本、局本、王本、點校本同，北監本、殿本無此注八
字。建安本、蔡本、鷺洲本此下有校語“○宋祁曰：‘“辭
也”，“也”字當删’”十字，乃宋人增附。王先謙云：“官本無
注。周語韋注：‘故，事也。’”（漢書補注卷二十七五行志第七
中之上）

〔四〕蘇輿云：“周語‘曰’作‘日’，下同。韋注：‘言日日絶其宜
也。’”（見漢書補注卷二十七五行志第七中之上）楊樹達云：
“‘日’乃誤字，當據此文正彼文。韋據誤文爲説，非也。”（漢

書窺管卷三五行志第七中之上）　軍案：楊説是也。

〔五〕楊樹達云：“‘爽’即上文‘偏喪’、‘既喪’之‘喪’，以同音，假‘爽’爲‘喪’耳。”（同上）

2.4　左氏傳桓公十三年，〔一〕楚屈瑕伐羅，鬭伯比送之。師古曰：“屈瑕，即莫敖也。鬭伯比，楚大夫。羅，國名，在南郡枝江西。”還，謂其馭曰：〔二〕“莫敖必敗，〔三〕師古曰：“莫敖，楚官名也；字或作‘敖’，其音同。”舉止高，〔四〕心不固矣！”師古曰：“止，足也。”遽見楚子以告。〔五〕師古曰：“遽，速也。”楚子使賴人追之，弗及。莫敖行，遂無次，且不設備。師古曰：“無次，不爲次列也。”及羅，羅人軍之，大敗。莫敖縊死。

〔一〕“傳”，建安本、蔡本、鷺洲本、大德本、崇正本、汪本、北監本、殿本同；毛本、局本、王本作“使”，非是。錢大昭云：“‘使’，南雍本、閩本皆作‘傳’。”（漢書辨疑卷十三五行志中之上）葉德輝云：“德藩本作‘傳’。”王先謙云：“官本作‘傳’，是。”（漢書補注卷二十七五行志第七中之上）

〔二〕“馭”，諸本同，桓十三年左傳作“御”。臧琳云：“今傳作‘御’。案：説文彳部云：‘御，使馬也。從彳，從卸。馭，古文御。從又，從馬。’據此，知漢書所載左氏皆古文也。”（經義雜記卷二十“屈瑕伐羅”條）

〔三〕臧琳云：“今傳作‘敖’。此當本古文，下並同。”（同上）

〔四〕臧琳云：“今傳作‘趾’，乃俗字。説文云：‘止，下基也。象艸木出有址，故以‘止’爲‘足’。’詩麟之趾釋文云：‘趾，本亦作“止”，兩通。’是詩本作‘止’。毛詩亦古文也，故與左傳合。

陸德明不能別，而以爲兩通，非是。”（同上）

〔五〕臧琳云：“今傳作‘遂’。案：此是。”（同上）

2.5　釐公十一年，周使内史過賜晉惠公命，^{〔一〕}師古曰：

“内史過，周大夫。晉惠公，夷吾也。諸侯即位，天子則賜命圭以爲

瑞。”受玉惰。師古曰：“不敬其事也。”過歸告王曰：“晉侯其

無後乎？王賜之命，而惰於受瑞，先自棄也已，其何繼之

有？禮，國之幹也；敬，禮之輿也。師古曰：“無禮則國不立，

故謂之幹。無敬則禮不行，故比之於輿。”不敬則禮不行，禮不

行則上下昏，何以長世？”^{〔二〕}二十一年，晉惠公卒，子懷

公立，晉人殺之，更立文公。

〔一〕“使”下，僖六年左傳有“召武公”三字。杜注云：“召武公，周

　　卿士。内史過，周大夫。諸侯即位，天子賜之命圭爲瑞。”（見

　　春秋左傳正義卷十三）

〔二〕僖十一年左傳孔疏云：“召武公亦名過。周語云：‘襄王使召

　　公過及内史過賜晉惠公命，晉侯執玉卑，拜不稽首。内史過歸

　　以告王曰：“晉不亡，其君必無後。不敬王命，棄其禮也；執玉

　　卑，替其質也；拜不稽首，無其王也。替質無鎮，無王無人。晉

　　侯無王，人亦將無之；欲替其鎮，人亦將替之。”’其言多而小

　　異。孔晁云：‘左丘明集其典雅令辭，與經相發明者，以爲春秋

　　傳。其高論善言，別爲國語。凡左傳、國語有事同而辭異者，

　　以其詳於左傳而略於國語，詳於國語而略於左傳。’”（同上）

2.6　成公十三年,晉侯使郤錡乞師于魯,將事不敬。師
古曰:“郤錡,晉大夫駒伯也。乞師,欲以伐秦也。將事,致其君命
也。錡,音牛爾反。”孟獻子曰:“郤氏其亡乎? 師古曰:“孟獻
子,仲孫蔑。”〔一〕禮,身之幹也;敬,身之基也。師古曰:“無
禮,則身不立;不敬,則身不安也。”郤子無基。〔二〕且先君之嗣
卿也,〔三〕受命以求師,將社稷是衞,而惰,棄君命也,不
亡何爲? ”十七年,郤氏亡。〔四〕

〔一〕“乎”,殿本作“虖”。“蔑”下,北監本、殿本有“也”字。葉德
　　輝云:“德藩本‘乎’作‘虖’。”王先謙云:“官本作‘虖’,注末
　　有‘也’字。”(漢書補注卷二十七五行志第七中之上)

〔二〕成十三年左傳孔疏云:“‘幹’以樹木爲喻,‘基’以牆屋爲喻。
　　樹木以本根爲幹;有幹,故枝葉茂焉。牆屋以下土爲基;有基,
　　乃牆屋成焉。人身以禮、敬爲本;必有禮、敬,身乃得存。郤子
　　無基,則亦無幹,但言有所局,不復得言幹耳。”(春秋左傳正
　　義卷二十七)

〔三〕成十三年左傳杜注云:“郤錡,郤克子,故曰‘嗣卿’。”(同上)

〔四〕成十七年春秋云:“十有二月,晉殺其大夫郤錡、郤犨、郤至。”
　　(春秋左傳正義卷二十八)

2.7　成公十三年,諸侯朝王,遂從劉康公伐秦。成肅公
受脤于社,〔一〕不敬。服虔曰:“脤,祭社之肉也。盛以蜃器,故
謂之‘脤’。”師古曰:“劉康公、成肅公,皆周大夫也。脤,讀與‘蜃’
同。以出師而祭社謂之‘宜’。‘脤’者,即宜社之肉也。蜃,大蛤
也,音上忍反。”劉子曰:“吾聞之曰,民受天地之中以生,

所謂命也。師古曰：“劉子，即康公也。中，謂中和之氣。”是以
有禮義動作威儀之則，〔二〕以定命也。能者養以之福，不
能者敗以取殹。〔三〕師古曰：“之，往也。能養生者，則定禮義威
儀，自致於福；不能者，則喪之以取禍亂。”是故君子勤禮，小人
盡力。勤禮莫如致敬，盡力莫如惇篤。〔四〕敬在養神，篤
在守業。國之大事，在祀與戎。祀有執膰，戎有受脤，應
劭曰：“膰，祭肉也。”師古曰：“膰，音扶元反。”神之大節。師古
曰：“交神之節。”〔五〕今成子惰，棄其命矣，其不反虖？”〔六〕
五月，成肅公卒。

〔一〕“脤”，毛本、局本、王本作“賑”，形近而謁。錢大昭云：“‘賑’
　　當作‘脤’。”（漢書辨疑卷十三五行志中之上）葉德輝云：“德
　　藩本作‘脤’。字本作‘祳’。説文云：‘祳，社肉。盛以蜃，故
　　謂之祳。’是也。假借爲‘脤’。”王先謙云：“官本作‘脤’。”
　　（漢書補注卷二十七五行志第七中之上）

〔二〕齊召南云：“左傳‘禮義’二字在‘動作’之下。”（前漢書考
　　證五行志中之上）

〔三〕臧琳云：“據此，知左傳本作‘養以之福’，杜作注時猶未誤，故
　　與師古義同。當據注及漢書乙正。隸釋酸棗令劉熊碑‘養
　　□之福’，此亦用左傳語，所缺必是‘以’字。”（經義雜記卷二
　　“養以之福”條）齊召南云：“‘之’字訓‘往’，與下句‘取’字
　　相對。今俗本左傳作‘能者養之以福’，非是。顏注與杜注、
　　孔疏合，是古本不訛也。監本從俗本左傳，亦作‘能者養之以
　　福’。今從宋本改正。”（前漢書考證五行志中之上）錢大昕
　　云：“律歷志引此文作‘養以之福’，師古訓‘之’爲‘往’，‘之

福'與'取禍'相對。此志亦當然。後人據今本左傳改之，與
注意不合。"（廿二史考異卷七漢書二五行志中之上）　軍案：
臧引酸棗令劉熊碑，見洪适隸釋卷五。臧、齊、錢説是也。

〔四〕"惇"，諸本同，成十三年左傳作"敦"。阮元春秋左傳正義校
　　勘記云："'惇'通作'敦'。"（見皇清經解卷九百六十七）

〔五〕"大節"下，建安本、蔡本、鷺洲本有"也"字。注"之節"下，
　　建安本、蔡本、鷺洲本有校語"○宋祁曰：'"節也"，當刪"也"
　　字'"十字，乃宋人增附。

〔六〕"虖"，諸本同，成十三年左傳作"乎"。阮元春秋左傳正義校
　　勘記云："'虖'，古'乎'字。"（見皇清經解卷九百六十七）

2.8　**成公十四年，衛定公享苦成叔，甯惠子相。**師古曰：
"定公名臧。苦成叔，晉大夫郤犨也。晉使郤犨如衛，故定公享之。
惠子，衛大夫甯殖也。相，謂贊相其禮。"**苦成叔敖，**師古曰："敖，
讀曰'傲'。其下並同。"**甯子曰："苦成家其亡虖？古之爲
享食也，以觀威儀、省禍福也。**師古曰："食，讀曰'飤'。"**故
詩曰：'兕觥其觩，旨酒思柔。匪傲匪傲，**〔一〕**萬福來求。'**
張晏曰："觥，罰爵也。飲酒和柔，無失禮可罰，罰爵徒觩然而已。"
應劭曰："言在位者不傲訐、不倨傲也。"師古曰："小雅桑扈之詩
也。傲，謂傲幸也。〔二〕萬福，言其多也。謂飲酒者不傲幸、不傲慢，
則福祿就而求之也。觩，音虬。〔三〕傲，音工堯反。"**今夫子傲，取
禍之道也。"後三年，苦成家亡。**師古曰："十七年，晉攻郤氏，
長魚矯以戈殺郤錡、郤犨、郤至，而滅其家。"

〔一〕錢大昕云："詩作'彼交匪敖'，春秋傳作'匪交匪敖'。古書

‘彼’與‘匪’通。詩‘彼交匪紓’，荀子勸學篇作‘匪交匪紓’。
左傳引詩‘如匪行邁謀’，杜預云：‘匪，彼也。’”（廿二史考異
卷七漢書二五行志中之上）葉德輝云：“今左傳仍作‘彼交匪
傲’，與班所據本異。杜注云：‘彼之交於事而不惰傲，乃萬福
之所求。’是杜所見本不作‘匪傲匪傲’也。明左傳文已順
毛傳改矣。”（前漢書考證五行志中之上）

〔二〕“幸”，建安本、蔡本、鷺洲本、大德本、崇正本、汪本、北監本、殿
本同；毛本、局本、王本、點校本作“倖”，下同。

〔三〕“虹”，諸本作“蚖”，字同。

2.9　**襄公七年，衞孫文子聘于魯，君登亦登。**師古曰：“文
子，衞大夫孫林父也。禮之登階，臣後君一等。”**叔孫穆子相，**師
古曰：“穆子，叔孫豹。”**趨進曰：“諸侯之會，寡君未嘗後衞
君。今吾子不後寡君，寡君未知所過，吾子其少安！”**師
古曰：“安，徐也。”**孫子亡辭，亦亡悛容。**師古曰：“悛，改也，音
千全反。”**穆子曰：“孫子必亡。爲臣而君，過而不悛，亡之
本也。”十四年，孫子逐其君而外叛。**師古曰：“逐其君，謂
衞獻公出奔齊也。外叛，謂以戚叛之。”

2.10　**襄公二十八年，蔡景侯歸自晉，入于鄭。**師古曰：“景
侯，名固，文侯之子。”〔一〕**鄭伯享之，不敬。子產曰：“蔡君
其不免虖？**師古曰：“言不免於禍。”**日其過此也，君使子展
往勞于東門，而敖。**〔二〕師古曰：“日，謂往日，始適晉之時也。
子展，鄭大夫公孫舍之。”〔三〕**吾曰：‘猶將更之。’**師古曰：“更，

改也。"今還，受享而惰，迺其心也。師古曰："言心之所常行
也。"君小國，事大國，〔四〕師古曰："言身爲小國之君，而事於大
國。"而惰敖以爲己心，將得死虖？君若不免，必由其子。
淫而不父，師古曰："通太子之妻。"如是者必有子旣。"三十
年，爲世子般所殺。師古曰："般，讀與'班'同。"

〔一〕"子"下，建安本、蔡本、鷺洲本、大德本、崇正本、汪本、北監
　　本、王本、點校本有"也"字。此下，建安本、蔡本、鷺洲本有校
　　語"〇宋祁曰：'"也"字當删'"八字，乃宋人增附。

〔二〕"敖"，諸本同；襄七年左傳作"傲"，下同。

〔三〕"舍之"，諸本同。此下，建安本、蔡本、鷺洲本有校語"〇宋祁
　　曰："舍之"，當删"之"字'"十字，乃宋人增附。　　軍案：宋
　　祁説非是。

〔四〕臧琳云："左傳襄廿八年：'子産曰："君小國，事大國，而惰傲
　　以爲己心，將得死乎？"'正義曰："'君小（此"小"字亦後人竄
　　入。）國事大國"，晉、宋古本及王肅注，其文皆如此。"君國"
　　謂爲國君，言其爲君之難也。今定本作"小國"。'釋文："'君
　　小國，事大國"，古本無"小"字。'案正義，知孔本作'君國事
　　大國'，晉、宋古本及王肅本並同。蓋'君國'猶言'君人'。正
　　義云'"君國"謂爲國君'，是也。唐定本因'君國'字古，因
　　改'君'字爲'小'。陸德明更參合古、今本，作'君小國，事大
　　國'，則愈改而愈失其真。猶幸有'古本無"小"字'一言，考之
　　正義爲合。而陸氏參合之迹，亦不求而自見矣。注疏標起至
　　'君小國'，'小'字因釋文誤衍，非孔氏之舊也。"（經義雜記卷
　　二十"君國事大國"條）

2.11 **襄公**三十一年，公薨。**季武子**將立公子裯，<small>師古曰：</small>
<small>“裯，**襄公**之子，**齊**歸所生。裯，音直留反。”</small>**穆叔**曰：“是人也，
居喪而不哀，在慼而有嘉容，是謂不度。不度之人，鮮不
爲患。<small>師古曰：“**穆叔**，即叔孫穆子也。不度，不遵禮度也。鮮，少</small>
<small>也，音先淺反。”〔一〕</small>若果立，必爲**季氏**憂。”**武子**弗聽，卒立
之。比及葬，三易衰，衰衽如故衰。<small>師古曰：“衣前曰衽。言</small>
<small>游戲無已也。比，音必寐反。衰，音千回反。衽，音人禁反。”</small>是爲
昭公。立二十五年，聽讒攻**季氏**，兵敗出奔，死于外。<small>師</small>
<small>古曰：“謂薨于乾侯。”</small>

〔一〕“鮮少”至“淺反”，北監本、殿本無此七字。

2.12 **襄公**三十一年，**衞北宮文子**見**楚令尹圍**之儀，<small>師古</small>
<small>曰：“**北宮文子**，**衞**大夫也，名佗。**令尹圍**，即公子**圍**，**楚恭王**之子</small>
<small>也，時爲令尹。**文子**從**衞侯**在**楚**，故見之。”</small>言於**衞侯**曰：“令
尹似君矣，將有它志；<small>師古曰：“謂有爲君之心，言語、視瞻非</small>
<small>其常。”〔一〕</small>雖獲其志，弗能終也。”公曰：“子何以知之？”
對曰：“詩云：‘敬慎威儀，惟民之則。’<small>師古曰：“大雅抑之詩</small>
<small>也。則，法也。言君能慎其威儀，乃臣下所法效之。”〔二〕</small>令尹無
威儀，民無則焉。民所不則，以在民上，何以終世？”〔三〕
<small>師古曰：“遂以殺君簒國而取敗於乾谿也。”</small>

〔一〕“常”下，北監本有“也”字。此下，建安本、蔡本、鷺洲本有校
　　語“○宋祁曰：‘“常”下當添“也”字’”十字，乃宋人增附。
〔二〕王先謙云：“注末‘之’當作‘也’。”（漢書補注卷二十七五行
　　志第七中之上）

〔三〕“何以終世”,建安本、蔡本、鷺洲本作“不可以終”。此下,建
安本、蔡本、鷺洲本有校語“〇宋祁曰:‘景德本“不可以終”作
“何以終世”’”十六字,乃宋人增附。王念孫云:“‘不可以終’,
各本及左傳並同,景祐本作‘何以終世’。僖十一年左傳:‘禮
不行,則上下昏,何以長世?’文義與此相似。疑向、歆所見左
傳與今本不同;而各本作‘不可以終’,轉是後人以左傳改之
也。”(讀書雜志四漢書第五五行志“不可以終”條)王先謙
云:“此未終言之,疑奪文。”(漢書補注卷二十七五行志第七
中之上)

2.13 昭公十一年夏,周單子會於戚,師古曰:“單子,周大夫
單成公也。戚,衛地。”視下言徐。應劭曰:“視下,視不登帶。言
徐,不聞於表著。”晉叔向曰:“單子其死虖?師古曰:“叔向,
晉大夫羊舌肸也。向,音許兩反。”朝有著定,〔一〕師古曰:“朝
內列位有定處,所謂‘表著’者也。著,音直庶反,又音除。”會有
表,師古曰:“會於野,設表以爲位。”衣有襘,帶有結。師古曰:
“襘,領之交會也。結,紳帶之結也。襘,音工外反。”會朝之言必
聞于表著之位,所以昭事序也;師古曰:“昭,明也。”〔二〕視
不過結襘之中,所以道容貌也。師古曰:“道,讀曰‘導’。其
下並同。”言以命之,容貌以明之,失則有闕。今單子爲王
官伯,師古曰:“伯,長也。”而命事於會,視不登帶,言不過
步,貌不道容而言不昭矣。不道不恭,不昭不從,無守氣
矣!”師古曰:“貌正曰恭,言正曰從。”〔三〕十二月,單成公卒。
〔一〕錢大昭云:“‘著’通作‘宁’,門、屏之間也。周語云:‘大夫、士

日佫位著，以儆其官．’釋名：‘宁，宁也；將見君，所宁立之處
也’。”（漢書辨疑卷十三五行志中之上）

〔二〕“師古”至“明也”，北監本、殿本無此注六字。

〔三〕“不道不恭”，諸本同，昭十一年左傳“恭”作“共”。杜注云：
“貌正曰共，言順曰從。”孔疏云：“洪範五事，‘貌曰恭，言曰
從’。其意云容貌當恭恪，言是則可從，是‘貌正曰共，言順曰
從’。‘無守氣’，言無守身之氣，將必死。”（春秋左傳正義卷
四十五）

2.14 昭公二十一年三月，葬蔡平公，蔡太子朱失位，位
在卑。師古曰：“不在正嫡之位，而以長幼序之。”魯大夫送葬
者歸告昭子。師古曰：“昭子，叔孫婼。”昭子歎曰：“蔡其亡
虖？若不亡，是君也必不終。詩曰：‘不解于位，民之攸
墍。’師古曰：“大雅假樂之詩也。墍，息也。言在上者能率位不
怠，則其臣下恃以安息也。解，讀曰‘懈’。墍，音許既反。”今始
即位而適卑，〔一〕身將從之。”十月，蔡侯朱出奔楚。

〔一〕“適”，讀爲“嫡”。

2.15 晉魏舒合諸侯之大夫于翟泉，應劭曰：“水名，今洛陽是
也。”師古曰：“魏舒，晉卿魏獻子也。事在定公元年。志不書者，
蓋闕文。”將以城成周，魏子涖政。師古曰：“謂代天子大夫爲
政，以臨其事。”〔一〕衞彪傒曰：“將建天子而易位以令，非
誼也。師古曰：“傒，衞大夫。建天子，謂立天子之居也。傒，音
奚。”大事奸誼，必有大咎。師古曰：“奸，犯也，音干。”晉不

失諸侯，**魏子其不免虖？**”是行也，**魏獻子屬役於韓簡子**，<u>師古</u>曰：“<u>簡子</u>，亦<u>晉</u>卿，<u>韓不信</u>。以城<u>周</u>之功役委<u>簡子</u>也。屬，音之欲反。”〔二〕**而田於大陸，焚焉而死。**<u>師古</u>曰：“高平曰陸。因放火田獵而見燒殺也。説者或以爲‘大陸’即<u>鉅鹿</u>北<u>大陸澤</u>也。據會於<u>狄泉</u>，則其所田處固當在近，非<u>大陸澤</u>也。”〔三〕

〔一〕“事”下，<u>北監本</u>、<u>殿本</u>有“也”字。

〔二〕“屬，音之欲反”，<u>北監本</u>、<u>殿本</u>無此五字。

〔三〕“説者”至“澤也”，<u>北監本</u>、<u>殿本</u>無此三十四字。<u>吴仁傑</u>云：“志所載‘田於大陸，焚而死’，<u>國語</u>文也。内傳亦載此事，云：‘田於大陸，焚焉，還，卒於<u>甯</u>。’觀此，則非因獵被焚而卒。禮：‘季春出火，爲焚也。’注：‘謂“焚”者，焚萊。’志本指言舒以諸侯之臣而代天子大夫涖政，是爲‘貌之不恭’，故不旋踵而卒。大歸不過如此。”（<u>兩漢刊誤補遺</u>卷五“<u>魏舒</u>”條）此事載<u>國語周語下</u>“<u>敬王十年</u>”章，亦見<u>定元年左傳</u>。<u>吴</u>引禮文，見<u>禮記郊特牲</u>。<u>鄭</u>注云：“謂焚萊也。”<u>孔</u>疏云：“‘季春出火，爲焚也’者，祭社既用仲春，此出火爲焚當在仲春之月。今云‘季春’者，記者以季春之時民始出火，記者錯誤，遂以爲天子、諸侯用焚亦在季春，故誤爲‘季春’，當爲‘仲春’也。‘爲焚’者，謂焚燒除治宿草。”（<u>禮記正義</u>卷二十五<u>郊特牲第十一</u>）

2.16 **<u>定公十五年</u>，<u>邾隱公</u>朝於<u>魯</u>，執玉高，其容仰；公受玉卑，其容俯。**<u>師古</u>曰：“<u>隱公</u>，<u>邾子益</u>也。玉，謂朝者之贄。”**子贛觀焉，**〔一〕<u>師古</u>曰：“<u>子贛</u>，<u>孔子</u>弟子<u>端木賜</u>也。贛，音貢。”**曰：“以禮觀之，二君者皆有死亡焉。夫禮，死生存亡之體也。將**

左右周旋,進退俯仰,於是虖取之;朝祀喪戎,於是虖觀之。今正月相朝,而皆不度,心已亡矣。師古曰:"不度,不合法度。"嘉事不體,何以能久? 師古曰:"嘉事,嘉禮之事,謂朝祀也。不體,不得身體之節。"高仰,驕也;卑俯,替也。師古曰:"替,廢惰也。"驕近亂,替近疾。君爲主,其先亡虖? "師古曰:"是年五月,定公薨。哀公七年秋,伐邾,以邾子益來也。"〔二〕

〔一〕臧琳云:"論語學而:'子貢曰:"夫子温良恭儉,讓以得之。"'隸釋載石經殘碑'貢'作'贛',下篇有'子貢'字者並同。案:説文貝部:'貢,獻功也。从貝,工聲。''贛,賜也。从貝,竷省聲。'是'貢'、'贛'不同。依説文,當爲'贛'。'贛'即'贛'之譌體。子貢名賜,故字子贛;作'貢'者,字之省借耳。今禮記樂記'子贛見師乙而問焉',祭義'子贛問曰:"子之言祭"',尚存古本,餘則多爲後人改易矣。左傳定十五年'春,邾隱公來朝,子貢觀焉',杜本亦作省借字。五行志中上載古文左傳作'子贛'。"(經義雜記卷二"'子貢'本作'贛'"條) 軍案:臧説是也。其引石經殘碑,見洪适隸釋卷十四石經論語殘碑。

〔二〕王先謙云:"亦未終言之。以上'貌不恭'。"(漢書補注卷二十七五行志第七中之上)

2.17 庶徵之"恒雨",劉歆以爲:"春秋'大雨'也。"劉向以爲:"大水。"

2.18 隱公九年"三月癸酉,大雨,震電;庚辰,大雨雪"。師古曰:"雨雪,雨音于具反。"

大雨，雨水也；師古曰："下‘雨’音于具反。後類並同。"
震，雷也。

劉歆以爲："三月癸酉，於歷數春分後一日，〔一〕始震
電之時也，當雨而不當大雨。大雨，常雨之罰也。於始
震電八日之間而大雨雪，常寒之罰也。"〔二〕

〔一〕"歷"，建安本、蔡本、鷺洲本、大德本、崇正本、汪本、北監本、毛
　　本、殿本、局本、王本同，點校本改作"曆"。

〔二〕王先謙云："‘恒寒’互見。"（漢書補注卷二十七五行志第七
　　中之上）

劉向以爲："周三月，今正月也，當雨，水雪雜雨，雷
電未可以發也。〔一〕既已發也，〔二〕則雪不當復降。皆失
節，故謂之異。

〔一〕"電"上原無"雷"字，今據諸本補。臧琳云："穀梁傳：‘八日
　　之間，再有大變，陰陽錯行，故謹而日之也。’范解引劉向云：
　　‘雷未可以出，電未可以見。雷電既以出見，則雪不當復降，皆
　　失節也。雷電，陽也；雨雪，陰也。雷出非其時者，是陽不能
　　閉陰，陰氣縱逸而將爲害也。’（與五行志所載互有詳略。）何
　　邵公注公羊云：‘周之三月，夏之正月，雨當冰雪雜下，雷當聞
　　於地中，其雊雔，電未可見，而大雨震電，此陽氣大失其節，猶
　　隱公久居位，不反於桓，失其宜也。八日之間，先示隱公以不
　　宜久居位，而繼以盛陰之氣也，此桓將怒而弑隱公之象。’皆
　　與劉子政義合，蓋公、穀説同也。‘冰雪雜下’，漢志云‘水雪雜
　　雨’，‘雨’，下也，‘冰’字譌。鄭康成注禮記，李巡、郭璞注爾
　　雅，俱言‘水雪雜下’矣。劉子政推闡易義頗精。"（經義雜記

卷二十“隱九年大雨”條）　軍案：臧説是也。

〔二〕此下，建安本、蔡本、鷺洲本有校語“○宋祁曰：‘注末“也”字當刪，下並同’”十三字，乃宋人增附。

　　“於易，雷以二月出，其卦曰豫，師古曰：“坤下震上也。”言萬物隨雷出地，皆逸豫也。以八月入，其卦曰歸妹，師古曰：“兌下震上也。”〔一〕言雷復歸，入地則孕毓根核，保藏蟄蟲，師古曰：“毓，字與‘育’同。核，亦‘荄’字也。草根曰荄，音該。”避盛陰之害；出地則養長華實，發揚隱伏，宣盛陽之德。〔二〕入能除害，出能興利，人君之象也。

〔一〕此下，建安本、蔡本、鷺洲本有校語“○劉敞曰：‘“既已發也”，“也”字衍’”十一字，乃宋人增附。王先慎云：“‘也’與‘矣’同義。禮祭義‘可謂能終矣’，大戴禮曾子大孝篇‘矣’作‘也’。中庸‘民不可得而治矣’，孟子離婁篇‘矣’作‘也’。是‘也’、‘矣’二字古本通用，隨文爲義。此謂‘雷既已發矣，則雪不當復降’。劉以爲衍文，非也。”（見漢書補注卷二十七五行志第七中之上）

〔二〕此下，建安本、蔡本、鷺洲本有校語“○宋祁曰：‘“隱伏”當作“陰伏”’”十字，乃宋人增附。

　　“是時，隱以弟桓幼，代而攝立。公子翬見隱居位已久，勸之遂立。師古曰：“公子翬，魯大夫羽父也。勸殺桓公，〔一〕己求爲太宰。翬，音揮。”隱既不許，翬懼而易其辭，師古曰：“反謂桓公云隱欲殺之。”遂與桓共殺隱。天見其將然，故正月大雨水而雷電，是陽不閉陰，出涉危難而害萬物。〔二〕天戒若曰：‘爲君失時，賊弟佞臣將作亂

矣。’〔三〕後八日大雨雪，陰見間隙而勝陽，篡殺之覬將
成也。〔四〕公不寤，後二年而殺。”

〔一〕“桓”，建安本、蔡本、鷺洲本、大德本、崇正本、汪本、北監本、毛
　　本、殿本、點校本同；毛本、局本、王本作“威”，非是。

〔二〕葉德輝云：“南齊志引洪範傳曰：‘雷於天地爲長子，以其首長
　　萬物，與之出入。故雷出，萬物出；雷入，萬物入。夫雷者，人
　　君之象，入則除害，出則興利。雷之微氣，以正月出；其有聲
　　者，以二月出，以八月入；其餘微者，以九月入。冬三月，雷無
　　出者。若是陽不閉陰，則出涉危難，而害萬物也。’”（見漢書
　　補注卷二十七五行志第七中之上）　軍案：葉氏引文，見南齊
　　書卷十九五行志。

〔三〕“弟”原作“苐”，今據諸本改。此下，建安本、蔡本、鷺洲本有
　　校語“○宋祁曰：‘“賊弟”，或無“弟”字’”十字，乃宋人增附。

〔四〕“之”字原無，今據諸本補。

2.19 昭帝始元元年七月，〔一〕大雨，〔二〕自七月至十月。

〔一〕“始元”原作“元始”，今據諸本乙。

〔二〕“大”下原有“水”字，諸本同，今删。漢書卷七昭帝紀載此事
　　云：“秋七月，大雨，渭橋絶。”

2.20 成帝建始三年秋，大雨三十餘日。

2.21 四年九月，大雨十餘日。〔一〕

〔一〕王先謙云：“以上‘恒雨’。又二條見‘聽’傳下，又互見‘木不

曲直’下。”（漢書補注卷二十七五行志第七中之上）

2.22　左氏傳愍公二年，晉獻公使太子申生帥師，師古曰：
“以伐東山皋落氏。”公衣之偏衣，佩之金玦。師古曰：“偏衣，
謂左右異色，其半象公之服也。金玦，以金爲玦也。半環曰玦。”
狐突歎曰：“時，事之徵也；衣，身之章也；佩，衷之旗也。
師古曰：“狐突，晉大夫伯行，時爲太子御戎也。徵，證也。〔一〕章，明
也。旗，表也。衣所以明貴賤，佩所以表中心。”故敬其事，則命
以始；師古曰：“賞以春夏。”服其身，則衣之純；師古曰：“壹
其色。”用其衷，則佩之度。師古曰：“佩玉者，君子之常
度。”〔二〕今命以時卒，閟其事也；應劭曰：〔三〕“卒，盡也。
閟，閉也。謂十二月盡時也。”衣以尨服，〔四〕遠其躬也；師
古曰：“尨，雜色也，謂偏衣也。遠，音于萬反。其下並同。”佩以
金玦，棄其衷也。服以遠之，時以閟之，尨涼冬殺，金
寒玦離，胡可恃也？”〔五〕師古曰：“涼，薄也。尨色不能純，
故曰‘薄’也。冬主殺氣，金行在西，是謂之‘寒’。玦形半缺，故
云‘離’。”梁餘子養曰：“帥師者，受命于廟，受脤於社，
有常服矣。師古曰：“梁餘子養，晉大夫，〔六〕時爲下軍御。軍
之常服則韋弁。”弗獲而尨，命可知也。死而不孝，不如
逃之。”罕夷曰：“尨奇無常，金玦不復，君有心矣。”應
劭曰：“奇，‘奇怪非常’意。復，反也。金玦，猶‘決去不反’意
也。”〔七〕師古曰：“罕夷，晉大夫，時爲下軍卿也。有心，害太子之
心也。復，音扶目反。”後四年，申生以讒自殺。

　　近服妖也。

〔一〕"證"，建安本、蔡本、鷺洲本、大德本、崇正本、汪本、北監本、殿本、點校本同；毛本、局本、王本作"澄"，形近而譌。王先謙云："官本作'證'。"（漢書補注卷二十七五行志第七中之上）

〔二〕此下，建安本、蔡本、鷺洲本、北監本、殿本有校語"○劉奉世曰：'欲表其事，則當佩之使合法度。世子佩瑜玉而綦組綬'"二十六字，乃宋人增附。崇正本原無此語，後擠刻，"劉奉世"作"仲馮"，其上脱"○"字。"仲馮"，劉奉世字。劉奉世語，見其漢書考正五行志中之上。

〔三〕"應劭"，北監本、殿本作"師古"。

〔四〕"衣以龙服"，諸本同，閔二年左傳"以"作"之"。臧琳云："'命以時卒'三句皆用'以'字，與上文'公衣之偏衣，佩之金玦'二'之'字相對。今本作'衣之龙服'，蓋誤。"（經義雜記卷二"衣以龙服"條）

〔五〕閔二年左傳孔疏云："'服以遠之'，覆上'衣之龙服'也；'時以閟之'，覆上'命以時卒'也。上先時後服，此先服後時者，以下連'龙涼冬殺'之文，又欲使'冬殺'與'金寒'相近，'冬殺'是時，故退之在下。言'龙涼'則申上'衣之龙服'也，'冬殺'則申上'命以時卒'也。'龙涼'據服，'冬殺'據時耳。'金寒玦離'申上'佩以金玦'也。金是秋之寒氣，故言'金'也。"（春秋左傳正義卷十一）

〔六〕"夫"下，諸本有"也"字。

〔七〕"決"，毛本、局本、王本作"玦"，非是。王先謙云："官本注'猶'下'玦'作'決'，是。"（漢書補注卷二十七五行志第七中之上）

2.23 <u>左氏傳</u>曰：〔一〕<u>鄭</u><u>子臧</u>好聚鷸冠，<u>張晏</u>曰：“鷸鳥赤足黃文，以其毛飾冠。”<u>韋昭</u>曰：“鷸，今翠鳥。”〔二〕<u>師古</u>曰：“<u>子臧</u>，<u>鄭文公</u>子也。鷸，大鳥，即<u>戰國策</u>所云‘啄蚌’者也。天之將雨，鷸則知之。翠鳥自有‘鷸’名，而此飾冠，非翠鳥。〔三〕<u>逸周書</u>曰‘知天文者冠鷸冠’，蓋以鷸鳥知天時故也。<u>禮圖</u>謂之‘術氏冠’。鷸，音聿，又音術。”<u>鄭文公</u>惡之，使盜殺之。〔四〕<u>師古</u>曰：“時已得罪出奔<u>宋</u>，故使盜殺之於<u>陳</u>、<u>宋</u>之間。”

〔一〕<u>劉知幾</u>云：“本志叙<u>漢</u>已前事，多略其書名。至如‘服妖’章，初云‘<u>晉獻公</u>使太子率師，佩之金玦’，續云‘<u>鄭</u><u>子臧</u>好聚鷸冠’，此二事之上每加‘<u>左氏</u>’爲首。夫一言可悉而再列其名，省則都捐，繁則太甚，此所謂‘書名去取，所記不同’也。”（<u>史通</u>卷十九外篇<u>漢書五行志錯誤</u>）<u>蘇輿</u>云：“上已言‘<u>左氏傳</u>’。<u>劉知幾</u>所謂‘一言可悉而再列其名’，是也。”（見<u>漢書補注</u>卷二十七五行志第七中之上）

〔二〕“翠鳥”下，<u>建安本</u>、<u>蔡本</u>、<u>鷺洲本</u>、<u>大德本</u>、<u>崇正本</u>、<u>汪本</u>、<u>毛本</u>、<u>殿本</u>、<u>局本</u>、<u>王本</u>、點校本有“也”字。<u>北監本</u>無“<u>張晏</u>”至“翠鳥”二十一字。

〔三〕“非翠鳥”下，<u>建安本</u>、<u>蔡本</u>、<u>鷺洲本</u>、<u>大德本</u>、<u>崇正本</u>、<u>汪本</u>、<u>毛本</u>、<u>殿本</u>、<u>局本</u>、<u>王本</u>、點校本有“也”字。<u>北監本</u>無“翠鳥自”至“非翠鳥”十三字。

〔四〕事見<u>僖</u>二十四年<u>左傳</u>。

　　<u>劉向</u>以爲：“近服妖者也。一曰：‘非獨爲<u>子臧</u>之身，亦<u>文公</u>之戒也。初，<u>文公</u>不禮<u>晉文</u>，<u>師古</u>曰：“<u>晉文公</u>之爲公子也，避<u>驪姬</u>之難而出奔，欲之<u>楚</u>，過<u>鄭</u>，<u>鄭</u>不禮焉。”〔一〕又犯天

子命而伐滑，師古曰：“僖二十四年，鄭公子士、洩堵俞彌帥師伐滑。〔二〕王使伯服游、孫伯如鄭請滑，鄭伯不聽而執二子。”**不尊尊敬上。其後，晉文伐鄭，幾亡國。**’”師古曰：“僖三十年，晉侯、秦伯圍鄭，佚之狐曰：‘國危矣！’使燭之武見秦伯，師乃退也。幾，音鉅依反。”〔三〕

〔一〕事見僖二十三年左傳。

〔二〕“士”下原有“及”字，建安本、蔡本、鷺洲本“及”作“洩”，大德本、崇正本、汪本、北監本、殿本、點校本“士”下有“洩及”二字。錢大昭云：“‘士’下，南雍本、閩本有‘洩’字。”（漢書辨疑卷十三五行志中之上）朱一新云：“汪本‘士’下有‘洩’字，是也。”（漢書管見卷三五行志中之上）王先謙云：“官本有‘洩’字。”（漢書補注卷二十七五行志第七中之上）楊樹達云：“景祐本‘士’下無‘洩’字。僖公二十四年左傳‘鄭公子士、洩堵寇’，杜注以‘公子士’爲一人，‘洩堵寇’爲一人。考宣公三年傳云‘又娶于江，生公子士’，則杜此注是也。惟僖公二十四年傳又云‘鄭公子士、洩堵俞彌’，杜注云‘堵俞彌，鄭大夫’，則誤以‘公子士洩’連讀。顏此注云‘公子士’，並非脫誤，惟‘及’字下當有‘洩’字耳。各本作‘公子士洩’者，乃依杜注之誤讀增之，朱氏以爲是，非也。”（漢書窺管卷三五行志第七中之上）　軍案：師古此注乃引用僖二十四年左傳文，“及”字不當有。今據建安本、蔡本、鷺洲本改“及”作“洩”，屬下讀。

〔三〕“幾，音鉅依反”，北監本、殿本無此五字。此注下，建安本、蔡本、鷺洲本有校語“○宋祁曰：‘“退也”，當刪“也”字’”十字，乃宋人增附。臧琳云："災異之見，應之人臣者小，應之人君者大。文公不尊尊敬上，犯天子命，故有子臧之臣好爲異服，亦不敬其君，乃不能感悟，而使盜誘殺之，是褻用人君刑殺之柄矣。故至三十年，晉侯、秦伯圍鄭，鄭幾亡也。後一説是。"（經義雜記卷二十"子臧聚鷸冠"條）

2.24 昭帝時，昌邑王賀遣中大夫之長安，多治仄注冠，應劭曰："今'法冠'是也。李奇曰：'一曰'高山冠'，本齊冠也，謁者服之。'〔一〕師古曰："仄，古'側'字也。謂之'側注'者，言形側立而下注也。蔡邕云'高九寸，鐵爲卷'，〔二〕非'法冠'及'高山'也。卷，音去權反。"以賜大臣，又以冠奴。

〔一〕沈欽韓云："史記：'酈食其依儒衣，冠側注。'徐廣曰：'一名"高山冠"，齊王所服，秦以賜謁者。'"（漢書疏證卷二十一五行志）　軍案：沈氏引文，見史記卷九十七酈生陸賈列傳。

〔二〕"寸"，毛本、局本、王本作"尺"，非是。錢大昭云："'尺'，南雍本、閩本作'寸'。"（漢書辨疑卷十三五行志中之上）朱一新云："'尺'，汪本作'寸'，是也。"王先謙云："官本作'寸'。"（漢書補注卷二十七五行志第七中之上）蔡邕獨斷卷下云："高山冠，齊冠也，一曰'側注'，高九寸，鐵爲卷。"

劉向以爲："近服妖也。時王賀狂悖，師古曰："悖，惑也，音布内反。"〔一〕聞天子不豫，師古曰："言有疾不悦豫也。周書顧命曰：'王有疾，不豫。'"弋獵馳騁如故，與騶奴宰人游居娛戲，驕嫚不敬。師古曰："騶，廄御也。宰人，主膳者也。娛，樂也。戲，音憙。"冠者，尊服；奴者，賤人。賀無故好作非常之冠,暴尊象也。以冠奴者,當自至尊墜至賤也。
師古曰:“墜,墮也,音直類反。”〔二〕其後帝崩,無子,漢大臣
徵賀爲嗣。即位,狂亂無道,〔三〕縛戮諫者夏侯勝等。〔四〕
於是,大臣白皇太后,廢賀爲庶人。〔五〕賀爲王時,又見
大白狗冠方山冠而無尾,〔六〕鄧展曰:“方山冠,以五采縠爲之,
樂舞人所服。”此服妖,亦犬旤也。賀以問郎中令龔遂,遂
曰:‘此天戒,言在仄者盡冠狗也。師古曰:“言王左右侍側
之人不識禮義,若狗而著冠者耳。冠,音工喚反。其下亦同。”去
之則存,不去則亡矣。’賀既廢數年,宣帝封之爲列侯,
復有皋,死不得置後,又犬旤無尾之效也。”

〔一〕“師古”至“内反”,北監本、殿本無此注十字。

〔二〕“師古”至“類反”,北監本、殿本無此注十字。

〔三〕“亂”,北監本、殿本作“悖”。

〔四〕周壽昌云:“‘勝當乘輿諫云云。王謂勝爲祅言,縛以屬吏。吏
　　白大將軍霍光,光不舉法’,是未殺也。此云‘縛戮諫者’,幾
　　疑已縛而戮之,宜以紀、傳參看。”(漢書注校補卷二十五行志
　　第七中之上)王先謙云:“廣雅釋詁:‘戮,辱也。’”(漢書補注
　　卷二十七五行志第七中之上)　軍案:周氏引“勝當”至“舉
　　法”,見漢書卷七十五夏侯勝傳,彼文“輿”下有“前”字,“王”
　　下有“怒”字;五行志下亦載此事,文略異。周氏云“紀、傳”,
　　疑當作“志、傳”,謂漢書五行志下、夏侯勝傳也。

〔五〕“大臣”,謂大將軍霍光、車騎將軍張安世。事見漢書五行志
　　下、夏侯勝傳。

〔六〕錢大昭云:“昌邑王傳云:‘嘗見白犬,高三尺,無頭,其頸以下

似人,而冠方山冠。’”(漢書辨疑卷十三五行志中之上) 軍
案:錢氏引文,見漢書卷六十三昌邑王傳。

京房易傳曰:“行不順,厥咎人奴冠,天下亂,辟無
適,如淳曰:“辟,君也。適,適子也。”師古曰:“辟,音壁。適,讀曰
‘嫡’。”〔一〕妾子拜。”如淳曰:“無適子故也。”又曰:“君不正,
臣欲篡,厥妖狗冠出朝門。”〔二〕

〔一〕“師古”至“曰嫡”,北監本、殿本無此十字。

〔二〕王先謙云:“‘犬旤’互見。”(漢書補注卷二十七五行志第七
　　　中之上)

2.25 成帝鴻嘉、永始之間,好爲微行出遊,〔一〕選從期門
郎有材力者,〔二〕及私奴客,多至十餘,少五六人,皆白
衣袒幘,師古曰:“袒幘,不加上冠。”〔三〕帶持刀劍。或乘小
車,御者在茵上,蘇林曰:“茵,車上蓐也。御者錯亂,更在茵上
坐也。”師古曰:“車小,故御者不得迴避,而在天子茵上也。茵,音
因。”〔四〕或皆騎,出入市里郊壄,遠至旁縣。大臣車騎將
軍王音及劉向等數以切諫。〔五〕

〔一〕“遊”原作“游”,諸本同,今改。

〔二〕“力”原作“刀”,形近而譌,今據諸本改。

〔三〕師古注“袒”下“幘”字原爲空格,今據諸本補。漢書卷
　　　七十二龔勝傳師古注云:“白衣,給官府趨走賤人,若今諸司
　　　亭長、掌固之屬。”沈欽韓云:“‘袒幘’者,空項幘也。續漢志:
　　　‘幘至孝文乃高顏題續之爲耳,崇其巾爲屋。未冠童子幘無
　　　屋。’‘無屋’則袒幘也。”(漢書疏證卷二十一五行志) 軍

案：沈引“續漢志”，見後漢書卷一百二十輿服志。

〔四〕“茵，音因”，北監本、殿本無此三字。

〔五〕“大”上，諸本有“時”字。劉知幾云：“漢書孝成紀贊曰：‘成帝善修容儀，升車正立，不内顧，不疾言，不親指，臨朝淵嘿，尊嚴若神，可謂穆穆天子之容貌矣。’又五行志曰‘成帝好微行’云云。由斯而言，則成帝魚服嫚遊，鳥集無度，雖外飾威重，而内肆輕薄。人君之望，不其缺如。觀孟堅紀、志所言，前後自相矛盾者矣。”（史通卷十六外篇雜説上）

谷永曰：“易稱‘得臣無家’，師古曰：“損卦上九爻辭。”言王者臣天下，無私家也。今陛下棄萬乘之至貴，樂家人之賤事；厭高美之尊稱，好匹夫之卑字；如淳曰：“稱張放家人，是爲‘卑字’。”師古曰：“爲微行，故變易姓名。”崇聚票輕無誼之人，〔一〕以爲私客；師古曰：“票，音匹妙反，又音頻妙反。”置私田於民間，畜私奴、車馬於北宮；數去南面之尊，離深宮之固，挺身獨與小人晨夜相隨，師古曰：“挺，引也。”鳥集醉飽吏民之家，師古曰：“乍合乍離，如鳥之集。”亂服共坐，溷肴亡别，師古曰：“溷肴，謂雜亂也。溷，音胡困反。”閔勉遴樂，〔二〕晝夜在路。師古曰：“閔勉，猶‘黽勉’，言不息也。遴樂，言流遴爲樂也。”典門户、奉宿衛之臣執干戈守空宮，公卿百寮不知陛下所在，積數年矣。昔虢公爲無道，有神降曰‘賜爾土田’，師古曰：“春秋左氏傳莊公三十二年，有神降于莘，虢公使祝應、宗區、史嚚享焉。神賜之土田。史嚚曰：‘虢其亡乎？’”〔三〕言將以庶人受土田也。諸侯夢得土田，爲失國祥，師古曰：“僖五年，晉滅虢，虢公醜奔京師。”〔四〕而況

王者畜私田財物，爲庶人之事乎？”〔五〕

〔一〕王先謙云：“永傳‘票’作‘僄’。”（漢書補注卷二十七五行志
　　第七中之上）

〔二〕周壽昌云：“‘遰’，逸也。言逸樂也。”（漢書注校補卷二十五
　　行志第七中之上）王先謙云：“永傳作‘遁’，字同。”（漢書補
　　注卷二十七五行志第七中之上）

〔三〕二“罶”字原作“罶”，建安本、蔡本、鷺洲本、大德本、崇正
　　本、汪本、北監本、毛本、局本、王本同，今據殿本、點校本、
　　莊三十二年左傳改。王先謙云：“官本‘罶’作‘罶’，是。”
　　（同上）

〔四〕事見僖五年左傳。

〔五〕王先謙云：“以上‘服妖’。”（漢書補注卷二十七五行志第七
　　中之上）

2.26 左氏傳曰：周景王時，大夫賓起見雄雞自斷其
尾。〔一〕師古曰：“賓起，即賓孟。”

〔一〕事見昭二十二年左傳。國語周語下載此事云：“景王既殺下門
　　子。賓孟適郊，見雄雞自斷其尾。”韋昭注云：“下門子，周大
　　夫，王子猛之傅也。景王無適子，既立王子猛，又欲立王子朝，
　　故先殺子猛傅下門子也。賓孟，周大夫，子朝之傅賓起也。”
　　董增齡正義云：“荀子解蔽篇：‘昔賓孟之蔽者，亂家是也。’
　　楊注：‘謂亂周之家事，使庶孽爭位。’蓋賓孟，朝黨也。”（國
　　語正義卷三）
　　　劉向以爲：“近雞旤也。是時，王有愛子子朝，王與

賓起陰謀欲立之。師古曰：“子亹，王之庶長子。”田于北山，
將因兵衆殺適子之黨，師古曰：“適，讀曰‘嫡’。嫡子，王子
猛，及後爲悼王。〔一〕子猛之黨，謂劉獻公、單穆公。”未及而崩。
三子爭國，王室大亂。其後，賓起誅死，師古曰：“三子，謂
子亹、子猛及子猛弟敬王匄也。劉子遂攻賓起，殺之。事並在昭
二十二年。”〔二〕子亹奔楚而敗。”師古曰：“昭二十六年，邵伯盈
逐王子亹，子亹奔楚。定五年，王人殺之于楚。”

〔一〕“及”，建安本、蔡本、鷺洲本、大德本、崇正本、汪本、北監本、殿
　　本同；鷺洲本、毛本、局本、王本作“反”，形近而譌。朱一新云：
　　“‘反’，汪本作‘及’。案：二本均誤，當作‘也’。”（漢書管見
　　卷三五行志中之上）王先謙云：“官本作‘及’。”（漢書補注卷
　　二十七五行志第七中之上）　軍案：“及”字不誤，“及後爲”連
　　讀；朱云“當作‘也’”，屬上爲句，非是。

〔二〕“昭”下，建安本、蔡本、鷺洲本、毛本、局本、王本、點校本有
　　“公”字。

　　京房易傳曰：“有始無終，〔一〕厥妖雄雞自齧斷
其尾。”

〔一〕“始無終”三字原爲空格，今據諸本補。

2.27 宣帝黃龍元年，未央殿輅軨中雌雞化爲雄，〔一〕孟康
曰：“輅軨，殿名也。”師古曰：“百官表太僕屬官有輅軨丞。輅，與
‘路’同。軨，音零。”毛衣變化而不鳴、不將、無距。師古曰：
“將，謂率領其羣也。距，雞附足骨，鬭時所用刺之。”元帝初元
中，丞相府史家雌雞伏子，漸化爲雄，師古曰：“初尚伏子，後

乃稍稍化爲雄也。伏，音房富反。”冠、距、鳴、將。永光中，有
獻雄雞生角者。

〔一〕漢紀卷二十孝宣皇帝紀四載此事，“未央”、“輅軨”下皆衍
　　“宮”字。搜神記卷六所記與此同。漢書卷十九上百官公卿表
　　上“水衡都尉”條師古注引漢舊儀云：“天子六廐，未央、承華、
　　騊駼、騎馬、輅軨、大廐也，馬皆萬匹。”

　　京房易傳曰：“雞知時，知時者當死。”房以爲己知
時，恐當之。

　　劉向以爲：“房失雞占。雞者小畜，主司時，〔一〕起居
人，師古曰：“至時而鳴，以爲人起居之節。”小臣執事爲政之象
也。言小臣將秉君威，以害正事，猶石顯也。竟寧元年，
石顯伏辜，此其效也。”

〔一〕楊樹達云：“‘司’當讀爲‘伺’，候也。”（漢書窺管卷三五行志
　　第七中之上）

　　一曰：〔一〕“石顯何足以當此？昔武王伐殷，至于牧
壄，誓師曰：‘古人有言曰：“牝雞無晨；牝雞之晨，惟家
之索。”今殷王紂惟婦言用。’師古曰：“周書牧誓之辭。晨，
謂晨時鳴也。索，盡也。言婦人爲政，猶雌雞而代雄鳴，是喪家之
道也。索，音思各反。”〔二〕繇是論之，師古曰：“繇，讀與‘由’
同。”〔三〕黄龍、初元、永光雞變，迺國家之占，妃后象也。

〔一〕沈欽韓云：“以下所論，洞悉物理，深切著明，通儒之學，終竟元
　　后事，則非劉向，豈班彪乎？”（漢書疏證卷二十一五行志）

〔二〕“索，音思各反”，北監本、殿本無此注五字。

〔三〕“師古”至“由同”，北監本、殿本無此注八字。

“孝元王皇后以甘露二年生男，立爲太子。妃，王禁女也。黃龍元年，宣帝崩，太子立，是爲元帝。王妃將爲皇后，故是歲‘未央殿中雌雞爲雄’，明其占在正宮也。‘不鳴、不將、無距’，貴始萌而尊未成也。

“至元帝初元元年，將立王皇后，先以爲婕妤。三月癸卯，制書曰：‘其封婕妤父丞相少史王禁爲陽平侯，位特進。’丙午，立王婕妤爲皇后。明年正月，立皇后子爲太子。故應是‘丞相府史家雌雞爲雄’，其占即丞相少史之女也。‘伏子’者，明已有子也。‘冠、距、鳴、將’者，尊已成也。

“永光二年，陽平頃侯禁薨，子鳳嗣侯，爲侍中衞尉。元帝崩，皇太子立，是爲成帝。尊皇后爲皇太后，以后弟鳳爲大司馬、大將軍，領尚書事。上委政，無所與。師古曰：“與，讀曰‘豫’。言政皆出鳳，天子不豫。”王氏之權自鳳起，故於鳳始受爵位時，雄雞有角。明視作威師古曰：“視，讀曰‘示’。”顓君、害上師古曰：“顓，與‘專’同。其下類此。”危國者，從此人始也。其後，羣弟世權，以至於莽，遂篡天下。即位五年，王太后迺崩，此其效也。”

京房易傳曰：“賢者居明夷之世，知時而傷，師古曰：“易之明夷卦曰：‘明入地中，明夷。’〔一〕夷，傷也。離下坤上，言日在地中，傷其明也。知時，謂知天時者也。賢而被傷，故取明夷之義。”或衆在位，師古曰：“言虛僞無實之人矯惑於衆在職位也。”厥妖雞生角。雞生角，時主獨。”又曰：“婦人顓政，國不靜；牝雞雄鳴，主不榮。”〔二〕故房以爲己亦在占中

矣。〔三〕

〔一〕“明入”至“明夷”,周易明夷象辭文。

〔二〕朱一新云:“‘獨’與‘角’爲韻。下文‘政’與‘靜’韻,‘鳴’與
　　‘榮’韻。”(漢書管見卷三五行志中之上)

〔三〕王先謙云:“以上‘雞禍’。”(漢書補注卷二十七五行志第七
　　中之上)

2.28 成公七年“正月,鼷鼠食郊牛角。師古曰:“鼷,小鼠
也,即今所謂‘甘鼠’者,音奚。”改卜牛,又食其角”。〔一〕

〔一〕臧琳云:“左氏、公羊無傳。徐疏引異義:‘公羊説云:“鼷鼠
　　初食牛角,咎在有司。又食,咎在人君,取已有災而不云改更
　　者。”’穀梁傳:‘過有司也。郊牛日,展觓角而知傷,展道盡
　　矣,其所以備災之道不盡也。改卜牛,鼷鼠又食其角,非人之
　　所能也,所以免有司之過也。’”(經義雜記卷二“鼷鼠食郊牛
　　角”條)王鳴盛云:“‘貌’傳自‘成公七年’以下一段,所引春
　　秋三節、漢事二節皆以鼠妖證青眚、青祥,此不可解。後‘思
　　心’傳中,又以鼠妖證黃祥,一事複出,卷中如此甚多。又隱
　　公三年日食,而以爲其後鄭獲魯隱,注引狐壤之戰,此自是隱
　　爲公子時事,洪邁譏之。桓公三年日食,而以爲楚嚴稱王、兼
　　地千里是其應,不知楚自武王稱王,歷文、成、穆,至嚴已四世,
　　而嚴之霸,去桓公三年將百年矣,劉知幾譏之。此等舛謬,不
　　可枚舉。”(十七史商榷卷十三漢書七“鼠妖證青祥”條)　軍
　　案:王氏云“洪邁譏之”,見容齋三筆卷一“漢志之誤”條;云
　　“劉知幾譏之”,見史通卷十九外篇漢書五行志雜駁。

劉向以爲：“近青祥，亦牛旤也，不敬而傰霿之所致也。〔一〕昔周公制禮樂，成周道，故成王命魯郊祀天地，以尊周公。至成公時，三家始顓政，魯將從此衰。天愍周公之德，痛其將有敗亡之旤，故於郊祭而見戒云。鼠，小蟲，性盜竊；鼷，又其小者也。牛，大畜，祭天尊物；〔二〕角，兵象，在上，君威也。小小鼷鼠，食至尊之牛角，象季氏遁陪臣盜竊之人，將執國命以傷君威而害周公之祀也。〔三〕改卜牛，鼷鼠又食其角，天重語之也。師古曰：“重，音直用反。”成公怠慢昏亂，遂君臣更執于晉。師古曰：“更，互也。十年秋，公如晉，晉人以公爲貳於楚，故止公，至十一年三月乃得歸。十六年秋，公會晉侯于沙隨，晉受叔孫僑如之譖而止公。是年九月，又信僑如之譖，執季孫行父，舍之于莒丘，十二月乃得歸。故云‘君臣更執’也。更，音工衡反。”至于襄公，晉爲溴梁之會，〔四〕師古曰：“襄十六年，晉平公會諸侯于溴梁。‘溴梁’者，溴水之梁也。溴水出河内軹縣東南，至溫入河。溴，音工覓反。”天下大夫皆奪君政。師古曰：“溴梁之會，諸侯皆在，而魯叔孫豹、晉荀偃、宋向戌、衛甯殖、鄭公孫蠆、小邾之大夫盟，是奪其君政也。”其後，三家逐昭公，卒死于外，師古曰：“已解於上。”〔五〕幾絕周公之祀。”師古曰：“幾，音鉅衣反。”〔六〕

〔一〕沈家本云：“傰霿，愚蒙也。其字説文人部‘佝’下作‘佝務’，（段注改“務”爲“瞀”。）子部‘穀’下作‘穀瞀’。楚辭九辯作‘怐愁’，玉篇引作‘佝愁’，（人部。心部作“怐愁”。）荀子儒效作‘溝瞀’。此志上文‘霿恒風若’，注應劭作‘瞉瞀’。廣

韵五十候作'榖瞀',又作'觳瞀',其音則作'寇茂'也。山海經郭注又作'榖瞀'。"(諸史瑣言卷六漢書三五行志)

〔二〕"物"下,諸本有"也"字。

〔三〕"祀"原作"杞",形近而譌,今據諸本改。

〔四〕"晉"下,建安本、蔡本、鷺洲本、崇正本有"侯"字。錢大昭云:"閩本'晉'下有'侯'字。"(漢書辨疑卷十三五行志中之上)又"溴",大德本、汪本、毛本、局本同,建安本、蔡本、鷺洲本、崇正本、北監本、殿本、王本誤作"溴"。下注同。襄十六年左氏經阮元校勘記云:"石經、宋本、岳本'溴'作'溴',下同。釋文同。案:'臭'聲與'臭'聲迥別。陸氏公羊音義云:'溴,本又作"溴"。'今公羊亦作'溴'。"(見皇清經解卷九百七十)楊樹達云:"'溴'字誤,當作'溴'。右旁'犬'字上從'目',不從'自'也。"(漢書窺管卷三五行志第七中之上) 軍案:阮、楊説是也。襄十六年春秋杜注云:"溴水出河内軹縣,東南至溫入河。"(見春秋左傳正義卷三十三)水經濟水酈道元注云:"溴水出原成西北原山勳掌谷,俗謂之爲白澗水,南逕原城西。春秋會於溴梁,謂是水之墳梁也。爾雅曰:'梁莫大于溴梁。'梁,水堤也。"(水經注卷七)酈氏引"梁莫大于溴梁",爾雅釋地文。

〔五〕見本書五行志上第十八條。

〔六〕"師古"至"衣反",北監本、殿本無此注八字。

董仲舒以爲:"䶥鼠食郊牛,皆養牲不謹也。"
京房易傳曰:"祭天不慎,厥妖䶥鼠齧郊牛角。"〔一〕

〔一〕臧琳云:"何注公羊云:'京房易傳曰:"祭天不慎,䶥鼠食郊牛

角。”“又食”者，重錄魯不覺寐。’即本董義。又云‘角生上
指，逆之象’，則於義無取。劉子政以‘角，兵象，在上君威也’，
食角爲傷君威，得之。據徐疏引異義‘公羊説’，知公羊無傳，
説者本穀梁言之。劉子政之義，尤爲深切著明。”（經義雜記
卷二“鼷鼠食郊牛角”條）

2.29 定公十五年“正月，鼷鼠食郊牛，牛死”。〔一〕

〔一〕臧琳云：“左氏無傳，杜注：‘不言所食處，舉死，重也。改卜，
　　禮也。’公羊傳：‘曷爲不言其所食？漫也。’何注：‘“漫”者，
　　徧食其身。’穀梁傳：‘不敬莫大焉。’范解：‘定公不敬最大，
　　故天災最甚。’”（經義雜記卷二十“鼷鼠食郊牛”條）

　　劉向以爲：“定公知季氏逐昭公，辠惡如彼，親用孔
子爲夾谷之會，齊人倈歸鄆、讙、龜陰之田，師古曰：“夾谷，
齊地也，一名祝其。定公十年，公與齊侯會於夾谷，齊侯欲使萊人
以兵劫公。孔子以公退，命士衆兵之，齊侯乃止。又欲以盟要公，
孔子不欲，使兹無還以辭對。又欲詐享公，孔子又距而不受。於
是齊人乃服。先是，季氏之臣陽貨以鄆、讙、龜陰之田奔齊；至此
會，乃以歸我。鄆、讙，二邑名。龜陰，龜山之陰。夾，音頰。讙，
音驩。”聖德如此，反用季桓子，淫於女樂，而退孔子，無
道甚矣。師古曰：“桓子，季平子之子季孫斯也。女樂，已解於
上。”〔一〕詩曰：‘人而亡儀，不死何爲？’師古曰：“衛詩相鼠
之篇也。亡儀，無禮儀也。”〔二〕是歲五月，定公薨，牛死之應
也。”〔三〕

〔一〕見本書五行志上第十八條。

〔二〕“亡”原作“無”，今據殿本改。北監本無此注十六字。王先謙
　　云：“官本注‘無儀’作‘亡儀’，是。”（漢書補注卷二十七五行
　　志第七中之上）

〔三〕臧琳云：“禮記：‘牛曰“一元大武”。’說文：‘牛，大牲也。’故
　　‘牛死’爲定公薨之象，以示不能誅賊臣而用聖人也。”（經義
　　雜記卷二十“鼷鼠食郊牛”條）

　　京房易傳曰：“子不子，鼠食其郊牛。”

2.30　哀公元年“正月，鼷鼠食郊牛”。

　　劉向以爲：“天意汲汲於用聖人，逐三家，故復見戒
也。師古曰：“聖人，孔子也。見，顯也。”〔一〕哀公年少，不親
見昭公之事，故見敗亡之異。已而哀不寤，身奔於粵，此
其效也。”師古曰：“哀二十七年，公欲以越伐魯而去三桓，公如公
孫有山氏，因遜于邾，遂如越。國人施罪於公孫有山氏，而立哀公
之子悼公。”

〔一〕“師古”至“顯也”，北監本、殿本無此注十一字。

2.31　昭帝元鳳元年九月，燕有黄鼠銜其尾舞王宮端門
中，師古曰：“宮之正門。”王往視之，鼠舞如故。王使吏以
酒脯祠，鼠舞不休，一日一夜死。〔一〕

〔一〕此文亦見本書五行志下之上第十八條。

　　近黄祥。〔一〕時燕剌王旦謀反，將死之象也。其月，
發覺伏辜。

〔一〕王先謙云：“‘黄祥’互見。此條已采入‘思心’傳‘黄祥’下，

不應重出。此班氏失删。"（漢書補注卷二十七五行志第七中
之上）　　軍案：見本書五行志下之上第十八條。

　　京房易傳曰："誅不原情，厥妖鼠舞門。"師古曰："'不
原情'者，不得其本情。"〔一〕

〔一〕葉德輝云："開元占經百十六引京房曰：'鼠無故舞邑門外，厥
　　君亡於廷；中道上，其邑有大兵。'"（見漢書補注卷二十七五
　　行志第七中之上）

2.32　成帝建始四年九月，長安城南有鼠銜黄蒿、柏葉，上
民家柏及榆樹上爲巢，桐柏尤多。師古曰："桐柏，本亭名，
衞思后於其地葬也。"巢中無子，皆有乾鼠矢數十。時議臣
以爲恐有水災。〔一〕

〔一〕葉德輝云："開元占經百十六引京房曰：'鼠無故巢木上，邑且
　　大水。'"（見漢書補注卷二十七五行志第七中之上）

　　鼠，盜竊小蟲，夜出晝匿；今晝去穴而登木，象賤
人將居顯貴之位也。桐柏，衞思后園所在也。其後，趙
皇后自微賤登至尊，與衞后同類。趙后終無子而爲害。
明年，有鳶焚巢，殺子之異也。師古曰："鳶，鴟也，音弋全
反。"〔一〕天象仍見，甚可畏也。師古曰："仍，頻也。"〔二〕

〔一〕"師古"至"全反"，北監本、殿本無此注十字。

〔二〕"師古"至"頻也"，北監本、殿本無此注六字。

　　一曰："皆王莽竊位之象云。"

　　京房易傳曰："臣私禄罔辟，李奇曰："辟，君也。擅私爵
禄，誣罔其君。"厥妖鼠巢。"〔一〕

〔一〕王先謙云：“以上‘青祥’。又二條互見‘言’傳、‘視’傳下，一
　　條互見‘皇極’傳下。又‘青眚’一條互見‘聽’傳下。”（漢書
　　補注卷二十七五行志第七中之上）

2.33 文公十三年，“大室屋壞”。〔一〕

〔一〕“大”，建安本、蔡本、鷺洲本、毛本、局本、王本、點校本同，大
　　德本、崇正本、汪本、北監本、殿本作“太”。文十三年公羊注
　　疏阮元校勘記云：“‘世室屋壞’，唐石經、諸本同。釋文：‘“世
　　室”，二傳作“大室”。’九經古義云：‘公羊皆以“世”爲“大”。
　　如衞大叔儀爲“世叔齊”，宋樂大心爲“樂世心”。推而廣之，
　　如鄭大夫子大叔，論語作“世叔”。天子之子稱“大子”，春秋
　　傳云“會世子于首止”。諸侯之子稱“世子”，而晉有大子申
　　生，鄭有大子華。春秋經“齊世子光”，左傳云“大子光”。是
　　古“世”與“大”通。’按：‘世’與‘大’聲相近，故文異。”（見
　　皇清經解卷九百九十五）　軍案：阮引九經古義，見惠棟九經
　　古義卷十四公羊下“文十有三年經”條，文辭略異。

　　　近金沴木，木動也。先是，冬，釐公薨，十六月迺作
主。師古曰：“主，廟主也。僖公三十三年十一月薨，〔一〕至文二年
二月乃作主，間有一閏，故十六月也。”後六月，又吉禘於太廟
而致釐公。師古曰：“禘，祭也，一一而祭之。〔二〕文二年八月而
禘，距作主六月也。致，謂升其主於廟。”〔三〕春秋譏之，經曰：
“大事於太廟，躋釐公。”師古曰：“躋，音子奚反，又音子詣反。”
〔一〕“一”，諸本作“二”，今改。僖三十三年左氏經云：“冬十有
　　二月乙巳，公薨于小寢。”杜預注云：“乙巳，十一月十二日。”

經書‘十二月’,誤。”（見春秋左傳正義卷十七）　軍案：杜説是也。

〔二〕“一一”,建安本、蔡本、鷺洲本、大德本、崇正本、汪本、北監本、殿本、點校本同；毛本、局本、王本作“二”,非是。朱一新云：“汪本‘二’字作‘一一’,是也。”（漢書管見卷三五行志中之上）

〔三〕“升”,毛本、局本、王本作“外”,形近而譌。朱一新云：“汪本‘外’作‘升’,是也。”（同上）

左氏説曰：“太廟,周公之廟,饗有禮義者也；祀,國之大事也。惡其亂國之大事於太廟,故言‘大事’也。躋,登也。登釐公於愍公上,逆祀也。釐雖愍之庶兄,嘗爲愍臣,臣子一例,不得在愍上。又未三年而吉禘,前後亂賢父聖祖之大禮,内爲貌不恭而狂,外爲言不從而僭。故是歲自十二月不雨,至于秋七月。後年若是者三,而太室屋壞矣。前堂曰太廟,中央曰太室；屋,其上重屋尊高者也。象魯自是陵夷,將墮周公之祀也。”師古曰：“墮,毀也,音火規反。”

穀梁、公羊傳曰：〔一〕“‘世室’,魯公伯禽之廟也。〔二〕周公稱‘太廟’,魯公稱‘世室’。〔三〕‘大事’者,祫祭也。師古曰：“祫,合也。毀廟及未毀廟之主,皆合祭於太祖。”‘躋釐公’者,先禰後祖也。”〔四〕

〔一〕“傳”原作“經”,諸本同,今改。沈家本云：“此下所引,乃二傳文,言‘經’誤。穀梁傳作‘大室’,與左氏同；公羊傳作‘世室’。”（諸史瑣言卷六漢書三五行志）　軍案：沈説是也。下文乃班固撮引公羊、穀梁傳義而成。

〔二〕“世室”至“廟也”,糅合公羊、穀梁傳義。文十三年公羊傳云:
“‘世室’,魯公之廟也。”穀梁傳云:“‘大室’,猶‘世室’也。周
公曰‘大廟’,伯禽曰‘大室’。”

〔三〕“周公”至“世室”,文十三年公羊傳文。

〔四〕“大事”至“祖也”,用文二年公羊、穀梁傳義。

2.34　景帝三年十二月,吳二城門自傾,大船自覆。

　　劉向以爲:“近金沴木,木動也。先是,吳王濞以太
子死於漢,稱疾不朝,陰與楚王戊謀爲逆亂。城猶國也,
其一門名曰楚門,一門曰魚門。〔一〕吳地以船爲家,以魚
爲食。天戒若曰:‘與楚所謀,傾國覆家。’吳王不寤,正
月與楚俱起兵,身死國亡。”

〔一〕王鳴盛云:“范成大吳郡志第三卷城郭篇:‘閶門,亦名破楚
門。’而無所謂‘楚門’、‘魚門’者。要之,二門必當在今蘇
州府,治吳、長洲、元和三縣地。此志特因吳本屬吳國,而濞
又嘗東渡之吳,留十日去,故此下文遂以二門之傾爲濞亡之
兆。其實濞都廣陵,不都吳。若據此文誤認濞之所都即今蘇
州府治,則非矣。”(十七史商榷卷十三漢書七“吳二城門”條)
沈欽韓云:“越絕云:‘楚門,春申君所造,楚人從之,故爲“楚
門”。’‘魚門’,越絕作‘巫門’。”(漢書疏證卷二十一五行志)
軍案:沈引“越絕”,見越絕書卷二越絕外傳記吳地傳第三。

　　京房易傳曰:“上下咸誖,厥妖城門壞。”師古曰:“誖,
惑也,音布内反。”

2.35 宣帝時，大司馬霍禹所居第門自壞。〔一〕

〔一〕“第”原作“弟”，大德本作“苐”，今據建安本、蔡本、鷺洲本、崇
　　正本、汪本、北監本、毛本、殿本、局本、王本、點校本改。

時禹内不順，外不敬，見戒不改，卒受滅亡之誅。〔一〕

〔一〕事詳漢書卷六十八霍禹傳。

2.36 哀帝時，大司馬董賢第門自壞。〔一〕

〔一〕“第”原作“弟”，大德本作“苐”，今據建安本、蔡本、鷺洲本、崇
　　正本、汪本、北監本、毛本、殿本、局本、王本、點校本改。

時賢以私愛居大位，賞賜無度，驕嫚不敬，大失臣
道，見戒不改。後賢夫妻自殺，家徙合浦。〔一〕

〔一〕事詳漢書卷九十三董賢傳。王先謙云：“以上‘金沴木’。又一
　　條互見‘視’傳下。”（漢書補注卷二十七五行志第七中之上）

2.37 傳曰：“言之不從，是謂不艾。師古曰：“艾，讀曰
‘乂’。”〔一〕厥咎僭，厥罰恒陽，〔二〕厥極憂。時則有詩妖，
時則有介蟲之孽，時則有犬旤，時則有口舌之痾，時則有
白眚、白祥，惟木沴金。”〔三〕

〔一〕“師古”至“曰乂”，北監本、殿本無此注七字。

〔二〕王先謙云：“晉志亦作‘陽’，下同。續志、宋志作‘暘’。”（漢書
　　補注卷二十七五行志第七中之上）

〔三〕王先謙云：“此下並無‘説曰’二字。上已見，不重出。”（同上）

“言之不從”，從，順也。“是謂不乂”，乂，治也。孔
子曰：“君子居其室，出其言不善，則千里之外違之，況

其邇者虖？”師古曰：“易上繫之辭也。邇，近也。”詩云：“如
蜩如螗，如沸如羹。”師古曰：“大雅蕩之詩也。蜩，蟬也。螗，
蝘也，即蚗蟟也。謂政無文理，虛言蹲沓，〔一〕如蜩螗之鳴，湯之沸
渭，羹之將孰也。蜩，音調。螗，音唐。蝘，音偃。蚗，音貂。蟟，音
聊。渭，音下館反。”言上號令不順民心，虛譁憒亂，則不能
治海內，失在過差，故“其咎僭”。僭，差也。刑罰妄加，
羣陰不附，則陽氣勝，故“其罰常陽”也。旱傷百穀，則
有寇難，上下俱憂，故“其極憂”也。君炕陽而暴虐，師
古曰：“凡言‘炕陽’者，枯涸之意，謂無惠澤於下也。炕，音口浪
反。”臣畏刑而拑口，〔二〕師古曰：“拑，箝也，音其廉反。箝，音女
涉反。”則怨謗之氣發於謌謠，故“有詩妖”。“介蟲孽”者，
謂小蟲有甲飛揚之類，陽氣所生也，於春秋爲“螽”，今謂
之“蝗”，皆其類也。〔三〕於易，兌爲口。犬以吠守而不可
信，〔四〕言氣毀，故“有犬旤”。一曰“旱歲，犬多狂死及
爲怪”，亦是也。及人，則多病口喉欬者，故“有口舌痾”。
金色白，故“有白眚、白祥”。凡言傷者，病金氣；金氣
病，則木沴之。其極憂者，順之，其福曰康寧。

〔一〕“蹲”，建安本、蔡本、鷺洲本、大德本、崇正本、汪本、北監本、毛
　　本、局本、王本、點校本同，殿本改作“噂”。王先謙云：“官本
　　‘蹲’作‘噂’，是。”（漢書補注卷二十七五行志第七中之上）
　　軍案：“蹲”、“噂”字通，此不必改。

〔二〕“拑”原作“柑”，形近而譌，建安本、大德本、崇正本、汪本、
　　毛本、局本、王本、點校本同，今據蔡本、鷺洲本、北監本、殿本
　　改。注同。王先謙云：“官本‘柑’作‘拑’，晉志作‘箝’。”（同

上）　軍案：殿本注仍作“柑”，非是。師古云“音其廉反”，是其所見本亦作“拑”。

〔三〕王先謙云：“續志引鄭注：‘螟、螣、蜩蟬之類，蟲之生於火而藏於秋者也，屬金。’”（同上）　軍案：王引“續志”，見後漢書卷一百三五行志一注，無“蟲之”二字。文獻通考卷八十八郊社考二十一亦引此文，“蟲”下脱“之”字，“者”下脱“也”字。

〔四〕楊樹達云：“説文十篇上犬部‘狗’下云：‘孔子曰：“狗，叩也，叩氣吠以守。”’”（漢書窺管卷三五行志第七中之上）

劉歆“言”傳曰：“時有毛蟲之孽。説以爲：‘於天文，〔一〕西方參爲虎星，故爲毛蟲。’”〔二〕

〔一〕“於”字原無，建安本、大德本、崇正本、汪本、北監本同，今據蔡本、鷺洲本、毛本、殿本、局本、王本、點校本補。

〔二〕王先謙云：“下取證皆‘毛蟲之孽’，明班氏不以伏傳爲然。宋志云：‘言之不從，有介蟲之孽，劉歆以爲“毛蟲”；視之不明，有蠃蟲之孽，劉歆以爲“羽蟲”。案月令“夏蟲羽，秋蟲毛”，宜如歆説，是以舊史從之。’”（同上）　軍案：王引“宋志”，見宋書卷三十五行志一。

2.38 史記周單襄公與晉郤錡、郤犨、郤至、齊國佐語，

師古曰：“單襄公，解已在前。〔一〕郤錡，駒伯也。郤犨，苦成叔也。郤至，昭子，即温季也。國佐，齊大夫國武子也。”〔二〕告魯成公曰：〔三〕“晉將有亂，三郤其當之虖？夫郤氏，晉之寵人也，三卿而五大夫，〔四〕可以戒懼矣。高位實疾顛，〔五〕厚味實腊毒。師古曰：“顛，仆也。腊，久也。言位高者必速顛

仆也,味厚者爲毒久。”今郤伯之語犯,叔迂,季伐。師古曰:
“伯,駒伯也。叔,苦成叔也。季,溫季也。犯,侵也。迂,夸誕也。
伐,矜尚也。”犯則陵人,迂則誣人,伐則掩人。有是寵也,
而益之以三怨,其誰能忍之?雖齊國子,亦將與焉。師
古曰:“與,讀曰‘豫’。豫於禍。”〔六〕立於淫亂之國,而好盡言
以招人過,蘇林曰:“招,音翹。招,舉也。”〔七〕師古曰:“盡言,猶
‘極言’也。”怨之本也。唯善人能受盡言,齊其有虖?”師
古曰:“言無善人不能受盡言。”十七年,晉殺三郤。十八年,
齊殺國佐。〔八〕

〔一〕參見本卷第三條。

〔二〕“大夫”,殿本無此二字。

〔三〕事在周簡王十一年,即魯成公十六年。國語魯語下“柯陵之
會”條亦載此事。

〔四〕“三”,崇正本、點校本同;建安本、蔡本、鷺洲本、大德本、汪
本、北監本、毛本、殿本、局本、王本作“二”,非是。錢大昭云:
“‘二’,閩本作‘三’。”(漢書辨疑卷十三五行志中之上)朱一
新云:“汪本‘二’作‘三’,是也。”(漢書管見卷三五行志中
之上)葉德輝云:“德藩本作‘二’。”(見漢書補注卷二十七五
行志第七中之上)施之勉云:“國語晉語八‘五大夫、三卿’,
韋注:‘三卿,郤錡、郤犨、郤至。又有五大夫。’”(漢書集釋五
行志第七中之上)

〔五〕朱一新云:“今本國語‘顛’作‘僨’,誤也。明道本作‘顛’,與
此合。”(漢書管見卷三五行志中之上)

〔六〕“師古”至“於禍”,北監本、殿本無此注十字。

〔七〕沈欽韓云："淮南主術訓'力招城關',注:'招,舉也。'呂覽慎大篇作'孔子之勁,舉國門之關',是'招'爲'舉'之義也。宋祁校此云:'考他書,未獲爲"翹"之意。'按:唐六典兵部員外郎'試武舉,七曰舉重',注云:'謂翹關率以五次爲上第。'是唐時以'招關'爲'翹關'。蓋'招'字本訓爲'召'。王逸楚詞注:'以手曰招,以言曰召。'毛詩傳亦云:'招招,號召之貌。'非謂'用力軒舉'也,故須讀'招'爲'翹'。賈誼過秦論'招八州',蘇林亦音'翹',則知訓'舉'者皆讀爲'翹'也。"（漢書疏證卷二十一五行志）王先謙云:"'招'、'翹'字訓通。'雲翹'即'雲招',見禮樂志。"（漢書補注卷二十七五行志第七中之上） 軍案:漢書卷二十二禮樂志"諸族樂人兼雲招給祠南郊用六十七人",師古注云:"招,讀與'翹'同。"後漢書卷九十八祭祀志中"八佾舞雲翹、育命之舞",劉昭注云:"魏氏繆襲議曰:'漢有雲翹、育命之舞,不知所出。舊以祀天,今可兼以雲翹祀圓丘,兼以育命祀方澤。'"

〔八〕"晉殺三郤",事在成十七年;"齊殺國佐",事在成十八年。

凡此屬,皆"言不從"之咎云。

2.39 晉穆侯以條之役生太子,〔一〕名之曰仇;師古曰:"穆侯,僖侯之孫也。條,晉地也。蓋以敵來侵己,當戰時而生,故取'仇怨'之義以名子。"其弟以千畞之戰生,名之曰成師。師古曰:"太子之弟,即桓叔也。畞,古'畝'字也。千畞,亦地名。意取'能成其師衆'也。"師服曰:"異哉,君之名子也! 師古曰:"師服,晉大夫。"夫名以制誼,誼以出禮,師古曰:"先制義理,

然後立名。義理既定,禮由之出。"禮以體政,政以正民,師古曰:"政以禮成,俗所以正。"是以政成而民聽;易則生亂。師古曰:"反易禮義,則亂生也。"〔二〕嘉耦曰妃,怨耦曰仇,古之命也。師古曰:"本自古昔而有此名。"今君名太子曰仇,弟曰成師,始兆亂矣,兄其替虖?"〔三〕師古曰:"替,廢也。"

〔一〕劉知幾云:"志先稱'史記周單襄公告魯成公曰"晉將有亂"',又稱'宣公六年,鄭公孫曼滿與王子伯廖語,欲爲卿'。按:'宣公六年'自左傳所載也。夫上論單襄,則持'史記'以標首;下列曼滿,則遺'左氏'而無言,遂令讀者疑此'宣公'上出'史記',而不云'魯',後莫定何邦,是非難悟,進退無準,此所謂'史記、左氏交錯相併'也。"(史通卷十九外篇漢書五行志錯誤)蘇輿云:"'晉'上當有'左氏傳'三字。劉知幾譏其下'宣六年,鄭曼滿與伯廖語'事爲'遺左氏而無言',不知應在此處也。"(見漢書補注卷二十七五行志第七中之上)

〔二〕"亂"下"生"字原無,今據別本補。

〔三〕文見桓二年左傳。杜注云:"穆侯愛少子桓叔,俱取於戰以爲名,所附意異。故師服知桓叔之黨必盛於晉,以傾宗國,故因名以諷諫。"(見春秋左傳正義卷五)

及仇嗣立,是爲文侯。文侯卒,子昭侯立,封成師于曲沃,號桓叔。師古曰:"昭侯國亂身危,不能自安,故封成師爲曲沃伯也。桓,謚也。昭侯叔父,故謂之'叔'也。"〔一〕後晉人殺昭侯而納桓叔,不克。師古曰:"事不遂。"〔二〕復立昭侯子孝侯,桓叔子嚴伯殺之。晉人立其弟鄂侯,鄂侯生哀侯。〔三〕嚴伯子武公復殺哀侯及其弟,滅之而代有晉國。師古曰:

"武始并晉國,故稱'公'也。事在桓三年。"〔四〕

〔一〕楊樹達云:"'伯'、'叔'是字,不關'叔父'。"(漢書窺管卷
　　三五行志第七中之上)　　軍案:楊説是也。

〔二〕"師古"至"不遂",北監本、殿本無此注六字。

〔三〕以上事見桓二年左傳。

〔四〕"事在桓三年",北監本無此五字,殿本"三"誤作"二"。武公
　　殺哀侯、併晉國,事見桓三年左傳。

2.40　宣公六年,鄭公子曼滿與王子伯廖語,欲爲卿。師
古曰:"曼滿、伯廖,皆鄭大夫也。廖,音聊。"**伯廖告人曰:"無
德而貪,其在周易豐之離**,張晏曰:"離下震上,豐。上六變而
之離,曰'豐其屋,蔀其家'也。"**弗過之矣。"**師古曰:"言無道德
而大其屋,不過三歲必滅亡也。"〔一〕

〔一〕沈家本云:"師古注用杜預。按:此句注言'不過三歲必滅
　　亡',則上句注當引易'三歲不覿'句,其説方明。"(諸史瑣言
　　卷六漢書三五行志)　　軍案:沈説是也。宣六年左傳杜注云:
　　"豐上六變而爲純離也。周易論變,故雖不筮,必以變言其義。
　　豐上六曰:'豐其屋,蔀其家。闚其户,闃其無人,三歲不覿,
　　凶。'義取無德而大其屋,不過三歲必滅亡也。"孔疏云:"豐卦
　　震上離下,震爲動,離爲明,動而益明,'豐大'之義。豐卦上
　　六變而爲純離之卦,故爲'豐之離'也。'蔀'者,覆鄣之物也。
　　豐大其屋,又鄣蔽其家,闇之甚也。以甚闇而處大屋,不能久
　　享其利。其屋雖大,其室將空,故窺其户而闃然無人也。經三
　　歲而不能顯見,則凶。伯廖引此者,義取無德而居乃屋,不過

三歲必滅亡。”（春秋左傳正義卷二十二）

間一歲，鄭人殺之。師古曰：“‘間一歲’者，中間隔一歲。”

2.41　襄公二十九年，齊高子容與宋司徒見晉知伯，汝齊相禮。師古曰：“高子容，齊大夫高止也。宋司徒，華定。知伯，晉大夫荀盈也。汝齊，晉大夫司馬侯也。”賓出，汝齊語知伯曰：“二子皆將不免。子容專，司徒侈，皆亡家之主也。師古曰：“專，自是也。侈，奢泰。”專則速及，侈將以其力敝，〔一〕專則人實敝之，將及矣。”

〔一〕葉德輝云：“‘敝’，左傳作‘斃’。”（見漢書補注卷二十七五行志第七中之上）

九月，高止出奔北燕。〔一〕

〔一〕“止”原作“子”，“燕”上原無“北”字，諸本同，今據襄二十九年春秋改補。蘇輿云：“春秋云：‘高子出奔北燕。’此‘燕’上當有‘北’字。史通引此文亦有，明此脫也。”（見漢書補注卷二十七五行志第七中之上）蘇氏引春秋，“高止”亦誤作“高子”。襄二十九年左傳云：“書曰‘出奔’，罪高止也。高止好以事自爲功，且專，故難及之。”穀梁傳范甯注云：“南燕姞姓，在鄭、衞之間。北燕姬姓，在晉之北，史曰北燕。據時然，故不改也。”又，此下缺載宋司徒華定之事。劉知幾云：“‘九月，高止出奔北燕’，所載至此，更無他説。左氏昭公二十年，宋司徒奔陳。而班氏採諸本傳，直寫片言，閲彼全書，唯徵半事，遂令學者疑丘明之説有是有非，女齊之言或得或失。此所謂‘虛編古語，討事不終’也。”（史通卷十九外篇漢書五行志錯誤）據左

氏經、傳,昭二十年十月,宋華定出奔陳;二十一年五月,華定
自陳入于宋南里以叛;二十二年二月,華定自宋南里出奔楚。

2.42　襄公三十一年正月,魯穆叔會晉歸,告孟孝伯曰:
"趙孟將死矣! 師古曰:"穆叔,即叔孫穆子也。孟孝伯,魯大夫
仲孫羯也。趙孟,晉卿趙文子也,名武。前年十月,穆叔與武同會
澶泉,﹝一﹞至此年正月乃歸。"其語偷,不似民主;師古曰:"偷,
苟且。"且年未盈五十,﹝二﹞而諄諄焉如八九十者,弗能久
矣。師古曰:"諄諄,重頓之貌也。諄,音之閏反。"若趙孟死,
為政者其韓子虖? 師古曰:"韓子,韓宣子也,名起。"吾子盍
與季孫言之? 可以樹善,君子也。"師古曰:"季孫,謂季武子
也,名宿。言韓起有君子之德,方執晉政,可素厚之以立善也。"孝
伯曰:"民生幾何,誰能毋偷? 師古曰:"幾何,言無多時也。
幾,音居豈反。"朝不及夕,將焉用樹? "穆叔告人曰:"孟
孫將死矣! 吾語諸趙孟之偷也,而又甚焉。"﹝三﹞

﹝一﹞"澶泉",諸本同,襄三十年春秋、左傳作"澶淵"。此乃師古避
　　唐高祖李淵諱,改"淵"作"泉"。後皆倣此。

﹝二﹞襄三十一年左傳杜注云:"成二年,戰於鞌,趙朔已死,於是趙
　　文子始生。至襄三十年,會澶淵,蓋年四十七八,故言'未盈
　　五十'。"(見春秋左傳正義卷四十)

﹝三﹞襄三十一年左傳杜注云:"言朝不及夕,偷之甚也。"(同上)
　　九月,孟孝伯卒。

2.43　昭公元年,周使劉定公勞晉趙孟,師古曰:"周,周景王

也。劉定公,周卿也,食邑於劉,名夏。是時,孟與諸侯會於虢,故就而勞之。"因曰:"子弁冕以臨諸侯,盍亦遠績禹功而大庇民乎?"師古曰:"時館於洛汭,因見河、洛而美禹功,故言之也。弁冕,冠也。言今服冠冕有國家,何不追績禹功而庇蔭其人乎?"對曰:"老夫罪戾是懼,〔一〕焉能恤遠?吾儕偷食,朝不謀夕,何其長也?"師古曰:"儕,等也。言且得食而已,苟免目前,不能念其長久也。儕,音仕皆反。"劉子歸,以語王曰:"諺所謂'老將知而耄及之'者,其趙孟之謂虖?師古曰:"諺,俗所傳言也。八十曰耄,亂也。言人年老閱歷既多,謂將益智而又耄亂也。"爲晉正卿以主諸侯,而儕於隸人,朝不謀夕,棄神、人矣。神怒民畔,何以能久?師古曰:"言其自比賤隸,而無恤下之心,人爲神主,故神、人皆去也。"趙孟不復年矣!"師古曰:"謂其即死,不復見明年。"〔二〕

〔一〕周壽昌云:"古者七十致仕,自稱曰'老夫'。今趙孟年未盈五十,迺對王朝之卿自稱'老夫',故劉子料其不復年。"(漢書注校補卷二十五行志第七中之上)

〔二〕楊樹達云:"顏用杜注之說,其說非也。説文七篇上禾部云:'年,穀孰也。''不復年',謂不復見穀熟。左傳僖公二年云:'不可以五稔。'注:'稔,孰也。'説文云:'稔,穀孰也。''年'與'稔'義同。"(漢書窺管五行志第七中之上)

　　是歲,秦景公弟后子奔晉,師古曰:"后子,即公子鍼。"趙孟問:"秦君何如?"對曰:"無道。"趙孟曰:"亡虖?"對曰:"何爲?一世無道,國未艾也。師古曰:"艾,讀曰'刈'。刈,絶也。"國於天地,有與立焉,師古曰:"言在天地之間,多欲輔助,相與共成立之。"不數世淫,弗能敝也。"趙孟曰:"天虖?"〔一〕對曰:"有焉。"趙孟曰:"其幾何?"師古曰:"言當幾時也。音居豈反。"〔二〕對曰:"鍼聞國無道而年穀和孰,天贊之也,鮮不五稔。"師古曰:"贊,佐助之也。鮮,少也。稔,孰也。穀孰爲一稔。言少尚當五年,多則或不啻也。稔,音人甚反。"趙孟視蔭,曰:"朝夕不相及,誰能待五?"師古曰:"蔭,謂日之蔭影也。趙孟自以年暮,朝不及夕,故言五年不可待也。蔭,讀與'陰'同。"后子出而告人曰:"趙孟將死矣!主民玩歲而愒日,其與幾何?"師古曰:"玩,愛也。愒,貪也。與幾何,言不能久也。愒,音口蓋反。"

〔一〕"夭",諸本誤作"天"。王念孫云:"'天'當從景祐本作'夭'。下文'其幾何'正承'夭'字言之。今本左傳亦譌作'天'(昭元年),唯唐石經不誤。"(讀書雜志四漢書第五五行志"天虖"條)　軍案:王說是也。昭元年左傳孔疏云:"國無道而歲又饑,則君或早夭。"是孔穎達所據左傳本亦作"夭"也。

〔二〕"音居豈反",北監本、殿本無此四字。

冬,趙孟卒。昭五年,秦景公卒。

2.44 昭公元年,楚公子圍會盟,師古曰:"圍,楚恭王之子也。時爲楚令尹,與齊、宋、衞、陳、蔡、鄭會于虢。"設服離衞。張晏曰:"'設服'者,設人君之服。'離衞'者,二人執戈在前也。"師古曰:"離列人君之侍衞也。"〔一〕魯叔孫穆子曰:"楚公子美矣,君哉!"師古曰:"穆子,叔孫豹也。言其服美似人君也。"伯州犁曰:"此行也,辭而假之寡君。"師古曰:"伯州犁,楚太宰也。言受楚王之命,假以此禮耳。蓋爲其令尹文過。"**鄭行人子羽曰:"假不反矣。"**師古曰:"行人,官名。子羽,公孫揮字也。假不反矣,言將遂爲君。"**伯州犂曰:"子姑憂子晳之欲背誕也。"**〔二〕應劭曰:"子晳攻殺伯有,今又背盟,欲復作亂也。"師古曰:"子晳,鄭大夫公孫黑也。'背誕'者,背命放誕,欲爲亂也。子且自憂此,無憂令尹不反戈也。"**子羽曰:"假而不反,子其無憂虖?"**師古曰:"言令尹將圖爲君,則楚國有難,子亦有憂也。"**齊國子曰:"吾代二子愍矣。"**〔三〕應劭曰:"愍,憂也。二子,伯州犂、行人子羽也。"師古曰:"國子,齊大夫國弱也。二子,謂王子圍及伯州犂也。圍以是年篡位,而不能令終,州犂亦爲圍所殺,故言可愍。應説非也。"〔四〕**陳公子招曰:"不憂何成二子樂矣?"**應劭曰:"言國有憂,己乃得以成功也。"師古曰:"招,陳公子,哀公弟也。言因憂以成事,事成而樂也。招,音韶。"**衛齊子曰:"苟或知之,雖憂不害。"**師古曰:"齊子,衛大夫齊惡也。言先知爲備,雖有憂難,無所損害。"

〔一〕臧琳云:"下文'叔孫穆子曰:"楚公子美矣,君哉"',此言圍之'設服'也。'鄭子皮曰:"二執戈者前矣"',此言圍之'離衛'也。張氏説與下文合。"(經義雜記卷二十九"設服離衛"條)　爭案:臧説是也。

〔二〕"晳",諸本作"晳",形近而譌。注同。

〔三〕"愍",諸本同,昭元年左傳作"慇"。

〔四〕昭元年左傳孔疏云:"服虔云:'慇,憂也。代伯州犂憂公子圍,代子羽憂子晳。'劉炫從服言,而規杜失。今知不然者,以圍不能自終,伯州犂尋爲圍所殺,是皆遇凶害,故云'吾代二子憖矣’。若以‘二子’爲伯州犁、子羽，子羽則卒無禍害，又何可憖而代之乎？劉以服意而規杜過，非也。”（春秋左傳正義卷四十一）臧琳云：“顏師古注用杜義，以應說爲非。案：伯州犁以‘子晳之欲背誕’爲子羽之憂，子羽以‘假而不反’爲伯州犁之憂，而二子者各不自知，故齊國子代二子憂之。服、應以‘二子’爲伯州犁、子羽，與上文甚合。蓋國子特言‘代二子憂之’，亦不論二子之被禍害與否。乃杜氏必欲言王子圍，以見國子之言一一有驗，此後人所以疑左傳爲誣矣。取意既迂遠，又與上伯州犁、子羽之言文氣間隔，而輕改先儒舊義，此杜氏之失也。劉光伯據服言而規杜，當矣。孔仲達、顏師古反從杜而違先儒，唐人之識固如是耳。”（經義雜記卷二十八“吾代二子憖矣”條）　軍案：臧說是也。

退會，子羽告人曰：“齊、衞、陳大夫其不免乎？國子代人憂，子招樂憂，齊子雖憂弗害。夫弗及而憂，與可憂而樂，與憂而弗害，皆取憂之道也。師古曰：“弗及而憂，謂憂不及己而妄憂也。”太誓曰：‘民之所欲，天必從之。’師古曰：“太誓，周書也。”三大夫兆憂矣，〔一〕能無至乎？師古曰：“兆憂，謂開憂兆也。”言以知物，其是之謂矣。”師古曰：“物，類也。察其所言，以知禍福之類。”

〔一〕“三”，北監本誤作“二”。齊召南云：“‘三’，監本訛‘二’，今改正。”（前漢書考證五行志中之上）“矣”，昭元年左傳作“憂”，下屬爲句。臧琳云：“今本左傳下‘憂’字蓋‘矣’之訛。如漢志所引，語氣、文情更兩得之。”（經義雜記卷十八“三大夫兆憂矣”條）蘇輿云：“‘能無至乎’語意未全，左傳作‘三大夫

兆憂,憂能無至乎'。'矣'蓋'憂'之誤文。"（見漢書補注卷
二十七五行志第七中之上）　　軍案:臧説是也。

2.45 昭公十五年,晉籍談如周葬穆后,師古曰:"籍談,晉大
夫也。穆后,周景王之后,謚'穆'也。"既除喪而燕。師古曰:
"燕,與'宴'同。"王曰:"諸侯皆有以填撫王室,晉獨無有,
何也？"師古曰:"填撫王室,謂獻器物也。填,音竹刃反。"籍談
對曰:"諸侯之封也,皆受明器於王室,故能薦彝器。師
古曰:"明器,明德之器也。彝器,常可寶用之器也。"晉居深山,
戎翟之與鄰,〔一〕拜戎不暇,其何以獻器？"王曰:"叔氏
其忘諸乎？師古曰:"叔,籍談字也。一曰:'叔父之使,故謂之
"叔氏"也。'"叔父唐叔,成王之母弟,其反亡分乎？師古
曰:"分,音扶問反。"〔二〕昔而高祖司晉之典籍,師古曰:"而,
亦'汝'。"以爲大正,故曰籍氏。女,司典之後也,何故忘
之？"籍談不能對。賓出,王曰:"籍父其無後乎？〔三〕數
典而忘其祖。"師古曰:"忘祖業。"

〔一〕"翟",諸本同,昭十五年左傳作"狄"。

〔二〕周壽昌云:"此'分'字,即'分寶玉於伯叔之國'之'分'字
　　　也,作平聲讀,對上'受明器'言。顏音誤。"（漢書注校補卷
　　　二十五行志第七中之上）　　軍案:周氏引"分寶"至"之國",
　　　尚書旅獒文。楊樹達云:"昭公十二年左傳:'四國皆有分,
　　　我獨無有。'釋文:'分,音扶問反。'與顏音同。蓋'分與'之
　　　'分'爲動字,讀平聲;'分'爲我所有之物,名字,讀去聲。周
　　　説非是。"（漢書窺管卷三五行志第七中之上）

〔三〕昭十五年左傳孔疏云：“定十四年，‘晉人敗范、中行氏之師於潞，獲籍秦’。秦即談之子，是‘無後’。”（春秋左傳正義卷四十七）

籍談歸，以語叔嚮。叔嚮曰：“王其不終乎？吾聞所樂必卒焉。師古曰：“言志之所樂，終於此事。”今王樂憂，若卒以憂，不可謂終。王一歲而有三年之喪二焉，師古曰：“爲太子三年，妻死三年乃娶，達子之志。言‘三年之喪二’，后及太子也。”於是乎以喪賓燕，又求彝器，樂憂甚矣。三年之喪，雖貴遂服，禮也。師古曰：“遂，猶‘竟’。”王雖弗遂，燕樂已早。師古曰：“天子除喪，當在卒哭，今適既葬，故譏其早也。”禮，王之大經也。一動而失二禮，無大經矣。師古曰：“經，謂常法也。既不遂服，又即宴樂，是失二禮。”言以考典，典以志經。師古曰：“考，成也。志，記也。”忘經而多言舉典，將安用之？”〔一〕

〔一〕王先謙云：“此未終言之，疑奪文。”（漢書補注卷二十七五行志第七中之上）　軍案：昭二十二年春秋云：“四月，天王崩。六月，葬景王。王室亂。”

2.46 哀公十六年，孔丘卒，公誄之曰：“旻天不弔，〔一〕不憖遺一老，〔二〕俾屏予一人。”應劭曰：“憖，且辭也。言旻天不善於魯，不且遺一老，使屏蔽我一人也。”師古曰：“憖，音魚覬反。”子贛曰：“君其不歿於魯乎？夫子之言曰：‘禮失則昏，名失則愆。’師古曰：“夫子，謂孔子也。昏，謂惑也。愆，過也。”失志爲昏，失所爲愆。〔三〕生弗能用，死而誄之，非禮也；

稱‘予一人’，非名也。師古曰：“天子自稱曰‘予一人’，非諸侯之號，故云‘非名’。”君兩失之。”

〔一〕“旻”，北監本、毛本、局本、王本作“昊”，非是。注同。“弔”，古“淑”字，善也。錢大昭云：“‘昊天’，南雍本、閩本作‘旻天’。注同。”（漢書辨疑卷十三五行志中之上）王先謙云：“官本並作‘旻天’。”（漢書補注卷二十七五行志第七中之上）哀十六年左傳杜注云：“仁覆閔下，故稱‘旻天’。”

〔二〕詩小雅十月之交云：“不憖遺一老。”鄭箋云：“‘憖’者，心不欲自彊之辭也。言盡將舊在位之人與之皆去。”釋文云：“憖，魚覲反，爾雅云‘願也，强也，且也’。”（見毛詩注疏卷十二之二）

〔三〕二“爲”字，建安本、蔡本、鷺洲本、大德本、崇正本、汪本、北監本、殿本、點校本同，哀十六年左傳同；毛本、局本、王本作“謂”，非是。

二十七年，公孫于邾，師古曰：“孫，讀曰‘遜’。”遂死於越。師古曰：“已解於上。”〔一〕

〔一〕見本卷第三十條。王先謙云：“以上‘言不從’。”（漢書補注卷二十七五行志第七中之上）

2.47　庶徵之“恒陽”，劉向以爲：“春秋‘大旱’也。其夏旱雩祀，謂之‘大雩’；〔一〕不傷二穀，謂之‘不雨’。”

〔一〕桓五年公羊傳云：“‘大雩’者何？旱祭也。”何休注云：“‘雩’，旱請雨祭名。不解‘大’者，祭言‘大雩’，大旱可知也。君親之南郊，以六事謝過，自責曰：‘政不一與？民失職與？宮室榮

與？婦謁盛與？苞苴行與？讒夫倡與？’使童男女各八人舞
而呼雩，故謂之‘雩’。”（見春秋公羊傳注疏卷四）

京房易傳曰："欲德不用，茲謂張；_{孟康曰："欲得賢者}
而不用，人君徒張此意。"〔一〕厥災荒，荒，旱也；其旱陰雲不
雨，變而赤，因而除。師出過時，茲謂廣；_{李奇曰："廣，音}
曠。"_{韋昭曰："謂怨曠也。"}〔二〕其旱不生。上下皆蔽，茲謂
隔；其旱天赤三月，〔三〕時有雹殺飛禽。上緣求妃，茲謂
僭；_{師古曰："緣，歷也。言歷眾處而求妃妾也。"}〔四〕其旱三月
大溫亡雲。居高臺府，茲謂犯陰侵陽；其旱萬物根死，數
有火災。庶位踰節，茲謂僭；其旱澤物枯，爲火所傷。"

〔一〕楊樹達云："‘德’與‘得’古通用，孟讀‘德’爲‘得’，是也。惟
　　用郎顗之說訓爲‘得賢’，又云‘人君徒張此意’，則皆非是。
　　此言人君貪欲，多得財貨而不能用，猶人貪食，不能化而患張
　　病也。韓詩外傳三述‘人主之疾十有二’，其一曰脹，云：‘無令
　　倉廩積腐，則脹不作。’‘倉廩積腐’正‘得而不用’之所致也。
　　‘張’、‘臟’字同。"（漢書窺管卷三五行志第七中之上）　軍
　　案：楊説是也。

〔二〕"廣"，讀爲"曠"。廣雅卷三釋詁云："曠，久也。"韋説非是。

〔三〕"三"，大德本、崇正本、北監本、毛本、殿本、局本、王本、點校
　　本同；建安本、蔡本、鷺洲本、汪本作"二"，非是。後漢書卷
　　一百三五行志一、宋書卷三十一五行志二、晉書卷二十八五行
　　志中、文獻通考卷三百四物異考十引京房易傳皆作"三"。

〔四〕楊樹達云："‘妃’即今‘配偶’字，顏釋爲‘妃妾’，非也。‘上
　　緣求妃’者，謂求偶攀緣在己上者，即晉語所謂‘欲求繫援’者

也。鄭公子忽曰：‘齊大，非吾偶。’此不肯上緣求妃者也。顏釋‘緣’爲‘歷’，云‘歷衆處’，增字成義而仍不可通，非是。下文云：‘以尊降妃，茲謂薄嗣。’蓋配求匹敵，上緣、下降皆非道也。”（漢書窺管卷三五行志第七中之上）　軍案：楊説是也。其引“欲求繫援”，見國語卷十五晉語九“董叔將娶於范氏”條，“求”，晉語作“爲”，當據改；引公子忽語，見説苑卷十三權謀篇“齊欲妻鄭太子忽”條；引“以尊”至“薄嗣”，見本書五行志下之上第四十二條。

2.48 釐公二十一年“夏，大旱”。

董仲舒、劉向以爲：“齊桓既死，〔一〕諸侯從楚，釐尤得楚心。楚來獻捷，釋宋之執。師古曰：“謂此年楚執宋公以伐宋，冬使宜申來獻捷，十二月盟于薄，釋宋公也。”外倚彊楚，炕陽失衆，又作南門，勞民興役。”師古曰：“南門本名稷門，更改高大而作之。事在二十年。”諸“雩”、“旱”、“不雨”，略皆同説。

〔一〕“桓”，建安本、蔡本、鷺洲本、大德本、崇正本、汪本、北監本、殿本、點校本同，毛本、局本、王本作“威”。班氏原文當作“桓”；作“威”者，疑南宋人避宋欽宗趙桓諱而改也。後皆倣此。

2.49 宣公七年“秋，大旱”。

是夏，宣與齊侯伐萊。〔一〕師古曰：“萊國，即東萊黃縣也。”

〔一〕葉德輝云：“御覽咎徵部引洪範傳曰：‘魯宣公七年“秋，大旱”。是時，公與齊伐萊。夫伐國，亢陽節也；師旅，百姓所不

欲也,故應是而大旱也。'"（見漢書補注卷二十七五行志第
七中之上）　覃案：葉引御覽,見太平御覽卷八百七十九咎徵
部六。葉云"咎徵部",原作"時序部",今改。御覽"七"誤作
"十"。葉氏引文"元"下脱"陽"字,"旅"誤作"徒",今據御
覽補改。

2.50 襄公五年"秋,大雩"。

先是,宋魚石犇楚,師古曰："犇,古'奔'字也。事在成
十五年。魚石,宋左師也,公子目夷之曾孫也。"楚伐宋,取彭城
以封魚石；師古曰："事在成十八年。"鄭畔于中國而附楚,師
古曰："自鄢陵戰後,鄭遂不服,故諸侯屢侵伐之。"襄與諸侯共
圍彭城,師古曰："謂襄元年,使仲孫蔑會晉欒黶、宋華元、衞甯
殖、曹人、莒人、邾人、滕人、薛人圍彭城。"城鄭虎牢以禦楚。
師古曰："事在二年。武牢本鄭邑,時已屬晉,蓋追言之。"是歲,
鄭伯使公子發來聘,師古曰："公子發,鄭穆公之子,子産之父
也,字子國。"使大夫會吳于善道。師古曰："使仲孫蔑會吳也。
善道,地名。"〔一〕外結二國,内得鄭聘,有炕陽動衆之應。

〔一〕"地名",崇正本、殿本作"吳地"。襄五年左傳杜注云："善道,
　　地闕。"（見春秋左傳正義卷三十）高士奇云："'善道',公羊、
　　穀梁皆作'善稻'。范甯云：'吳地。'阮勝之南兗州記云：'盱
　　眙本吳善道地,秦置盱眙縣。項羽尊楚懷王爲義帝,都盱眙。
　　漢屬淮陽郡,郡都尉治焉。許慎曰："張目爲盱,舉目爲眙。"
　　城居山上,可以矚遠,故曰盱眙。'南宋屬泗州,至今因之。"
　　（春秋地名考略卷十一）

2.51 八年“九月，大雩”。

時作三軍，季氏盛。〔一〕師古曰：“萬二千五百人爲軍。魯本立上、下二軍，皆屬於公，有事則三卿遞帥之而征伐。今季氏欲專其人，故增立中軍，三卿各主其一也。事在十一年。”

〔一〕“作三軍”，見襄十一年春秋及三傳。穀梁傳云：“作，爲也。古者，天子六師，諸侯一軍。作三軍，非正也。”（見春秋穀梁傳注疏卷十五）

2.52 二十八年“八月，大雩”。

先是，比年晉使荀吳、齊使慶封來聘，師古曰：“比年，頻年也。荀吳，晉大夫，即荀偃之子也，二十六年晉侯使來聘。慶封，齊大夫也，二十七年齊侯使來聘。”是夏，邾子來朝。襄有炕陽自大之應。

2.53 昭公三年“八月，大雩”。

劉歆以爲：“昭公即位年十九矣，猶有童心，居喪不哀，炕陽失衆。”〔一〕

〔一〕參見本卷第五十五條。

2.54 六年“九月，大雩”。

先是，莒牟夷以二邑來犇，師古曰：“事在五年。牟夷，莒大夫也。二邑，謂牟婁及防兹也。”莒怒伐魯，叔弓帥師，距而敗之，昭得入晉。師古曰：“叔弓，魯大夫。時昭公適欲朝晉，而遇莒人來討，將不果行。叔弓既敗莒師，公乃得去。故傳云‘成禮

大國,以爲援好'也。"〔一〕外和大國,内獲二邑,取勝鄰國,
有炕陽動衆之應。

〔一〕臧琳云:"經五年:'公如晉。夏,莒牟夷以牟婁及防兹來奔。
　　秋七月,公至自晉。戊辰,叔弓帥師,敗莒師于蚡泉。'則'叔
　　弓敗莒師'在'公至自晉'後。'叔弓帥師,距而敗之,昭得入
　　晉',師古云'叔弓既敗莒師,公乃得去'者,誤也。"(經義雜記
　　卷十八"昭六年大雩"條)沈家本云:"春秋'公至自晉'在'叔
　　弓敗莒'之先。此所言與左傳不合。師古注亦即正文爲説,
　　未以春秋、傳文核對。"(諸史瑣言卷六漢書三五行志)　軍
　　案:臧、沈説是也。師古注引"成禮"至"援好",未詳所出。

2.55　十六年"九月,大雩"。
　先是,昭公母夫人歸氏薨,昭不慼,又大蒐于比蒲。
師古曰:"事在昭十一年。歸氏,胡國之女。歸,姓,即齊歸也;齊,
謚也。蒐,謂聚而衆田獵也。比蒲,魯地名。比,音毗。"〔一〕晉叔
嚮曰:〔二〕"魯有大喪而不廢蒐。〔三〕國不恤喪,不忌君
也;〔四〕君亡慼容,不顧親也。殆其失國。"〔五〕與三年同
占。〔六〕

〔一〕"比,音毗",建安本、蔡本、大德本、崇正本、汪本同,鷺洲本
　　無"比"字,北監本、殿本無此三字;毛本、局本、王本、點校本
　　"毗"作"毘",字同。

〔二〕"嚮",諸本同,昭十一年左傳作"向"。

〔三〕昭十一年左傳杜注云:"謂蒐比蒲。"(見春秋左傳正義卷
　　四十五)

〔四〕昭十一年左傳杜注云：“忌，畏也。”（同上）

〔五〕昭十一年左傳杜注云：“爲二十五年‘公孫於齊’傳。”（同上）

〔六〕參見本卷第五十三條。

2.56 二十四年“八月，大雩”。

劉歆以爲：“左氏傳二十三年邾師城翼，還經魯地，師古曰：“翼，邾邑也。‘經’者，道出其中也。魯地，謂武城也。”魯襲取邾師，獲其三大夫。師古曰：“謂徐鉏、丘弱、茅地也。”邾人愬于晉，晉人執我行人叔孫婼，師古曰：“叔孫昭子也。婼，音丑略反。”是春迺歸之。”

2.57 二十五年“七月上辛，大雩。季辛，又雩”。

旱甚也。

劉歆以爲：“時后氏與季氏有隙。師古曰：“后氏，郈昭伯也。季氏，季平子也。季、郈之雞鬬，季氏芥其雞，〔一〕郈子爲之金距。平子怒，益宮於郈氏，〔二〕且責讓之，故郈昭伯怨之。”又季氏之族有淫妻爲讒，使季平子與族人相惡，皆共譖平子。師古曰：“謂平子庶叔父公鳥之妻季姒與饔人檀通，而譖季氏之族人季公亥、公思展，故平子殺思展，以故族人皆怨之。”子家駒諫曰：‘讒人以君徼幸，不可。’師古曰：“子家駒，即子家懿伯，莊公之玄孫也，一名羈。”〔三〕昭公遂伐季氏，爲所敗，出犇齊。”

〔一〕“芥”，諸本同，昭二十五年左傳、呂氏春秋察微篇作“介”。

杜注云：“搗芥子播其羽也。或曰：‘以膠沙播之爲介雞。’”釋文云：“介，又作‘芥’，音界。”正義云：“杜此二解，一讀‘介’

爲‘芥’，擣芥子爲末，播其雞羽。賈逵云：‘擣芥子爲末，播其雞翼，可以坌郈氏雞目。’是此説也。鄭衆云：‘介，甲也。爲雞著甲。’高誘注吕氏春秋云：‘鎧著雞頭。’杜又云‘或曰’，不知誰説；‘以膠沙播之’，亦不可解。蓋以膠塗雞之足爪，然後以沙糝之，令其澀，得傷彼雞也。以郈氏爲金距言之，則著甲是也。”（春秋左傳正義卷五十一）　　軍案：師古此注作“芥”，用賈逵、杜預説；陸氏釋文、孔氏正義作“介”，用鄭衆、高誘説。當以後者爲是。

〔二〕昭二十五年左傳杜注云：“侵郈氏室以自益。”（見春秋左傳正義卷五十一）

〔三〕昭二十五年左傳孔疏云：“讒人，謂公若、郈孫之徒讒季氏者，勸君使伐季氏，以君徼天之幸。幸而得勝，則以爲己功；不勝，則推君爲惡。不可從也。”（春秋左傳正義卷五十一）

2.58 定公七年“九月，大雩”。〔一〕

〔一〕“七”原作“十”，建安本、蔡本、鷺洲本、大德本、崇正本、汪本、北監本、毛本、殿本、局本、王本同，今據點校本改。蘇輿云：“據春秋經，定十年無‘大雩’事。其書‘九月，大雩’，在定七年。‘十’疑‘七’之誤。史通作‘十二年’。案：十二年經但書‘秋，大雩’，班氏所引悉經元文，不當改‘秋’爲‘九月’。史通亦誤也。”（見漢書補注卷二十七五行志第七中之上）　　軍案：蘇説是也。其引史通，見史通卷十九外篇漢書五行志錯誤。

先是，定公自將侵鄭，歸而城中城；二大夫帥師圍鄆。〔一〕師古曰："事並在六年。中城,魯之邑也。二大夫,謂季孫斯、仲孫何忌。"

〔一〕定六年春秋孔疏云："鄆是魯邑,輒曰圍之,必是鄆邑叛也。三傳並無其事,不知何爲而叛。明年'齊人歸鄆',是叛屬齊也。"(春秋左傳正義卷五十五)

2.59　嚴公三十一年"冬,不雨"。

是歲,一年而三築臺,師古曰："是年春,築臺于郎;夏,築臺于薛;秋,築臺于秦。秦、郎、薛,皆魯地。"奢侈不恤民。

2.60　釐公二年"冬十月,不雨"。

2.61　三年"春正月,不雨。夏四月,不雨。六月,雨"。

先是,〔一〕嚴公夫人與公子慶父淫,而殺二君。師古曰："慶父,桓公之子,莊公弟也。二君,謂子般及閔公。"〔二〕國人攻之,夫人遜于邾,慶父犇莒。釐公即位,南敗邾,師古曰："謂元年公敗邾師于偃。"東敗莒,獲其大夫,師古曰："謂元年,公子友帥師敗莒師于酈,獲莒挐也。"有炕陽之應。

〔一〕"先是"下原衍"者"字,諸本同,今刪。

〔二〕此注下,建安本、蔡本、鷺洲本有"○宋祁曰:'朱子文云:"考上下文,稱'先是'例甚多,獨此有一'者'字。'者'字宜去。不然,'者'字當是'魯'字可也"'"共三十八字,乃南宋人所增附。朱氏云"'者'字宜去",是也。其云"不然,'者'字當是'魯'字可也",則非。上下文未著"魯"字,此處亦不當有。

2.62 **文公**二年，“自十有二月不雨，至于秋七月”。

　　文公即位，天子使**叔服會葬**，師古曰：“**叔服**，周之内史也。叔，氏；服，字。會葬，葬僖公。”**毛伯賜命**。師古曰：“亦天子使之也。**毛伯**，周之卿士。毛，國；伯，爵也。‘賜命’者，賜以命圭爲瑞信也。”**又會晉侯于戚，**〔一〕師古曰：“謂大夫公孫敖會之也。戚，衛邑，在頓丘衛縣西。”**公子遂如齊納幣**，師古曰：“納玄纁之幣，謂公爲婚於齊。”**又與諸侯盟。**師古曰：“謂公孫敖會宋公、陳侯、鄭伯、晉士穀盟于垂隴也。垂隴，鄭地。”〔二〕**上得天子，外得諸侯，沛然自大，**師古曰：“沛，音普大反。”**躋鼇公主，大夫始顓事。**師古曰：“謂季孫行父也。顓，讀與‘專’同。”〔三〕

〔一〕以上事見**文**元年春秋。

〔二〕以上事見**文**二年春秋。“垂隴”，諸本同，文二年左傳同，公羊、穀梁傳作“垂斂”。水經注卷七濟水一云：“有垂隴城，濟瀆出其北。春秋文公二年，‘晉士穀盟于垂隴’者也。京相璠曰：‘垂隴，鄭地。今滎陽東二十里有故隴城，即此。’是也。世謂之都尉城，蓋滎陽典農都尉治，故變‘垂隴’之名矣。”

〔三〕“顓，讀與‘專’同”，北監本、殿本無此五字。

2.63 十年，“自正月不雨，至于秋七月”。

　　先是，公子遂會四國而救鄭，師古曰：“謂九年楚人伐鄭，公子遂會晉人、宋人、衛人、許人以救之。”**楚使越椒來聘，**師古曰：“越椒，楚大夫名也。事亦在九年。”**秦人歸禭，**師古曰：“謂九年秦人來歸僖公及成風之禭也。凡問喪者，衣服曰禭。成風，僖公之母也。成，謚也；風，姓也。禖，音遂。”有炕陽之應。

2.64　十三年，“自正月不雨，至于秋七月”。

　　先是，曹伯、杞伯、滕子來朝，師古曰：“十一年，曹伯來朝；十二年，杞伯、滕子來朝。”郕伯來犇，師古曰：“事在十二年。郕，國；伯，爵也。”〔一〕秦伯使遂來聘，師古曰：“事在十二年。遂，秦大夫名，即左氏所謂‘西乞術’。”〔二〕季孫行父城諸及鄆。師古曰：“事在十二年。〔三〕諸、鄆，二邑名也。〔四〕諸，即琅邪諸縣也。”二年之間，五國趨之，内城二邑，炕陽失衆。

〔一〕文十三年春秋云：“春王正月，郕伯来奔。”左傳云：“春，郕伯卒，郕人立君。大子以夫鍾與郕邦來奔。公以諸侯逆之，非禮也，故書曰‘郕伯來奔’。”正義云：“此實大子，公以諸侯禮迎之。公既尊之爲君，史遂從公之意。”（春秋左傳正義卷十九下）

〔二〕錢大昭云：“‘術’、‘遂’古字通。”（漢書辨疑卷十三五行志中之上）

〔三〕“二”，毛本、局本、王本、點校本同，建安本、蔡本、鷺洲本、大德本、崇正本、汪本、殿本誤作“一”。北監本無“事在十二年”五字。

〔四〕文十二年春秋杜注云：“鄆，莒、魯所爭者。城陽姑幕縣南有員亭，員即鄆也。以其遠逼外國，故帥師城之。”（見春秋左傳正義卷十九下）

　　一曰：“不雨而五穀皆孰，異也。文公時，大夫始顓盟會，公孫敖會晉侯，又會諸侯盟于垂隴。〔一〕故不雨而生者,陰不出氣而私自行,以象施不由上出,臣下作福而私自成。"

〔一〕文元年,公孫敖會晉侯于戚;二年,會諸侯盟于垂隴。參見本卷第六十二條。

一曰:"不雨,近常陰之罰,君弱也。"

2.65 惠帝五年夏,大旱,江河水少,谿谷絶。

先是,發民男女十四萬六千人城長安。〔一〕是歲,城迺成。

〔一〕事在惠帝三年春,見漢書卷二惠帝紀。彼紀又云:"六月,發諸侯王、列侯徒隸二萬人城長安。五年正月,復發長安六百里内男女十四萬五千人城長安,三十日罷。九月,長安城成。"

2.66 文帝三年秋,天下旱。

是歲夏,匈奴右賢王寇侵上郡,詔丞相灌嬰發車騎士八萬五千人詣高奴,師古曰:"即上郡之縣。"擊右賢王走出塞。〔一〕其秋,濟北王興居反,使大將軍討之,皆伏誅。〔二〕

〔一〕事見漢書卷九十四上匈奴傳。

〔二〕事詳史記卷十孝文本紀、漢書卷四文帝紀。王先謙云:"'皆'字疑衍。"(漢書補注卷二十七五行志第七中之上)

2.67 後六年春,天下大旱。

先是,發車騎材官屯廣昌。師古曰:"武都之縣。"〔一〕

是歲二月，復發材官屯隴西。後匈奴大入上郡、雲中，烽火通長安，三將軍屯邊，師古曰：“謂以中大夫令免爲車騎將軍屯飛狐，故楚相蘇意爲將軍屯句注，將軍張武屯北地。”〔二〕又三將軍屯京師。師古曰：“謂河内太守周亞夫爲將軍次細柳，〔三〕宗正劉禮爲將軍次霸上，祝兹侯徐厲爲將軍次棘門。”〔四〕

〔一〕齊召南云：“注非也。廣昌縣屬代郡，地理志甚明。至武都郡，武帝元鼎六年始置，文帝時豈容有其地乎？”（前漢書考證五行志中之上）葉德輝云：“‘武’‘代’、‘都’‘郡’形近，傳寫致誤。”（見漢書補注卷二十七五行志第七中之上）　軍案：齊説是也。

〔二〕事見漢書卷四文帝紀。彼紀師古注云：“中大夫，官名，其人姓令名免耳。此諸將軍下至徐厲，皆書姓。而徐廣以爲‘中大夫令’是官名，此説非也。據百官表，景帝初改衞尉爲中大夫令，文帝時無此官。而中大夫是郎中令屬官，秩比二千石。”

〔三〕漢書卷四文帝紀注云：“服虔曰：‘在長安西北。’如淳曰：‘長安細柳倉在渭北，近石徼。’張揖曰：‘在昆明池南，今有柳市是也。’臣瓚曰：‘一宿曰宿，再宿曰信，過信爲次。’師古曰：‘匈奴傳云：“置三將軍，軍長安西細柳、渭北棘門、霸上。”此則細柳不在渭北，揖説是也。’”

〔四〕漢書卷四文帝紀注云：“孟康曰：‘在長安北，秦時宮門也。’如淳曰：‘三輔黄圖棘門在横門外也。’”三輔黄圖卷一都城十二門云：“長安城北出西頭第一門曰横門。漢書‘虒上小女陳持弓走入光門’，即此門也。門外有橋，曰横橋。（漢書作“走入横城門”，如淳曰：“横，音光。”）　軍案：黄圖引陳持弓事，見漢書卷十成帝紀、卷二十七五行志下之上。

2.68　景帝中三年秋,大旱。[一]

〔一〕此下未載事跡,疑班固遺脱。參見本書五行志中之下第
　　七十三條。

2.69　武帝元光六年夏,大旱。[一]

〔一〕事見漢書卷六武帝紀。

　　　是歲,四將軍征匈奴。師古曰:"謂車騎將軍衛青出上谷,
騎將軍公孫敖出代,輕車將軍公孫賀出雲中,驍騎將軍李廣出鴈
門。"[一]

〔一〕事見漢書卷六武帝紀,亦見本書五行志中之下第七十五條。

2.70　元朔五年春,大旱。[一]

〔一〕事見漢書卷六武帝紀。

　　　是歲,六將軍衆十餘萬征匈奴。師古曰:"謂衛青將六
將軍兵也。六將軍者,衛尉蘇建爲游擊將軍,左内史李沮爲彊弩將
軍,太僕公孫賀爲騎將軍,代相李蔡爲輕車將軍,俱出朔方;大行李
息、岸頭侯張次公爲將軍,出右北平。"[一]

〔一〕事見漢書卷六武帝紀,詳漢書卷五十五衛青傳。

2.71　元狩三年夏,大旱。

　　　是歲,發天下故吏伐棘上林,[一]穿昆明池。[二]

〔一〕事見漢書卷二十四下食貨志下。

〔二〕事見漢書卷六武帝紀。彼紀注云：“如淳曰：‘食貨志以舊吏弄法，故謫使穿池，更發有貲者爲吏也。’臣瓚曰：‘西南夷傳有越嶲、昆明國，有滇池，方三百里。漢使求身毒國，而爲昆明所閉。今欲伐之，故作昆明池象之，以習水戰，在長安西南，周回四十里。食貨志又曰“時越欲與漢用船戰逐，乃大修昆明池”也。’師古曰：‘謫吏，吏有罪者，罰而役之。’”　軍案：臣瓚引食貨志，見漢書卷二十四下食貨志下。

2.72　天漢元年夏，大旱。

2.73　其三年夏，大旱。
　　先是，貳師將軍征大宛還。〔一〕天漢元年，發適民。師古曰：“適，讀曰‘謫’。”二年夏，三將軍征匈奴，師古曰：“謂貳師將軍三萬騎出酒泉，因杅將軍出西河，騎都尉李陵將步兵五千人出居延北也。”李陵没不還。〔二〕
〔一〕漢書卷六武帝紀云：“太初元年秋八月，遣貳師將軍李廣利發天下謫民西征大宛。”注云：“張晏曰：‘貳師，大宛城名。’師古曰：‘大宛，國名。’”彼紀又云：“四年春，貳師將軍廣利斬大宛王首，獲汗血馬來。”
〔二〕事見漢書卷六武帝紀。

2.74　征和元年夏，大旱。
　　是歲，發三輔騎士閉長安城門，大搜，始治巫蠱。明年，衞皇后、太子敗。〔一〕

〔一〕事見漢書卷六武帝紀。

2.75 昭帝始元六年，大旱。〔一〕

〔一〕漢書卷七昭帝紀云：“始元六年夏，旱，大雩，不得舉火。”臣
　　瓚注云：“不得舉火，抑陽助陰也。”

先是，大鴻臚田廣明征益州，暴師連年。〔一〕

〔一〕漢書卷七昭帝紀云：“始元四年冬，遣大鴻臚田廣明擊益州。
　　五年秋，大鴻臚廣明擊益州。”

2.76 宣帝本始三年夏，大旱，〔一〕東西數千里。

〔一〕事見漢書卷八宣帝紀。

先是，五將軍衆二十萬征匈奴。師古曰：“本始二年，〔一〕
御史大夫田廣明爲祁連將軍，後將軍趙充國爲蒲類將軍，雲中太
守田順爲武牙將軍，及度遼將軍范明友、前將軍韓增，〔二〕凡五將
軍，兵十五萬騎；校尉常惠持節護烏孫兵，咸擊匈奴，是爲二十萬衆
也。”〔三〕

〔一〕“二”原作“三”，諸本同，今據漢書卷八宣帝紀改。

〔二〕“度”原作“渡”，建安本、蔡本、鷺洲本、汪本、毛本、局本、王
　　本、點校本同，今據大德本、崇正本、北監本、殿本、漢書卷八宣
　　帝紀改。齊召南云：“‘度’，監本訛‘渡’，今改正。”（前漢書考
　　證五行志中之上）

〔三〕事見漢書卷八宣帝紀。

2.77 神爵元年秋，大旱。

　　是歲,後將軍趙充國征西羌。〔一〕

〔一〕事見漢書卷八宣帝紀。

2.78　成帝永始三年、四年夏,大旱。〔一〕

〔一〕王先謙云:“此下有脱文。以上‘恒陽’。”(漢書補注卷
　　二十七五行志第七中之上)

2.79　左氏傳晉獻公時童謡曰:〔一〕“丙子之晨,〔二〕龍尾
伏辰,衵服振振,取虢之旂。〔三〕師古曰:“徒歌曰謡。衵服,
黑衣。振振,衵服之貌也。衵,音均,〔四〕又音弋春反。振,音只人
反。”鶉之賁賁,天策焞焞,火中成軍,虢公其犇。”〔五〕師
古曰:“賁,音奔。〔六〕焞,音吐敦反,又音敦。犇,古‘奔’字。”〔七〕

〔一〕文見僖五年左傳。

〔二〕“子”,點校本同;建安本、蔡本、鷺洲本、大德本、崇正本、汪
　　本、北監本、毛本、殿本、局本、王本無“子”字。王念孫云:“景
　　祐本‘丙’下有‘子’字。案:景祐本是也。‘丙子之晨’正與
　　‘丙子旦’之文相應。且此謡皆以四字爲句也,若但云‘丙之
　　晨’,何以知其必爲‘丙子’乎?此志所論左傳事,文皆本於劉
　　歆。蓋歆所見傳文‘丙’下有‘子’字,故所引如是。自賈、服
　　以下,諸本皆脱‘子’字。故釋文、正義不言他本有‘子’字。
　　而晉語亦作‘丙之晨’,韋注:‘丙,丙子也。’則晉語亦脱‘子’
　　字矣。若今本漢書無‘子’字,則後人依左傳删之耳。律歷志
　　引傳作‘丙子之晨’,正與此志同,足徵景祐本之不謬。律歷志
　　亦本於劉歆也。”(讀書雜志四漢書第五五行志“丙之晨”條)

朱一新云："景祐本固不謬。若以爲歆所見左傳本如此,則非也。歆特因下文有'丙子旦'等語,遂增'子'字耳。漢人引經傳,增其文者甚多,未可據以斷原本如此也。又王氏謂'此謠皆以四字爲句',亦非。謠辭安有一定句法?"(漢書管見卷三五行志中之上))

〔三〕僖五年左傳杜注云:"龍尾,尾星也。日月之會曰'辰'。日在尾,故尾星伏不見。戎事上下同服。振振,盛貌。旄,軍之旌旗。"孔疏云:"夜之向明爲'晨',日月聚會爲'辰',星宿不見爲'伏'。言乙日夜半之後,丙日將旦之時,龍尾之星伏在合辰之下。當是之時,軍人上下均同其服,振振然而盛。'旄'者,晉軍旄也。而往取虢,故云'取虢之旄'。"(春秋左傳正義卷十二)

〔四〕"均",建安本、蔡本、鷺洲本、大德本、崇正本、汪本、北監本、殿本、點校本同;毛本、局本、王本作"勻",非是。王先謙云:"官本'勻'作'均'。"(漢書補注卷二十七五行志第七中之上)

〔五〕僖五年左傳杜注云:"鶉鶉,火星也。賁賁,鳥星之體也。天策,傅説星。時近日,星微。焞焞,無光耀也。言丙子平旦,鶉火中,軍事有成功也。此已上皆童謠言也。童亂之子未有念慮之感,而會成嬉戲之言,似若有馮者,其言或中或否。博覽之士、能懼思之人兼而志之,以爲鑒戒,以爲將來之驗,有益於世教。"孔疏云:"南方鶉鳥之星,其體賁賁然見於南方。天策之星近日,焞焞然無光耀,甚微也。鶉火之次正中於南方,爾時其當成軍事也,虢公其當奔走也。"(春秋左傳正義卷十二)

〔六〕"賁"原作"犇",大德本、崇正本、汪本、毛本、局本、王本同,今據建安本、蔡本、鷺洲本、北監本、殿本、點校本改。僖五年左傳陸德明釋文亦云："賁,音奔。"

〔七〕"犇,古'奔'字",北監本、殿本無此四字。

是時,虢爲小國,介夏陽之阨,怙虞國之助,師古曰:"介,隔也。"〔一〕亢衡於晉,有炕陽之節,失臣下之心。晉獻伐之,問於卜偃曰:"吾其濟乎?"〔二〕師古曰:"卜偃,晉大夫主卜者。"偃以童謠對曰:"克之。十月朔,丙子旦,日在尾,月在策,鶉火中,必此時也。"〔三〕

〔一〕王念孫云:"'介'、'怙'皆'恃'也。説見史記十二諸侯年表。"(讀書雜志四漢書第五五行志"介夏陽之阨"條) 軍案:王氏讀書雜志三史記第二十二諸侯年表"介江淮"條云:"'介'者,恃也。言恃江、淮之險也。襄二十四年左傳'以陳國之介恃大國而陵虐於敝邑','介'亦'恃'也。漢書五行志'虢介夏陽之阨,怙虞國之助','介'、'怙'皆'恃'也。(顏師古曰"介,隔也",失之。)南粵傳'欲介使者權',顏師古曰:'介,恃也。''阻'、'負'、'介'三字同義。(隱四年左傳"夫州吁阻兵而安忍",杜注訓"阻"爲"恃"。説文:"負,恃也。")"

〔二〕"乎",建安本、蔡本、鷺洲本、大德本、崇正本、汪本、北監本、毛本、局本、王本、點校本同,殿本作"虖"。王先謙云:"官本'乎'作'虖'。"(漢書補注卷二十七五行志第七中之上)

〔三〕僖五年左傳杜注云:"是夜日月合朔於尾,月行疾,故至旦而過在策。"孔疏云:"十月朔,丙子之日,平旦時,日體在尾星,月在天策星,鶉火正中於南方,必是時克之。"(春秋左傳正義卷十二)

冬十二月丙子朔，晉師滅虢，虢公醜犇周。

周十二月，夏十月也，言天者以夏正。

2.80 史記晉惠公時童謠曰：“恭太子更葬兮，後十四年，晉亦不昌，昌迺在其兄。”〔一〕

〔一〕文見史記晉世家。彼文“兮”作“矣”，“迺”作“乃”，無“其”字。司馬貞索隱云：“更，改也。更葬，謂改葬。”沈欽韓云：“晉世家之文偶與此同，疑今本外傳脱去。”（漢書疏證卷二十七五行志）施之勉云：“志所引史記，此晉惠公時童謠見於晉世家者，何謂‘偶與此同’耶？”（漢書集釋五行志第七中之上）吳恂云：“志文刺取史記晉世家，而史記乃本晉語而加刪改者。尋晉語云‘惠公即位，出共世子而改葬之，臭達於外。國人誦之曰：“貞之無報也，孰是人斯，而有是臭也”’云云，是即史、漢所謂兒謠、童謠也。至此文‘後十四年，晉亦不昌，昌迺在其兄’之辭，即晉語之‘歲之二七，其靡有微兮。若狄公子，（即文公重耳，乃惠公之兄。）吾是之依兮。鎮撫國家，爲王妃兮’是也。沈氏謂‘今本外傳脱去’，偶失察耳。”（漢書注商五行志第七中之上）　軍案：施、吳説是也。

　是時，惠公賴秦力得立，立而背秦，内殺二大夫，師古曰：“謂里克、丕鄭。”國人不説。師古曰：“説，讀曰‘悦’。”〔一〕及更葬其兄恭太子申生而不敬，故詩妖作也。後與秦戰，爲秦所獲，立十四年而死。晉人絶之，更立其兄重耳，是爲文公，遂伯諸侯。師古曰：“伯，讀曰‘霸’。”〔二〕

〔一〕"師古"至"曰悦",北監本、殿本無此注七字。

〔二〕"師古"至"曰霸",北監本、殿本無此注七字。

2.81　左氏傳文、成之世童謡曰：〔一〕"鸜之鵒之,公出辱之。師古曰："鸜,音劬。鵒,音欲。"鸜鵒之羽,公在外野,往饋之馬。師古曰："饋,亦'餽'字。"〔二〕鸜鵒跦跦,公在乾侯,臣瓚曰："乾侯,在魏郡斥丘縣。"師古曰："跦跦,跳行貌也。跦,音誅。乾,音干。"徵褰與襦。師古曰："徵,求也。褰,袴也。言公出外求袴襦之服。"〔三〕鸜鵒之巢,遠哉揺揺,師古曰："揺揺,不安之貌。"〔四〕裯父喪勞,宋父以驕。師古曰："父,讀曰'甫'。'甫'者,男子之通號,故云'裯甫'、'宋甫'也。〔五〕言昭公欲去季氏,不遂而出,故曰'喪勞'。定公無德於下,坐致君位,故曰'以驕'。"鸜鵒鸜鵒,往歌來哭。"師古曰："謂昭公生時出奔,死乃以喪歸之。"

〔一〕文見昭二十五年左傳。

〔二〕"師古"至"餽字",建安本、蔡本、鷺洲本、大德本、崇正本、汪本、毛本、局本、王本、點校本同,北監本、殿本無此注七字。

〔三〕昭二十五年左傳孔疏云："内則云：'童子不衣襦袴。'是衣有袴也,以可褰行,故以'褰'爲'袴'。"（春秋左傳正義卷五十一）

〔四〕錢大昕云："春秋傳作'遥遥'。説文無'遥'字,當從漢志。"（廿二史考異卷七漢書二五行志中之上）王念孫云："以'揺揺'爲不安貌,則與'遠'字義不相屬,師古説非也。'揺揺'即遠貌。'遠哉揺揺',猶言'殆哉岌岌'耳。"（讀書雜志四漢書

　　第五五行志）　軍案：錢、王説是也。

〔五〕“‘禍甫’、‘宋甫’”，建安本、蔡本、鷺洲本、大德本、崇正本、汪
　　本、毛本、局本、王本、點校本同；北監本作“‘禍父’、‘宋甫’”，
　　殿本作“‘禍父’、‘宋父’”，非是。阮元云：“石經、宋本、岳本左
　　傳俱作‘禍’，與漢志合。”（見漢書補注卷二十七五行志第七
　　中之上）

　　至昭公時，有鸜鵒來巢。〔一〕公攻季氏，敗，出奔齊，
居外野，次乾侯。八年，死于外，歸葬魯。〔二〕昭公名禍。
公子宋立，是爲定公。

〔一〕事見昭二十五年春秋。杜注云：“此鳥穴居，不在魯界，故曰
　　‘來巢’。非常，故書。”（見春秋左傳正義卷五十一）　軍案：
　　本書五行志中之下第十八條亦載此事。

〔二〕昭二十五年九月，公攻季氏，敗而出奔齊；二十六年三月，公居
　　于鄆；二十八年三月，公如晉，次于乾侯；三十二年十二月己
　　未，公薨于乾侯。故班氏云“八年，死于外”也。定元年六月
　　癸亥，昭公之喪歸魯；七月癸巳，乃得葬也。

2.82　元帝時童謡曰：“井水溢，滅竈煙，灌玉堂，流金門。”
　　至成帝 建始二年三月戊子，北宫中井泉稍上，溢
出南流，象春秋時先有“鸜鵒”之謡，而後有“來巢”
之驗。〔一〕

〔一〕漢紀卷二十四孝成皇帝紀一引此志，“驗”下有“卒有昭公居
　　外之應”八字，文意爲長。

　　“井水”，陰也；“竈煙”，陽也；“玉堂”、“金門”，至尊

之居：象陰盛而滅陽，竊有宮室之應也。〔一〕王莽生於元帝初元四年，至成帝封侯，爲三公輔政，因以篡位。

〔一〕“竊有宮室之應也”，漢紀孝成皇帝紀一作“竊有宮室之象，王氏之應”。

2.83 成帝時童謠曰：“燕燕尾涎涎，〔一〕師古曰：“涎涎，光澤貌也，音徒見反。”張公子，時相見。木門倉琅根，燕飛來，啄皇孫；皇孫死，燕啄矢。”

〔一〕“涎涎”，建安本、蔡本、鷺洲本、大德本、崇正本、汪本、毛本、局本、王本、點校本同；北監本、殿本作“涏涏”，非是。注同。王先謙云：“官本‘涎涎’作‘涏涏’，是。”（漢書補注卷二十七五行志第七中之上）　軍案：王説非也。爾雅釋水：“直波爲徑。”郭璞注云：“言徑涎。”是“涎”有“直”義。“涎涎”者，狀燕尾直挺之貌。班固於此條下文訓“涎涎”爲“美好貌”，是也；師古訓爲“光澤貌”，非是。毛詩邶風燕燕孔疏、漢紀卷二十六孝成皇帝紀三、通志卷十九后妃傳一、樂府詩集卷八十八雜歌謠辭六漢成帝時燕燕童謠、古今韻會舉要卷二十二十七霰“涎”字條引此志皆作“涎涎”。又，此童謠亦見漢書卷九十七外戚傳下，北監本、殿本彼文皆誤作“涏涏”。沈欽韓云：“集韻：‘涏，徒鼎切。洴涏，小水，一曰波直貌。’類篇：‘又堂練切。涏涏，光澤貌。’按：此字從聖當爲‘延’，不當爲‘廷’。玉篇亦云：‘涏，又徒見切。涏涏，好貌。’玉篇爲唐人所修，其謬久矣。經籍籑詁引五行志及此傳並作‘涎’，則知善本仍作‘涎’也。”（漢書疏證卷三十五外戚傳）李慈銘云：

"'涎'當作'涎'。五行志作'涎'，不誤。錢氏泰吉曰：'玉篇水部"涎"字注："徒見切。涎涎，好貌。"與"口液"之"涎"迥殊。廣韵三十二霰電紐下"涎"字注："涎涎，美好貌。"類篇水部："涎，堂練切。涎涎，光澤貌。"集韵三十二霰電紐下"涎"字注："涎涎，光澤貌。"正用顏氏漢書注文也。宋本玉臺新詠作"殿殿"，正"涎涎"字同音之借。'（越縵堂讀史札記漢書札記卷七外戚傳第六十七下）楊樹達云："李説是，沈説非也。沈意以'涎'與'燕'及下文'見'字爲韵，'燕'、'見'皆古韵寒部字，'廷'聲字古韵在青部，而'延'聲則在寒部，故云'"涎"當作"涎"'。雖據古韵言之，不爲無見，然古韵青部字亦往往讀入寒部。如'倩'從青聲，讀倉見切；'瞑'從冥聲，讀武延切，皆其例也。'涎'從'廷'聲而讀'徒見'或'堂練'諸切，正其比類。考詩邶風燕燕疏引漢書字作'涎涎'，今涵芬樓影印土禮居舊藏北宋景祐本漢書作'涎'，知'涎'字決非誤文。沈説不能觀其通，失之泥矣。"（漢書窺管卷十外戚傳第六十七下）錢、李、楊説是也。

其後，帝爲微行出遊，常與富平侯張放俱稱富平侯家人，過陽阿主作樂，〔一〕見舞者趙飛燕而幸之。故曰"燕燕尾涎涎"，美好貌也。"張公子"，謂富平侯也。"木門倉琅根"，謂宮門銅鍰，師古曰："門之鋪首及銅鍰也。銅色青，故曰'倉琅'。鋪首銜環，故謂之'根'。鍰，讀與'環'同。"言將尊貴也。後遂立爲皇后。弟昭儀賊害後宮皇子，卒皆伏辜。所謂"燕飛來，啄皇孫；皇孫死，燕啄矢"者也。

〔一〕"陽阿"原作"河陽"，建安本、蔡本、鷺洲本、大德本、崇正本、

汪本、北監本、毛本、殿本、局本、王本同,今據點校本、漢書卷
九十七下外戚傳下改。何焯云:“‘河陽’當如外戚傳作‘陽
阿’,注家未及舉正。”(義門讀書記卷十六前漢書五行志)王
念孫云:“‘河陽’當作‘陽阿’。外戚傳云:‘孝成趙皇后本長
安宮人,屬陽阿主家,學歌舞,號曰‘飛燕’。成帝嘗微行出,過
陽阿主作樂,見飛燕而説之。’師古曰:‘陽阿,平原之縣也。’
(案:地理志陽阿屬上黨,阿陽屬平原。師古以陽阿爲平原之
縣,失之。)今俗書‘阿’字作‘河’,又或爲‘河陽’,皆後人所
妄改耳。文選曹植箜篌引‘陽阿秦奇舞’,李善注引外戚傳、
漢紀孝成紀亦作‘陽阿’,則作‘河陽’者誤也。”(讀書雜志四
漢書第五五行志)　軍案:何、王説是也。

2.84 成帝時謡謠又曰:“邪徑敗良田,讒口亂善人。桂樹
華不實,黃爵巢其顛。故爲人所羡,今爲人所憐。”

　“桂”,赤色,漢家象。〔一〕“華不實”,無繼嗣也。王
莽自謂黃象,“黃爵巢其顛”也。〔二〕

〔一〕“漢家象”,建安本、蔡本、鷺洲本、大德本、崇正本、汪本、毛本、
　　殿本、局本、王本、點校本同;北監本作“象漢家”,非是。齊召
　　南云:“監本訛‘象漢家’,從宋本移正。”(前漢書考證五行志
　　中之上)　軍案:齊説是也。

〔二〕王先謙云:“以上‘詩妖’。”(漢書補注卷二十七五行志第七
　　中之上)

2.85 嚴公十七年“冬,多麋”。

劉歆以爲：“毛蟲之孽爲災。”

劉向以爲：“麋色青，近青祥也。〔一〕‘麋’之爲言‘迷’也，蓋牝獸之淫者也。是時，嚴公將取齊之淫女，其象先見。天戒若曰：‘勿取齊女，淫而迷國。’嚴不寤，遂取之。夫人既入，淫於二叔，終皆誅死，師古曰：“謂慶父縊死，叔牙鴆卒，齊人殺哀姜也。”〔二〕幾亡社稷。”〔三〕

師古曰：“謂子般、閔公前後見殺，而齊侯欲取魯國也。〔四〕幾，音鉅依反。”〔五〕董仲舒指略同。

〔一〕王先謙云：“‘青祥’互見。”（漢書補注卷二十七五行志第七中之上）

〔二〕莊三十二年，叔牙鴆卒。閔元年，慶父縊死。僖元年，齊人殺哀姜。莊三十二年左傳杜注云：“牙，慶父同母弟僖叔也。飮酖而死，不以罪告，故得書‘卒’。”（見春秋左傳正義卷十）

〔三〕沈欽韓云：“何休云：‘象魯爲鄭瞻所迷惑。’此不過以自實上‘佞人來’之語。子政之語猶爲近情。”（漢書疏證卷二十一五行志）

〔四〕莊三十二年，慶父殺子般。閔二年，慶父弒閔公。齊侯欲取魯國，事見閔元年左傳。

〔五〕“幾，音鉅依反”，北監本、殿本無此五字。

京房易傳曰：“廢正作淫，火不明，國多麋。”〔一〕又曰：“震遂泥，李奇曰：“從三至五，〔二〕有坎象。坎爲水，四爲泥在水中，故曰‘震遂泥’。‘泥’者，泥溺於水，不能自拔，道未光也。或以爲溺於淫女，故其妖多麋。麋，迷也。”師古曰：“此易震卦九四爻辭也。泥，音乃計反。”〔三〕厥咎國多麋。”

〔一〕“火”原作“大”，諸本同，今改。莊十七年穀梁傳范甯注云：
　　“京房易傳曰：‘廢正作淫，爲火不明，則國多麋。’”楊士勛疏
　　云：“五行與五事、五常相配，則視與禮同配南方。言‘火不
　　明’，猶言視與禮不明也。”（春秋穀梁傳注疏卷五）

〔二〕“三”原作“二”，毛本、局本同，今據建安本、蔡本、鷺洲本、大
　　德本、崇正本、汪本、北監本、殿本、王本、點校本改。

〔三〕此注下，蔡本、鷺洲本有“劉氏校本云：‘注文監本、越本作
　　“從二至五”’”十六字，乃宋人增附。臧琳云：“何注公羊云：
　　‘“麋”之爲言猶“迷”也。’本劉子政義。志云‘董仲舒指略
　　同’，則公羊亦以‘麋’爲‘淫女’，天之示戒於莊公也。乃何氏
　　云‘象魯爲鄭瞻所迷惑’，則據春秋説，以娶齊女爲聽鄭瞻計，
　　較先儒迂遠矣。京君明説易當以‘震遂泥’爲‘溺愛淫女’，故
　　迷惑不明而國多麋。李奇注具二説，後説得京意。范解穀梁，
　　引易傳首二句，義不了，當以劉子政説補之。”（經義雜記卷
　　十八“莊十七年多麋”條）

2.86　昭帝時，昌邑王賀聞人聲曰“熊”，視而見大熊。左
右莫見，以問郎中令龔遂，遂曰：“熊，山野之獸，而來入
宮室，王獨見之。此天戒大王，恐宮室將空，危亡象也。”
賀不改寤，後卒失國。〔一〕

〔一〕王先謙云：“以上‘毛蟲之孽’。”（漢書補注卷二十七五行志第
　　七中之上）

2.87　左氏傳襄公十七年十一月甲午，宋國人逐狾狗，〔一〕

師古曰：“狾，狂也，音征例反。”狾狗入於華臣氏，師古曰：“華臣，華元之子也。”國人從之。臣懼，遂奔陳。〔二〕

〔一〕朱一新云：“今左傳‘狾’作‘瘈’，釋文云：‘字林作“狾”。’案：説文引傳亦作‘狾’。”（漢書管見卷三五行志中之上）

〔二〕襄十七年春秋云：“秋九月，宋華臣出奔陳。”杜注云：“暴亂宗室，懼而出奔。實以冬出，書‘秋’者，以始作亂時來告。”孔疏云：“傳説此事文在冬，不知其實以冬出。經書在‘秋’，故知追以秋告。實冬出而告以秋，明以華臣始作亂時來告也。但傳因華臣之出，本其懼罪之由，故於‘冬’之下追言‘華閱卒’耳。其實華閱之卒，或在九月之前；華臣弱其室，殺其宰，不在九月内耳。”（春秋左傳正義卷三十三）

　先是，臣兄閱爲宋卿，師古曰：“爲右師。”閱卒，臣使賊殺閱家宰，遂就其妻。宋平公聞之，曰：“臣不唯其宗室是暴，大亂宋國之政。”欲逐之。左師向戌曰：“大臣不順，國之恥也，不如蓋之。”師古曰：“向戌，宋桓公曾孫也。蓋謂覆掩其事也。”〔一〕公迺止。華臣炕暴失義，内不自安，故犬禍至，以犇亡也。

〔一〕襄十七年左傳孔疏云：“服虔云：‘蓋，覆蓋之。言左師無鷹鸇之志，而蓋不義之人，故尤之。’此未必然。正是左師諱國惡，恥聞於外，故蓋之耳，非是畏華臣也。”（春秋左傳正義卷三十三）

2.88　高后八年三月，祓霸上，師古曰：“‘祓’者，除惡之祭也，音廢。”還過枳道，〔一〕見物如倉狗，械高后掖，師古曰：“械，謂拘持之也。檄，音戟。拘，音居足反。”〔二〕忽而不見。〔三〕卜之，趙王如意爲祟。遂病掖傷而崩。

〔一〕錢大昭云：“枳道，即軹道。”（漢書辨疑卷十三五行志中之上）

　　軍案：漢書卷一上高帝紀上“降枳道旁”，注云：“蘇林曰：‘亭名也，在長安東十三里。’師古曰：‘枳，音軹。軹道亭在霸成觀西四里。’”

〔二〕錢大昭云：“説文：‘搹，戟持也。’‘拘’當作‘搹’。”（漢書辨疑卷十三五行志中之上）

〔三〕“而”原作“之”，今據諸本改。

　　先是，高后鴆殺如意，支斷其母戚夫人手足，擢其眼以爲人彘。〔一〕師古曰：“擢，謂敲擊去其精也。擢，音口角反。凡言‘彘’者，皆豕之别名。”

〔一〕“眼”，建安本、蔡本、鷺洲本、大德本、崇正本、汪本、北監本、殿本、點校本同；毛本、局本、王本作“服”，形近而譌。錢大昭云：“‘服’當作‘眼’。南雍本、閩本不誤。”（漢書辨疑卷十三五行志中之上）朱一新云：“汪本‘服’作‘眼’，是也。”（漢書管見卷三五行志中之上）

2.89　文帝後五年六月，齊雍城門外有狗生角。師古曰：“‘雍城門’者，齊門名也。春秋左氏傳平陰之役，趙武及秦周伐雍門之萩，是也。”〔一〕

〔一〕“平陰”原作“平陽”，建安本、蔡本、鷺洲本、大德本、汪本、北監本、毛本、殿本、局本、王本、點校本同，今據崇正本、襄十八年左傳改。“萩”原作“荻”，形近而譌，大德本、崇正本、北監本、毛本、殿本、局本、王本同，今據建安本、蔡本、鷺洲本、汪本、點校本、襄十八年左傳改。建安本、蔡本、鷺洲本此注下有校語“〇劉敞曰：‘“平陽”當作“平陰”’”十字，乃宋人增附。劉説是也。朱一新云：“汪本‘荻’作‘萩’，是也。”（漢書管見卷三五行志中之上）

先是，帝兄齊悼惠王亡後，帝分齊地，立其庶子七人皆爲王。師古曰：“謂齊孝王將閭、濟北王志、菑川王賢、膠東王雄渠、膠西王卬、濟南王辟光，并城陽恭王喜，是爲七王。”兄弟並彊，有炕陽心，故犬禍見也。犬守御，角兵象，在前而上鄉者也。師古曰：“鄉，讀曰‘嚮’。次下亦同。”〔一〕犬不當生角，猶諸侯不當舉兵鄉京師也。天之戒人蚤矣，師古曰：“蚤，古‘早’字。”〔二〕諸侯不寤。後六年，吳、楚畔，〔三〕濟南、膠西、膠東三國應之，舉兵至齊。齊王猶與城守，師古曰：“與，讀曰‘豫’。”三國圍之。會漢破吳、楚，因誅四王。故天狗下梁而吳、楚攻梁，狗生角於齊而三國圍齊。漢卒破吳、楚於梁，誅四王於齊。

〔一〕“次”，大德本、崇正本、毛本、局本、王本、點校本同，建安本、蔡本、鷺洲本、汪本、北監本、殿本作“此”。

〔二〕“師古”至“早字”，北監本、殿本無此注七字。

〔三〕“畔”，讀爲“叛”。

京房易傳曰：“執政失，下將害之，厥妖狗生角。君子苟免，小人陷之，厥妖狗生角。”

2.90　景帝三年二月，邯鄲狗與彘交。

悖亂之氣，近犬豕之禍也。_{師古曰：“悖，惑也，音布内}
反。此下亦同。”〔一〕是時，趙王遂悖亂，與吳、楚謀爲逆，
遣使匈奴求助兵，卒伏其辜。犬，兵革失衆之占；_{如淳曰：}
“犬吠守，似兵革外附它類，失衆也。”豕，北方匈奴之象。逆言
失聽，交於異類，以生害也。

〔一〕“師古”至“亦同”，北監本、殿本無此注十四字。

　　京房易傳曰：“夫婦不嚴，厥妖狗與豕交，兹謂反
德，國有兵革。”

2.91　成帝河平元年，長安男子石良、劉音相與同居，_師
_{古曰：“二人共止一室。”}有如人狀在其室中，擊之，爲狗，走
出。去後，有數人被甲持兵弩至良家，良等格擊，或死或
傷，皆狗也。自二月至六月迺止。

2.92　鴻嘉中，狗與彘交。〔一〕

〔一〕王先謙云：“以上‘犬齘’。此未終言之，疑奪文。又一條互見
　　‘貌’傳。”（漢書補注卷二十七五行志第七中之上）

2.93　左氏昭公二十四年十月癸酉，王子朝以成周之寶圭
湛于河，〔一〕_{師古曰：“以祭河也。爾雅曰：‘祭川曰浮沈。’湛，讀}
_{曰‘沈’。後皆類此。”}幾以獲神助。_{師古曰：“幾，讀曰‘冀’。”}
甲戌，津人得之河上。陰不佞取將賣之，則爲石。_{師古}
_{曰：“陰不佞，周大夫也。”}

〔一〕“湛”，昭二十六年左傳作“珪”。陸德明釋文云：“珪于河，本

或作‘沈于河’。沈，直蔭反，又如字。"説文水部云："湛，没
也。"段注云："古書‘浮沈’字多作‘湛’。‘湛’、‘沈’古今字，
‘沉’又‘沈’之俗也。"（説文解字注十一篇上）

是時，王子朝篡天子位，萬民不鄉，號令不從，師古
曰："鄉，讀曰‘嚮’。"故有玉變。近白祥也。癸酉入而甲戌
出，神不享之驗云。玉化爲石，貴將爲賤也。後二年，子
朝犇楚而死。〔一〕

〔一〕昭二十六年冬，子朝奔楚。定五年春，王人殺子朝于楚。

2.94　史記秦始皇帝三十六年，〔一〕鄭客從關東來，至華
陰，望見素車白馬從華山上下，知其非人，道住止而待
之。遂至，師古曰："於道上住而待此車馬。"持璧與客曰："爲
我遺鎬池君。"張晏曰："武王居鎬，‘鎬池君’則武王也。武王伐
商，故神云始皇荒淫若紂矣，今亦可伐也。"孟康曰："長安西南有鎬
池。"師古曰："鎬池在昆明池北。此直江神告鎬池之神云始皇將死
耳，無豫於武王也。張説失矣。"因言"今年祖龍死"。蘇林曰：
"祖，始也。龍，人君象。謂始皇也。"忽不見。

〔一〕事見史記卷六秦始皇本紀。

鄭客奉璧，即始皇二十八年過江所湛璧也。與周子
朝同應。是歲，石隕于東郡，民或刻其石曰："始皇死而
地分。"〔一〕此皆白祥，炕陽暴虐，號令不從，孤陽獨治，
羣陰不附之所致也。

〔一〕事見史記卷六秦始皇本紀。"皇"下，史記有"帝"字，疑此涉
　　上下文"始皇"而誤脱。

一曰:"石,陰類也。陰持高節,臣將危君,〔一〕趙高、李斯之象也。始皇不畏戒自省,反夷滅其旁民,而燔燒其石。〔二〕是歲,始皇死,後三年而秦滅。"

〔一〕王先謙云:"晉志作'爲君'。案:'危'是。"(漢書補注卷二十七五行志第七中之上) 軍案:王引"晉志",見晉書卷二十八五行志。

〔二〕蘇輿云:"秦紀云:'盡取石旁居人誅之。'"(見漢書補注卷二十七五行志第七中之上) 軍案:蘇引"秦紀",見史記卷六秦始皇本紀。

2.95 孝昭元鳳三年正月,〔一〕泰山萊蕪山南匈匈有數千人聲。民視之,有大石自立,高丈五尺,大四十八圍,入地深八尺,三石爲足。石立處,有白烏數千集其旁。〔二〕

〔一〕事見漢書卷七十四眭孟傳。

〔二〕"千"下,漢書眭孟傳有"下"字。

眭孟以爲:"石,陰類,下民象。泰山,岱宗之嶽,王者易姓告代之處。當有庶人爲天子者。"孟坐伏誅。

京房易傳曰:"'復,崩來無咎。'師古曰:"復卦之辭也。今易'崩'字作'朋'也。"〔一〕自上下者爲崩,厥應泰山之石顛而下,師古曰:"顛,墜也。"聖人受命人君虜。"又曰:"石立如人,庶士爲天下雄。立於山,同姓;〔二〕平地,異姓。立於水,聖人;於澤,小人。"

〔一〕錢大昭云:"陸德明易釋文云:'朋,京房本作"崩"。'"(漢書辨疑卷十三五行志中之上）　軍案:注"朋"下"也"字,建安本、蔡本、鷺洲本、毛本、局本、王本、點校本同;大德本、崇正本、汪本、北監本、殿本作"字",非是。

〔二〕朱一新云:"言立於山,則爲同姓將興之象也,下同。"（漢書管見卷三五行志中之上）

2.96　天漢元年三月,天雨白毛。

2.97　三年八月,天雨白氅。師古曰:"凡言'氅'者,毛之彊曲者也,音力之反。"〔一〕

〔一〕"彊"原作"强",大德本、崇正本、汪本、北監本、毛本、殿本、局本、王本、點校本同,今據建安本、蔡本、鷺洲本改。説文犛部云:"氂,彊曲毛也,可以箸起衣。"段注云:"'箸'同'褚',裝衣也。王莽傳'以氂裝衣',師古曰:'毛之彊曲者曰氂,以裝褚衣,令其張起也。'按:此'氅'皆'氂'之誤。"（説文解字注二篇上）　軍案:段説是也。

京房易傳曰:"前樂後憂,厥妖天雨羽。"又曰:"邪人進,賢人逃,天雨毛。"〔一〕

〔一〕沈欽韓云:"晉志復引其易妖曰:'天雨毛羽,貴人出走。'"（漢書疏證卷二十一五行志）王先謙云:"以上'白祥'。又二條互見'金不從革'下,二條互見'視'傳、'皇極'傳下。"（漢書補注卷二十七五行志第七中之上）

2.98　史記周威烈王二十三年,九鼎震。孟康曰:"威烈,一王

之讖也,六國時也。"師古曰:"即赧王之高祖也。"

金震,木動之也。是時,周室衰微,刑重而虐,號令不從,以亂金氣。鼎者,宗廟之寶器也。宗廟將廢,寶鼎將遷,故震動也。是歲,晉三卿韓、魏、趙篡晉君而分其地,威烈王命以爲諸侯。〔一〕天子不恤同姓,而爵其賊臣,天下不附矣。後三世,周致德祚於秦。晉灼曰:"赧王奔秦,獻其邑,此爲'致德祚'也。"〔二〕其後,秦遂滅周,而取九鼎。九鼎之震,木沴金,失衆甚。

〔一〕周壽昌云:"三卿,韓虔、魏斯、趙籍也。司馬公資治通鑑斷自'晉三卿',即本此志語。"(漢書注校補卷二十五行志第七中之上)

〔二〕"爲",建安本、蔡本、鷺洲本、大德本、崇正本、汪本、北監本、殿本同,毛本、局本、王本、點校本作"謂"。陳景雲云:"'後三世'者,謂顯王之世也。'致德祚於秦'者,謂顯王九年致文武胙於秦孝公也。以'胙'爲'祚',蓋傳寫失之。晉説非。"(兩漢訂誤卷一前漢書五行志中上)沈家本云:"此謂顯王九年致胙于秦。'三世'者,安王、烈王、顯王也。'祚'當作'胙'。説文'祚'字見新附。'祚福'之'祚',經傳多作'胙'。晉説誤。"(諸史瑣言卷六漢書三五行志)吳恂云:"'德祚'不辭,'德'字疑衍文。又,威烈王後三世致胙於秦者,據周本紀,係顯王九年,致文武胙於秦孝公;三十五年,致文武胙於秦惠王。至於赧王,乃顯王之孫,則五世矣;晉氏又以獻邑爲'致德胙',是繆之又繆矣!"(漢書注商五行志第七中之上)　軍案:陳、沈、吳説是也。

2.99 成帝元延元年正月，長安章城門門牡自亡，晉灼曰：
"西出南頭第一門也。牡是出籥者。"師古曰："牡，所以下閉者也，
亦以鐵爲之，非出籥也。"〔一〕函谷關次門牡亦自亡。韋昭曰：
"函谷關邊小門也。"師古曰："非行人出入所由，蓋關司曹府所在之
門也。"

〔一〕楊慎云："漢書五行志所謂'門牡'者，義取牝牡。蓋枘者，刻
　　　木端以入鑿，有牡之象；鑿者，空其竅以受枘，有牝之象。"（丹
　　　鉛總録卷十三訂訛類"木工榫卯字"條）

　　京房易傳曰："飢而不損，茲謂泰；厥災水，厥咎牡
亡。"妖辭曰："關動牡飛，辟爲亡道臣爲非，〔一〕厥咎亂
臣謀篡。"李奇曰："易妖變傳辭。"

〔一〕"辟"，君也。"亡"，無也。

　　故谷永對曰："章城門，通路寢之路；函谷關，距
山東之險。城門、關守，國之固。固將去焉，故牡飛
也。"〔一〕

〔一〕王先謙云："以上'木沴金'。"（漢書補注卷二十七五行志第七
　　　中之上）

漢書五行志校疏卷三

五行志中之下

3.1　傳曰：“視之不明，是謂不悊。厥咎舒，厥罰恒奥，<u>師古</u>曰：“奥，讀曰‘燠’。燠，暖也，音於六反。其下並同。”〔一〕厥極疾。<u>韋昭</u>曰：“以疾爲罰。”時則有草妖，時則有蠃蟲之孽，<u>師古</u>曰：“螽、螟之類無鱗甲毛羽，故謂之‘蠃蟲’也。音郎果反。”〔二〕時則有羊旤，時則有目痾，時則有赤眚、赤祥，惟水沴火。”〔三〕

〔一〕“燠暖”至“並同”，<u>北監本</u>無此十一字。<u>殿本</u>“燠”字不重，非是。<u>王先謙</u>云：“諸史志‘奥’並作‘燠’。此借字。”（<u>漢書補注</u>卷二十七五行志第七中之下）

〔二〕<u>王先謙</u>云：“下文明言‘謂螟、螣之類’，若螽，則與蝗同爲介蟲，已見‘言’傳下。<u>顏</u>説誤也。”（同上）

〔三〕<u>王先謙</u>云：“‘水沴火’無證。”（同上）

　　“視之不明，是謂不悊”，悊，知也。<u>詩</u>云：“爾德不明，以亡陪亡卿。不明爾德，以亡背亡仄。”<u>師古</u>曰：“<u>大雅蕩</u>之詩也。言不別善惡，有逆背傾仄者，有堪爲卿大夫者，皆不知之也。仄，古‘側’字。”〔一〕言上不明，暗昧蔽惑，則不能

知善惡、親近習、長同類。師古曰："習，狎也。近狎者則親愛
之，同類者則長益也。"亡功者受賞，有罪者不殺，百官廢亂，
失在舒緩，故"其咎舒"也。〔二〕盛夏日長，暑以養物，政
弛緩，故"其罰常奧"也。奧則冬溫，春夏不和，傷病民
人，故"其極疾"也。〔三〕誅不行則霜不殺草，繇臣下則
殺不以時，師古曰："繇，讀與'由'同。〔四〕言誅罰由於臣下。"故
"有草妖"。凡妖，貌則以服，言則以詩，聽則以聲。視不
以色者，〔五〕五色，物之大分也，在於眚祥，〔六〕故聖人以
爲草妖，失秉之明者也。〔七〕師古曰："謂失所執之權也。音彼
命反。"〔八〕溫奧生蟲，故"有蠃蟲之孽"，謂螟、螣之類師古
曰："螟，食苗心；螣，食苗葉之蟲也。螟，音冥。螣，音徒得反。"當
死不死，未當生而生，或多於故而爲災也。

〔一〕今詩作"不明爾德，時無背無側。爾德不明，以無陪無卿"。
　　臧琳云："上文'女炰烋于中國，斂怨以爲德'，'國'、'德'與
　　'德'、'側'韻。漢志以'不明爾德'二句在下，中間'明'、'卿'
　　二韻，收合仍與起韻相應，較今本似得之。晉書五行志中正
　　同，當本班書也。今本'時'字疑誤。王伯厚詩考載韓詩外傳
　　亦作'以無陪無側'，近本多改同毛詩。又'時無背無側'，傳：
　　'背無臣，側無人也。'箋云：'無臣、無人，謂賢者不用。'漢志
　　引此詩，而釋之曰：'言上不明，暗昧蔽惑，則不能知善惡；親近
　　習，長同類，亡功者受賞，有罪者不殺，百官廢亂，失在舒緩。'
　　師古曰：'言不別善惡，有逆背傾仄者，有堪爲卿大夫者，皆不
　　知之也。'此説較毛、鄭爲勝。如傳、箋，則二句皆言無賢人。
　　如漢志，則以'無背無側'爲不知反側小人，以'無陪無卿'爲

不知卿大夫君子。'女鼋然于中國'者,德之不明也。'斂怨
以爲德',斂聚羣不逞作怨之人,謂之有德而任用之。(二語用
鄭箋。)此所謂'不別善惡'也。"(經義雜記卷二十七"不明
爾德四句"條)　軍案:臧説是也。

〔二〕葉德輝云:"隋志引劉向五行傳曰:'視不明,用近習,賢者不
進,不肖不退,百職廢壞,庶士不從,其過在政教舒緩。'與此
志文異而義同。"(見漢書補注卷二十七五行志第七中之下)
軍案:葉引"隋志",見隋書卷二十三五行志下。

〔三〕"其"字原無,建安本、蔡本、鷺洲本、崇正本、北監本、王本、
點校本同,今據大德本、汪本、毛本、殿本、局本補。晉書卷
二十八五行志中引此文亦有"其"字,是也。

〔四〕"讀與'由'同",北監本、殿本無此四字。

〔五〕"不"原作"則",諸本同,今改。王先謙云:"晉志'視'下'則'
作'不',是也。傳、説謂服妖與貌、詩妖與言、鼓妖與聲皆相
應,視當與色應。此草妖非色,是視不以色矣。所以然者,以
五色分在眚祥也。若仍作'則'字,則理不可通。"(漢書補注
卷二十七五行志第七中之下)　軍案:王引"晉志",見晉書卷
二十八五行志中。王説是也。

〔六〕"眚",北監本作"青",形近而譌。齊召南云:"'眚',監本訛
'青',從宋本改正。"(前漢書考證五行志中之下)

〔七〕沈欽韓云:"'秉',晉志引作'物柄'。"(漢書疏證卷二十一
五行志)

〔八〕"音彼命反",大德本、崇正本、汪本、毛本、局本、王本、點校
本同,北監本、殿本無此四字。建安本、蔡本、鷺洲本改"音"

作“秉”，以“秉，彼命反”爲句，非是。上文“有贏蟲之孽”，師古注云“音郎果反”，爲“贏”音切，亦未出本字。後皆做此。

劉歆以爲：“屬‘思心不睿’。〔一〕於易，剛而包柔爲離，師古曰：“兩陽居外，一陰在内，故云‘剛包柔’。”離爲火、爲目。羊上角下蹏，〔二〕剛而包柔。羊大目而不精明，視氣毁，故‘有羊旤’。一曰‘暑歲，羊多疫死及爲怪’，亦是也。及人，則多病目者，故‘有目痾’。火色赤，故‘有赤眚、赤祥’。凡視傷者，病火氣；火氣傷，則水沴之。其極疾者，順之，其福曰壽。”李奇曰：“於六極之中爲疾者，逆火氣，致疾病也。能順火氣，則旤更爲福。”

〔一〕“睿”原作“容”，建安本、蔡本、鷺洲本、大德本、崇正本、汪本、毛本、局本、王本、點校本同，北監本作“睿”，皆形近而譌，今據殿本改。“睿”，通也，古文作“睿”。

〔二〕“蹏”，建安本、蔡本、鷺洲本、大德本、崇正本、汪本、北監本、殿本、點校本同；毛本、局本、王本作“號”，形近而譌。錢大昭云：“‘號’，南雍本作‘蹏’。”（漢書辨疑卷十三五行志中之下）葉德輝云：“德藩本作‘蹏’。”王先謙云：“官本作‘蹏’，晉志同。”（漢書補注卷二十七五行志第七中之下）

劉歆“視”傳曰：“有羽蟲之孽，雞旤。説以爲：‘於天文，南方啄爲鳥星，〔一〕故爲羽蟲。旤亦從羽，故爲雞。雞於易自在巽。’説非是。”〔二〕

〔一〕“啄”原作“喙”，建安本、蔡本、鷺洲本、大德本、崇正本、汪本、毛本、殿本、局本、王本、點校本同，今據北監本改。齊召南云：“‘喙’，監本訛‘啄’。”陳浩云：‘案天文志，柳爲鳥喙。’從宋本改正。"（前漢書考證五行志中之下）齊説非也。王先謙云：
"'喙'當爲'啄'，詳天文志。'啄'又作'咮'。晉志作'朱張'
二字，'朱'廼'咮'之誤。咮、張同爲鳥星也。"（漢書補注卷
二十七五行志第七中之下）王説可從。明楊慎云："石氏云：
'南方赤帝，其精朱鳥，爲七宿：井首，鬼目，柳喙，星頸，張嗉，
翼翮，軫尾。'左傳、史記天官書'喙'作'咮'。咮、張，即柳、
張兩星之間也。隋志'喙'作'注'，又有'注張'之文，或訛爲
'汪張'，皆本於石氏'柳爲鳥喙'之説。"（丹鉛總録卷一天文
類"石氏星經"條）楊氏云"左傳作'咮'"，見襄九年左傳載士
弱語。爾雅釋天"咮謂之柳"，詩召南摽有梅陸德明釋文引
作"噣謂之柳"。"噣"、"咮"、"啄"三字同。

〔二〕王先謙云："言雞説非是。羽蟲之説，班氏固采之。"（漢書補
　　注卷二十七五行志第七中之下）

3.2　庶徵之"恒奥"，劉向以爲："春秋'亡冰'也。小奥
不書，無冰然後書，〔一〕舉其大者也。"

〔一〕王念孫云："'無'，當依上下文作'亡'。此後人依春秋改之也。
　　凡漢書'無'字皆作'亡'，其或作'無'者，即是後人所改。他
　　皆放此。"（讀書雜志四漢書第五五行志"無冰"條）

　　京房易傳曰："禄不遂行，兹謂欺；厥咎奥，雨雪四
至而温。臣安禄樂逸，兹謂亂；奥而生蟲。知罪不誅，兹
謂舒；其奥，夏則暑殺人，冬則物華實。重過不誅，兹謂
亡徵；其咎當寒而奥六日也。"

3.3　桓公十五年“春，亡冰”。

劉向以爲：“周春，今冬也。先是，連兵鄰國，三戰而再敗也，師古曰：“‘三戰’者，謂十年，齊侯、衞侯、鄭伯來戰于郎；十二年，與鄭師伐宋，戰于宋；十三年，會紀侯、鄭伯及齊侯、宋公、衞侯、燕人戰也。‘再敗’者，謂郎之戰，穀梁傳曰‘以吾敗也’；又宋之戰，穀梁亦曰‘内諱敗，〔一〕舉其可道者也’。據左氏傳、公羊、穀梁，亦曰‘無冰’，並在十四年；今此云‘十五年’，未詳其意。”内失百姓，外失諸侯，不敢行誅罰，鄭伯突篡兄而立，公與相親，師古曰：“突，鄭莊公子，即屬公也。兄，謂太子忽，即昭公也。莊公既卒，突因宋莊公之寵而得立，遂使昭公奔衞，故云‘篡兄’也。‘公與相親’者，謂十五年，突爲祭仲所逐奔蔡，遂居櫟，而昭公入，公再與諸侯伐鄭，謀納屬公。”長養同類，不明善惡之罰也。”師古曰：“言桓篡立與突志同，故曰‘長養同類’。”

〔一〕“内”，諸本無此字。桓十二年穀梁傳有“内”字。

董仲舒以爲：“象夫人不正，陰失節也。”〔一〕師古曰：“夫人姜氏通于齊侯，故云‘不正’。”

〔一〕沈欽韓云：“范甯解依董義。”（漢書疏證卷二十一五行志）　軍案：沈説非也。桓十四年穀梁經“春，無冰”，范甯注云：“皆君不明去就，政治舒緩之所致。五行傳曰：‘視之不明，是謂不哲。厥咎舒，厥罰常燠。’”楊士勛疏云：“徐邈云：‘“無冰”者，常陽之異。此夫人淫泆，陰爲陽行之所致也。’何休注公羊亦然。今范云‘皆君不明去就，政治舒緩之所致’，則非獨爲夫人也。”（春秋穀梁傳注疏卷四）楊説是也。依董義者乃徐邈、何休，非范甯也。

3.4　成公元年“二月，無冰”。〔一〕

〔一〕成元年穀梁經楊疏云：“徐邈、何休並云：‘此年“無冰”者，由季孫行父專政之所致也。’桓十四年亦‘無冰’，范云‘政治舒緩之所致’，必不得與二説同也。又爾時季氏不專政，亦無冰，明徐、何之言不可用。”（春秋穀梁傳注疏卷十三）

董仲舒以爲：“方有宣公之喪，君臣無悲哀之心，而炕陽，作丘甲。”師古曰：“時宣公薨始踰年，故云‘有喪’也。丘甲，解在刑法志。”〔一〕

〔一〕漢書卷二十三刑法志“魯成公作丘甲”，師古注云：“丘，十六井也，止出戎馬一匹、牛三頭。四丘爲甸。甸，六十四井也，乃出戎馬四匹、兵車一乘、牛十二頭、甲士三人、卒七十二人耳。今乃使丘出甸賦，違常制也。一説：‘別令人爲丘作甲也。士、農、工、商四類異業，甲者非凡人所能爲，而令作之，譏不正也。’”成元年穀梁經“三月，作丘甲”，范甯注云：“周禮：‘九夫爲井，四井爲邑，四邑爲丘。’丘，十六井。甲，鎧也。”楊士勛疏云：“何休云：‘月者，重録之。’徐邈云：‘甲有伎巧，非凡民能作，而强使作之，故書月以譏之。’范雖無注，或書月亦是譏。公羊説‘作丘甲’亦與此傳同，唯左氏傳以爲譏重斂。”（春秋穀梁傳注疏卷十三）　軍案：范引“九夫”至“爲丘”，周禮地官小司徒職文。

劉向以爲：“時公幼弱，政舒緩也。”〔一〕

〔一〕陳立云：“何氏之説同子政。知成公幼少者，下十六年‘不見公’傳：‘曷爲不恥？幼也。’左傳成二年‘公衡爲質’，杜注：‘衡，成公子。’計已有子爲質，則公時應三十餘年矣，則左氏不以爲幼。然公至十四始娶，則公羊之説信矣。行父專權，自仲遂卒後始。魯世家於宣公初立云：‘魯由此公室卑，三桓彊。’明魯君失政於宣初。遂卒後，季氏日彊大也。”（公羊義疏卷五十）

3.5　襄公二十八年“春，無冰”。〔一〕

〔一〕襄二十八年左氏經杜注云：“前年知其再失閏，頓置兩閏以應天正。故此年正月建子，得以無冰爲災而書。”（見春秋左傳正義卷三十八）

劉向以爲：“先是，公作三軍，有侵陵用武之意，師古曰：“‘作三軍’者，季氏欲專其權，非公本意，此説非也。〔一〕‘侵陵用武’者，謂入鄆、取邿也。〔二〕邿，音詩。”於是鄰國不和，伐其三鄙，師古曰：“謂十二年三月、十四年夏，莒人伐我東鄙；十五年夏，齊侯伐我北鄙；秋，邾人伐我南鄙；十六年三月，齊侯伐我北鄙。”被兵十有餘年，因之以饑饉，百姓怨望，臣下心離，公懼而弛緩，不敢行誅罰，師古曰：“弛，放也，音式爾反。”楚有夷狄行，公有從楚心，不明善惡之應。”師古曰：“有從楚心，謂二十八年，公朝于楚。”董仲舒指略同。

〔一〕顔説是也。“作三軍”，事在襄十一年。

〔二〕“入鄆”，事在襄十二年。“取邿”，事在襄十三年。

一曰：“水旱之災，寒暑之變，天下皆同。故曰‘無冰’，天下異也。桓公殺兄弑君，外成宋亂，與鄭易邑，背畔周室。師古曰：“隱攝公位，又桓之兄，故云‘殺兄弑君’也。‘成宋亂’者，謂宋華父督弑其君殤公及其大夫孔父，以郜大鼎賂公,公會齊侯、鄭伯于稷而平其亂也。〔一〕與鄭易邑,謂以太山之田易許田也。〔二〕許田者,魯朝宿之邑也,〔三〕而以與鄭,明魯之不朝於王,故云‘背畔周室’。”**成公時,楚橫行中國**,師古曰:“謂成二年,楚師侵衞,遂侵我,師于蜀;六年七月,楚公子嬰齊帥師伐鄭;九年,嬰齊帥師伐莒;十五年,楚子伐鄭;十六年,楚子與晉侯、鄭伯戰于鄢陵;十八年,楚子伐宋。”**王札子殺召伯、毛伯**,師古曰:“王札子,即王子捷也。召伯、毛伯,皆周大夫也。今春秋經王札子殺召伯、毛伯事在宣十五年,而此言成公時,未達其説。〔四〕召,讀曰‘邵’。”**晉敗天子之師于貿戎**,師古曰:“貿戎,戎別種也。公羊傳成元年:‘王師敗績于貿戎。孰敗之?蓋晉敗之。’貿,音莫侯反。”〔五〕**天子皆不能討。襄公時,天下諸侯之大夫皆執國權**,師古曰:“謂襄十六年,會于湨梁,諸侯之大夫盟,皆類此。”〔六〕**君不能制。漸將日甚,善惡不明,誅罰不行。周失之舒,秦失之急,故周衰亡寒歲,秦滅亡奧年。”**

〔一〕事在桓二年。

〔二〕事在桓元年。

〔三〕桓元年公羊傳云:“‘許田’者何?魯朝宿之邑也。諸侯時朝乎天子;天子之郊,諸侯皆有朝宿之邑焉。此魯朝宿之邑也,則曷爲謂之‘許田’?諱取周田也。諱取周田,則曷爲謂之‘許田’?繫之許也。曷爲繫之許?近許也。此邑也,其稱‘田’何?田多邑少稱‘田’,邑多田少稱‘邑’。”(春秋公羊傳注疏卷四)

〔四〕錢大昕云:“漢儒言‘無冰’之災,由誅罰不行,失在前而應在後。成公元年‘無冰’,距宣十五年僅三載,故援以爲驗,非有

誤也。"（三史拾遺卷三漢書五行志中之下）

〔五〕"侯"，大德本、崇正本、汪本、北監本、殿本同，建安本、蔡本、鷺
　　洲本、毛本、局本、王本、點校本作"候"。

〔六〕襄十六年左傳孔疏云："公羊以爲溴梁之盟，'君若贅旒然'。
　　穀梁云：'不曰"諸侯之大夫"，大夫不臣也。'皆以爲此時諸侯
　　微弱，權在大夫。諸侯皆在而大夫自盟，政教約信在於大夫，
　　其事不由君也。"（春秋左傳正義卷三十三）

3.6　武帝元狩六年冬，亡冰。

　　先是，比年遣大將軍衞青、霍去病攻祁連，絶大幕，
師古曰："比，頻也。〔一〕祁連，山名也。幕，沙磧也。直度曰絶。
祁，音上夷反。"〔二〕窮追單于，斬首十餘萬級，還，大行慶
賞。乃閔海内勤勞，是歲遣博士褚大等六人持節巡行天
下，師古曰："行，音下更反。"存賜鰥寡，假與乏困，舉遺逸獨
行君子詣行在所。郡國有以爲便宜者，〔三〕上丞相、御史
以聞。天下咸喜。

〔一〕"比，頻也"，北監本、殿本無此三字。

〔二〕"祁，音上夷反"，北監本、殿本無此五字。

〔三〕齊召南云："孝武紀作'郡國有以爲便者'，無'宜'字。"（前漢
　　書考證五行志中之下）

3.7　昭帝始元二年冬，亡冰。

　　是時，上年九歲，大將軍霍光秉政，始行寬緩，欲以
説下。師古曰："説，讀曰'悦'。"〔一〕

〔一〕王先謙云：“以上‘恒奥’。”（漢書補注卷二十七五行志第七中之下）

3.8　僖公三十三年“十二月，隕霜不殺草”。

劉歆以爲：“草妖也。”

劉向以爲：“今十月，周十二月。於易，五爲天位、爲君位。〔一〕九月陰氣至，五通於天位，其卦爲剥，師古曰：“坤下艮上。”剥落萬物，始大殺矣；明陰從陽命、臣受君令而後殺也。今十月隕霜而不能殺草，此君誅不行，舒緩之應也。是時，公子遂顓權，師古曰：“公子遂，莊公之子，即東門襄仲也，時爲卿，專執國政也。”〔二〕三桓始世官。師古曰：“謂父子相繼爲卿也。”〔三〕天戒若曰：‘自此之後，將皆爲亂矣！’文公不寤。其後，遂殺子赤，三家逐昭公。”師古曰：“並已解於上。”〔四〕董仲舒指略同。

〔一〕“君”上原無“爲”字，大德本、汪本同，今據建安本、蔡本、鷺洲本、崇正本、北監本、毛本、殿本、局本、王本、點校本補。錢大昭云：“閩本無下‘爲’字。”（漢書辨疑卷十三五行志中之下）

〔二〕“師古”至“政也”，此注二十四字原在“三桓始世官”下，今據諸本上移至此。蔡本、鷺洲本此注下有校語“劉氏校本云：‘監本、越本“三桓始世官”下無“師古”至“卿也”十一字，而以“公子遂顓權，三桓始世官”相屬，注“師古”至“政也”二十四字在“世官”下。當以此本爲是’”五十八字，乃宋人增附。劉説是也。

〔三〕“師古”至“卿也”，此注十一字原無，今據諸本補。

〔四〕見本書五行志上第十八條。

京房易傳曰:"臣有緩,兹謂不順;厥異霜不殺也。"〔一〕

〔一〕臧琳云:"何注公羊云:'周之十二月,夏之十月也。易中孚記曰:"陰假陽威之應也。早霣霜而不殺萬物,至當霣霜之時,根生之物復榮不死;斯陽假與陰威,陰威列索,故陽自霣霜而反不能殺也。"此禄去公室,政在公子遂之應也。'范解穀梁,引京房易傳曰:'君假與臣權,隕霜不殺草。'何、范義與董、劉合。劉、何皆云'周十二月,今十月'。杜注左氏,以長歷校經'十二月'爲誤,云'十一月,今九月',與先儒異。"(經義雜記卷二十七"隕霜不殺草"條)沈欽韓云:"范甯引京房曰:'君假與臣權,隕霜不殺草。'與此小異。"(漢書疏證卷二十一五行志)王先謙云:"此條引向、董説,與'恒奥'互通。"(漢書補注卷二十七五行志第七中之下)

3.9　書序曰:"伊陟相太戊,〔一〕亳有祥桑穀共生。"〔二〕師古曰:"商書咸乂之序也。其書亡。伊陟,伊尹子也。太戊,太甲孫也。亳,殷所都也。桑、穀二木,合而共生。穀,音穀。"傳曰:"俱生乎朝,七日而大拱。師古曰:"兩手合爲拱,音久勇反。"〔三〕伊陟戒以修德,而木枯。"

〔一〕"陟",建安本、蔡本、鷺洲本、大德本、崇正本、汪本、北監本、毛本、殿本、局本、點校本同;王本作"涉",形近而譌。王先謙云:"官本'涉'作'陟',是。"(漢書補注卷二十七五行志第七中之下)建安本、蔡本、鷺洲本此注下有校語"○宋祁曰:'景本無“穀,音穀”三字’”十二字,乃宋人增附。

〔二〕“穀”,建安本、蔡本、鷺洲本、大德本、崇正本、汪本、點校本同;
　　北監本、毛本、殿本、局本、王本作“穀”,形近而譌。後皆倣此。

〔三〕“音久勇反”,北監本、殿本無此四字。

劉向以爲:“殷道既衰,高宗承敝而起,盡涼陰之哀,天下應之,師古曰:“涼,信也。陰,默也。言居哀信默,三年不言也。涼,讀曰‘諒’。一説:‘涼陰,謂居喪之廬也。謂三年處於廬中不言。’涼,音力羊反。據今尚書及諸傳記,太戊卒,子仲丁立;卒,弟何亶甲立;卒,子祖乙立;卒,子盤庚立;卒,小乙之子武丁立,是爲高宗。‘桑穀’自太戊時生,‘涼陰’乃高宗之事。而此云桑穀即高宗時出,其説與尚書大傳不同,未詳其義也,或者伏生差謬。”〔一〕既獲顯榮,怠於政事,國將危亡,故桑穀之異見。桑,猶‘喪’也;〔二〕穀,猶‘生’也。〔三〕殺生之秉失而在下,師古曰:“秉,音彼命反。”〔四〕近草妖也。一曰:‘野木生朝而暴長,小人將暴在大臣之位,危亡國家,象朝將爲虛之應也。’”師古曰:“虛,讀曰‘墟’。”

〔一〕錢大昕云:“此自劉向差謬,非伏生誤也。郊祀志亦以桑穀爲太戊事。”(廿二史考異卷七漢書二五行志中之下)王鳴盛云:“五行志引書序及伏生大傳伊陟相太戊、桑穀共生事,其下又引劉向説,以桑穀爲高宗武丁時事。此向之誤,而班氏聊存異説耳。”(十七史商榷卷十三漢書七“五行志引大傳”條)沈欽韓云:“説苑敬慎篇與尚書大傳同爲高宗時,師古少見多怪耳。注中‘不同’,‘不’字當衍。”(漢書疏證卷二十一五行志)王先謙云:“‘桑穀生’本有二説,故班氏兩引之。下文‘一曰’

以下，則以木、鳥並爲武丁事也。”（漢書補注卷二十七五行志
第七中之下）何若瑶云：“郊祀志：‘後八世，帝太戊有桑穀生
於廷，一暮大拱。十三世，帝武丁有雊雉登鼎耳而雊。’藝文志：
‘桑穀共生，太戊以興。雊雉登鼎，武丁爲宗。’與尚書大傳同。
且本志上云‘伊陟相太戊，亳有祥桑穀共生’，此又曰‘劉向以
爲’云云，似係向説而班引之，亦‘疑以傳疑’之義也。”（前漢
書注考證五行志）　軍案：錢大昕、王鳴盛以爲劉向誤記，非
是。沈、王、何所言是也。劉向新序、説苑載事多有異説並存
者，非向誤記也。説苑載“桑穀生”有二：一爲太戊時，見君
道篇；一爲武丁時，見敬慎篇。又，吕氏春秋制樂篇、韓詩外
傳卷三以“桑穀生”爲商湯事。孫星衍云：“孔安國古文説，爲
太戊時；伏生今文説，爲武丁時。”（尚書今古文注疏書序第
三十上）

〔二〕葉德輝云：“公羊文二年傳‘虞主用桑’，何休注：‘桑，猶“喪”
　　也。’儀禮士喪禮‘醫笄用桑’，鄭注：‘“桑”之爲言“喪”也。’
　　皆取同聲爲訓。”（見漢書補注卷二十七五行志第七中之下）

〔三〕葉德輝云：“詩大車‘穀則異室’，傳：‘穀，生也。’小宛‘自何
　　能穀’箋同。晉語‘是焚穀也’，韋昭注：‘穀，所仰以生也。’
　　亦以‘生’訓‘穀’。”（同上）　軍案：葉舉傳注訓“穀”爲
　　“生”誠是也，然與此志作“穀”則無涉也。

〔四〕“師古”至“命反”，北監本、殿本無此注八字。建安本、蔡本、
　　鷺洲本此注下有校語“○劉敞曰：‘謂桑穀高宗事者，本由大
　　傳之誤耳，何乃云“不同”’”二十三字，乃宋人增附。

3.10　書序又曰：^{〔一〕}“高宗祭成湯，有蜚雊登鼎耳而雊。”師古曰：“商書高宗肜日之序也。蜚，古‘飛’字。^{〔二〕}雊，音工豆反。”祖己曰：“惟先假王，^{〔三〕}正厥事。”師古曰：“祖己，殷賢臣。假，大也。言先代大道之王，能正其事，而災異銷也。”

〔一〕王先謙云：“此因一説而牽連及之，與‘草妖’無涉。”（漢書補注卷二十七五行志第七中之下）

〔二〕“蜚”爲“飛”之假借字。師古此注以“蜚”、“飛”爲古今字，非是。本卷第三十三條、第五十一條、第七十八條師古注皆云“蜚，讀曰‘飛’”，則是也。

〔三〕齊召南云：“‘假’，古文作‘格’。孔傳曰：‘言至道之王。’”（前漢書考證五行志中之下）

　　劉向以爲：“雊雊鳴者雄也，以赤色爲主。於易，離爲雉。雉，南方。近赤祥也。”

　　劉歆以爲：“羽蟲之孽。^{〔一〕}易有鼎卦。師古曰：“巽下離上也。”鼎，宗廟之器。主器奉宗廟者，長子也。野鳥自外來，入爲宗廟器主，是繼嗣將易也。一曰：‘鼎三足，三公象，而以耳行。師古曰：“鼎非舉耳不得行，故云‘以耳行’。”野鳥居鼎耳，小人將居公位，敗宗廟之祀。野木生朝，野鳥入廟，敗亡之異也。武丁恐駭，謀於忠賢，修德而正事，内舉傅説，授以國政，師古曰：“武丁夢得賢相，乃以所夢之像使求之，得於傅巖，立以爲相，作説命三篇。説，讀曰‘悦’。”外伐鬼方，^{〔二〕}以安諸夏，師古曰：“鬼方，絶遠之地，一曰國名。夏，大也。中國大於戎狄，故曰‘諸夏’。”故能攘木鳥之妖，致百年之壽，師古曰：“攘，却也，音人羊反。”^{〔三〕}所謂“六沴作見，〔四〕若是共御，五福迺降，用章于下”者也。’師古曰：
“共，讀曰‘恭’。御，讀曰‘禦’。言恭己以禦災也。〔五〕一説：‘御，
治也。恭治其事也。’”〔六〕一曰：‘金沴木。’一曰：‘木不曲
直。’”〔七〕

〔一〕王先謙云：“‘赤祥’、‘羽蟲之孽’互見。”（漢書補注卷二十
　　七五行志第七中之下）

〔二〕周易既濟九三爻辭云：“高宗伐鬼方，三年克之。”未濟九四爻
　　辭云：“用伐鬼方，三年有賞于大國。”

〔三〕“師古”至“羊反”，北監本、殿本無此注十字。

〔四〕“作見”二字原無，今據諸本補。

〔五〕“災”原作“灾”，大德本、崇正本同，今據建安本、蔡本、鷺洲
　　本、汪本、北監本、毛本、殿本、局本、王本、點校本改作“災”。
　　後皆倣此。

〔六〕王念孫云：“下文云‘改行循正，共御厥罰’，又云‘人君能修
　　政，共御厥罰’，則‘禦災’之説是也。故鄭注五行傳‘共御’
　　曰：‘御，止也。’一説非是。”（讀書雜志四漢書第五五行志
　　“共御”條）　軍案：王説是也。其引“改行”至“厥罰”，見本
　　書五行志下之上第四十九條；引“人君”至“厥罰”，見本書五
　　行志下之下第一條。又，王引“修政”原作“循政”，乃涉上文
　　“循正”而誤，今據五行志下之下改。

〔七〕下“曰”上原無“一”字，諸本同，今補。王先謙云：“二事互
　　見。”（漢書補注卷二十七五行志第七中之下）

3.11 **僖公**三十三年“十二月，李梅實”。〔一〕

〔一〕沈欽韓云：“范甯引京房曰：‘從叛者，兹謂不明；厥妖木冬實。’”（漢書疏證卷二十一五行志）　軍案：范甯引京房易傳文，見僖三十三年穀梁傳范注。

劉向以爲：“周十二月，今十月也，李梅當剥落；今反華實，近草妖也。先華而後實，不書‘華’，舉重者也。陰成陽事，象臣顓君作威福。一曰：‘冬當殺，反生，象驕臣當誅，不行其罰也，故冬華。華者，〔一〕象臣邪謀有端而不成；至於實，則成矣。是時，僖公死，公子遂顓權，文公不寤，後有子赤之變。’一曰：‘君舒緩甚，奧氣不臧，則華實復生。’”

〔一〕“冬華”下原無“華”字，今據諸本補。王念孫云：“‘故冬華華者’，景祐本作‘故冬華者’，是也。‘華’字不宜疊。”（讀書雜志四漢書第五五行志“故冬華華者”條）朱一新云：“此當以‘故冬華’爲句。上文‘冬當殺反生’，釋‘冬華’之義也。‘華者’二字，屬下爲句。‘臣邪謀有端而不成’，正釋‘華’字之義。王氏誤以‘故冬華華者’五字連讀，故謂景祐本爲是，其實不然也。景祐本固遠勝諸本，此條則以今本爲長。”（漢書管見卷三五行志中之下）　軍案：朱説是也。

董仲舒以爲：“李梅實，臣下彊也。記曰：〔一〕‘不當華而華，易大夫；不當實而實，易相室。’應劭曰：“冬，水王，木相，故象大臣。冬實者，變置丞相與宫室也；但華，則變大夫也。”師古曰：“相室，猶言‘相國’，謂宰相也。合韻故言‘相室’。‘相室’者，相王室。”〔二〕冬，水王，木相，故象大臣。”

〔一〕葉德輝云：“此即藝文志劉向五行傳記之説。”（見漢書補注卷

二十七五行志第七中之下）

〔二〕臧琳云："'相室'當從師古説，'猶言"相國"'，謂'相王室'
　　也。古讀'華'若'夫'。'實'、'室'爲韻，故言'相室'。"（經
　　義雜記卷十四"李梅實"條）周壽昌云："漢初功封國侯，復拜
　　丞相，建國設官。相國自蕭、曹二人後，即無此稱，非'用勘
　　相我國家'之謂也。'相室'稱'宰相'，此僅見。合韻之説庶
　　近之，不必援'相國'爲擬也。"（漢書注校補卷二十五行志
　　第七中之下）　　軍案：臧説是也。周引"用勘相我國家"，尚
　　書立政文。

　　劉歆以爲："庶徵皆以蟲爲孽。思心'蠃蟲孽'
也。〔一〕李梅實，屬'草妖'。"〔二〕

〔一〕王先謙云："班從歆説，以'蠃蟲孽'入'思心'傳，故此無證。"
　　（漢書補注卷二十七五行志第七中之下）

〔二〕臧琳云："春秋僖卅三年：'十二月，李梅實。'左氏無傳。公羊
　　傳：'何以書？記異也。何異爾？不時也。'穀梁傳：'"實"之
　　爲言，猶"實"也。'五行志中下此説可以補三傳注之闕。"（經
　　義雜記卷十四"李梅實"條）

3.12　惠帝五年十月，桃李華，棗實。

3.13　昭帝時，上林苑中大柳樹斷仆地，一朝起立，生枝
葉，有蟲食其葉，成文字，曰"公孫病已立"。又昌邑王
國社有枯樹復生枝葉。〔一〕

〔一〕"又"字原無，今據諸本補。

　　眭孟以爲："木，陰類，下民象。當有故廢之家公孫氏從民間受命爲天子者。"昭帝富於春秋，霍光秉政，以孟妖言，誅之。〔一〕後昭帝崩，無子，徵昌邑王賀嗣位，狂亂失道，光廢之。更立昭帝兄衞太子之孫，〔二〕是爲宣帝。〔三〕宣帝本名病已。〔四〕

〔一〕事詳漢書卷七十四眭孟傳。

〔二〕"昭帝兄"三字原無，今據諸本補。

〔三〕此下，建安本、蔡本、鷺洲本有校語"○宋祁曰：'景本無"昭帝兄"三字'"十二字，乃宋人增附。

〔四〕下"宣帝"，建安本、蔡本、鷺洲本同，大德本、崇正本、汪本、北監本、毛本、殿本、局本、王本、點校本無"宣"字。

　　京房易傳曰："枯楊生稊，師古曰："大過九二爻辭也。稊，楊秀之始生者，音徒奚反。"枯木復生，人君亡子。"〔一〕

〔一〕葉德輝云："開元占經百十二引京房易候曰：'枯楊生荑，斷枯復生，天辟當之。'又引京房易傳曰：'枯楊生華，國后當之。'文與此不同。"（見漢書補注卷二十七五行志第七中之下）

3.14　元帝初元四年，皇后曾祖父濟南東平陵王伯墓門梓柱卒生枝葉，上出屋。孟康曰："王伯，莽之祖也。"師古曰："莽高祖父也，故下云'高祖考'。卒，讀曰'猝'。猝，暴也。"

　　劉向以爲："王氏貴盛將代漢家之象也。"

　　後王莽篡位，自説之曰："初元四年，莽生之歲也，當漢九世火德之厄，而有此祥興於高祖考之門。門爲開通，梓猶子也。〔一〕言王氏當有賢子開通祖統，起於柱石

大臣之位，受命而王之符也。"〔二〕

〔一〕"也"字原無，今據諸本補。

〔二〕漢書卷九十九王莽傳中云："遣五威將王奇等十二人班符
命四十二篇於天下。德祥五事，符命二十五，福應十二，凡
四十二篇。其德祥言文、宣之世黃龍見於成紀、新都，高祖考
王伯墓門梓柱生枝葉之屬。符命言井石、金匱之屬。福應言
雌雞化爲雄之屬。其文爾雅依託，皆爲作說，大歸言莽當代漢
有天下云。"王先慎云："四十二篇書不傳，惟五行志中載自說
德祥事云云。得此可見一班，比附時事，歸美於己而已。"（見
漢書補注卷九十九王莽傳第六十九中）

3.15 建昭五年，兗州刺史浩賞禁民私所自立社。張晏曰：
"民間三月、九月又社，號曰'私社'。"〔一〕臣瓚曰："舊制二十五家
爲一社，而民或十家、五家共爲田社，是'私社'。"師古曰："瓚說
是。"〔二〕山陽橐茅鄉社有大槐樹，師古曰："橐，縣名也，屬山
陽郡。茅鄉，橐縣之鄉也。〔三〕橐，音拓。"吏伐斷之，其夜樹復
立其故處。

〔一〕"又"，建安本、蔡本、鷺洲本、大德本、崇正本、汪本、毛本、局
本、王本、點校本同；殿本作"立"，非是。"張晏"至"私社"，北
監本無此注十五字。

〔二〕"師古"至"說是"，北監本無此六字。葉德輝云："禮祭法
太社、皇社、國社、侯社、置社，皆王侯、大夫自立及爲百姓立
者，此官社也。民私立者，謂之'私社'。"（見漢書補注卷
二十七五行志第七中之下）

〔三〕僖二十四年左傳杜注云：“高平昌邑縣西有茅鄉。”（見春秋
　　左傳正義卷十五）

3.16　成帝永始元年二月，河南街郵樗樹生支如人頭，師
古曰：“郵，謂行書之舍。樗樹似椿。樗，音丑余反。椿，音丑倫
反。”眉、目、須皆具，亡髮、耳。

3.17　哀帝建平三年十月，汝南西平遂陽鄉柱仆地，生支
如人形，師古曰：“仆，頓也，音赴。”〔一〕身青黃色，面白，頭有
頤、髮，稍長大，凡長六寸一分。
〔一〕“師古”至“音赴”，北監本、殿本無此注八字。

　　京房易傳曰：“王德衰，下人將起，則有木生爲
人狀。”

3.18　哀帝建平三年，〔一〕零陵有樹僵地，師古曰：“僵，偃也，
音疆。”〔二〕圍大六尺，〔三〕長十丈七尺。民斷其本，長九尺
餘，枯三月，〔四〕樹卒自立故處。師古曰：“卒，讀曰‘猝’。”
〔一〕劉知幾云：“哀曰建平，同年必録”，自注云：“始云‘哀帝建平
　　三年’，續後云‘哀帝建平三年’，按：同是一年，宜云‘是歲’
　　而已，不當言重言事也。”（史通卷十九外篇漢書五行志錯誤）
　　蘇輿云：“上已云‘哀帝建平三年’，劉知幾所謂‘哀曰建平，同
　　年必録’者也。但中廁京房易傳，並非連文。劉氏所譏，無害
　　宏旨。”（見漢書補注卷二十七五行志第七中之下）
〔二〕“音疆”，北監本、殿本無此二字。

〔三〕“大”，諸本作“丈”。若樹圍丈六尺，根僅長九尺餘，於理不合。文獻通考卷二百九十九物異考五引此文亦作“大”，是也。

〔四〕“枯”上，諸本有“皆”字。文獻通考卷二百九十九物異考五引此文亦無“皆”字。

京房易傳曰：“棄正作淫，厥妖木斷自屬。師古曰：“屬，連續也，音之欲反。”〔一〕妃后有顓，木仆反立，斷枯復生。師古曰：顓，謂專寵。”〔二〕天辟惡之。”〔三〕如淳曰：“天辟，謂天子也。”師古曰：“辟，音壁。”〔四〕

〔一〕“音之欲反”，北監本、殿本無此四字。

〔二〕“妃后”至注“專寵”，此十九字原無，今據諸本補。文獻通考卷二百九十九物異考五引此文亦脫此十九字。蔡本、鷺洲本此下有校語“劉氏校本云：‘監本自“妃后”至注“專寵”，無此十九字’”共十九字，乃宋人增附。

〔三〕周壽昌云：“天子稱‘天辟’，僅見此。”（漢書注校補卷二十五行志第七中之下）蘇輿云：“左昭七年傳‘魯、衛惡之’，杜注：‘受其凶惡。’此云‘天辟惡之’，語意一例。又天文志‘入又復出，人君惡之’，義同。”（見漢書補注卷二十七五行志第七中之下）　軍案：周説非是。文選卷五十三載魏李康運命論云“里社鳴而聖人出”，李善注云：“春秋潛潭巴曰：‘里社明，此里有聖人出。其响，百姓歸，天辟亡。’宋均曰：‘里社之君鳴，則教令行。教令明，惟聖人能之也。响，鳴之怒者。聖人怒，則天辟亡矣。湯起放桀時，蓋此祥也。’‘明’與‘鳴’古字通。”春秋潛潭巴爲東漢緯書，其云“天辟”，亦謂天子也。

〔四〕“師古”至“音壁”，殿本無此六字。

3.19 元帝永光二年八月，天雨草而葉相樛結，大如彈丸。〔一〕師古曰："樛，繞也。樛，音居虯反。"〔二〕

〔一〕"樛"，建安本、蔡本、鷺洲本、崇正本、汪本、北監本、殿本同；大德本、毛本、局本、王本、點校本作"摎"，形近而譌。注同。詩周南樛木"南有樛木"，毛傳云："木下曲曰樛。"爾雅釋木云："下曲曰樛。"説文木部云："樛，下句曰樛。"手部云："摎，縛殺也。"搜神記卷六、通志卷七十四災祥略第一、文獻通考卷二百九十九物異考五引此文亦作"樛"。又，王念孫云："'葉'本作'莎'（先禾反），即爾雅所謂'薕侯，莎'者也。'天雨草而莎'者，'而'讀曰'如'，謂天雨草，其狀如莎也。草必有狀，故曰'如莎'。下文又云'天雨草，狀如永光時'，不得泛言'雨草'也。'相摎結'者，謂其草皆互相摎結，不專指'葉'言之。後人不知'而'之讀爲'如'，遂不得其解，而改'莎'爲'葉'，其失甚矣。'而莎'二字，師古皆無音釋，則所見已是誤本。（御覽咎徵部四引此，誤與今本同。）漢紀孝元紀云：'永光二年，天雨草如莎，相摎結如彈丸。'孝平紀云：'元始三年，天雨草，狀如莎，相摎結如彈丸。'皆本漢志。今據以訂正。"（讀書雜志四漢書第五五行志"而葉"條）其説可從。王氏引漢紀皆作"摎"，張烈點校本同。今檢四部叢刊影印明嘉靖本漢紀，卷二十二孝元皇帝紀中作"摎"，卷三十孝平皇帝紀作"樛"，當以作"樛"爲是。

〔二〕"音"上"樛"字，建安本、蔡本、鷺洲本無。

3.20 平帝元始三年正月，天雨草，狀如永光時。

　　京房易傳曰："君吝於禄,信衰賢去,〔一〕厥妖天雨草。"〔二〕

〔一〕周壽昌云:"此即前所云'禄不遂行'也。"(漢書注校補卷二十五行志第七中之下) 軍案:"禄不遂行",見本卷第二條引京房易傳。

〔二〕王先謙云:"以上'草妖'。"(漢書補注卷二十七五行志第七中之下)

3.21 昭公二十五年"夏,有鸜鵒來巢"。〔一〕

〔一〕參見本書五行志中之上第八十一條。

　　劉歆以爲:"羽蟲之孽。其色黑,又黑祥也,視不明、聽不聰之罰也。"

　　劉向以爲:"'有蜚'、'有蜮'不言'來'者,氣所生,所謂'眚'也;師古曰:"此'蜚',謂負蠜也,其爲蟲臭。蜮,短弧,即今所謂'水弩'也。隱元年有蜚,莊十八年有蜮。蜚,音翡。蜮,音域。'蜚'亦作'蟹',其音同耳。"'鸜鵒'言'來'者,氣所致,所謂'祥'也。鸜鵒,夷狄穴藏之禽,來至中國,不穴而巢,陰居陽位,師古曰:"今之鸜鵒,中國皆有,依周官而言,但不踰濟水耳。左氏以爲魯所常無,異而書之。〔一〕而此云'夷狄禽',未喻其意。又,此鳥本亦巢居,不皆穴處也。書'巢'者,著其居止字乳不即去也。"象季氏將逐昭公,去宮室而居外野也。鸜鵒白羽,旱之祥也;穴居而好水,黑色,爲主急之應也。天戒若曰:'既失衆,不可急暴;急暴,陰將持節陽以逐爾,去宮室而居外野矣。'昭不寤,而舉兵圍季氏,爲季氏所敗,出犇于齊,遂死于外野。"董仲舒指略同。

〔一〕"異"上,諸本有"故"字。

3.22　景帝三年十一月,有白頸烏與黑烏羣鬭楚國呂
縣,〔一〕白頸不勝,〔二〕墮泗水中,死者數千。

〔一〕"呂縣",諸本同,搜神記卷六引同;漢紀卷九孝景皇帝紀引作
　　"苦縣",非是。呂縣在彭城東南,臨泗水,屬楚國;苦縣在陳縣
　　東北,臨渦水,屬淮陽國。

〔二〕周壽昌云:"下云'白頸者小',明小者敗也。此處並無'白頸
　　者小'之語。"(漢書注校補卷二十五行志第七中之下)

　　劉向以爲:"近白、黑祥也。時楚王戊暴逆無道,師
古曰:'戊,楚元王之孫也。'刑辱申公,與吳王謀反。烏羣鬭
者,師戰之象也。白頸者小,明小者敗也。墮於水者,將
死水地。王戊不寤,遂舉兵應吳,與漢大戰,兵敗而走,
至於丹徒,爲越人所斬,墮死於水之效也。"〔一〕

〔一〕"之"字原無,今據諸本補。此下,建安本、蔡本、鷺洲本、北監
　　本、殿本有校語"○劉奉世曰:'死於丹徒者,吳王濞耳。向説
　　誤'"十七字,乃宋人增附。劉奉世語,見其漢書考正五行志
　　中之上。劉説是也。

　　京房易傳曰:"逆親親,厥妖白、黑烏鬭於國。"

3.23　昭帝元鳳元年,有烏與鵲鬭燕王宫中池上,烏
墮池死。

　　近黑祥也。〔一〕時燕王旦謀爲亂,遂不改寤,伏

辜而死。

〔一〕王先謙云：“以上黑祥三，白祥一，互見。”（漢書補注卷
　　二十七五行志第七中之下）

　　楚、燕皆骨肉藩臣，以驕怨而謀逆，俱有烏、鵲鬬死
之祥，行同而占合，此天、人之明表也。燕一烏、鵲鬬於
宮中而黑者死，楚以萬數鬬於野外而白者死，象燕陰謀
未發，獨王自殺於宮，故一烏水色者死；楚炕陽舉兵，軍
師大敗於野，故眾烏金色者死，天道精微之效也。

　　京房易傳曰：“專征劫殺，厥妖烏、鵲鬬。”

3.24 昭帝時，有鶖鶬，或曰禿鶖，師古曰：“鶖鶬，即汙澤也，一
名淘河，腹下胡大如數升囊，好羣入澤中抒水食魚，因名禿鶖，亦水
鳥也。鶖，音大奚反。鶬，音胡。鶖，音秋。”集昌邑王殿下，王
使人射殺之。

　　劉向以爲：“水鳥色青，青祥也。〔一〕時王馳騁無度，
慢侮大臣，不敬至尊，有服妖之象，師古曰：“謂多治凡狂冠，
又以冠奴也。”故青祥見也。野鳥入處，宮室將空。〔二〕王
不寤，卒以亡。”

〔一〕王先謙云：“‘青祥’互見。”（漢書補注卷二十七五行志第七
　　中之下）

〔二〕楊樹達云：“論衡遭虎篇云：‘昌邑王時，夷鵠鳥集宮殿下，王射
　　殺之。以問郎中令龔遂。遂對曰：“夷鵠，野鳥，入宮，亡之應
　　也。”’昌邑王傳云：‘王以問郎中令遂，遂爲言其故。語在五
　　行志。’據此，‘野鳥’句疑是遂答詞，而此不著，非此有奪文，

即班失之檢校也。"（漢書窺管卷三五行志第七中之下）

京房易傳曰："辟退有德，厥咎狂，厥妖水鳥集于國中。"師古曰："辟，君也。"

3.25　成帝河平元年二月庚子，泰山山桑谷有戴焚其巢。師古曰："戴，鴟也，音緣。"男子孫通等聞山中羣鳥戴鵲聲，往視，見巢爇，盡墮地中，師古曰："爇，古'然'字。"〔一〕有三戴鷇燒死。師古曰："鳥子新生而哺者曰鷇，音口豆反，又音工豆反。"樹大四圍，巢去地五丈五尺。太守平以聞。

〔一〕"地"，建安本、蔡本、鷺洲本、大德本、崇正本、北監本、毛本、局本、王本、點校本同；汪本、殿本作"池"，非是。朱一新云："汪本'地'誤作'池'。"（漢書管見卷三五行志中之下）楊樹達云："按：說文十篇上火部'然'字或體作'蘁'，從'艸'無義，乃'爇'字之誤也。又按：顏於'中'字下置注。昔年寓北京，曾從傅沅叔君借得惠棟校本漢書，校此條云：'"中"字連下讀。'按：惠說是也。顏以'地中'連文，乃誤讀。'中有三戴鷇燒死'，'中'謂巢中也。'地'字，景祐本同。清官本以'地中'無義，改'地'爲'池'，此因誤讀而妄改字也。段氏說文注'然'字下引此文'巢爇墮地'，與惠讀同。"（漢書窺管卷三五行志第七中之下）　軍案：朱、楊說是也。

戴色黑，近黑祥，〔一〕貪虐之類也。易曰："鳥焚其巢，旅人先笑後號咷。"師古曰："旅卦上九爻辭也。咷，音逃。"泰山，岱宗，五嶽之長，王者易姓告代之處也。天戒若曰："勿近貪虐之人，聽其賊謀，將生焚巢自害其子、絕世易姓之禍。”其後,趙蜚燕得幸,立爲皇后,弟爲昭儀,姊妹專寵,聞後宮許美人、曹偉能生皇子也,師古曰:“曹偉能,宮人姓名也。偉能一名宮,見外戚傳。”昭儀大怒,令上奪取而殺之,皆并殺其母。成帝崩,昭儀自殺,事迺發覺,趙后坐誅。此“焚巢殺子”、“後號咷”之應也。

〔一〕王先謙云:“‘黑祥’互見。”(漢書補注卷二十七五行志第七中之下)

一曰:“王莽貪虐而任社稷之重,卒成易姓之禍云。”

京房易傳曰:“人君暴虐,鳥焚其舍。”

3.26　鴻嘉二年三月,博士行大射禮,有飛雉集于庭,歷階登堂而雊。後雉又集太常、宗正、丞相、御史大夫、大司馬車騎將軍之府,又集未央宮承明殿屋上。

　　時大司馬車騎將軍王音、待詔寵等上言:“天地之氣,以類相應,師古曰:“以經術待詔,其人名寵,不記姓也。流俗書本‘寵’上輒加‘孫’字,非也。”譴告人君,甚微而著。雉者聽察,先聞雷聲,故月令以紀氣。師古曰:“謂季冬之月云‘雉雊雞乳’也。”經載高宗雊雉之異,師古曰:“已解於上。”〔一〕以明轉禍爲福之驗。今雉以博士行禮之日大衆聚會,飛集於庭,歷階登堂,萬衆睢睢,師古曰:“睢睢,仰目視貌也,音呼惟反。”〔二〕驚怪連日。徑歷三公之府,太常、宗正典宗廟骨肉之官,然後入宮。其宿留告曉人,具備深切,師古曰:“宿,音先就反。留,音力救反。”雖人道相戒,何以過是?”

〔一〕見本卷第十條。

〔二〕“音呼惟反”，建安本、蔡本、鷺洲本、大德本、崇正本、汪本、毛
本、局本、王本、點校本同，北監本無此四字。殿本“音”上有
“睢”字。楊樹達云：“說文四篇上目部云：‘睢，仰目也。从
目，隹聲。’”（漢書窺管卷三五行志第七中之下）

後帝使中常侍龕閎詔音曰：“聞捕得雉，毛羽頗摧
折，類拘執者，得無人爲之？”師古曰：“言人放此雉，故欲爲
變異者。”音復對曰：“陛下安得亡國之語？不知誰主爲佞
讇之計，師古曰：“讇，古‘諂’字。”〔一〕誣亂聖德如此者！左
右阿諛甚衆，不待臣音復讇而足。師古曰：“足，益也，音子
喻反。”公卿以下，保位自守，莫有正言。如令陛下覺寤，
懼大禍且至身，深責臣下，繩以聖法，臣音當先受誅，〔二〕
豈有以自解哉？今即位十五年，繼嗣不立，日日駕車而
出，失行流聞，〔三〕師古曰：“言帝行多驕失，醜惡流布，聞於遠方
也。”海內傳之，甚於京師。外有微行之害，內有疾病之
憂，皇天數見災異，師古曰：“見，顯示。”欲人變更，終已不
改。天尚不能感動陛下，臣子何望？獨有極言待死，命
在朝暮而已。如有不然，老母安得處所，尚何皇太后之
有？高祖天下當以誰屬乎？如淳曰：“老母，音之老母也，當
隨己受罪誅也。又謂己言深切，觸悟人主，積恚而死，必行之誅，不
能復顧太后也。”師古曰：“如說非也。言總屬於成帝耳。〔四〕‘不
然’者，謂不如所諫而自修改也。老母，帝之母，即太后也。言帝不
自修改，國家危亡，太后不知處所，高祖天下無所付屬也。屬，音之
欲反。”〔五〕宜謀於賢知，克己復禮，以求天意，繼嗣可立，

災變尚可銷也。"

〔一〕"謟",建安本、蔡本、鷺洲本、大德本、崇正本、北監本、殿本、
　　王本、點校本同;汪本、毛本、局本作"謟",形近而譌。"字"原
　　作"也",大德本、毛本、局本、王本同,今據建安本、蔡本、鷺洲
　　本、崇正本、汪本、點校本改;北監本、殿本作"字也"二字。朱
　　一新云:"注,汪本'也'作'字',是。'謟'當作'謟',汪本亦
　　誤。"(漢書管見卷三五行志中之上)

〔二〕建安本、蔡本、鷺洲本此下有校語"○宋祁曰:'邵本"先"字下
　　無"受"字'"十二字,乃宋人增附。四部叢刊景宋刻本資治通
　　鑑卷三十一漢紀二十三引此文亦無"受"字。

〔三〕"失",諸本作"泆",非是。注同。王念孫云:"'失',古'佚'
　　字。各本皆作'泆',今從景祐本及文選求自試表注引改。"
　　(讀書雜志四漢書第五五行志"不然"條)四部叢刊景宋刻本
　　資治通鑑卷三十一漢紀二十三引此文亦作"失"。

〔四〕"言"上,建安本、蔡本、鷺洲本、大德本、崇正本、汪本、毛本、
　　殿本、局本、王本、點校本有"此"字。北監本無"如淳曰"至
　　"后也"四十二字及"如說"至"成帝耳"十一字。

〔五〕北監本無"屬,音之欲反"五字。王念孫云:"師古以'不然'
　　爲'不如所諫而自修改',非也。'終已不改',已見上文。此言
　　'如有不然'者,'不然'謂非常之變也。(非常之變,即師古所
　　謂"危亡"也。故下文即云"老母安得處所","高祖天下當以
　　誰屬"。師古以"不然"爲"不從諫",則與下文不相貫注,故又
　　加"國家危亡"四字,以聯合上下耳。)言漢家如有非常之變,
　　則太后不知處所,高祖天下無所付屬也。古謂非常之變曰'不

然’。墨子辭過篇‘府庫實滿，足以待不然’，言足以待非常也。漢書司馬相如傳‘發巴、蜀之士各五百人，以奉幣、衛使者不然’，張揖曰：‘不然之變也。’”（讀書雜志四漢書第五五行志“不然”條）王先謙云：“言人尚不知處所，何論尊號？”（漢書補注卷二十七五行志第七中之下）吳恂云：“‘不然’，王念孫説是也。‘老母’，如注是也。此言國家有變，己母尚不能保，何暇顧及皇太后，而高祖基業將屬託誰乎？王音爲元后從弟，於成帝爲從舅，故敢發此憤慨之言。其所以私及己母者，恃外屬之尊耳。若以‘老母’斥太后，豈合臣子進言之禮？且下文又何必更云‘尚何皇太后之有’乎？玩其文義，居然可知。王先謙既從顏、王指帝之説，又以其義複，故强爲區別，不知身尚難保，遑恤虛號而援以爲諫哉？”（漢書注商五行志第七中之下）

3.27　成帝綏和二年三月，天水平襄有燕生爵，[一]哺食至大，俱飛去。師古曰：“哺，音蒲固反。食，讀曰‘飤’。謂與母俱去。”

〔一〕“爵”，讀爲“雀”，下同。

京房易傳曰：“賊臣在國，厥咎燕生爵，諸侯銷。”
一曰：“生非其類，子不嗣世。”[一]

〔一〕王先謙云：“以上‘羽蟲之孽’。又一條互見‘草妖’下。”（漢書補注卷二十七五行志第七中之下）

3.28　史記魯定公時，季桓子穿井，得土缶，中得蟲若羊。[一]師古曰：“缶，盎也，即今之盆。”

〔一〕蘇輿云:"魯語作'其中有羊焉'。"（見漢書補注卷二十七五行
　　志第七中之下）　軍案:蘇氏引文,見國語卷五魯語下。孔子
　　家語卷四辨物篇、搜神記卷十一亦作"其中有羊焉"。

　　近羊禍也。羊者,地上之物,幽於土中,象定公不用
孔子而聽季氏,暗昧不明之應也。一曰:"羊去野外而拘
土缶者,象魯君失其所而拘於季氏,季氏亦將拘於家臣
也。"是歲,季氏家臣陽虎囚季桓子。〔一〕後三年,陽虎劫
公伐孟氏,兵敗,竊寶玉、大弓而出亡。〔二〕師古曰:"寶玉,
謂夏后氏之璜;大弓,謂封父之繁弱,皆魯始封之分器,所受於周
也。定八年,陽虎作亂不克,竊之,而入讙陽關以叛。"〔三〕

〔一〕定五年左傳云:"九月乙亥,陽虎囚季桓子及公父文伯。"杜
　　預注云:"文伯,季桓子從父昆弟也。陽虎欲爲亂,恐二子不
　　從,故囚之。"（見春秋左傳正義卷五十五）

〔二〕定八年春秋云:"盜竊寶玉、大弓。"杜注云:"盜,謂陽虎也。
　　家臣賤,名氏不見,故曰'盜'。寶玉,夏后氏之璜。大弓,封父
　　之繁弱。"孔疏云:"陽虎,季氏家臣,以賤,名氏不見,故書曰
　　'盜'。盜者,賤人之稱也。此寶玉、大弓必是國之重寶,歷世
　　掌之,故自劉歆以來,説左氏者皆以爲夏后氏之璜、封父之繁
　　弱,成王所以分魯公也。"（同上）

〔三〕王先謙云:"以上'羊既'。"（漢書補注卷二十七五行志第七
　　中之下）

3.29 左氏傳魯襄公時,宋有生女子赤而毛,棄之隄下,宋
平公母共姬之御者見而收之,師古曰:"平公,宋共公之子也,

名成。共，讀曰‘恭’。”因名曰棄。長而美好，納之平公，生子曰佐。後宋臣伊戾讒太子痤而殺之。師古曰：“事在襄二十六年。痤，音才戈反。”

　　先是，大夫華元出奔晉，師古曰：“華元奔在成十五年。”〔一〕華弱奔魯，師古曰：“事在襄六年。”〔二〕華臣奔陳，師古曰：“事在襄十七年。”〔三〕華合比奔衞。師古曰：“事在昭六年。〔四〕據今春秋，合比奔在殺太子痤後，〔五〕而志總言‘先是’，未詳其意。”

〔一〕“師古”至“五年”，北監本無此注十一字。注“華元奔”，殿本作“事”。齊召南云：“舊本作‘襄十七年’，非也。今從汲古閣本改正。”（前漢書考證五行志中之下）成十五年左傳云：“蕩澤弱公室，殺公子肥。華元曰：‘我爲右師，君臣之訓，師所司也。今公室卑，而不能正，不能討蕩澤，吾罪大矣！不能治官，敢賴寵乎？’乃出奔晉。”

〔二〕“師古”至“六年”，北監本無此注八字。襄六年左傳云：“宋華弱與樂轡少相狎，長相優，又相謗也。子蕩怒，以弓梏華弱於朝。平公見之，曰：‘司武而梏於朝，難以勝矣！’遂逐之。”

〔三〕“師古”至“七年”，北監本無此注九字。襄十七年春秋“秋，宋華臣出奔陳”，杜注云：“暴亂宗室，懼而出奔。實以冬出，書‘秋’者，以始作亂時來告。”（見春秋左傳正義卷三十三）

〔四〕“事在昭六年”，北監本無此五字。昭六年春秋“夏，宋華合比出奔衞”，杜注云：“合比事君不以道，自取奔亡，書名罪之。”孔疏云：“寺人柳有寵，太子佐惡之，合比請殺之，求媚於太子，而欲殺君之寵臣，是事君不以道也。以此而自取奔亡，故書名以罪之。”（春秋左傳正義卷四十三）

〔五〕“瘂”，毛本、局本作“瘗”，形近而譌。王先謙云：“注官本‘瘗’
　　作‘瘂’，是。”（漢書補注卷二十七五行志第七中之下）

　　劉向以爲：“時則火災，赤眚之明應也。”

　　京房易傳曰：“尊卑不別，厥妖女生赤毛。”

3.30　惠帝二年，天雨血於宜陽，一頃所。

　　劉向以爲：“赤眚也。時又冬雷，桃李華，常奧之罰
也。是時，政舒緩，諸吕用事，讒口妄行，殺三皇子，建立
非嗣，師古曰：“三皇子，謂趙隱王如意、趙幽王友、趙恭王恢，皆
高帝子也。建立非嗣，謂立後宮美人子爲嗣。”〔一〕及不當立之
王，孟康曰：“吕氏三王也。”〔二〕退王陵、趙堯、周昌。師古曰：
“惠帝六年，王陵爲右丞相。惠帝崩，吕后欲廢陵，遷爲太傅，實奪
之相權。高祖以趙堯爲御史大夫。高后元年，怨堯前定趙王如意
之策，乃抵堯罪。周昌爲趙相，趙王見鴆殺，昌謝病不朝見，三歲而
薨。”吕太后崩，大臣共誅滅諸吕，僵尸流血。”
〔一〕“非嗣謂立”四字原無，今據諸本補。
〔二〕漢書卷九十七上外戚傳云：“立周吕侯子台爲吕王，台弟産爲
　　梁王，建成侯釋之子禄爲趙王，台子通爲燕王。”周吕侯，吕澤
　　也；建成侯，吕釋之也，皆吕后兄。據此可知，吕后立吕氏四
　　王。孟康云“吕氏三王”，未詳其意。

　　京房易傳曰：“歸獄不解，〔一〕兹謂追非，厥咎天雨
血；兹謂不親，民有怨心，不出三年，無其宗人。”又曰：
“佞人禄，功臣僇，天雨血。”師古曰：“僇，古‘戮’字。”
〔一〕“獄”，北監本作“嶽”，非是。齊召南云：“‘獄’，監本訛‘嶽’，

從宋本改正。”（前漢書考證五行志中之下）

3.31 哀帝建平四年四月，山陽湖陵雨血，廣三尺，長五尺，大者如錢，小者如麻子。

後二年，帝崩，王莽擅朝，誅貴戚丁、傅，大臣董賢等皆放徙遠方，與諸吕同象。〔一〕誅死者少，雨血亦少。〔二〕

〔一〕“象”，建安本、蔡本、鷺洲本、大德本、崇正本、汪本、北監本、殿本、王本、點校本同；毛本、局本作“衆”，形近而譌。錢大昭云：“‘衆’，南雍本、閩本作‘象’。”（漢書辨疑卷十三五行志中之下）朱一新云：“汪本‘衆’作‘象’，是也。”（漢書管見卷三五行志中之下）葉德輝云：“德藩本作‘象’。”（見漢書補注卷二十七五行志第七中之下）

〔二〕王先謙云：“以上‘赤眚、赤祥’。又一條互見‘草妖’下。”（漢書補注卷二十七五行志第七中之下）

3.32 傳曰：“聽之不聰，是謂不謀。厥咎急，厥罰恒寒，厥極貧。時則有鼓妖，時則有魚孽，時則有豕禍，時則有耳痾，時則有黑眚、黑祥，惟火沴水。”

“聽之不聰，是謂不謀”，言上偏聽不聰，下情隔塞，則不能謀慮利害，失在嚴急，故“其咎急”也。盛冬日短，寒以殺物，政促迫，故“其罰常寒”也。寒則不生百穀，上下俱貧，故“其極貧”也。君嚴猛而閉下，臣戰栗而塞耳，則妄聞之氣發於音聲，故“有鼓妖”。〔一〕寒氣動，故“有魚孽”。雨以龜爲孽，服虔曰：“多雨則龜多出。”龜

能陸處，非極陰也；魚去水而死，極陰之孽也。於易，坎
爲豕。豕大耳而不聰察，聽氣毀，故“有豕禍”也。一曰
“寒歲，豕多死及爲怪”，亦是也。及人，則多病耳者，故
“有耳痾”。水色黑，故“有黑眚、黑祥”。凡聽傷者，病水
氣；水氣病，則火沴之。其極貧者，順之，其福曰富。

〔一〕葉德輝云：“南齊志引五行‘聽’傳曰：‘不聰之象見，則妖生於
　　　耳，以類相動，故曰“有鼓妖”也。一曰：“聲屬鼓妖。”’”（見
　　　漢書補注卷二十七五行志第七中之下）　軍案：葉氏引文，見
　　　南齊書卷十九五行志。漢書補注“聲屬”下脱“鼓妖”二字。

劉歆“聽”傳曰：“有介蟲孽也。”〔一〕

〔一〕王先謙云：“劉歆一條互見‘貌’傳。”（漢書補注卷二十七五
　　　行志第七中之下）

3.33　庶徵之“恒寒”，劉向以爲：“春秋無其應。周之末
世，舒緩微弱，政在臣下，奧煖而已，故籍秦以爲驗。師
古曰：“籍，假借。”〔一〕秦始皇帝即位尚幼，委政太后，太后
淫於吕不韋及嫪毐，師古曰：“嫪，或音居虯反。嫪，姓也；毐，
名也。許慎説以爲：‘嫪毐，士之無行者。’嫪，音郎到反。毐，音烏
改反。與今史記、漢書本文不同，且摎樂之姓，又非‘嫪’也，故當依
本字以讀。”封毐爲長信侯，以太原郡爲毐國，宮室苑囿自
恣，政事斷焉。故天冬雷，以見陽不禁閉，以涉危害，舒
奧迫近之變也。始皇既冠，毐懼誅作亂，始皇誅之，斬首
數百級，大臣二十人皆車裂以徇，夷滅其宗，遷四千餘家
於房陵。是歲四月，寒，民有凍死者。數年之間，緩急如

此,寒奥輒應,此其效也。"

〔一〕"借"下,殿本有"也"字。

　　劉歆以爲:"大雨雪,及未當雨雪而雨雪,及大雨雹,
隕霜殺叔草,〔一〕皆常寒之罰也。"〔二〕

〔一〕"叔",毛本、局本、王本、點校本同,建安本、蔡本、鷺洲本、大德
　　本、崇正本、汪本、北監本、殿本作"菽"。定元年春秋云:"冬十
　　月,隕霜殺菽。"杜注云:"周十月,今八月,隕霜殺菽,非常之
　　災。"陸氏釋文云:"菽,本又作'叔',音同。"孔疏云:"月令:
　　'九月,霜始降。'八月,未應霜殺菽。菽者,大豆之苗,又是耐
　　霜之穀。今以八月隕霜,霜能殺菽,是非常之災,故書之。僖
　　三十三年:'隕霜不殺草。'此云'殺菽'、彼言'不殺草'者,穀
　　梁傳曰:'未可以殺而殺,舉重;可殺而不殺,舉輕。其曰菽,舉
　　重也。'"(春秋左傳正義卷五十四)　軍案:參見本書五行志
　　上第四十五條。

〔二〕王先謙云:"劉歆一條互見'貌'傳。"(漢書補注卷二十七五
　　行志第七中之下)　軍案:見本書五行志中之上第十八條。

　　劉向以爲:"常雨屬'貌不恭'。"〔一〕

〔一〕王先謙云:"'貌不恭'互見。"(漢書補注卷二十七五行志第七
　　中之下)

　　京房易傳曰:"有德遭險,兹謂逆命;厥異寒,誅過
深,〔一〕當奥而寒,盡六日,亦爲雹。害正不誅,兹謂養
賊;寒七十二日,殺蜚禽。師古曰:"蜚,讀曰'飛'。"道人始
去,〔二〕兹謂傷;服虔曰:"有道之人去。"其寒物無霜而死,涌
水出。出戰不量敵,〔三〕兹謂辱命;其寒雖雨物不茂,聞

善不予,厥咎聾。"

〔一〕王先謙云:"晉、宋志'誅'下有'罰'字。其下又云'誅罰過深之應',明此脱'罰'字。"(漢書補注卷二十七五行志第七中之下)

〔二〕周壽昌云:"道人,有道之人,與藝文志經術之士稱'術士'同。"(漢書注校補卷二十五行志第七中之下)

〔三〕"戰"上"出"字,諸本不重。

3.34 桓公八年"十月,雨雪"。

周十月,今八月也,未可以雪。

劉向以爲:"時夫人有淫齊之行,而桓有妒媚之心,〔一〕師古曰:"媚,謂夫妒婦也,音莫報反。"〔二〕夫人將殺,其象見也。師古曰:"謂欲殺桓公。"桓不覺寤,後與夫人俱如齊而殺死。〔三〕凡雨,陰也;雪,又雨之陰也,出非其時,迫近象也。"

〔一〕"媚",建安本、蔡本、鷺洲本、大德本、崇正本、汪本、北監本、殿本、點校本同;毛本、局本、王本作"媚",形近而譌。説文女部云:"妒,婦妒夫也。媚,夫妒婦也。"錢大昭云:"'媚',閩本作'媚'。"(漢書辨疑卷十三五行志中之下)葉德輝云:"德藩本作'媚'。五宗世家索隱引三蒼郭注云:'媚,丈夫妒也。'與説文合。志作'媚'字是。"(見漢書補注卷二十七五行志第七中之下)　軍案:葉氏引文,見史記五宗世家司馬貞索隱。史記黥布傳"妒媚生患",索隱曰:"一云:'男妒曰媚。'"潛夫論賢難篇云:"夫國不乏於妒男也,猶家不乏於妒女也。"

〔二〕“音莫報反”，北監本、殿本無此四字。

〔三〕事在桓公十八年。

董仲舒以爲：“象夫人專恣，〔一〕**陰氣盛也。”**

〔一〕“夫”，建安本、蔡本、鷺洲本、大德本、崇正本、汪本、北監本、殿本、點校本同；毛本、局本、王本作“大”，形近而譌。王先謙云：“‘大’，官本作‘夫’，是。”（漢書補注卷二十七五行志第七中之下）

3.35 釐公十年“冬，大雨雪”。〔一〕

〔一〕錢大昕云：“劉知幾譏此條以爲：‘科條不整，尋繹難知。’蓋知幾所見本誤‘雪’爲‘雹’，因據誤文妄生駁難，不知班史敘‘恒寒’以雪爲首，而霜次之，雹又次之。釐公十年‘冬，大雨雪’，此左氏、穀梁經文，故引劉向説；次引公羊經作‘大雨雹’，兼采董仲舒説。蓋以經有異文，特附出之。其餘書‘大雨雹’者，別見於後。班史義例之精如此。今南、北監本俱作‘大雨雪’，與左、穀經文正合，乃歎今本固有勝於古本者，而古人讀書粗率，轉或不如後人之精審也。”（三史拾遺卷三漢書五行志中之下）　軍案：錢引劉語，見史通卷十九外篇漢書五行志錯誤。

劉向以爲：“先是，釐公立妾爲夫人，陰居陽位，陰氣盛也。”

公羊經曰：“大雨雹。”

董仲舒以爲：“公脅於齊桓公，立妾爲夫人，不敢進羣妾，師古曰：“已解於上。”〔一〕**故專壹之象見諸雹，皆爲有**

所漸脅也，孟康曰：“謂陰氣漸脅。”**行專壹之政云。**〔二〕

〔一〕見本書五行志上第十條。

〔二〕臧琳云：“左氏、穀梁無説。何注公羊云：‘夫人專愛之所生
　　也。’與先儒義同。”（經義雜記卷十五“僖十年大雨雪”條）

3.36 昭公四年“正月，大雨雪”。〔一〕

〔一〕臧琳云：“公羊春秋昭四年：‘春，王正月，大雨雪。’釋文：‘大
　　雨雪，左氏作“大雨雹”。’徐疏本作‘大雨雹’，解云：‘正本
　　皆作“雹”字，左氏經亦作“雹”字，故賈氏云：“穀梁作‘大雨
　　雪’。”今此若有作“雪”字者，誤也。’據此，知公羊本同左氏
　　作‘雹’，穀梁作‘雪’，有賈景伯之言可證。范注穀梁云‘“雪”
　　或爲“雹”’，則穀梁亦有作‘雹’者，或范據左氏、公羊言之。
　　若今公羊亦作‘雪’，釋文同，則誤也。”（經義雜記卷十四“公
　　羊大雨雹”條）

　　劉向以爲：“昭取於吳而爲同姓，謂之吳孟子。**師古
曰**：‘魯與吳俱姬也。周禮同姓不爲婚，故諱不稱‘吳姬’，而云‘孟
子’也。取，讀曰‘娶’。’君行於上，臣非於下。又三家已
彊，皆賤公行，慢侮之心生。”師古曰：“侮，古‘侮’字。”

　　董仲舒以爲：“季孫宿任政，陰氣盛也。”師古曰：“季
孫宿，季武子也。”〔一〕

〔一〕臧琳云：“何注云‘爲季氏’，説本此。”（經義雜記卷十四“公
　　羊大雨雹”條）沈欽韓云：“何休從董説。劉向以爲取吳孟子，
　　蓋約略昭公除喪後娶也。何休以爲十年經‘去“冬”者（二傳
　　并無“冬”字），蓋昭公取吳孟子之年’，尤誕妄。”（漢書疏證卷

二十一五行志）

3.37 <u>文帝</u>四年六月，大雨雪。

後三歲，<u>淮南王</u>長謀反，發覺，遷，道死。<u>師古</u>曰：“遷
於<u>蜀</u>，未至而死於<u>雍</u>，故曰‘道死’。”

<u>京房易傳</u>曰：“夏雨雪，戒臣爲亂。”〔一〕

〔一〕<u>葉德輝</u>云：“<u>開元占經</u>百一引<u>京房易候</u>曰：‘夏雨雪，司馬爲
　　亂。’文與此異。”（見<u>漢書補注</u>卷二十七五行志第七中之下）

3.38 <u>景帝</u>中六年三月，雨雪。〔一〕

〔一〕事見<u>漢書</u>卷五<u>景帝紀</u>。

其六月，<u>匈奴</u>入<u>上郡</u>取苑馬，吏卒戰死者二千餘人。
明年，<u>條侯</u>周亞夫下獄死。

3.39 <u>武帝</u>元狩元年十二月，大雨雪，民多凍死。〔一〕

〔一〕事見<u>漢書</u>卷六<u>武帝紀</u>。

是歲，<u>淮南</u>、<u>衡山王</u>謀反，發覺，皆自殺。使者行郡
國，治黨與，<u>師古</u>曰：“行，音下更反。”〔一〕坐死者數萬人。

〔一〕“<u>師古</u>”至“更反”，<u>北監</u>本、<u>殿</u>本無此注八字。

3.40 <u>元鼎</u>二年三月，大雨雪，平地厚五尺。〔一〕

〔一〕“雪”上原無“大雨”二字，諸本同，今據<u>漢書</u>卷六<u>武帝紀</u>補。

<u>王念孫</u>云：“上下皆言‘雨雪’，則此亦當有‘雨’字（雨，於具
反）。<u>御覽</u>咎徵部五引此正作‘雨雪’。”（<u>讀書雜志</u>四<u>漢書</u>第

五五行志“雪”條）“平地厚五尺”者,乃大雨雪也,參見本卷
第四十二條。

是歲,御史大夫**張湯**有罪自殺;丞相**嚴青翟**坐與三
長史謀陷**湯**,師古曰:“謂**朱買臣**爲丞相長史,**王朝**及**邊通**皆守丞
相長史也。”**青翟**自殺,三長史皆棄市。

3.41　**元鼎**三年三月,〔一〕水冰。四月,雨雪,**關東**十餘郡
人相食。〔二〕

〔一〕**蘇輿**云:“上文有‘**元鼎**二年’,**劉知幾**所謂‘**武**稱**元鼎**,每歲皆
書’者也。然事各有指,文不相屬,與上‘**哀帝** **建平**三年’正
同。”（見漢書補注卷二十七五行志第七中之下）　軍案:**蘇**
引**劉**語,見史通卷十九外篇漢書五行志錯誤;引“**哀帝** **建平**三
年”,見本卷第十七條。

〔二〕漢書卷五景帝紀載此事作“四月,雨雹,**關東**郡國十餘飢,人
相食”。

是歲,民不占緡錢有告者,以半畀之。師古曰:“言政
急刻也。占,音之贍反。”

3.42　**元帝** **建昭**二年十一月,**齊**、**楚**地大雨雪,深五尺。

〔一〕“雪”上原無“雨”字,諸本同,今據漢書卷九元帝紀補。

是歲,**魏郡**太守**京房**爲**石顯**所告,坐與妻父**淮陽**
王舅**張博**、**博**弟**光**勸視**淮陽**王以不義,師古曰:“視,讀曰
‘示’。”**博**要斬,**光**、**房**棄市,御史大夫**鄭弘**坐免爲庶人。
成帝即位,**顯**伏辜,**淮陽**王上書冤**博**,辭語增加,師古曰:

“言博本爲石顯所冤，增加其語，故陷罪。”**家屬徙者復得還。**

3.43 成帝建始四年四月，〔一〕雨雪，燕多死。

〔一〕“成帝建始四年四月”原作“建昭四年三月”，諸本同，今改。

王念孫云：“‘建昭四年’當爲‘成帝建始四年’。今本作‘建昭’者，涉上文‘元帝建昭二年’而誤，又脱‘成帝’二字。據下文云‘其後，許后坐祝詛廢’，則爲成帝時事，明矣。且下文‘陽朔四年’上無‘成帝’二字，即蒙此文而省也。‘三月’本作‘四月’，後人以下文谷永對云‘皇后桑蠶以治祭服，正以是日大寒雨雪’，故改‘四月’爲‘三月’，不知漢時行親蠶禮亦有用四月者。續漢書禮儀志‘三月，皇后帥公卿諸侯夫人蠶’，注云：‘案谷永對稱“四月壬子，皇后蠶桑之日也”，則漢桑亦用四月。’據此，則志文本作‘四月’，明矣。成紀云：‘建始四年夏四月，雨雪。’此尤其明證。”（讀書雜志四漢書第五五行志“建昭”條）　軍案：王説是也。

谷永對曰：“皇后桑蠶以治祭服，共事天地宗廟，師古曰：“共，讀曰‘恭’。”正以是日疾風自西北，大寒雨雪，壞敗其功，以章不鄉。師古曰：“言不當天心。鄉，讀曰‘嚮’。”宜齊戒辟寢，以深自責，師古曰：“齊，讀曰‘齋’。辟，讀曰‘避’。”請皇后就宮，鬲閉門户，毋得擅上。師古曰：“鬲，與‘隔’同。擅上，謂輒至御所也。上，音時掌反。一曰：‘擅，專也。上，謂天子也，讀如本字。勿令皇后專固天子。’”且令衆妾人人更進，以時博施。皇天説喜，師古曰：“更，音工衡反。説，讀曰‘悦’。”庶幾可以得賢明之嗣。即不行臣言，災異俞甚，〔一〕天變成形，臣雖欲復捐身關策，不及事已。”師古曰：“言雖欲棄捐其身，〔二〕不懷顧慮，極陳計策關說天子，亦無所及。”其後，許后坐祝詛廢。

〔一〕“俞”，北監本、殿本作“愈”。

〔二〕“棄捐”，北監本、殿本作“捐棄”。

3.44　陽朔四年四月，雨雪，燕雀死。
　　　後十四年，〔一〕許皇后自殺。〔二〕

〔一〕“十四”原作“二”，諸本作“十六”，皆非，今改。周壽昌云：“成帝紀：‘鴻嘉三年，皇后許氏廢。’許后傳：‘廢徙長定宮。後九年，上憐許氏云云，后旋自殺。’是后死在元延三年，距此十二年，即距帝之崩，亦止十五年，安得云‘十六年’？”（漢書注校補卷二十五行志第七中之下）施之勉云：“成紀：‘綏和元年冬十一月，定陵侯淳于長大逆不道，下獄死。廷尉孔光使持節賜貴人許氏藥，飲藥死。’師古曰：‘即前所廢皇后許氏也。’外戚許后傳同。（孔光爲廷尉，公卿表在綏和元年。）是后死在綏和元年，距陽朔四年十四年，‘六’當是‘四’之譌也。周説非。”（漢書集釋五行志第七中之下）　軍案：施説是也。

〔二〕王先謙云：“以上‘雪’。”（漢書補注卷二十七五行志第七中之下）

3.45　定公元年“十月，隕霜殺菽”。師古曰：“菽，大豆。”
　　　劉向以爲：“周十月，今八月也，消卦爲觀，〔一〕師古曰：“坤下巽上也。”陰氣未至君位而殺，誅罰不由君出，在臣下之象也。是時,季氏逐昭公,公死于外,〔二〕定公得立,故天見災以視公也。師古曰:“視,讀曰‘示’。”鰲公三十三年十二月,‘隕霜不殺草’,〔三〕爲嗣君微,失秉事之象也。師古曰:“謂襄仲專權,殺嫡立庶,公室弱。秉,音彼命反。”〔四〕其後,卒在臣下,則災爲之生矣。異故言草,災故言菽,重殺穀。師古曰:“以其事爲重,不比於殺草也。”一曰:‘菽,草之難殺者也。言“殺菽”,知草皆死也;言“不殺草”,知菽亦不死也。’”

〔一〕“消”,建安本、蔡本、鷺洲本、大德本、崇正本、汪本、毛本、局本、王本、點校本同;北監本、殿本作“於”,非是。周壽昌云:“作‘消’者是也。觀爲八月辟卦。京房上封事有曰:‘辛酉以來,少陰倍力而乘消息。’注:‘孟康曰:“房以消息卦爲辟。辟,君也。消卦曰太陰,姤、遯、否、觀、剝、坤。息卦曰太陽,復、臨、泰、大壯、夬、乾。”’此八月,消卦爲觀,息卦爲大壯也。”（漢書注校補卷二十五行志第七中之下）葉德輝云:“德藩本作‘於’。”（見漢書補注卷二十七五行志第七中之下）百衲本改“消”作“銷”,亦非。

〔二〕參見本書五行志上第十八條。

〔三〕“鰲公三十三年十二月”原作“鰲公二年十月”,諸本同,今改。沈欽韓云:“文當云‘鰲公十二月’。”（漢書疏證卷二十一五行志）施之勉云:“左傳、公羊經、穀梁經俱在僖公三十三年十二月。”（漢書集釋五行志第七中之下）　軍案:僖三十三年穀梁經“十有二月,隕霜不殺草”,范甯注云:“京房易傳曰:‘君假與臣權,隕霜不殺草。’”（見春秋穀梁傳注疏卷九）

〔四〕“公室”下,諸本有“遂”字。“秉,音彼命反”,北監本、殿本無此五字。

董仲舒以爲:“菽,草之彊者。天戒若曰:‘加誅於彊臣。’言菽,以微見季氏之罰也。”〔一〕

〔一〕臧琳云:“何注公羊云:‘菽者,少類,爲稼强,季氏象也。是時,定公喜於得位,而不念父黜逐之耻,反爲淫祀立煬宮,故天示以當早誅季氏。’與董合。”(經義雜記卷十五“隕霜殺菽”條)沈欽韓云:“何休解此經襲董生説。”(漢書疏證卷二十一五行志)

3.46　武帝元光四年四月,隕霜殺草木。〔一〕

〔二〕漢書卷六武帝紀載此事云“元光四年四月,隕霜殺草”,無“木”字。

先是二年,遣五將軍三十萬衆伏馬邑下,師古曰:“謂御史大夫韓安國爲護軍將軍,衛尉李廣爲驍騎將軍,太僕公孫賀爲輕車將軍,大行王恢爲將屯將軍,太中大夫李息爲材官將軍。”欲襲單于,單于覺之而去。自是始征伐四夷,師出三十餘年,天下户口減半。

京房易傳曰:“興兵妄誅,兹謂亡法;厥災霜,夏殺五穀,冬殺麥。誅不原情,兹謂不仁;其霜,夏先大雷風,冬先雨,迺隕霜,有芒角。賢聖遭害,其霜附木不下地。佞人依刑,兹謂私賊;其霜在草根土隙間。不教而誅,兹謂虐;其霜反在草下。”

3.47 元帝永光元年三月,隕霜殺桑。九月二日,隕霜殺稼,^{〔一〕}天下大飢。

〔一〕王先謙云:"晉、宋志云:'班固書"九月二日",明未可以傷穀也。'"(漢書補注卷二十七五行志第七中之下)

是時,中書令石顯用事專權,與春秋定公時"隕霜"同應。^{〔一〕}成帝即位,顯坐作威福誅。^{〔二〕}

〔一〕參見本卷第四十二條。

〔二〕王先謙云:"以上'霜'。"(漢書補注卷二十七五行志第七中之下)

3.48 釐公二十九年"秋,大雨雹"。

劉向以爲:^{〔一〕}"盛陽雨水溫煖而湯熱,陰氣脅之不相入,則轉而爲雹;盛陰雨雪凝滯而冰寒,陽氣薄之不相入,則散而爲霰。師古曰:"霰,雨雪雜下,音先見反。"故沸湯之在閉器,而湛於寒泉,則爲冰;孟康曰:"投湯器中,以沈寒泉而成也。"師古曰:"湛,讀曰'沈'。"及雪之銷,亦冰解而散,此其驗也。故雹者,陰脅陽也;霰者,陽脅陰也。^{〔二〕}春秋不書霰者,猶月食也。釐公末年,信用公子遂,遂專權自恣,將至於殺君,故陰脅陽之象見。釐公不寤,遂終專權。後二十二年,殺子赤,立宣公。"師古曰:"公子遂,東門襄仲也。赤,文公太子,即惡也。"^{〔三〕}

〔一〕臧琳云:"范注穀梁,抄襲劉義,語多破碎,當以此完善者補正之。中壘蓋通乎陰陽之原矣。"(經義雜記卷十四"僖廿九年大雨雹"條)沈欽韓云:"范甯解依劉向。而何休以爲'夫人

專愛之所生’,謬甚。”（漢書疏證卷二十一五行志）

〔二〕“霰者,陽脅陰也”六字原無,今據蔡本、鷺洲本、大德本、崇正本、毛本、局本、王本、點校本補。“脅陰”,建安本、汪本、北監本、殿本作“薄陰”。此下,蔡本、鷺洲本有校語“劉氏校本云:‘景德本無“霰者,陽薄陰也”六字。今監本、越本亦無’”二十四字,乃宋人增附。初學記卷二天部下霰第四、白氏六帖事類集卷一霰第十五、太平御覽卷十四天部十四霰引此文皆作“霰者,陽脅陰也”。

〔三〕“後二十二年”原作“後二年”,諸本同,今補“十二”二字。文十八年左傳云:“六月,葬文公。十月,仲殺惡及視,而立宣公。”杜注云:“惡,大子。視,其母弟。”（見春秋左傳正義卷二十）此注下,建安本、蔡本、鷺洲本、殿本有校語“○劉敞曰:‘“二年,殺子赤,立宣公”,自僖末至文公卒凡二十二年,言“二年”,誤也’”二十九字,乃宋人增附。沈欽韓云:“自釐公二十九年至文公十八年,不得云‘後二年’。有訛脱。”（漢書疏證卷二十一五行志）周壽昌云:“僖公去宣公尚隔文公一世,計二十九年。‘雨雹’至襄仲殺子赤之時,凡二十二年。此云‘後二年’,疑有脱字。”（漢書管見卷三五行志中之下）　軍案:劉、沈、周説是也。

左氏傳曰:“聖人在上,無雹;雖有,不爲災。”

説曰:“凡物不爲災,不書。書‘大’,言爲災也。凡雹,皆冬之愆陽、夏之伏陰也。”師古曰:“愆,過也。過陽,冬温也;伏陰,夏寒也。”

3.49 昭公三年，"大雨雹"。

是時，季氏專權，脅君之象見，昭公不寤。後季氏卒
逐昭公。〔一〕

〔一〕參見本書五行志上第十八條。

3.50 武帝元封三年十二月，〔一〕雷雨雹，大如馬頭。

〔一〕"元封"上原無"武帝"二字，諸本同，今補。北堂書鈔卷
　　一百五十二天部四雹篇二十二、初學記卷二天部下雹第四引
　　此文有"武帝"二字，是也。蘇輿云："'元封'上當有'武帝'
　　二字。劉知幾所謂'首列元封年號，不詳漢代何君'者也。然
　　此文偶脱耳，劉用爲譏，適以自形其淺陋。"（見漢書補注卷
　　二十七五行志第七中之下）　軍案：蘇引劉語，見史通卷十九
　　外篇漢書五行志錯誤。

3.51 宣帝地節四年五月，山陽濟陰雨雹如雞子，深
二尺五寸，殺二十人，蜚鳥皆死。師古曰："蜚，讀曰
'飛'。"〔一〕

〔一〕"師古"至"曰飛"，北監本、殿本無此注七字。

其七月，大司馬霍禹宗族謀反，誅。八月，霍皇后
廢。〔一〕

〔一〕"七"原作"十"，諸本同，今改。"霍"上"八月"二字原無，諸
　　本同，今補。王念孫云："'十月'當爲'七月'。宣紀、百官表
　　及漢紀、通鑑載誅霍禹事皆在七月。御覽咎徵部五引此志亦
　　作'七月'。其'霍皇后廢'上原有'八月'二字，後人以'八

月'不當在'十月'後,故刪此二字,而不知'十月'爲'七月'
之譌也。宣紀及漢紀、通鑑載廢霍后事皆在八月。御覽引此
志亦云'八月,霍皇后廢'。"(讀書雜志四漢書第五五行志
"十月"條) 軍案:王説是也。

3.52 成帝河平二年四月,楚國雨雹,大如斧,蜚鳥皆死。〔一〕

〔一〕"鳥"下原無"皆"字,諸本同,今補。北堂書鈔卷一百五十二
天部四雹篇二十二、初學記卷二天部下雹第四引此文有"皆"
字,是也。王先謙云:"此未終言之,疑奪文。以上'雹'。總曰
'恒寒'。"(漢書補注卷二十七五行志第七中之下)

3.53 左傳曰:釐公三十二年十二月己卯,"晉文公卒。庚辰,將殯于曲沃,出絳,柩有聲如牛"。〔一〕

〔一〕僖三十二年左傳杜注云:"殯,窆棺也。曲沃有舊宮焉。"孔疏
云:"昭十二年傳曰'日中而堋',禮記作'封'。'封'、'堋'、
'窆',聲相近而字改易耳,皆謂葬時下棺之名也。殯則欑置於
西序,亦是下棺於地,故'殯'爲'窆棺'也。晉武公自曲沃而
兼晉國,曲沃有舊時宮廟,故公卒而往殯焉。禮:'諸侯五日而
殯。'案經文以己卯卒,庚辰是卒之明日,即將殯者,以曲沃路
遠,故早行耳。云'棺有聲',明是斂於棺而後行也。"(春秋左
傳正義卷十七)

劉向以爲:"近鼓妖也。喪,凶事;聲如牛,怒象也。
將有急怒之謀,以生兵革之禍。是時,秦穆公遣兵襲鄭

而不假道，還，晉大夫先軫謂襄公曰：‘秦師過不假塗，請
擊之！’師古曰：“先軫，即原軫。”遂要殽陁，師古曰：“即今之
二殽山也。”以敗秦師，匹馬觭輪無反者，服虔曰：“觭，音‘奇
偶’之‘奇’。”師古曰：“觭，隻也。言盡虜獲之。觭，音居宜反。”
操之急矣。師古曰：“操，持也。謂執持所虜獲也。操，音千高
反。”〔一〕晉不惟舊，而聽虐謀，結怨彊國，四被秦寇，禍流
數世，凶惡之效也。”師古曰：“‘舊’者，謂晉襄之父文公本爲秦
所納而得國，是舊恩也。虐謀，先軫之計也。四被秦寇，謂魯文二
年，秦孟明視帥師伐晉；三年，秦伯伐晉，濟河焚舟，取王官及郊；十
年，秦伯伐晉，取北徵；十二年，秦伯伐晉，取羈馬。禍流，謂自襄公
至厲公，凡五君與秦構難也。”〔二〕

〔一〕“操，音千高反”，北監本、殿本無此五字。

〔二〕“五君”，謂晉襄公、靈公、成公、景公、厲公。

3.54 哀帝建平二年四月乙亥朔，〔一〕御史大夫朱博爲丞
相，少府趙玄爲御史大夫，〔二〕臨延登受策，有大聲如鍾
鳴，〔三〕師古曰：“延入而登殿也。漢舊儀云‘丞相、御史大夫初
拜，皇帝延登親詔’也。”殿中郎吏、陛者皆聞焉。師古曰：“陛
者，〔四〕謂執兵列於陛側。”

〔一〕錢大昭云：“公卿表作‘乙未’。”（漢書辨疑卷十三五行志
　　中之下）

〔二〕錢大昭云：“公卿表玄由中尉遷，非少府也。”（漢書辨疑卷
　　十三五行志中之下）

〔三〕“鍾”，殿本作“鐘”。王念孫云：“‘臨延登受策’，本作‘臨拜，

延登受策’。今本脱去‘拜’字,則文義不完。通鑑無‘拜’
字,則所見漢書本已然。世説新語言語篇注引此,正作‘臨
拜,延登受策’。朱博傳亦云:‘博、玄並拜於前殿,延登受策,
有音如鍾聲。’”(讀書雜志四漢書第五五行志“臨延登受策”
條)　　軍案:王引通鑑,見資治通鑑卷三十四漢紀二十六孝哀
皇帝中。

〔四〕“者”原作“皆”,形近而譌,今據諸本改。

上以問黃門侍郎楊雄、李尋。〔一〕尋對曰:“洪範所
謂‘鼓妖’者也。師法以爲:‘人君不聰,爲衆所惑,空
名得進,則有聲無形,不知所從生。’其傳曰:‘歲月日
之中,則正卿受之。’〔二〕今以四月日加辰巳有異,是爲
‘中’焉。‘正卿’,謂執政大臣也。宜退丞相、御史,以應
天變。然雖不退,不出期年,其人自蒙其咎。”師古曰:“期
年,十二月也。蒙,猶‘被’也。期,音基。”〔三〕楊雄亦以爲:“鼓
妖,聽失之象也。朱博爲人彊毅多權謀,宜將不宜相,恐
有凶惡亟疾之怒。”師古曰:“亟,急也,音居力反。”

〔一〕“楊雄”,大德本、崇正本、汪本、北監本、毛本、局本、王本同,建
安本、蔡本、鷺洲本、殿本、點校本作“揚雄”。後皆倣此。段
玉裁云:“漢書楊雄傳贊曰‘雄之自序云爾’,自是總上一篇
之辭。師古恐人疑爲結法言序目之辭,故注之曰:‘法言目之
前,皆是雄本自序之文也。’傳首序世系,師古注曰:‘雄之自
序譜諜蓋爲疎謬。’是師古以傳皆録雄自序,甚明顯。鄭仲師
注周禮遂人職曰:‘楊子雲“有田一廛”。’仲師卒於建初八年,
於時漢書初成,仲師未必見,實用自序語。漢書記雄之年壽

卒葬,皆於贊中補載而不繫諸傳,與他傳體例不同,則傳文爲
録雄自序,不增改一字無疑。唐初,自序已無單行之本,師古
特就贊首一語顯之。宋洪容齋隨筆謂:'雄所爲文,盡見於自
序及漢志,初無所謂方言。'其謂方言非子雲書,非也;其直稱
班傳爲自序,則是也。劉貢父漢書注云:'楊氏兩族,赤泉氏
從"木",子雲自敍其受氏從"扌"。'而楊修書稱'修家子雲,
又似震族'。貢父所見雄自序,必是唐以後僞作。雄果自序其
受氏從'扌'不從'木',漢書音義及師古注必載其説。何唐
以前並無此論,至宋而後有之?且班氏用序爲傳,何以不載,
但曰'其先食采於楊,因氏焉'?楊在河、汾之間。攷左氏傳,
霍、楊、韓、魏皆姬姓國,而滅於晉。羊舌肸食采於楊,故亦稱
楊肸;其子食我,亦稱楊石。漢書地里志'河東郡楊縣',應仲
遠謂即楊侯國。説左傳、漢書家未有謂其字從'手'者。修與
雄姓果不同字,斷不曰'修家子雲',以啓臨淄侯之欧笑。修語
正可爲辨僞之一證矣。僞自序者,殆傅合班傳'無它楊於蜀'
一語。師古注固云'蜀諸姓楊者皆非雄族',不言諸楊姓者皆
從'木'與雄從'扌'異也。廣韻從手'揚'字之下不言姓,從
木'楊'字注云:'姓出弘農、天水二望。本自周宣王子尚父,
幽王邑諸楊,號曰楊侯。後并於晉,因爲氏。'近時字書又以
此語係之從手'揚'字之下,目爲楊雄自序,是又非貢父所見
僞自序矣。今貢父所見僞自序不知存否,而據班贊,知班傳
之外別無自序。其謂雄姓從'扌'者,僞説也。"(經韵樓集卷
五書漢書楊雄傳後)王念孫云:"若膺之論至確。景祐本、汪
本、毛本'楊'、'揚'二字雜出於一篇之中,而明監本則皆改爲

‘楊’。其分見於各志各傳者,(五行、地理、藝文三志,趙充國、谷永、游俠、匈奴、元后五傳及敘傳,又劉向、馮唐、司馬相如、司馬遷、東方朔五傳贊,趙尹韓張兩王傳贊,王貢兩龔鮑傳序。)景祐本、汪本、毛本從‘木’者尚多,而監本則否。余考漢郎中鄭固碑云:‘君之孟子,有楊烏之才。’烏即雄之子也,而其字從‘木’,則雄姓之不從‘手’,益明矣。”(讀書雜志四漢書第十三何武王嘉師丹傳“楊雄傳”條)

〔二〕沈欽韓云:“洪範傳:‘凡六沴之作,歲之朝、月之朝、日之朝,則后王受之;歲之中、月之中、日之中,則正卿受之;歲之夕、月之夕、日之夕,則庶民受之。’(注:“自正月盡四月爲‘歲之朝’,自五月盡八月爲‘歲之中’,自九月盡十二月爲‘歲之夕’。上旬爲‘月之朝’,中旬爲‘月之中’,下旬爲‘月之夕’。平旦至食時爲‘日之朝’,禺中至日昳爲‘日之中’,晡時至黃昏爲‘日之夕’。”)按:此爲‘四月乙亥朔’,實歲、月、日之朝。李尋所對,猶未敢正言哀帝之咎耳。”(漢書疏證卷二十一五行志)

〔三〕“期,音基”,北監本、殿本無此三字。

八月,博、玄坐爲姦謀,博自殺,玄減死論。

京房易傳曰:“令不修本,下不安,金毋故自動,〔一〕若有音。”

〔一〕“毋”,無也。

3.55 史記秦二世元年,天無雲而雷。

劉向以爲:“雷當託於雲,猶君託於臣,陰陽之合也。二世不恤天下,萬民有怨畔之心。是歲,陳勝起,天下

畔。趙高作亂,秦遂以亡。一曰:'易震爲雷,爲"貌不
恭"也。'"〔一〕

〔一〕王先謙云:"以上'鼓妖'。此條應在左傳後、哀帝前,蓋誤倒。

又'貌不恭'互見。"(漢書補注卷二十七五行志第七中之下)

3.56　史記秦始皇八年,河魚大上。

劉向以爲:"近魚孽也。是歲,始皇弟長安君將兵
擊趙,反,死屯留,軍吏皆斬,遷其民於臨洮。師古曰:"本
使長安君擊趙,至屯留而謀反作亂,故賜長安君死,斬其軍吏,遷其
黔首也。屯留,上黨縣也。臨洮,即今之洮州也。屯,音純。洮,
音土高反。"〔一〕明年,有嫪毐之誅。〔二〕魚,陰類,民之象;
逆流而上者,民將不從君令爲逆行也。其在天文,魚星
中河而處,車騎滿野。至于二世,暴虐愈甚,終用急亡。"

〔一〕"土"原作"上",形近而譌,今據建安本、蔡本、鷺洲本、大德
本、崇正本、汪本、毛本、殿本、局本、王本、點校本改。"屯音"
至"高反",北監本無此八字。

〔二〕"毐",建安本、蔡本、鷺洲本、大德本、崇正本、汪本、北監本、
殿本、點校本同;毛本、局本、王本作"毐",形近而譌。王先謙
云:"'毐',官本作'毐',是。"(漢書補注卷二十七五行志第七
中之下)

京房易傳曰:"衆逆同志,厥妖河魚逆流上。"

3.57　武帝元鼎五年秋,蛙與蝦蟇羣鬭。師古曰:"蛙,音胡媧
反。蝦,音遐。蟇,音麻。"

是歲, 四將軍衆十萬征南越, 師古曰: "謂伏波將軍路博德出桂陽下湟水, 樓船將軍楊僕出豫章下湞水, 歸義越侯嚴爲戈船將軍出零陵下離水, 田甲爲下瀨將軍下蒼梧。"〔一〕開九郡。師古曰: "謂得越地以爲南海、蒼梧、鬱林、合浦、交趾、九眞、日南、珠崖、儋耳郡也。"〔二〕

〔一〕師古此注用漢書武帝紀文。"陽" 原作 "揚", 今據諸本、武帝紀改。"湟" 原作 "皇", 建安本、蔡本、鷺洲本、大德本、崇正本、汪本、北監本、毛本、局本、王本、點校本同, 今據殿本、武帝紀改。"離", 建安本、蔡本、鷺洲本、大德本、崇正本、汪本、北監本、毛本、局本、王本、點校本、武帝紀同; 殿本作 "灘", 非是。

〔二〕"得越地", 建安本、蔡本、鷺洲本、崇正本、北監本、毛本、殿本、局本、王本、點校本同; 大德本、汪本 "地" 作 "也", 非是。朱一新云: "汪本 '地' 誤作 '也'。"(漢書管見卷三五行志中之下)

3.58 成帝鴻嘉四年秋, 雨魚于信都,〔一〕長五寸以下。

〔一〕王鳴盛云: "荀悦漢紀作 '雨魚於新都, 長五尺'。'新都' 見王莽傳, 乃謂新野之都鄉, 地理志本無此縣, 辨詳後, 漢紀誤也。"(十七史商榷卷十三漢書七 "雨魚信都" 條) 又云: "王莽傳: '永始元年, 封莽爲新都侯, 國南陽新野之都鄉, 千五百戶。' 新野是南陽郡屬縣, 而都鄉則新野之鄉也, 故名 '新都侯'。莽罷就國, 南陽太守選門下掾宛孔休守新都相。"(十七史商榷卷二十八漢書二十二 "新都" 條) 軍案: 王氏引荀悦文, 見漢紀卷二十六孝成皇帝紀三。

3.59　成帝永始元年春,北海出大魚,長六丈,高一丈,四枚。

3.60　哀帝建平三年,東萊平度出大魚,師古曰:“平度,東萊之縣。”長八丈,高丈一尺,七枚,皆死。

　　京房易傳曰:“海數見巨魚,邪人進,賢人疎。”〔一〕師古曰:“數,音所角反。”

〔一〕王先謙云:“以上‘魚孽’。”(漢書補注卷二十七五行志第七中之下)

3.61　桓公五年“秋,螽”。〔一〕師古曰:“螽,即阜螽,即今之蝩蟲也。螽,音終。蝩,音之庸反。”

〔一〕桓五年春秋杜注云:“蚣蝑之屬爲災,故書。”孔疏云:“釋蟲云:‘蜇螽,蚣蝑。’楊雄方言云:‘舂黍謂之蚣蝑。’陸璣毛詩疏云:‘幽州人謂之舂箕。舂箕即舂黍,蝗類也,長而青,股鳴者。或謂似蝗而小,班黑,其股狀如玳瑁文,五月中以兩股相切作聲,聞十數步。’爾雅又有‘蟿螽’、‘土螽’,樊光云‘皆蚣蝑之屬’。然則‘螽’之種類多,故言‘屬’以包之。傳稱‘凡物不爲災,不書’,知此爲災,故書。”(春秋左傳正義卷六)
　　劉歆以爲:“貪虐取民則螽,介蟲之孽也,與魚同占。”
　　劉向以爲:“介蟲之孽,屬‘言不從’。〔一〕是歲,公獲二國之聘,取鼎易邑,師古曰:“二國,宋、鄭也。宋以郜鼎賂公,鄭以泰山之田易許田也。”興役起城。”師古曰:“謂五年夏,城祝丘也。”諸“螽”略皆從董仲舒説云。〔二〕

〔一〕王先謙云："'言'傳互見。"（漢書補注卷二十七五行志第七
　　中之下）

〔二〕王先謙云："以上'螽'。向説即董説也，不同則出董。"（漢書
　　補注卷二十七五行志第七中之下）

3.62　嚴公二十九年"有蜚"。

　　劉歆以爲："負蠜也，性不食穀，食穀爲災，介蟲之
孽。"師古曰："蜚，音伏味反。蠜，音煩。"

　　劉向以爲："蜚色青，近青眚也。〔一〕非中國所有，南
越盛暑，男女同川澤，淫風所生，爲蟲臭惡。師古曰："蜚
者，中國所有，非南越之蟲，未詳向所説。"〔二〕是時，嚴公取齊
淫女爲夫人，既入，淫於兩叔，故蜚至。天戒若曰：'今
誅絕之尚及；不，將生臭惡，聞於四方。'嚴不寤。其後，
夫人與兩叔作亂，二嗣以殺，師古曰："二嗣，謂子般及閔公
也。"卒皆被辜。"師古曰："謂二叔、哀姜皆不得其死也。已解於
上。"〔三〕董仲舒指略同。〔四〕

〔一〕王先謙云："'青眚'互見。"（漢書補注卷二十七五行志第七
　　中之下）

〔二〕葉德輝云："公羊莊二十九年傳'秋，有蜚'，何休注：'"蜚"者，
　　臭惡之蟲也，象夫人有臭惡之行。言"有"者，南越盛暑所生，
　　非中國之所有。'據此，則何注亦用班説矣。春秋南越未入版
　　圖，故云'非中國'。顏説誤。"（見漢書補注卷二十七五行志
　　第七中之下）

〔三〕見本書五行志中之上第八十五條。

〔四〕臧琳云：“左傳：‘“秋，有蜮”，爲災也。凡物不爲災，不書。’杜無注。公羊傳云：‘何以書？記異也。’何注：‘“蜮”者，臭惡之蟲也，象夫人有臭惡之行。言“有”者，南越盛暑所生，非中國之所有。’范注引穀梁説曰：‘“蜮”者，南方臭惡之氣所生也，象君臣淫泆，有臭惡之行。’皆本西漢儒舊義。”（經義雜記卷十五“莊廿九年有蜮”條）　　軍案：説文蚰部云：“蠹，臭蟲，負蠜也。从蟲，非聲。蜚，蠹或从虫。”段玉裁注云：“‘臭蟲’下有奪字，當云‘臭蟲也，一曰負蠜也’，畫然二説。子駿蓋演左氏説也。子政蓋演穀梁之説，而何休、范甯皆从之也。許列‘臭蟲’于先而‘負蠜’次之，許意子政説長也。‘負蠜’與‘蠜’，畫然二物。釋蟲曰：‘皇螽，蠜也。’毛傳同，許同，此一物也。釋蟲曰：‘草螽，（今爾雅作“蟲”，譌。）負蠜也。’毛傳則云：‘草蟲，常羊也。’‘常羊’即‘負蠜’。鄭箋云：‘草蟲鳴，則阜螽躍而從之。’是以謂之‘負蠜’也。劉子駿及許之‘負蠜’，即‘草蟲’也，即‘常羊’也，左氏之所以釋‘蜮’也。至于‘臭蟲’，生南越而有于中國，子政之説則然，亦如‘有蜮’、‘有鴝鵒來巢’，皆本非所有，公、穀之所以釋‘蜮’也。釋蟲曰：‘蜚，蠦蜰。’郭云：‘臭蟲，負盤也。’考本艸經‘蜚蠊’，注家云：‘辛辣而臭，漢中人食之，一名盧蜰，一名負盤。’郭注亦謂此，而許蟲部‘蜰’下但言‘盧蜰’，不言‘蜚’也，似許不以‘盧蜰’與‘臭蟲’爲一物。本艸之‘蜚蠊’，非必淫氣所生；劉向所以説經者，又未必‘蜚蠊’也。故所云‘盧蜰’者，蓋本艸之‘蜚蠊’；此云‘臭蟲’者，未必爲本艸之‘蜚蠊’也。‘盤’、‘蠜’二字，尤不當牽混。”（説文解字注十三篇下）段説是也。

3.63 釐公十五年“八月，螽”。

　　劉向以爲：“先是，釐有鹹之會，後城緣陵。師古曰：“僖十三年，〔一〕公會齊侯、宋公、陳侯、衞侯、鄭伯、許男、曹伯于鹹。鹹，衞地。十四年而與諸侯城緣陵。緣陵，杞邑也。”是歲，復以兵車爲牡丘會，使公孫敖帥師，及諸侯大夫救徐，〔二〕師古曰：“十五年，公會齊侯、宋公、陳侯、衞侯、鄭伯、許男、曹伯盟于牡丘，遂次于匡。公孫敖帥師，及諸侯之大夫救徐。公孫敖，孟穆伯也。諸侯之大夫，即所與會諸侯也。時楚伐徐，故救之。”兵比三年在外。”師古曰：“比，頻也。”

〔一〕“三”，建安本、蔡本、鷺洲本、大德本、崇正本、汪本、北監本、殿本、點校本同；毛本、局本、王本作“二”，非是。“鹹之會”，事見僖十三年春秋。

〔二〕“侯”字原無，今據諸本補。僖十五年春秋亦有“侯”字。

3.64 文公三年“秋，雨螽于宋”。

　　劉向以爲：“先是，宋殺大夫而無罪，師古曰：“謂僖二十五年經書‘宋殺其大夫’，不書名，以其無罪。”〔一〕有暴虐賦斂之應。師古曰：“謂宋昭公也。”穀梁傳曰：‘上下皆合，言甚。’”師古曰：“上下皆合，螽之多。”

〔一〕此注下，建安本、蔡本、鷺洲本有校語“劉敞曰：‘昭公即位在文七年，此乃是成公。然則向意亦似斥昭公而事非’”二十八字，乃宋人增附。

　　董仲舒以爲：“宋三世内取，師古曰：“三世，謂襄公、成公、昭公也。内取於國之大夫也。事見公羊傳。取，讀曰‘娶’。”〔一〕**大夫專恣，殺生不中**，師古曰：“中，音竹仲反。”〔二〕**故螽先死而至。**”

〔一〕僖二十五年公羊經云：“宋殺其大夫。”傳云：“何以不名？宋三世無大夫，三世內娶也。”何注云：“三世，謂慈父、王臣、處臼也。內娶大夫女也。言‘無大夫’者，禮不臣妻之父母，國內皆臣，無娶道，故絕大夫名，正其義也。外小惡正之者，宋以內娶，故公族以弱，妃黨益彊，政分三門，卒生篡弒，親親出奔，疾其末，故正其本。”徐疏云：“三世，即僖二十三年‘夏，宋公慈父卒’，文七年‘夏，宋公王臣卒’，文十六年‘冬，宋人弒其君處臼’是也。所傳聞之世，外小惡不書故也。君之威權下流於臣，而臣下用之也。”（春秋公羊傳注疏卷十二）文十六年公羊經“處臼”，左氏、穀梁經作“杵臼”。

〔二〕楊樹達云：“中，當也。”（漢書窺管卷三五行志第七中之下）

劉歆以爲：“螽爲穀災，卒遇賊陰，墜而死也。”〔一〕

〔一〕臧琳云：“穀梁傳云：‘災甚也。其甚奈何？茅茨盡矣。著於上、見於下謂之“雨”。’此即所謂‘上下皆合，言甚’也。曰‘雨螽’，著於上也；曰‘于宋’，見於下也。‘上下合’，言見螽之多，故爲災甚。楊疏引鄭玄云‘墜地而死’，與董、劉義合。公羊傳：‘“雨螽”者何？死而墜也。’何注：‘以先言“雨”也。“螽”，猶“衆”也。“衆死而墜”者，羣臣將爭彊相殘賊之象。是後，大臣比爭鬭相殺，蓋由三世內娶，貴近妃族，禍自上下，故異之云爾。’本董仲舒説。杜云：‘宋人以其死爲得天祐，而來告，故書。’與劉子駿‘卒遇賊陰而死’之説合也。”（經義雜記卷十六“雨螽于宋”條）

3.65 八年“十月，螽”。〔一〕

〔一〕“螽”，諸本同，文八年左氏、穀梁經同，公羊經作“蝶”。後皆
　　做此。説文蚰部云：“螽，蝗也。从蚰，冬聲。蝶，螽或从虫，
　　衆聲。”文八年公羊經何注云：“先是，公如晉，公子遂、公孫
　　敖比出不可使，勢奪於大夫，煩擾之應。”徐疏云：“‘公子遂不
　　可使’者，即僖三十年‘冬，公子遂如京師，遂如晉’，傳云‘大
　　夫無遂事，此其言“遂”何？公不得爲政爾’，注云‘不從公政
　　令也。時見使如京師，而横生事，矯君命聘晉，故疾其驕蹇自
　　專，當絶之’者是。”（春秋公羊傳注疏卷十三）何休取意，與
　　班固不同。“公孫敖不可使”者，即文元年“秋，公孫敖會晉侯
　　于戚”。彼文杜注云：“禮，卿不會公侯。而春秋魯大夫皆不
　　貶者，體例已舉，故據用魯史成文而已。”（見春秋左傳正義
　　卷十八）

　　　時公伐邾，取須胊，城郚。〔一〕師古曰：“須胊，邾邑；郚，
魯邑也。事並在文七年。胊，音鉅俱反。郚，音吾。”

〔一〕“胊”，諸本同，文七年公羊經同，左氏、穀梁經作“句”。杜注
　　左氏云：“須句，魯之封内屬國也。僖公反其君之後，邾復滅
　　之。書‘取’，易也。因伐邾師以城郚。郚，魯邑。卞縣南有郚
　　城。備邾難。”何注公羊云：“主書者，甚其生事困極師衆。”范
　　注穀梁云：“因伐邾之師。”

3.66 宣公六年“八月，螽”。〔一〕

〔一〕“螽”原作“螟”，今據諸本、宣六年春秋改。

　　　劉向以爲：“先是時，宣伐莒，取向，〔一〕師古曰：“事在

四年。<u>向</u>，莒邑也。向，音餉。”後比再如齊，謀伐萊。”師古曰：
“比，頻也。〔二〕謂四年秋及五年春，公如<u>齊</u>；七年，公會齊侯伐萊，
是也。”

〔一〕“向”上原無“取”字，諸本同，今據宣四年春秋補。蘇輿云：
　　“‘向’上當有‘取’字。公羊何注：‘先是，<u>宣公</u>伐莒，取向，公
　　比如齊所致。’即本於此。”（見漢書補注卷二十七<u>五行志第七</u>
　　<u>中之下</u>）　軍案：蘇説是也。

〔二〕“比，頻也”，北監本、殿本無此三字。

3.67 十三年“秋，螽”。

先是，<u>公孫歸父</u>會齊伐莒。〔一〕師古曰：“事在十一年。
<u>歸父</u>，東門襄仲子也，字子家。父，讀曰‘甫’。”

〔一〕“先是”二字原無，諸本同，今補。蘇輿云：“‘公孫’上當有
　　‘先是’二字。下云‘宣亡熟歲，數有軍旅’，即承此言之。<u>公</u>
　　<u>羊何注</u>：‘先是新饑，而使歸父會齊人伐莒。’是也。”（見<u>漢書</u>
　　補注卷二十七<u>五行志第七中之下</u>）　軍案：蘇説是也。“先是
　　新饑”，宣十三年公羊徐疏云：“即十年冬書‘饑’是也。”（<u>春</u>
　　<u>秋公羊傳注疏</u>卷十六）

3.68 十五年“秋，螽”。

<u>宣</u>亡熟歲，數有軍旅。〔一〕

〔一〕宣十五年公羊經何注云：“從十三年之後，上求未已，而又<u>歸</u>
　　<u>父</u>比年再出會，内計稅畝，百姓動擾之應。”徐疏云：“即上
　　十三年‘秋，螽’，注云‘先是新饑，而使<u>歸父</u>會齊人伐莒，賦斂

不足,國家遂虚,下求不已之應',是以此注足之云爾。云'而
又歸父比年再出會'者,即上十四年'冬,公孫歸父會齊侯于
穀',十五年'春,公孫歸父會楚子于宋'是也。"(春秋公羊傳
注疏卷十六)

3.69 襄公七年"八月,螽"。

　劉向以爲:"先是,襄興師救陳,師古曰:"謂五年,楚
伐陳,公會晉侯、宋公、衞侯、鄭伯、齊太子光救陳也。" 滕子、郳
子、小邾子皆來朝。師古曰:"六年,滕子來朝;七年,郳子、小
邾子來朝。" 夏,城費。"師古曰:"亦七年之夏。費,魯邑也,音
祕。"〔一〕

〔一〕襄七年左氏經"城費",杜注云:"南遺假事難而城之。"孔疏
　云:"此傳唯說南遺請城之由,不言時與不時,則知南遺假託言
　有事難而請城之。"(春秋左傳正義卷三十)

3.70 哀公十二年"十二月,螽"。

　是時,哀用田賦。師古曰:"言重斂也。解在刑法志。"〔一〕

〔一〕"解在刑法志",北監本無此五字。漢書卷二十三刑法志"哀
　公用田賦",師古注云:"'田賦'者,別計田畝及家財,各爲一
　賦。言不依古制,役煩斂重也。"

　劉向以爲:"春用田賦,冬而螽。"〔一〕

〔一〕"螽"原作"螟",今據諸本改。

3.71 十三年"九月,螽。〔一〕十二月,螽"。

〔一〕“螽”原作“螟”，今據諸本、哀十三年春秋改。

比三“螽”，〔一〕虐取於民之效也。師古曰：“比，頻也。”〔二〕

〔一〕謂哀十二年十二月、十三年九月、十三年十二月皆“螽”也。

〔二〕“師古”至“頻也”，北監本、殿本無此注六字。

劉歆以爲：“周十二月，夏十月也，火星既伏，蟄蟲皆畢，天之見變，因物類之宜，不得以螽，是歲再失閏矣。周九月，夏七月，故傳曰‘火猶西流，司曆過也’。”〔一〕

〔一〕臧琳云：“穀梁三‘螽’，范皆無説。‘用田賦’傳云：‘古者，公田什一。用田賦，非正也。’故子政據以爲説。歆以爲‘天之見變，因物類之宜，不得以螽’，是陰以父説爲非也。杜注左氏云：‘是歲應置閏，而失不置。雖書“十二月”，實今之九月，司曆誤一月。九月之初尚温，故得有螽。’本劉子駿義，與傳合。”（經義雜記卷十六“哀十二年螽”條）

3.72　宣公十五年“冬，蝝生”。〔一〕師古曰：“爾雅曰：‘蝝，蝮蜪。’説者以爲螽蝗之類。蝮，音蒲北反，又音服。蜪，音徒高反。”

〔一〕宣十五年左氏經杜注云：“螽子以冬生，遇寒而死，故不成螽。”陸氏釋文云：“蝝，悦全反，字林尹絹反，劉歆云‘蚍蜉子也’，董仲舒云‘蝗子’。”（見春秋左傳正義卷二十四）

劉歆以爲：“蝝，蟲蠢之有翼者，孟康曰：“蟲蠢，音蚍蜉。”〔一〕食穀爲災，黑眚也。”〔二〕

〔一〕“蠢”原作“蠹”，今據諸本改。注同。沈欽韓云：“劉歆以爲飛蟻者，是矣。爾雅翼云：‘蟁，飛螱，蓋柱中白蟻之所化。白螱狀如蟻卵，凡斬木不以時，木未及燥而作室，或柱礎去地不高，則是物生其中，以泥爲房，屈曲而上，往往變化生羽，遇天晏溫，羣隊而出，飛亦不能高，尋則脫翼藉藉在地而死矣。魯宣公十五年“冬，蝝生”，劉歆謂即是物，又董仲舒說“蝗子”也。說者亦多以“蝝”爲螽螟之類，失之愈遠。’（郭璞亦以爲“蝗子”。）案：魯語‘蟲舍蚳蝝’，‘蚳’是蟻子，則‘蝝’亦蟻類可知。”（漢書疏證卷二十一五行志）

〔二〕王先謙云：“此傳‘黑眚、黑祥’無證，劉歆以‘蝝生’當之。唐以前史志言‘黑氣’，宋、明史志有‘黑眚’，則物蒙黑氣也。又‘黑祥’四條互見‘視’傳下，一條互見‘皇極’傳下。”（漢書補注卷二十七五行志第七中之下）

　　董仲舒、劉向以爲：“蝝，螟始生也，一曰蝗始生。〔一〕是時，民患上力役，解於公田。師古曰：“解，讀曰‘懈’。”宣是時初稅畝。稅畝，就民田畝擇美者稅其什一，亂先王制而爲貪利，故應是而蝝生，屬‘蠃蟲之孽’。”〔二〕

〔一〕“蝗”原作“螟”，建安本、蔡本、鷺洲本、大德本、崇正本、汪本、北監本、毛本、殿本、局本、王本同，今據點校本改。葉德輝云：“下‘螟’爲‘蝗’之誤。既云‘一曰’，則非螟明矣。爾雅釋蟲：‘蝝，蝮陶。’左傳疏引李巡注云：‘蝗子也。’郭注亦云：‘蝗子未有翅者。’則是‘蝗始生’無疑。說文：‘蝝，復陶也。’劉歆說“蝝，蚍蜉子”，董仲舒說“蝗子”也。’據許氏，是以‘蝝’、‘蝗’爲二物，故劉、董並引也。說文又云：‘蠹，蚍蠹也。從蚰，橐聲。蜉，蠹或從虫，從孚。’是本志‘蜮蠹’即說文引劉之‘蚍蜉’。禮內則注：‘又作“蜱蜉”。’皆假借字。‘蝝’亦名

‘螟’者,吕氏春秋不屈篇‘蝗螟,農夫得而殺之’,高誘注：‘蝗

螽也。食心曰螟,食葉曰螣。’則‘螟’、‘蝗’實一物二名,‘蟓’

即蝗之小者。諸書稱引不同,蓋各就其大小名之,非異物也。”

（見漢書補注卷二十七五行志第七中之下）　軍案：葉説是也。

〔二〕王先謙云：“‘嬴蟲孽’見‘思心’傳。”（漢書補注卷二十七五

　　行志第七中之下）

3.73 景帝中三年秋,蝗。

　　先是,匈奴寇邊,中尉不害將車騎材官士屯代、高

柳。師古曰：“魏不害。”〔一〕

〔一〕沈欽韓云：“景紀、匈奴傳及百官表俱無可考。顔云‘魏不害’,

　　蓋誤以征和二年所封當塗侯魏不害爲景帝時也。”（漢書疏證

　　卷二十一五行志）

3.74 武帝元光五年秋,蝗。〔一〕

〔一〕“蝗”,諸本作“螟”,漢書卷六武帝紀同,非是。開元占經卷

　　一百二十龍魚蟲虵占“蝗生”條引此文作“蝗”,不誤。本卷

　　第七十三條至八十二條皆記“介蟲之孽”,此文作“蝗”是也。

　　下卷五行志下之上第九條至第十二條皆記“嬴蟲孽”,彼文作

　　“螟”是也。

3.75 六年夏,蝗。〔一〕

〔一〕“六年夏,蝗”原作“六年秋,螟”,今從諸本、漢書卷六武

　　帝紀改。

先是，五將軍衆三十萬伏馬邑，欲襲單于也。師古曰：“已解於上。”〔一〕是歲，四將軍征匈奴。師古曰：“謂車騎將軍衛青出上谷，騎將軍公孫敖出代，〔二〕輕車將軍公孫賀出雲中，驍騎將軍李廣出雁門也。”

〔一〕見本卷第四十六條。

〔二〕“騎”上原有“票”字，崇正本同，北監本、殿本有“驃”字，皆非，今據建安本、蔡本、鷺洲本、大德本、汪本、毛本、局本、王本、點校本删。漢書卷六武帝紀、漢紀卷十一孝武皇帝紀三皆作“騎將軍公孫敖”。本書五行志中之上第六十九條師古注亦作“騎將軍公孫敖”，不誤。齊召南云：“公孫敖爲騎將軍，非驃騎將軍也，‘驃’字衍。”（前漢書考證五行志中之下）　軍案：齊説是也。

3.76 元鼎五年秋，蝗。

是歲，四將軍征南越，師古曰：“已解於上。”〔一〕及西南夷，師古曰：“越馳義侯遺將巴蜀罪人發夜郎兵征西南夷，〔二〕平之。”開十餘郡。〔三〕師古曰：“定越地爲九郡，定西南夷爲武都、牂柯、越巂、沈黎、汶山郡，凡十四郡。”

〔一〕見本卷第五十七條。北監本無此注七字。

〔二〕“馳”，建安本、蔡本、鷺洲本、大德本、崇正本、汪本、北監本、殿本、點校本同；毛本、局本、王本作“騎”，非是。朱一新云：“汪本‘騎’作‘馳’，是也。‘馳義侯遺’見武帝紀及南越傳。”（漢書管見卷三五行志中之下）王先謙云：“官本注‘騎’作‘馳’，是。”（漢書補注卷二十七五行志第七中之下）

〔三〕事見漢書卷六武帝紀。

3.77 元封六年秋，蝗。〔一〕

〔一〕事見漢書卷六武帝紀。

先是，兩將軍征朝鮮，師古曰：“二年，樓船將軍楊僕、左將軍荀彘將應募罪人擊之。”開三郡。師古曰：“武紀云‘以其地爲樂浪、臨屯、玄菟、真番郡’，〔一〕是四郡也。而此云‘三’，蓋傳寫志者誤。”

〔一〕“菟”原作“兔”，建安本、蔡本、鷺洲本同，大德本、崇正本、汪本、北監本、殿本作“兔”，今據毛本、局本、王本、點校本、漢書武帝紀改。武帝紀臣瓚注云：“茂陵書臨屯郡治東暆縣，去長安六千一百三十八里，十五縣；真番郡治霅縣，去長安七千六百四十里，十五縣。”師古云：“樂，音洛。浪，音郎。番，音普安反。暆，音弋支反。霅，音丈甲反。”説文日部云：“暆，日行暆暆也。从日，施聲。樂浪有東暆縣。”段注云：“樂浪郡東暆，見地理志。樂浪，今朝鮮國地。東暆故城未聞。”（説文解字注七篇上）

3.78 太初元年夏，蝗從東方蜚至敦煌。〔一〕師古曰：“蜚，讀曰‘飛’。”〔二〕

〔一〕事見漢書卷六武帝紀。“蜚”，武帝紀作“飛”。

〔二〕“師古”至“曰飛”，北監本、殿本無此注七字。

3.79 三年秋，復蝗。

元年,貳師將軍征大宛,天下奉其役連年。〔一〕

〔一〕參見本書五行志中之上第七十三條。

3.80 征和三年秋,蝗。〔一〕

〔一〕事見漢書卷六武帝紀。

3.81 四年夏,蝗。〔一〕

〔一〕蘇輿云:“以上文例之,‘四年夏’下當有‘復’字。”（見漢
書補注卷二十七五行志第七中之下） 軍案:開元占經卷
一百二十龍魚蟲蛇占“蝗生”條引此文無“復”字。

先是一年,三將軍衆十餘萬征匈奴,師古曰:“謂三年,
貳師將軍廣利將七萬人出五原,御史大夫商丘成二萬人出西河,重
合侯馬通四萬騎出酒泉。”貳師七萬人没不還。〔一〕

〔一〕“貳師”上原有“征和三年”四字,諸本同,今删。蘇輿云:“遣
三將軍亦在征和三年。此承上‘四年’言之,‘征和三年’四字
當衍。”（見漢書補注卷二十七五行志第七中之下） 軍案:蘇
説是也。開元占經卷一百二十龍魚蟲蛇占“蝗生”條引此文,
“貳師”上亦無“征和三年”四字。

3.82 平帝元始二年秋,蝗,徧天下。

〔一〕事見漢書卷十二平帝紀。

是時,王莽秉政。〔一〕

〔一〕王先謙云:“以上‘介蟲之孽’。劉歆以爲:‘與魚同占。’班氏
從之。”（漢書補注卷二十七五行志第七中之下）

3.83 左氏傳曰：嚴公八年，齊襄公田于貝丘，師古曰：“貝丘，齊地。”見豕，從者曰：“公子彭生也！”〔一〕公怒，射之，豕人立而嗁。〔二〕公懼，墜車，傷足喪屨。

〔一〕莊八年左傳杜注云：“公見大豕，而從者見彭生，皆妖鬼。”（見春秋左傳正義卷八）

〔二〕“怒”下原有“曰”字，諸本同，今據莊八年左傳、史記卷三十二齊太公世家、搜神記卷六刪。“嗁”，今本左傳作“啼”。説文口部云：“嗁，號也。”邵瑛云：“今經典作‘啼’。説文無‘啼’字，正字當作‘嗁’。九經字樣云：‘説文作“嗁”，經典相承作“啼”。’”（説文解字羣經正字卷三）

劉向以爲：“近豕禍也。先是，齊襄淫於妹魯桓公夫人，使公子彭生殺桓公，〔一〕又殺彭生以謝魯。〔二〕公孫無知有寵於先君，襄公絀之。師古曰：“無知，僖公弟夷仲年之子也，於襄公從父昆弟。先君，即僖公。”無知帥怨恨之徒攻襄於田所，師古曰：“怨恨之徒，謂連稱、管至父，久戍葵丘也。”〔三〕襄匿其戶間，足見於戶下，遂殺之。〔四〕傷足喪屨，卒死於足，虐急之效也。”

〔一〕“桓”，建安本、蔡本、鷺洲本、大德本、崇正本、汪本、殿本、點校本同，北監本、毛本、局本、王本作“威”。王先謙云：“官本‘威’作‘桓’。”（漢書補注卷二十七五行志第七中之下）

〔二〕事見桓十八年左傳、莊元年公羊傳。參本書五行志上第八條。

〔三〕莊八年左傳杜注云：“連稱、管至父，皆齊大夫。戍，守也。葵丘，齊地，臨淄縣西有地名葵丘。”（見春秋左傳正義卷八）

〔四〕事見莊八年左傳。

3.84 昭帝<u>元鳳</u>元年，<u>燕王</u>宮永巷中豕出圂，壞都竈，_{師古}曰：“‘圂’者，養豕之牢也。都竈，烝炊之大竈也。圂，音胡頓反。”銜其鬴六七枚置殿前。<u>晉灼</u>曰：“鬴，古文‘釜’字。”

　　<u>劉向</u>以爲：“近豕禍也。時<u>燕王旦</u>與<u>長公主</u>、<u>左將軍</u>謀爲大逆，誅殺諫者，暴急無道。竈者，生養之本，豕而敗竈，陳鬴於庭，鬴竈將不用，宮室將廢辱也。<u>燕王</u>不改，卒伏其辜。”

　　<u>京房</u>《易傳》曰：“衆心不安君政，厥妖豕入居室。”〔一〕

〔一〕<u>葉德輝</u>云：“《開元占經》百十九引京氏曰：‘豕入君室，中其社屋，君且亡。’又曰：‘豕無故入君室屋，且有女憂爲亂。’文並與此異。”（見《漢書補注》卷二十七《五行志》第七中之下）　<u>軍案</u>：<u>葉</u>氏引文，見《開元占經》卷一百十九羊犬豕占“豕登屋入宮”條，彼文“社屋”作“社稷邑”。<u>王先謙</u>云：“以上‘豕禍’。”（《漢書補注》卷二十七《五行志》第七中之下）

3.85 《史記》<u>魯襄公</u>二十三年，<u>穀</u>、<u>洛</u>水鬭，將毀王宮。〔一〕

〔一〕文見《國語》卷三《周語下》。<u>韋昭</u>注云：“<u>穀</u>、<u>洛</u>，二水名也。<u>洛</u>在王城之南，<u>穀</u>在王城之北，東入于<u>瀍</u>。鬭者，兩水激有似於鬭也。至<u>靈王</u>時，<u>穀</u>水盛出於王城之西，而南流合於<u>洛</u>水，毀王城西南，將及王宮，故<u>齊</u>人城郟也。”

　　<u>劉向</u>以爲：“近火沴水也。<u>周靈王</u>將擁之，〔一〕有司諫曰：〔二〕‘不可。長民者不崇藪，〔三〕不墮山，不防川，不竇澤。_{師古}曰：“長萌，爲萌之長也。〔四〕崇，聚也。藪，謂澤之無水者。墮，毀也。防，止也。竇，穴也。墮，音火規反。”今吾執政

毋乃有所辟，^{〔五〕}服虔曰：“音‘邪辟’之‘辟’。”而滑夫二川之神，師古曰：“滑，亂也，音骨。”使至于爭明，^{〔六〕}臣瓚曰：“明，水道也。”師古曰：“明，謂神靈。”以防王宫室，王而飾之，毋迺不可乎？師古曰：“言爲欲防固王宫，使水不得毀，故遏飾二川。”^{〔七〕}懼及子孫，王室愈卑。’王卒擁之。

〔一〕國語周語下作“王欲壅之”，韋注云：“欲壅防穀水，使北出也。”朱一新云：“‘擁’當作‘雍’。‘雍’即‘壅’也。漢書凡‘壅’皆作‘雍’。”（漢書管見卷三五行志中之下）　軍案：朱説不確。“擁”、“雍”、“壅”字通，此不必改。漢書“雍”字或作“廱”。“廱”、“雍”字同。

〔二〕“有司”，國語周語下作“太子晉”。韋注云：“晉靈王太子也，早卒不立。”沈欽韓云：“外傳是。太子晉諫而云‘有司’，非也。周本紀無其事，益明‘史記’爲別有所據，非遷書矣。”（漢書疏證卷二十一五行志）

〔三〕國語周語下韋注云：“長，猶‘君’也。”

〔四〕王先謙云：“官本注‘萌’作‘民’。顏避諱作‘萌’爲是。”（漢書補注卷二十七五行志第七中之下）

〔五〕朱一新云：“國語‘辟’作‘避’，韋注：‘避，違也。’‘避’蓋誤文。文選西征賦注引亦作‘辟’。藝文類聚水部引作‘僻’。”（漢書管見卷三五行志中之下）

〔六〕朱一新云：“國語韋注：‘明，精氣也。’”（漢書管見卷三五行志中之下）

〔七〕王先慎云：“顏説非。‘防’當作‘妨’，聲之誤也。説文：‘妨，害也。’‘以妨王宫室’連上爲句，謂二川之神因爭明以害王之

宮室,而王又飾其宮室也。周語作‘妨’,不誤。”（見漢書補注
卷二十七五行志第七中之下）　軍案:王說是也。

“以傳推之,以四瀆比諸侯;穀、洛其次,卿大夫
之象也,師古曰:“穀、洛皆大水,故爲四瀆之次。”爲卿大
夫將分爭以危亂王室也。是時,世卿專權,儋括將
有篡殺之謀,師古曰:“儋括,儋季之子,簡王之孫也。篡
殺之謀,謂除喪服,將見靈王,過庭而歎曰:‘嗚呼,必有此
夫!’”〔一〕如靈王覺寤,匡其失政,師古曰:“匡,正也。”懼以
承戒,則災禍除矣。不聽諫謀,簡嫚大異,師古曰:“諫謀,
謂單公子愆旗聞儋括之言,恐必爲害,請殺之,王不聽也。簡嫚大
異,謂不憂穀、洛。”任其私心,塞埤擁下,〔二〕師古曰:“埤,卑
也,音婢。”以逆水勢而害鬼神。後數年,有黑如日者五。
是歲蚤霜,靈王崩。景王立二年,〔三〕儋括欲殺王,而立
王弟佞夫。佞夫不知,景王并誅佞夫。師古曰:“事在襄
三十年。”〔四〕及景王死,五大夫爭權,或立子猛,或立子
朝,王室大亂。”師古曰:“五大夫,謂劉子、單子、尹氏、召伯、毛
伯也。已解於上。”〔五〕

〔一〕事見襄三十年左傳。“嗚呼”,左傳作“烏乎”。陸氏釋文云:
　　“烏乎,本又作‘嗚呼’,音同。”

〔二〕周壽昌云:“擁下,障下也。禮內則:‘女子出門,必擁蔽其
　　面。’注:‘擁,猶“障”也。’”（漢書注校補卷二十五行志第七
　　中之下）

〔三〕“立”,大德本作“位”,非是。

〔四〕“三”,大德本、殿本作“二”,非是。周景王二年,即魯襄公

三十年也。北監本無“師古”至“十年”九字。

〔五〕見本書五行志上第十七條。

京房易傳曰：“天子弱，諸侯力政，師古曰：“政，亦‘征’也。言專以武力相征討。一説：‘諸侯之政，當以德禮。今王室微弱，文教不行，遂乃以力爲政，相攻伐也。’”〔一〕厥異水鬪。”

〔一〕王念孫云：“‘政’讀爲‘征’，謂以力相征伐也。若讀‘政令’之‘政’，則‘力政’二字義不相屬，必須改作‘以力爲政’四字，而其義始明矣。逸周書度訓篇曰：‘力爭則力政，力政則無讓。’大戴記用兵篇曰：‘諸侯力政，不朝於天子。’義並與此同。古字多以‘政’爲‘征’，不可枚舉也。項籍傳贊曰：‘霸王之國，欲以力征。’其字正作‘征’。吳語曰：‘將不長弟，以力征一二兄弟之國。’”（讀書雜志四漢書第五五行志“力政”條）

3.86 史記曰：秦武王三年，渭水赤者三日。昭王三十四年，渭水又赤三日。

劉向以爲：“近火沴水也。秦連相坐之法，棄灰於道者黥，孟康曰：“商鞅爲政，以棄灰於道必坋人，坋人必鬪，故設黥刑以絶其原也。”〔一〕臣瓚曰：“棄灰或有火，火則燔廬舍，故刑之也。”師古曰：“孟説是也。坋，音蒲頓反。”罔密而刑虐，加以武伐横出，殘賊鄰國，至於變亂五行，氣色謬亂。天戒若曰：‘勿爲刻急，將致敗亡。’秦遂不改，至始皇滅六國，二世而亡。〔二〕昔三代居三河，河、洛出圖、書；師古曰：“謂夏都安邑，即河東也；殷都朝歌，即河内也；周都洛陽，即河南也。"〔三〕秦居渭陽,而渭水數赤,師古曰:"數,音山角反。"〔四〕瑞異應德之效也。"

〔一〕楊樹達云:"孟説本韓非子。"(漢書窺管卷三五行志第七中之下) 軍案:見韓非子内儲説上。史記李斯列傳云:"商君之法,刑棄灰於道者。"張守節正義云:"棄灰於道者黥也。韓子云:'殷之法,棄灰於衢者刑。子貢以爲重,問之。仲尼曰:"棄灰於衢必燔,人必怒,怒則鬭,鬭則三族,雖刑之可也。"'"

〔二〕"秦遂"至"而亡"十四字原無,今據諸本補。若無此數語,則文意未完。

〔三〕此下,蔡本、鷺洲本有校語"劉氏校本云:'別本無"秦遂不改,至始皇滅六國,二世而亡"十四字。今監本亦無'"三十字,乃宋人增附。

〔四〕"師古"至"角反",北監本、殿本無此注八字。

京房易傳曰:"君湎于酒,淫于色,師古曰:"湎,流也,音莫踐反。"〔一〕賢人潛,〔二〕國家危,厥異流水赤也。"〔三〕

〔一〕"師古"至"踐反"十字,北監本無,殿本在"湎于酒"下。

〔二〕"潛",藏也。周易乾初九爻辭云:"潛龍勿用。"孔疏云:"'潛'者,隱伏之名。於此'潛龍'之時,小人道盛。聖人雖有龍德,於此時唯宜潛藏,勿可施用,故言'勿用'。"(周易正義卷一)

〔三〕王先謙云:"以上'火沴水'。"(漢書補注卷二十七五行志第七中之下)

漢書五行志校疏卷四

五行志下之上

4.1　傳曰："思心之不容,〔一〕是謂不聖。厥咎霿,〔二〕<u>師古</u>曰:"霿,音莫豆反。"〔三〕厥罰恒風,厥極凶短折。時則有脂夜之妖,時則有華孽,時則有牛禍,時則有心腹之痾,時則有黃眚、黃祥,時則有金木水火沴土。"

〔一〕"心"字原無,今據諸本補。"容",<u>建安本</u>、<u>蔡本</u>、<u>鷺洲本</u>、<u>大德本</u>、<u>崇正本</u>、<u>汪本</u>、<u>北監本</u>、<u>毛本</u>、<u>局本</u>、<u>王本</u>同,<u>殿本</u>、<u>點校本</u>作"睿"。參見本書五行志中之上第一條。

〔二〕<u>王先謙</u>云:"<u>隋志</u>'霿'作'瞀'。"(<u>漢書補注</u>卷二十七五行志第七下之上)　軍案:<u>王</u>引"<u>隋志</u>",見<u>隋書</u>卷二十三五行志下。

〔三〕<u>蔡本</u>、<u>鷺洲本</u>此下有校語"○<u>劉氏校本</u>云:'<u>監本</u>、<u>越本</u>"思"下無"心"字'"十五字,乃<u>宋</u>人增附。

　　"思心之不容,〔一〕是謂不聖",思心者,心思慮也;睿,〔二〕寬也。<u>孔子</u>曰:"居上不寬,吾何以觀之哉?"<u>師古</u>曰:"<u>論語</u>載<u>孔子</u>之言。"〔三〕言上不寬大包容臣下,則不能居聖位。貌、言、視、聽,以心為主;四者皆失,則區霿無識，〔四〕師古曰：“區，音口豆反。霿，音莫豆反。其下並同。”〔五〕故“其咎霿”也。雨旱寒奧，亦以風爲本，師古曰：“奧，音於六反。”四氣皆亂，故“其罰常風”也。常風傷物，故“其極凶短折”也。傷人曰凶，禽獸曰短，中木曰折。師古曰：“中，古‘草’字。”一曰：“凶，夭也。兄喪弟曰短，父喪子曰折。〔六〕在人腹中，肥而包裹心者，〔七〕脂也。心區霿則冥晦，故有脂夜之妖。”師古曰：“脂妖及夜妖。”〔八〕一曰：“有脂物而夜爲妖，若脂水夜汙人衣，淫之象也。”一曰：“夜妖者，雲風並起而杳冥，故與常風同象也。温而風則生螟螣，師古曰：“螣，音徒得反。”有裸蟲之孽。”師古曰：“裸，亦‘蠃’字也，從衣，果聲。”

〔一〕“容”原作“睿”，建安本、蔡本、鷺洲本、大德本、崇正本、汪本、毛本、局本同，殿本、點校本作“容”，今據北監本、王本改。

〔二〕“容”，建安本、蔡本、鷺洲本、崇正本、汪本、北監本、毛本、局本、王本同，大德本作“容”，殿本、點校本作“睿”。

〔三〕文見論語八佾篇。

〔四〕“區”上原無“則”字，今據諸本補。錢大昭云：“‘區霿’即‘傋霿’。”（漢書辨疑卷十三五行志下之上）　軍案：“傋霿”，見本書五行志中之上第二十八條。

〔五〕“霿音”至“並同”，北監本、殿本無此九字。

〔六〕王先謙云：“大傳鄭注：‘殖氣失，則於人爲凶、短、折。未齓曰凶，未冠曰短，未昏曰折。’”（漢書補注卷二十七五行志第七下之上）

〔七〕“裹”，建安本、蔡本、鷺洲本、大德本、崇正本、汪本、北監本、毛本、局本、王本、點校本同；殿本作“裏”，形近而譌。

〔八〕沈欽韓云：“洪範傳注：‘夜，讀曰“液”，謂以脂液汙人也。’志於後‘一曰夜妖者’方讀作‘夜’。（案：脂液之妖，如孔甲龍漦之類。晉志以“晝瞑”、隋志以“鬼哭”當之，非也。）”（漢書疏證卷二十一五行志）

劉向以爲：“於易，巽爲風、爲木，卦在三月、四月，〔一〕繼陽而治，主木之華實。風氣盛，至秋冬木復華，故‘有華孽’。一曰：‘地氣盛，則秋冬復華。’〔二〕一曰：‘華者，色也。土爲内事、爲女孽也。〔三〕於易，坤爲土、爲牛。牛大心而不能思慮，〔四〕思心氣毁，故有牛禍。’一曰‘牛多死及爲怪’，亦是也。及人，則多病心腹者，故‘有心腹之痾’。土色黄，故‘有黄眚、黄祥’。凡思心傷者，病土氣；土氣病，則金木水火沴之，故曰‘時則有金木水火沴土’。不言‘惟’而獨曰‘時則有’者，非一衝氣所沴，明其異大也。其極曰凶、短、折；〔五〕順之，其福曰考終命。”師古曰：“壽考而終其命。”

〔一〕錢大昕云：“易乾鑿度：‘巽位在四月。’又云：‘巽漸三月。’蓋立夏巽始用事，在三月、四月之間。”（廿二史考異卷七漢書二五行志下之上）

〔二〕王先謙云：“‘秋冬木華’已見‘視’傳下，故此無證。”（漢書補注卷二十七五行志第七下之上）

〔三〕葉德輝云：“隋志引五行傳云：‘華者，猶榮華，容色之象也。以色亂國，故謂華孽。’”王先謙云：“晉志‘女’上‘爲’作‘謂’，是。”（見漢書補注卷二十七五行志第七下之上）

〔四〕“心而”原作“而心”，今據諸本乙。蔡本、鷺洲本此下有校語
“○劉氏校本云：‘監本“牛大而心不能思慮”’”十六字，乃宋
人增附。

〔五〕蔡本、鷺洲本此下有校語“○宋祁曰：‘“也庶”二字當删’”十
字，乃宋人增附。

劉歆“思心”傳曰：“時則有蠃蟲之孽，謂螟螣之
屬也。”

4.2　庶徵之“常風”，劉向以爲：“春秋無其應。”

4.3　釐公十六年“正月，六鶃退蜚過宋都”。師古曰：“鶃，
音五狄反。”〔一〕

〔一〕臧琳云：“説文鳥部：‘鷊，鳥也。从鳥，兒聲。案：春秋傳曰：
“六鷊退飛。”鶃，鷊或从鬲。鷊，司馬相如説鷊从赤。’春秋僖
十六年‘六鶃退飛’，正義曰：‘鷊，字或作“鶃”。’釋文：‘六
鶃，五歷反，本或作“鶃”，音同。’又公羊、穀梁釋文皆云：‘六
鶃，五歷反。’可證三傳本皆作‘鶃’，與説文同。今公羊注、疏
皆作‘鷊’，惟何注‘六鶃無常’此一字未改；穀梁注、疏皆作
‘鶃’，惟經文‘六鷊退飛’此一字从‘益’。蓋因唐時左傳已有
作‘鶃’者，故後人據以易二傳也。（五經文字：“鷊、鶃，二同，
見春秋傳。”）穀梁疏引賈逵云：‘鶃，水鳥，陽中之陰，象君臣
之訟鬩也。’賈景伯以‘鬩’解‘鶃’，是取同聲字爲詁，尤可見
‘六鶃’字本从‘兒’也。（此疏引賈亦誤作“鷊”。）史記宋微
子世家‘六鶃退蜚’，集解引賈注作‘鶃’，引公羊傳作‘鷊’，索

隱引左傳‘六鷁退飛’。漢書五行志下‘六鷁退蜚過宋都’，師古曰：‘鷁，音五狄反。’玉篇：‘鷁，午的切，又五分切。鷊、鶂、鶃，並同上。’猶根據許書，以從‘兒’爲正；從‘益’者説文不收，故列末。”（經義雜記卷六“六鷁”條）

左氏傳曰“風也”。劉歆以爲：“風發於它所，至宋而高，鷁高蜚而逢之，則退。經以見者爲文，故記‘退蜚’；傳以實應著，言‘風’，常風之罰也。象宋襄公區霿自用，不容臣下，逆司馬子魚之諫，而與彊楚爭盟，師古曰：“子魚，公子目夷也，桓公之子，而爲司馬。爭盟，謂爲鹿上之盟，以求諸侯於楚。〔一〕子魚諫曰：‘小國爭盟，禍也。’公不聽之。”〔二〕後六年爲楚所執，師古曰：“僖二十一年，楚執宋公以伐宋，〔三〕距‘六鷁退飛’凡六年。”應‘六鷁’之數云。”〔四〕

〔一〕僖二十一年春秋云：“春，宋人、齊人、楚人盟于鹿上。”杜注云：“鹿上，宋地。汝陰有原鹿縣。宋爲盟主，故在齊人上。”（見春秋左傳正義卷十四）

〔二〕文見僖二十一年左傳。

〔三〕僖二十一年春秋云：“秋，宋公、楚子、陳侯、蔡侯、鄭伯、許男、曹伯會于盂。執宋公以伐宋。”杜注云：“盂，宋地。楚始與中國行會禮，故稱爵。不言‘楚執宋公’者，宋無德而爭盟，爲諸侯所疾，故總見衆國共執之文。”（見春秋左傳正義卷十四）

〔四〕臧琳云：“史記宋世家云：‘六鷁退飛，風疾也。’集解引賈逵曰：‘風起於遠，至宋都，高而疾，故鷁逢風却退。’穀梁疏引賈逵云：‘鷁退，不成之象，後六年，霸業退也。鷁，水鳥，陽中之陰，象君臣之訟鬩也。’又引鄭玄云：‘六鷁俱飛，得諸侯之象也。其退，示其德行不進，以致敗也。得諸侯，是陽行也；被執敗，是陰行也。'又何邵公注公羊傳云：'石者，陰德之專者；鶂者，鳥中之耿介者，皆有似宋襄公之行。襄欲行霸事，不納公子目夷之謀，事事耿介自用，卒以五年見執，六年終敗，如"五石"、"六鶂"之數。天之與人，昭昭著明，甚可畏也。'與劉子駿説多有合者。"（經義雜記卷十七"六鶂退飛"條）

京房易傳曰："潛龍勿用，師古曰："乾初九爻辭。"衆逆同志，至德廼潛；厥異風，其風也，行不解物，不長，師古曰："不解物，謂物逢之而不解散也。不長，所起者近也。"雨小而傷。政悖德隱，兹謂亂；厥風先風不雨，大風暴起，發屋折木。守義不進，兹謂耄，〔一〕厥風與雲俱起，折五穀莖。臣易上政，兹謂不順；厥風大焱發屋。師古曰："焱，疾風也，音必遥反。"〔二〕賦斂不理，兹謂禍；厥風絶經緯，〔三〕如淳曰："有所破壞，絶匹帛之屬也。"晉灼曰："南北爲經，東西爲緯。絲因風暴，亂不端理也。"止即温，温即蟲。侯專封，兹謂不統；厥風疾，而樹不摇，穀不成。辟不思道利，兹謂無澤；師古曰："道，讀曰'導'。不思導示於下而安利之。"厥風不摇木，〔四〕旱無雲，傷禾。公常於利，兹謂亂；師古曰："公，上爵也。常於利，謂心常求利也。"厥風微而温，生蟲蝗，害五穀。棄正作淫，〔五〕兹謂惑；厥風温，蝅蟲起，害有益人之物。侯不朝，兹謂叛；厥風無恒，地變赤而殺人。"〔六〕

〔一〕王先謙云："晉、宋志'耄'作'眊'，是。"（漢書補注卷二十七五行志第七下之上）

〔二〕據師古注，"焱"當作"猋"，假借爲"飆"。説文火部云："焱，火華也。”犬部云：“猋，犬走皃。”風部云：“飆，扶摇風也。”
段注説文“焱”字云：“古書‘焱’與‘猋’二字多互譌。如曹
植七啟‘風厲猋舉’，當作‘焱舉’；班固東都賦‘焱焱炎炎’，
當作‘猋猋炎炎’。王逸曰：‘猋，去疾貌也。’李善注幾不别
二字。”（説文解字注十篇下）段注説文“飆”字云：“司馬注莊
子云：‘上行風謂之扶摇。’釋天曰：‘扶摇謂之猋。’郭云：‘暴
風从下上。’按：爾雅用古字，陸云‘字林作“飆”’，不言説文，
此等舉一以包二耳。”（説文解字注十三篇下）　軍案：段説
是也。其引王逸語，見楚辭九歌雲中君注；引司馬彪語，見莊
子逍遥遊陸德明釋文；引郭璞語，見爾雅釋天注；引陸德明
語，見爾雅釋天釋文。

〔三〕“緯”原作“紀”，建安本、蔡本、鷺洲本、大德本、毛本、局本、
　　王本同，今據崇正本、汪本、北監本、殿本、點校本改。王先謙
　　云：“官本‘紀’作‘緯’。據注文，官本是也。”（漢書補注卷
　　二十七五行志第七下之上）

〔四〕王先謙云：“宋志‘木’作‘水’。晉志作‘木’，注：‘一作
　　“水”。’”（同上）

〔五〕王先謙云：“晉志‘正’作‘政’。”（同上）

〔六〕王先謙云：“晉、宋志‘而’作‘雨’。”（同上）

4.4　文帝二年六月，淮南王都壽春大風毁民室，殺人。
　　劉向以爲：“是歲，南越反，攻淮南邊，〔一〕淮南王
長破之。後年入朝，殺漢故丞相辟陽侯，上赦之。歸
聚姦人謀逆亂，自稱東帝。見異不寤，後遷于蜀，道死

廱。"〔二〕

〔一〕"淮南"二字原無,今據諸本補。

〔二〕"廱",建安本、大德本、崇正本、北監本、毛本、殿本、局本、王本、點校本同;蔡本、鷺洲本、汪本作"癰",形近而譌。朱一新云:"'廱'同'雍'。汪本作'癰',誤。"(漢書管見卷三五行志下之上)

4.5　文帝五年,吴暴風雨,壞城官府民室。

　　時吴王濞謀爲逆亂,天戒數見,終不改寤,後卒誅滅。

4.6　五年十月,楚王都彭城大風從東南來,毁市門,殺人。

　　是月,王戊初嗣立,後坐淫削國,與吴王謀反,刑僇諫者。師古曰:"謂楚相張尚、太傅趙夷吾也。僇,古'戮'字。下皆類此。"〔一〕吴在楚東南。天戒若曰:"勿與吴爲惡,將敗市朝。"王戊不寤,卒隨吴亡。

〔一〕説文人部云:"僇,癡行僇僇也。"戈部云:"戮,殺也。"師古以"僇"、"戮"爲古今字,非是。"僇"爲"戮"之假借字。"下皆類此",北監本、殿本無此四字。

4.7　昭帝元鳳元年,燕王都薊大風雨,師古曰:"薊,縣名,燕國之所都。"拔宮中樹七圍以上十六枚,〔一〕壞城樓。

〔一〕周壽昌云:"枚,幹也。詩大雅:'施于條枚。'枝曰條,幹曰枚。"(漢書注校補卷二十五行志第七下之上)　軍案:説

文木部云："枚,幹也。詩曰:'施于條枚。'""施于條枚",
詩大雅旱麓文。詩周南汝墳"伐其條枚",毛傳云:"枝曰條,
幹曰枚。"

燕王旦不寤,謀反發覺,卒伏其辜。〔一〕

〔一〕王先謙云:"以上'恒風'。"(漢書補注卷二十七五行志第七
下之上)

4.8　釐公十五年"九月己卯晦,〔一〕震夷伯之廟"。〔二〕師
古曰:"夷伯,司空無駭之後,本魯公族也,號展氏。"

〔一〕沈欽韓云:"二傳並以爲'晦冥'。左傳以爲晦日,正義云:'杜
以長歷推"己卯晦",九月三十日。春秋值朔書"朔",值晦書
"晦",無義例也。'按:董仲舒以夷伯爲陪臣,劉向以當'夜
妖',皆非。"(漢書疏證卷二十一五行志)朱一新云:"劉中
壘以'晦'爲'晝冥',蓋穀梁之説,公羊亦同。中壘本治穀梁
也。"(漢書管見卷三五行志下之上)

〔二〕僖十五年左氏經杜注云:"夷伯,魯大夫,展氏之祖父。夷,謚;
伯,字。'震'者,雷電擊之。大夫既卒書字。"孔疏云:"傳稱
'於是展氏有隱慝焉',知此'夷伯',展氏之祖父也。大夫之
謚,多連字稱之。不知夷伯其名爲何,又不知今之展氏其人是
誰,故漫言'祖父'耳。謚法:'安人好靜曰夷。'是'夷'爲謚
也。'伯'是其字也。"(春秋左傳正義卷十四)

劉向以爲:"晦,暝也。震,雷也。夷伯,世大夫,正
晝雷,〔一〕其廟獨冥。師古曰:"冥,暗也。"天戒若曰:'勿
使大夫世官,將專事暝晦。'〔二〕明年,公子季友卒,果世

官,師古曰:"謂季友之孫行父仍執政專國,自此以後常爲卿。"政在季氏。至成公十六年'六月甲午晦',〔三〕正晝皆暝,陰爲陽,臣制君也。成公不寤。其冬,季氏殺公子偃。師古曰:"爲季文子所殺也。已解於上。"〔四〕季氏萌於釐公,師古曰:"萌,喻草木始生也。言其始有威權。"〔五〕大於成公,此其應也。"

〔一〕"晝",建安本、蔡本、鷺洲本、崇正本、汪本、北監本、殿本、點校本同;大德本、毛本、局本、王本作"書",形近而譌。王先謙云:"官本'書'作'晝',是。"(漢書補注卷二十七五行志第七下之上)

〔二〕王先謙云:"晉、宋志'將'下並有'令'字。"(同上)

〔三〕沈欽韓云:"公羊仍以爲'晦冥'。(疏猶執春秋例,不書晦日。)若果白日晦冥,則不能克期戰。左傳云:'陳不違晦。'明晦日矣。"(漢書疏證卷二十一五行志) 軍案:沈引"陳不違晦",見成十六年左傳。彼文杜注云:"晦,月終,陰之盡,故兵家以爲忌。"孔疏云:"日爲陽精,月爲陰精。兵尚殺害,陰之道也。行兵貴月盛之時,晦是月終,陰之盡也,故兵家以晦爲忌,不用晦日陳兵也。"(春秋左傳正義卷二十八)

〔四〕見本書五行志上第六條。

〔五〕"威",建安本、蔡本、鷺洲本、大德本、崇正本、汪本、北監本、殿本、點校本同;毛本、局本、王本作"成",形近而譌。朱一新云:"汪本注'成'作'威',是。"(漢書管見卷三五行志下之上)王先謙云:"官本作'威'。"(漢書補注卷二十七五行志第七下之上)

董仲舒以爲："夷伯,季氏之孚也,師古曰:"孚,信也。所信任之臣也。"〔一〕陪臣不當有廟。震者,雷也。晦暝,雷擊其廟,明當絕去僭差之類也。"

〔一〕董説本公羊傳。僖十五年公羊傳云:"'晦'者何? 冥也。'震'之者何? 雷電擊夷伯之廟者也。'夷伯'者,曷爲者也? 季氏之孚也。"何休注云:"書日而冥。孚,信也。季氏所信任臣。"（見春秋公羊傳注疏卷十一）　軍案:師古此注用何説。

向又以爲:"此皆所謂'夜妖'者也。"

劉歆以爲:"春秋及朔言'朔',〔一〕及晦言'晦',人道所不及,則天震之。展氏有隱慝,故天加誅於其祖夷伯之廟,以譴告之也。〔二〕成公十六年'六月甲午晦,晉侯及楚子、鄭伯戰于鄢陵'。皆月晦云。"〔三〕

〔一〕朱一新云:"歆説本左傳。其晦朔之説,則爲杜征南注所本。"（漢書管見卷三五行志下之上）

〔二〕僖十五年穀梁傳楊疏云:"公羊以爲'晦'者爲書日而晦冥,'震'者雷也,謂有雷擊夷伯之廟。此傳亦云'晦,冥也。震,雷也',則不得從左氏爲'月晦',與公羊同矣。公羊又以爲'夷伯'者,季氏之信臣,故震其廟以戒之。今此傳歷言天子以下廟數,以爲過制,故震之,與公羊異。左氏以爲夷伯有隱慝,故天命霹靂之,亦與穀梁不同也。"（春秋穀梁傳注疏卷八）臧琳云:"劉子政言'晦,暝也。震,雷也',本穀梁傳。董仲舒云'夷伯,季氏之孚',本公羊傳。董又云'明當絕去僭差之類',則僭差之事不止一夷伯廟;凡似夷伯廟之僭差者,皆當去之。何邵公云:'僖公蔽於季氏,季氏蔽於陪臣。陪臣見信得權,

僭立大夫廟。天意若曰："蔽公室者,是人也,當去之。"'頗得
經、傳意。左傳:'震夷伯之廟,罪之也。於是展氏有隱慝焉。'
劉歆以爲'人道所不及,則天震之。故天加誅其祖廟,以譴告
之',立義精也。正義曰:'杜以長歷推"己卯晦",九月三十日。
春秋值朔書"朔",值晦書"晦",無義例也。'此即本劉子駿
說。"(經義雜記卷六"震夷伯之廟"條)

〔三〕王先謙云:"以上'脂夜妖'。"(漢書補注卷二十七五行志第七
下之上)

4.9　隱公五年"秋,螟"。

董仲舒、劉向以爲:"時公觀漁于棠,貪利之應也。"
師古曰:"棠,魯地也。陳漁者之事而觀之也。"

劉歆以爲:"又逆臧僖伯之諫,師古曰:"臧僖伯,公
子彄也,孝公之子,諫觀漁。"〔一〕貪利區霿,以生蠃蟲之孽
也。"〔二〕

〔一〕事見隱五年左傳。彼文杜注云:"臧僖伯,公子彄也。僖,謚
也。"孔疏云:"僖伯名彄,字子臧。世本云'孝公之子',即此
冬書'公子彄卒'是也。謚法:'小心畏忌曰僖。'是'僖'爲謚
也。諸侯之子稱'公子',公子之子稱'公孫'。公孫之子不得
祖諸侯,乃以王父之字爲氏。計僖伯之孫始得以'臧'爲氏,
今以'僖伯'之上已加'臧'者,蓋以僖伯是臧氏之祖,傳家追
言之也。"(春秋左傳正義卷三)

〔二〕臧琳云:"何注公羊云:'災者,有害於人、物,隨事而至者。先
是,隱公張百金之魚,設苟令急法,以禁民之所致。'又'春,公

觀魚于棠’，傳：‘何以書？譏。何譏爾？遠也。公曷爲遠而觀
魚？百金之魚，公張之。’注：‘實譏張魚，而言“觀”譏遠者，恥
公去南面之位，下與百姓爭利，匹夫無異。’與董義合。杜注左
氏但言‘蟲食苗心爲災，故書’，當以劉説補之。”（經義雜記卷
六“隱五年秋螟”條）

4.10　八年“九月，〔一〕螟”。

〔一〕建安本“年”作“月”，非是。

　　時鄭伯以邴將易許田，〔一〕師古曰：“邴，鄭祀泰山之邑
也，〔二〕音彼命反。已解於上。”〔三〕有貪利心。

〔一〕隱八年公羊傳陸氏釋文云：“邴，彼命反，又音丙，鄭邑，左氏
　　作‘祊’。”朱一新云：“左氏作‘祊’，公、穀作‘邴’。”（漢書管
　　見卷三五行志下之上）

〔二〕“鄭”上原無“邴”字，大德本、崇正本、汪本、毛本、局本、王本
　　同，今據點校本補。建安本、蔡本、鷺洲本、北監本、殿本“鄭”
　　作“邴”，非是。隱八年左氏經云：“三月，鄭伯使宛來歸祊。”
　　杜注云：“宛，鄭大夫。不書氏，未賜族。祊，鄭祀泰山之邑，在
　　琅邪費縣東南。”（見春秋左傳正義卷四）施之勉云：“景祐本、
　　局本俱作‘鄭’，當於‘鄭’上補‘邴’字，文義方足。”（漢書補
　　注卷二十七五行志第七下之上）　軍案：施説是也。

〔三〕見本書五行志上第四十六條、五行志中之下第五條。

　　京房易傳曰：“臣安禄，〔一〕兹謂貪；厥災蟲，蟲食
根。德無常，兹謂煩；蟲食葉。不紃無德，蟲食本。與東
作爭，兹謂不時；師古曰：“奪農時也。”蟲食節。〔二〕蔽惡生

孽,蟲食心。”師古曰:“蔽,謂惡人蔽君之明爲災孽也。”〔三〕

〔一〕王先謙云:“晉志‘禄’下有‘位’字。”(漢書補注卷二十七五行志第七下之上)

〔二〕王先謙云:“晉志‘節’作‘孽’。”(同上)

〔三〕“爲”,建安本、蔡本、鷺洲本、大德本、崇正本、汪本、北監本、殿本、點校本同;毛本、局本、王本作“謂”,非是。朱一新云:“汪本下‘謂’字作‘爲’,是也。”(漢書管見卷三五行志下之上)葉德輝云:“爾雅釋蟲:‘食苗心,螟;食葉,蟘;食節,賊;食根,蟊。’孫炎注:‘皆政貪所致,因以爲名。’義本此。”王先謙云:“官本作‘爲’。”(漢書補注卷二十七五行志第七下之上)

4.11　嚴公六年“秋,螟”。

董仲舒、劉向以爲:“先是,衞侯朔出奔齊,齊侯會諸侯納朔,師古曰:“朔,謂惠公也。桓十六年,以左公子泄、〔一〕右公子職立公子黔牟,故惠公奔齊。至莊五年,會齊人、宋人、蔡人伐衞而納惠公也。”許諸侯賂。師古曰:“諸國各有賂。”齊人歸衞寶,魯受之,師古曰:“以伐衞所獲之寶來歸魯。”〔二〕貪利應也。”

〔一〕“泄”,建安本、蔡本、鷺洲本、大德本、崇正本、汪本、北監本、殿本、點校本同;毛本、局本、王本作“洩”,非是。朱一新云:“汪本‘洩’作‘泄’,是也。”(漢書管見卷三五行志下之上)

〔二〕朱一新云:“‘衞寶’亦公、穀説,左氏作‘俘’。”(漢書管見卷三五行志下之上)　軍案:莊六年左氏經云:“冬,齊人來歸衞俘。”杜注云:“公羊、穀梁經、傳皆言‘衞寶’,此傳亦言‘寶’,

唯此經言‘俘’，疑經誤。俘，囚也。”孔疏云：“釋例曰：‘“齊
人來歸衞寶”，公羊、穀梁經、傳及左氏傳皆同。唯左氏經獨言
“衞俘”，考三家經、傳有六，而其五皆言“寶”，此必左氏經之獨
誤也。案説文：“保，從人，采省聲。保，古文保不省。”然則古
字通用，“寶”或作“保”，字與“俘”相似，故誤作“俘”耳。’杜
既以爲誤，而又解‘俘’爲‘囚’，是其不敢正決，故且從之。”
（春秋左傳正義卷八）

4.12 文帝後六年秋，螟。

是歲，匈奴大入上郡、雲中，烽火通長安，[一]遣三將
軍屯邊，三將軍屯京師。[二]師古曰：“並已解於上。”[三]

〔一〕“烽火”，蔡本、鷺洲本、大德本、崇正本、北監本、毛本、殿本、局
　　本、王本、點校本同；建安本作“燧火”，“燧”乃“烽”之俗字；
　　汪本作“逢炎”，非是。朱一新云：“汪本誤作‘逢炎’。”（漢書
　　管見卷三五行志下之上）

〔二〕“屯”，百衲本作“庄”，非是。“庄”乃“莊”之俗字。

〔三〕見本書五行志中之上第六十七條。“已”，百衲本作“曰”，非
　　是。“師古”至“於上”，北監本無此注八字。王先謙云：“以上
　　‘蠃蟲孽’。又一條互見‘皇極’傳下。”（漢書補注卷二十七五
　　行志第七下之上）

4.13 宣公三年，“郊牛之口傷，改卜牛，牛死”。[一]

〔一〕宣三年穀梁傳范注云：“牛無故自傷其口，易牛改卜，復死，乃
　　廢郊禮，此事之變異。譏宣公不恭，致天變。”（見春秋穀梁傳

注疏卷十二）

　　劉向以爲:"近牛禍也。是時,宣公與公子遂謀共殺子赤而立,師古曰:"已解於上也。"〔一〕又以喪娶,師古曰:"宣元年正月,公子遂如齊逆女;三月,遂以夫人婦姜至自齊。時文公喪制未除。"〔二〕區霧昏亂。亂成於口,幸有季文子得免於禍,天猶惡之,生則不饗其祀,師古曰:"謂郊牛傷死,是天不欲饗其祀。"〔三〕死則災燔其廟。"師古曰:"成三年,新宮災。'新宮'者,宣之廟也,以其新成,故謂之新宮。"董仲舒指略同。

〔一〕見本書五行志中之下第四十八條。"也",建安本、大德本、汪本、毛本、局本、王本、點校本同,蔡本、鷺洲本、崇正本、殿本無此字。"師古"至"上也",北監本無此注八字。

〔二〕"文"原作"成",建安本、蔡本、鷺洲本、大德本、崇正本、汪本、毛本、局本、王本同,今據北監本、殿本、點校本改。王先謙云:"官本注'成'作'文'。"(漢書補注卷二十七五行志第七下之上)宣元年左氏經孔疏云:"文公喪未期,此時已娶,違禮不譏者,此事甚惡,言不待貶責而其惡自明也。昭元年公羊傳曰:'春秋不待貶絕而罪惡見者,不貶絕以見罪惡;貶絕然後罪惡見者,貶絕以見罪惡。'是其義也。"(春秋左傳正義卷二十一)

〔三〕"其",百衲本作"莫",形近而譌。

4.14　秦孝文王五年,遊朐衍,〔一〕有獻五足牛者。〔二〕師古曰:"朐衍,地名,在北地。朐,音許于反。"

〔一〕"遊"原作"斿",諸本同,今改。齊召南云:"'斿'當作'遊',傳寫譌耳。但孝文王即位祇一年遂卒,安得有'五年'也? 此

文可疑。”（前漢書考證五行志下之上）錢大昕云：“此事不見
太史公書。孝文王享國一年，無‘五年’也。”（廿二史考異卷
七漢書二五行志下之上）　軍案：齊、錢説是也。

〔二〕“者”字原無，今據諸本補。

劉向以爲：“近牛禍也。先是，孝公初都咸陽，〔一〕廣
大宮室，南臨渭，北臨涇，思心失，逆土氣。‘足’者，止
也。戒秦建止奢泰，將致危亡。如淳曰：‘建立基止。泰，奢
也。’〔二〕秦遂不改，至於離宮三百，復起阿房，未成而亡。
一曰：‘牛，以力爲人用；足，所以行也。其後，秦大用民
力轉輸，起負海至北邊，師古曰：‘負海，猶言‘背海’也。’天
下叛之。’”

〔一〕“孝公”原作“文惠王”，諸本同，今改。錢大昕云：“史記‘惠
文王十三年，始都咸陽’，即惠王也。此作‘文惠’，誤。”（廿二
史考異卷七漢書二五行志下之上）王念孫云：“秦始皇本紀：
‘孝公十三年，始都咸陽。’正義曰：‘本紀云：“十二年，作咸
陽，築冀闕。”是十三年始都之。’念孫案：秦本紀：‘孝公十二
年，作爲咸陽，築冀闕，秦徙都之’，是‘作爲咸陽’與‘徙都咸
陽’皆十二年之事，非至十三年始徙都也。此云‘十三年，始
都咸陽’，‘三’即‘二’之誤。正義曲爲之説，非也。”（讀書
雜志三史記一秦始皇本紀“十三年”條）施之勉云：“王説是
也。此‘十三年’已誤，錢又以爲‘惠文王十三年’，是誤中之
誤矣。”（漢書集釋五行志第七下之上）　軍案：王、施説是
也。史記秦始皇本紀云：“孝公享國二十四年。葬弟圉。生惠
文王。其十三年，始都咸陽。”此“其”字承上文“孝公”而言，

“十三” 爲 “十二” 之譌。錢氏以 “其” 字指惠文王,遂有 “惠文王十三年,始都咸陽” 之誤。又,秦本紀 “十二年,作爲咸陽” 正義引括地志云:“咸陽故城亦名渭城,在雍州咸陽縣東十五里,京城北四十五里,即秦孝公徙都之者。今咸陽縣,古之杜郵,白起死處。”

〔二〕“泰,奢也” 原作 “泰,奢泰”,大德本、崇正本、北監本、毛本、局本、王本、點校本同,建安本作 “秦,奢秦”,蔡本、鷺洲本作 “秦,奢泰”,皆非,今據汪本、殿本改。

京房易傳曰:“興繇役,奪民時,厥妖牛生五足。”

4.15　景帝中六年,梁孝王田北山,有獻牛,足上出背上。劉向以爲:“近牛禍。先是,孝王驕奢,起菀方三百里,〔一〕宮館閣道相連三十餘里。納於邪臣羊勝之計,欲求爲漢嗣,刺殺議臣爰盎,事發,負斧歸死。既退歸國,猶有恨心,内則思慮霿亂,外則土功過制,故牛旤作。足而出於背,下奸上之象也。師古曰:“奸,犯也,音干。” 猶不能自解,發疾暴死,又凶短之極也。”〔二〕

〔一〕“菀”,建安本、蔡本、鷺洲本、大德本、崇正本、汪本、北監本、殿本同,毛本、局本、王本、點校本改作 “苑”。“菀”、“苑” 字通,此不必改。如漢書百官公卿表上云:“邊郡六牧師菀令,各三丞。” 師古注云:“漢官儀云:‘牧師諸菀三十六所,分置北邊、西邊,分養馬三十萬頭。’”

〔二〕王先謙云:“以上 ‘牛旤’。又二條互見 ‘貌’ 傳。”（漢書補注卷二十七五行志第七下之上）

4.16 <u>左氏傳</u><u>昭公</u>二十一年春,<u>周景王</u>將鑄無躲鍾,<u>師古</u>曰:"鍾聲中無躲之律也。躲,音弋石反。"<u>泠州鳩</u>曰:<u>應劭</u>曰:"泠,官也;州鳩,名也。"<u>師古</u>曰:"樂官曰泠,後遂以爲氏。泠,音零,其字從'水'。""王其以心疾死乎?夫天子省風以作樂,<u>應劭</u>曰:"風,土地風俗也。省中和之風以作樂,然後可移惡風、易惡俗也。"<u>臣瓚</u>曰:"省風俗之流遁,〔一〕作樂以救其敝也。"〔二〕<u>師古</u>曰:"應説是也。省,觀也。"小者不窕,大者不摦。<u>師古</u>曰:"窕,輕小也。摦,横大也。窕,音它堯反。摦,音胡化反。"〔三〕摦則不容,心是以感,感實生疾。今鍾摦矣,王心弗堪,〔四〕<u>孟康</u>曰:"古'堪'字。"〔五〕其能久乎?""

〔一〕"遁",<u>建安本</u>、<u>蔡本</u>、<u>鷺洲本</u>、<u>大德本</u>、<u>崇正本</u>、<u>汪本</u>、<u>殿本</u>同,<u>毛本</u>、<u>局本</u>、<u>王本</u>、<u>點校本</u>作"遯"。<u>北監本</u>無"臣瓚"至"蔽也"十六字。

〔二〕"敝",<u>建安本</u>、<u>蔡本</u>、<u>鷺洲本</u>、<u>大德本</u>、<u>崇正本</u>、<u>汪本</u>、<u>毛本</u>、<u>局本</u>、<u>王本</u>、<u>點校本</u>同,<u>殿本</u>作"弊"。

〔三〕<u>臧琳</u>云:"<u>左傳</u><u>昭廿一年</u>:'小者不窕,大者不楇。'<u>杜注</u>:'楇,横大不入。'<u>正義</u>曰:'"楇"聲近"横",故爲"横大"。'<u>釋文</u>:'不楇,户化反。'<u>五經文字</u>木部:'楇,户化反,見<u>春秋傳</u>。'案:<u>漢書</u><u>五行志</u>載<u>左氏</u>作'大者不摦'。<u>師古</u>曰:'摦,横大也,音胡化反。'<u>説文</u>手、木兩部俱無此字。<u>玉篇</u>手部:'摦,寬也。'<u>廣韻</u>四十禡:'摦,寬也,大也。'又<u>徐鉉</u><u>新附</u>云:'摦,横大也。从手,瓠聲。'與篇、韻俱胡化切,而皆不从'木',則作'楇'者非。"(<u>經義雜記</u>卷六"大者不摦"條)　軍案:<u>臧</u>説是也。

〔四〕"堪",<u>建安本</u>、<u>大德本</u>、<u>崇正本</u>、<u>汪本</u>、<u>北監本</u>、<u>殿本</u>、<u>點校本</u>同;

蔡本、鷺洲本作“烖”，毛本、局本、王本作“裁”，皆形近而譌。
臧琳云：“‘裁’乃‘烖’之譌。説文：‘烖，殺也。从戈，今聲。
商書曰：“西伯既烖黎。”’左氏本古文，故多假借字。”（經義
雜記卷六“大者不㧑”條）説文戈部云：“烖，殺也。”段注云：
“‘殺’者，戮也。按：漢魏六朝人‘烖’‘堪’‘戡’‘龕’四字
不甚區別。左傳‘王心弗堪’，漢五行志作‘王心弗烖’，勝也。
‘堪’爲正字，或叚‘烖’，或叚‘戡’，又或叚‘龕’，皆以同音爲
之也。”（説文解字注十二篇下）

〔五〕“孟康”，建安本、蔡本、鷺洲本誤作“康告”。

　　劉向以爲：“是時，景王好聽淫聲，適庶不明，師古曰：
“適，讀曰‘嫡’。謂太子壽卒，王立子猛爲嗣，後又欲立子朝也。”
思心霿亂，明年以心疾崩，近心腹之痾，凶短之極者也。”

4.17　昭二十五年春，魯叔孫昭子聘于宋，元公與燕，飲
酒樂，語相泣也。師古曰：“昭子，叔孫婼也。元公，宋平公子
也。相泣，相對而俱泣也。”**樂祁佐**，師古曰：“樂祁，宋司城子梁
也。佐，佐酒。”告人曰：〔一〕“今兹君與叔孫其皆死乎？吾
聞之：‘哀樂而樂哀，皆喪心也。’師古曰：“哀樂，可樂而反哀
也。樂哀，可哀而反樂也。喪，失之也。”心之精爽，是謂魂魄。
魂魄去之，何以能久？”冬十月，叔孫昭子死；十一月，宋
元公卒。〔二〕

〔一〕昭二十五年左傳“告”上有“退而”二字。

〔二〕王先謙云：“五痾惟‘心’有證。”（漢書補注卷二十七五行志
　　　第七下之上）

4.18 昭帝元鳳元年九月，〔一〕燕有黃鼠銜其尾舞王宫端門中，往視之，〔二〕鼠舞如故。王使夫人以酒脯祠，〔三〕鼠舞不休，夜死。〔四〕

〔一〕此文亦見本書五行志中之上第三十一條。齊召南云："此事已見於中上卷內，引京房易傳亦同。此一事重見，未及刊除者也。"（前漢書考證五行志下之上）

〔二〕"往視之"，諸本同。本書五行志中之上第三十一條"往"上有"王"字。

〔三〕"夫人"，諸本同。王念孫曰："'夫人'二字有誤。夫人在宫中，不當使至端門祠鼠。上文記此事云'王使吏以酒脯祠鼠'，'吏'字是也。"（讀書雜志四漢書第五五行志"夫人"條）　軍案：王説是也。其云"上文"，謂本書五行志中之上第三十一條也。

〔四〕"夜死"，諸本同。錢大昕云："搜神記載此事云'一日一夜死'。此當有脱字。"（三史拾遺卷三漢書五行志下之上）王先謙云："'貌'傳下作'一日一夜死'。"（漢書補注卷二十七五行志第七下之上）　軍案：錢氏引文，見搜神記卷六。

黃祥也。時燕刺王旦謀反，將敗死亡象也。其月，發覺伏辜。

京房易傳曰："誅不原情，厥妖鼠舞門。"

4.19 成帝建始元年四月辛丑夜，西北有如火光。壬寅晨，大風從西北起，雲氣赤黃，四塞天下。終日夜下著地者，黃土塵也。

是歲，帝元舅大司馬、大將軍王鳳始用事；又封鳳母弟崇爲安成侯，食邑萬户；庶弟譚等五人賜爵關内侯，食邑三千户。師古曰：“譚、商、音、根、逢時，凡五人。”復益封鳳五千户，悉封譚等爲列侯，是爲五侯。哀帝即位，封外屬丁氏、傅氏、周氏、鄭氏凡六人爲列侯。師古曰：“外戚傳傅太后弟子喜封高武侯，晏封孔鄉侯，商封汝昌侯，同母弟子鄭業爲陽信侯，丁太后兄明封陽安侯，子滿封平周侯。傅氏、鄭氏侯者四人，丁氏侯者二人。今此言‘六人爲列侯’，其數是也。傅氏、丁氏、鄭氏則有之，而不見周氏所出。志、傳不同，未詳其意。”〔一〕楊宣對曰：“五侯封日，天氣赤黄，丁、傅復然。服虔曰：“楊宣，諫大夫也。”此殆爵土過制，傷亂土氣之祥也。”

〔一〕周壽昌云：“注引傅氏封三人，鄭氏封一人，丁氏封二人，已是‘六人’。當時，外戚並無周氏，或因丁明子滿封平周侯而誤衍‘周氏’兩字也。晉書五行志引此無‘周氏’，並無‘鄭氏’。”（漢書注校補卷二十五行志第七下之上）

京房易傳曰：“經稱‘觀其生’。師古曰：“易觀卦上九爻辭。”言大臣之義，當觀賢人，知其性行，〔一〕推而貢之。否則爲聞善不與，兹謂不知；師古曰：“徒知之而已，不能進助也。”厥異黄，厥咎聾，厥災不嗣。黄者，日上黄光不散如火然，〔二〕有黄濁氣四塞天下。蔽賢絶道，故災異至絶世也。

〔一〕蘇輿云：“‘性’、‘生’字同。”（見漢書補注卷二十七五行志第七下之上）

〔二〕説文火部云：“然，燒也。”孟子公孫丑上云：“若火之始然。”

“經曰‘良馬逐’。師古曰：“此易大畜九三爻辭。”逐，進
也。言大臣得賢者謀，當顯進其人。否則爲下相攘善，
師古曰：“攘，卻也。言不進達之也。一曰：‘攘，因也。因而竊取曰
攘。’音人羊反。”茲謂盜明；厥咎亦不嗣，至於身僇家絕。”
師古曰：“僇，古‘戮’字。”〔一〕

〔一〕王先謙云：“以上‘黃祥’。又一條互見‘皇極’傳下。”（漢書
　　補注卷二十七五行志第七下之上）

4.20　史記周幽王二年，〔一〕周三川皆震。應劭曰：“震，地震。
三川竭也。”師古曰：“三川，涇、渭、洛也。洛，即漆、沮也。川自震
耳，故將壅塞，非地震也。”〔二〕

〔一〕臧琳云：“國語作‘三’。史記同作‘二’，下云‘三年，幽王嬖愛
　　褒姒’，則國語作‘三’譌字也。”（經義雜記卷六“三川震”條）
　　軍案：文見國語周語一、史記周本紀。

〔二〕臧琳云：“應劭曰：‘震，地震。’韋昭曰：‘地震，故山川亦動。’
　　兩說本通。師古謂‘非地震’，非也。”（同上）

劉向以爲：“金木水火沴土者也。伯陽甫曰：〔一〕服虔
曰：“周太史。”‘周將亡矣！天地之氣，不過其序；〔二〕若過
其序，民亂之也。〔三〕陽伏而不能出，陰迫而不能升，〔四〕
應劭曰：“迫，陰迫陽，使不能升也。”於是有地震。今三川實
震，是陽失其所而填陰也。〔五〕應劭曰：“失其所，失其道也。
填陰，爲陰所填，不得升也。”師古曰：“填，音竹刃反。”陽失而
在陰，原必塞；〔六〕師古曰：“原，謂水泉之本也。”原塞，國必
亡。〔七〕夫水，土演而民用也；〔八〕應劭曰：“演，引也。所以

引出土氣者也。”師古曰：“演，音衍。”土無所演，〔九〕而民乏財
用，不亡何待？昔伊、雒竭而夏亡，〔一○〕河竭而商亡。〔一一〕
今周蒽如二代之季，〔一二〕其原又塞，〔一三〕塞必竭；川竭，
山必崩。〔一四〕夫國必依山川，〔一五〕山崩川竭，亡之徵
也。〔一六〕若國亡，不過十年，數之紀也。’”〔一七〕

〔一〕臧琳云：“史記同作‘甫’，國語作‘父’。韋注曰：‘周大夫。’
　　服虔曰：‘周太史。’裴駰引唐固曰：‘伯陽父，周柱下史老子
　　也。’案：古史多善言陰陽事。”（經義雜記卷六“三川震”條）

〔二〕臧琳云：“國語、史記下作‘過’，此作‘失’。”（同上）

〔三〕臧琳云：“史記同作‘民亂之也’，國語作‘民之亂也’。案：
　　注云：‘言“民”者，不敢斥王也。’則似本作‘民亂之也’。”
　　（同上）

〔四〕臧琳云：“國語作‘不能烝’，史記作‘蒸’。韋注曰：‘烝，升
　　也。’此以詁訓代經文。”（同上）

〔五〕臧琳云：“史記同作‘填’，國語作‘鎮’。漢書多以‘填’爲
　　‘鎮’。”（同上）

〔六〕臧琳云：“史記同作‘原’，國語作‘川源’，下同。案：‘原’古
　　字。”（同上）

〔七〕臧琳云：“史記同有此五字。國語無，而‘川源必塞’下注云
　　‘國依山川，今源塞，故國將亡也’，然則本有此句，後來脫耳。”
　　（同上）

〔八〕臧琳云：“韋注曰：‘水土通氣爲演。演，猶潤也。’案：應以
　　‘土演而民用也’爲句，‘夫水’二字略讀。‘土演’謂引土也，
　　故下云‘土無所演’。史記亦同。古‘演’、‘引’聲相近。韋注

以‘夫’爲起句之辭，‘水土演’連讀，故下作‘水土無演’。此
當從史、漢及應氏解。”（同上）

〔九〕朱一新云：“今本國語‘土’上衍‘水’字，又脱‘所’字，皆誤
也。史記周本紀、説苑辨物篇皆與此同。”（漢書管見卷三五
行志下之上）　軍案：宋刻宋元遞修本國語與此同。

〔一〇〕“雒”，國語、史記作“洛”。國語韋注云：“竭，盡也。伊出熊
耳，洛出冢嶺。禹都陽城，伊、洛所近。”

〔一一〕國語韋注云：“商人都衞，河水所經。”

〔一二〕“悳”，大德本、崇正本、汪本、毛本、局本、王本同，建安本、蔡
本、鷺洲本、北監本、殿本、點校本作“德”。臧琳云：“國語
作‘德’。案：説文‘德’作‘悳’。”（經義雜記卷六“三川
震”條）“季”下，國語、史記有“矣”字。國語韋注云：“二
代之季，謂桀、紂也。”

〔一三〕朱一新云：“國語‘原’上有‘川’字。”（漢書管見卷三五行
志下之上）　軍案：宋刻宋元遞修本國語“原”作“源”。

〔一四〕臧琳云：“國語、史記此五字在‘亡之徵也’下。史記作‘必
山崩’。”（經義雜記卷六“三川震”條）

〔一五〕國語韋注云：“依其精氣利澤也。”

〔一六〕“亡”下，史記有“國”字。

〔一七〕臧琳云：“國語下有‘夫天之所棄，不過其紀’二句。史記無
‘夫’字，‘棄’作‘弃’。”（同上）　軍案：國語韋注云：“數
起於一，終於十，十則更，故曰‘紀’。”

4.21 是歲，三川竭，〔一〕岐山崩。

〔一〕“三”，建安本、蔡本、鷺洲本、崇正本、汪本、北監本、殿本、點
　　校本同；大德本、毛本、局本、王本作“二”，非是。錢大昭云：
　　“‘二’，閩本作‘三’。”（漢書辨疑卷十三五行志下之上）朱一
　　新云：“汪本‘二’作‘三’，是也。史記、國語皆作‘三’。”（漢
　　書管見卷三五行志下之上）葉德輝云：“德藩本作‘三’。”王
　　先謙云：“官本作‘三’。”（漢書補注卷二十七五行志第七
　　下之上）

　　劉向以爲：“陽失在陰者，謂火氣來煎枯水，故川竭
也。山川連體，下竭上崩，事執然也。〔一〕時幽王暴虐，
妄誅伐，不聽諫，迷於襃姒，〔二〕廢其正后，師古曰：“襃姒，
襃人所獻之女也。正后，申后也。蓋白華之詩所爲作也。”廢后
之父申侯與犬戎共攻殺幽王。一曰：‘其在天文，水爲辰
星，辰星爲蠻夷。月食辰星，國以女亡。幽王之敗，女亂
其内，夷攻其外。’”

〔一〕“執”，蔡本、鷺洲本、大德本、崇正本、汪本、北監本、毛本、殿
　　本、局本、王本同，點校本改作“勢”；建安本作“執”，形近而
　　譌。説文丮部“執”字段注云：“説文無‘勢’字，蓋古用‘執’
　　爲之，如禮運‘在執者去’是也。”（説文解字注三篇下）

〔二〕史記周本紀司馬貞索隱云：“襃，國名，夏同姓，姓姒氏。禮，
　　婦人稱國及姓。其女是龍漦妖子，爲人所收，襃人納之于王，
　　故曰襃姒。”張守節正義云：“括地志云：‘襃國故城在梁州襃
　　城縣東二百步，古襃國也。’”

　　京房易傳曰：“君臣相背，厥異名水絶。”師古曰：“有
名之水。”

4.22　文公九年“九月癸酉，地震”。

　　劉向以爲：“先是時，齊桓、晉文、魯釐二伯、賢君新没，師古曰：“齊桓、晉文，二伯也。魯僖，賢君也。伯，讀曰‘霸’。”周襄王失道，師古曰：“謂避叔帶之難而出奔，失爲君之道。”〔一〕楚穆王殺父，師古曰：“穆王，商臣也，殺其父成王也。”〔二〕諸侯皆不肖，權傾於下。天戒若曰：‘臣下彊盛者，將動爲害。’後宋、魯、晉、莒、鄭、陳、齊皆殺君。”師古曰：“文十六年，宋人殺其君杵臼；十八年，襄仲殺惡。宣二年，晉趙盾殺其君夷皋。文十八年，莒弒其君庶其。〔三〕宣四年，鄭公子歸生弒其君夷，〔四〕十年，陳夏徵舒殺其君平國。文十八年，齊人殺其君商人。”諸“震”略皆從董仲舒説也。

〔一〕僖七年左傳云：“冬，惠王崩。襄王惡大叔帶之難，懼不立，不發喪，而告難於齊。”杜注云：“襄王，惠王大子鄭也。大叔帶，襄王弟，惠后之子也，有寵於惠后，惠后欲立之，未及而卒。”（見春秋左傳正義卷十三）僖二十四年左氏經云：“冬，天王出居于鄭。”傳云：“天子無出，書曰‘天王出居于鄭’，辟母弟之難也。”杜注云：“叔帶，襄王同母弟。”（見春秋左傳正義卷十五）

〔二〕文元年左氏經云：“冬，楚世子商臣弒其君頵。”杜注云：“商臣，穆王也。”（見春秋左傳正義卷十八）

〔三〕“弒”，蔡本、鷺洲本、大德本、崇正本、汪本、北監本、毛本、殿本、局本、王本、點校本同，建安本作“殺”。

〔四〕“弒”，建安本、蔡本、鷺洲本、崇正本、汪本、毛本、局本、王本、點校本同，大德本、北監本、殿本作“殺”。

　　京房易傳曰："臣事雖正，專必震；其震，於水則波，於木則搖，於屋則瓦落。大經在辟而易臣，茲謂陰動；服虔曰："經，常也。辟，音'刑辟'之'辟'。"蘇林曰："大經，五行之常經也。在辟，衆陰犯殺其上也。"師古曰："辟，讀曰'僻'。謂常法僻壞而易臣也。"厥震搖政宮。大經搖政，茲謂不陰；厥震搖山，山出涌水。嗣子無德專禄，〔一〕茲謂不順；厥震動丘陵，涌水出。"

〔一〕王念孫云："御覽咎徵部七引此，'專禄'上有'臣'字，是也。此言嗣子無德而臣專禄，則地震，故上文云'臣事雖正，專必震'也。臣專禄，故曰'茲謂不順'。若無'臣'字，則義不可通。"（讀書雜志四漢書第五五行志"專禄"條）

4.23 襄公十六年"五月甲子，地震"。

　　劉向以爲："先是，雞澤之會，諸侯盟，大夫又盟。師古曰："雞澤，衛地也。襄三年，公會單子、晉侯、宋公、衛侯、鄭伯、莒子、邾子、齊世子光。己未，同盟于雞澤。陳侯使袁僑如會。戊寅，叔孫豹及諸侯之大夫及陳袁僑盟也。"〔一〕是歲三月，諸侯爲溴梁之會，〔二〕而大夫獨相與盟，師古曰："經書諸大夫盟，謂晉、宋、衛、鄭、曹、莒、邾、薛、杞、小邾之大夫。"〔三〕五月地震矣。其後，崔氏專齊，欒盈亂晉，良霄傾鄭，闔殺吳子，燕逐其君，楚滅陳、蔡。"師古曰："崔氏，齊卿崔杼也。欒盈，晉大夫欒桓子之子懷子也，二十一年奔楚，二十三年復入于晉而作亂。良霄，鄭大夫伯有也。三十年，子晳以駟氏之甲伐而焚之。伯有奔雍梁，〔四〕遂奔許，晨自墓門之竇入，介于襄庫，以伐舊北門。駟帶

率國人伐之,伯有死于羊肆。閽,守門者也。吳子,餘祭也。吳人
伐越,獲俘焉,以爲閽,使守舟。二十九年,餘祭觀舟,閽以刀殺之。
燕,北燕國也。昭三年冬,燕大夫殺公之外嬖,公懼奔齊。〔五〕昭八
年,楚師滅陳。十一年,楚滅蔡也。"

〔一〕"侯"下原無"之"字,建安本、蔡本、鷺洲本、大德本、北監本、
　　毛本、殿本、局本、王本、點校本同,今據崇正本、汪本、襄三年
　　春秋補。朱一新云:"汪本注'大'上有'之'字,此脱。"(漢
　　書管見卷三五行志下之上)襄三年春秋杜注云:"諸侯既盟,
　　袁僑乃至,故使大夫別與之盟。言'諸侯之大夫',則在雞澤
　　之諸侯也。殊袁僑者,明諸侯大夫所以盟,盟袁僑也。據傳,
　　盟在秋。長歷推戊寅七月十三日,經誤。"(春秋左傳正義卷
　　二十九)

〔二〕"溴",諸本作"溴",形近而譌。

〔三〕參見本書五行志中之上第二十八條。

〔四〕"廱",諸本同,襄三十年左傳作"雍"。

〔五〕昭三年春秋云:"北燕伯款出奔齊。"左傳云:"燕簡公多嬖寵,
　　欲去諸大夫而立其寵人。冬,燕大夫比以殺公之外嬖,公懼,
　　奔齊。書曰'北燕伯款出奔齊',罪之也。"榖梁傳云:"其曰
　　'北燕',從史文也。"

4.24 昭公十九年"五月己卯,地震"。

　　劉向以爲:"是時,季氏將有逐君之變。其後,宋三
臣、曹會皆以地叛,師古曰:"二十年,宋華亥、向寧、華定出奔
陳;〔一〕二十一年,自陳入于宋南里以叛。〔二〕曹會,大夫公孫會

也,二十年自郳出奔宋。穀梁傳曰:'"自郳"者,專郳也。'郳,鄫之邑也。郳,音莫風反。"**蔡、莒逐其君,吳敗中國,殺二君。**"師古曰:"昭二十一年,蔡人信費無極之言,出蔡侯朱,朱出奔楚。二十三年,莒子庚輿虐而好劍,國人患之。秋七月,烏存帥國人以逐之,庚輿出奔魯。戊辰,吳敗楚、頓、胡、沈、蔡、陳、許之師于雞父,〔三〕胡子髡、沈子逞滅,〔四〕是也。"

〔一〕"向寧",諸本同,左氏、穀梁同,公羊作"向甯"。

〔二〕昭二十一年左氏經杜注云:"自外至,故曰'入'。披其邑,故曰'叛'。南里,宋城內里名。"孔疏云:"賈逵云:'書"入",華貙兄弟作亂,召而逆之。'是賈以此'入'從'國逆'之例也。杜意以賈氏'逆之'爲非,故云'自外至,故曰"入"'以顯異之也。此分析君邑以自屬己,故曰'叛'也。傳稱'華氏居盧門,以南里叛。宋城舊墉及桑林之門守之',知此'南里'是宋城之內里名。"(春秋左傳正義卷五十)

〔三〕昭二十三年左氏經杜注云:"不書'楚',楚不戰也。雞父,楚地。安豐縣南有雞備亭。"孔疏云:"杜知'楚不戰'者,以傳云'戰于雞父。吳子以罪人先犯胡、沈與陳,三國敗。舍胡、沈之囚,使奔許與蔡、頓。師噪而從之,三國奔',是戰於雞父之時,先犯胡、沈、陳,後破許、蔡、頓也。六國既陳,戰敗而奔,下傳始云'楚師大奔',是六國敗後,楚師怖懼,不得成陳,望風而奔。故傳云'不言"戰",楚未陳'。"(同上)

〔四〕昭二十三年左氏經杜注云:"國雖存,君死曰'滅'。"孔疏云:"公羊傳曰:'君死於位曰"滅"。'其意言本國雖存,其君見殺,與滅國相類,據君身言之謂之'滅'。"(同上)

4.25 二十三年“八月乙未，地震”。

劉向以爲：“是時，周景王崩，劉、單立王子猛，尹氏立子朝。師古曰：“已解於上。”〔一〕其後，季氏逐昭公，〔二〕黑肱叛邾，師古曰：“黑肱，邾大夫也。三十一年，經書‘邾黑肱以濫來奔’。濫，邾邑。”〔三〕吳殺其君僚，師古曰：“二十七年，吳公子光使專諸抽劍刺王，是也。”〔四〕宋五大夫、晉二大夫皆以地叛。”師古曰：“定十年，宋公之弟辰暨仲佗、石彄出奔陳。〔五〕十一年春，辰及仲佗、石彄、公子地自陳入于蕭以叛；秋，宋樂大心自曹入于蕭。十三年，晉荀寅、士吉射入朝歌以叛。”

〔一〕見本書五行志上第十七條、五行志中之上第二十六條。

〔二〕事見昭二十五年春秋。

〔三〕昭三十一年左氏經杜注云：“黑肱，邾大夫。濫，東海昌慮縣。不書‘邾’，史闕文。”（見春秋左傳正義卷五十三）

〔四〕事見昭二十七年左傳。

〔五〕“仲佗”原作“仲它”，諸本同，今據定十年春秋改，下同。定十年左氏經陸德明釋文云：“佗，徒何反。”公羊經釋文云：“佗，大多反。”穀梁經釋文云：“佗，大河反。”是陸氏所見春秋亦皆作“仲佗”。定十年左氏經杜注云：“暨，與也。宋公寵向魋，不聽辰請。辰忿而將大臣出奔，虛請自忿，稱‘弟’，示首惡也。仲佗、石彄皆爲國卿，不能匡君靖難，而爲辰所牽帥出奔，稱名，亦罪之也。”（見春秋左傳正義卷五十六）

4.26 哀公三年“四月甲午，地震”。

劉向以爲：“是時，諸侯皆信邪臣，莫能用仲尼，仲尼

見棄而季氏强,〔一〕盜殺蔡侯,齊陳乞弑君。"師古曰:"哀
四年經書'盜殺蔡侯申',左氏傳曰:'蔡昭侯將如吴,諸大夫恐其
又遷也,公孫翩逐而射之,入于家人而卒。'〔二〕陳乞,齊大夫陳僖
子也。六年,乞殺其君荼。〔三〕荼,景公之子安孺子也。荼,音大胡
反。"〔四〕

〔一〕"仲尼"至"季氏强",此八字原無,諸本同,今據太平御覽卷
　　八百八十咎徵部七引漢書五行志補。

〔二〕"家人"原作"人家",今據諸本、左傳乙。哀四年左傳杜注云:
　　"翩,蔡大夫。"孔疏云:"言'將如吴',已適吴矣,翩在路逐而
　　殺之,遂入於凡人之家。言此者,説其非理之意。"(春秋左傳
　　正義卷五十七)

〔三〕哀六年左氏經杜注云:"弑荼者,朱毛與陽生也,而書'陳乞',
　　所以明乞立陽生而荼見弑,則禍由乞始也。"孔疏云:"實非
　　陳乞弑荼,而書'乞弑其君'者,以荼死由乞,故書'乞弑'也。
　　此以楚公子比、鄭公子歸生俱非弑君之首,春秋顯而書之,以
　　爲弑君之主,所以惡此三人。"(春秋左傳正義卷五十八)

〔四〕"荼,音大胡反",北監本、殿本無此五字。此下,蔡本、鷺洲本
　　有校語"○劉氏校本云:'監本、越本作"人家",非。據左氏
　　傳,此爲是'"二十一字,乃宋人增附。　　軍案:劉説是也。

4.27　趙幽王五年,代地大動,自樂徐以西,北至平陰,〔一〕
臺屋墻垣大半壞,地坼東西百三十步。〔二〕
〔一〕史記趙世家張守節正義云:"樂徐在晉州,平陰在汾也。"
〔二〕史記趙世家張守節正義云:"其坼溝見在,亦在晉、汾二州

界也。”

六年,大飢,〔一〕秦滅之。〔二〕

〔一〕“飢”,史記趙世家作“饑”。説文食部云:“饑,穀不熟爲饑。飢,餓也。”段注云:“‘飢’與‘饑’分別,蓋本古訓,諸書通用者多有,轉寫錯亂者亦有之。”(説文解字注五篇下)

〔二〕“趙幽王”至“秦滅之”,此條四十字原無,諸本同,今據太平御覽卷八百八十咎徵部七地震引漢書五行志補。事見史記卷四十三趙世家。

4.28　惠帝二年正月,地震隴西,厭四百餘家。師古曰:“厭,音一甲反。次下亦同。”〔一〕

〔一〕“厭”,讀爲“壓”。師古注“下”字,建安本誤作“亦”。

時諸吕用事。〔一〕

〔一〕“時諸吕用事”,此五字原無,諸本同,今據太平御覽卷八百八十咎徵部七地震引漢書五行志補。

4.29　武帝征和二年八月癸亥,地震,厭殺人。明年,皇后陳氏廢。〔一〕

〔一〕“明年”至“陳氏廢”,此七字原無,諸本同,今據太平御覽卷八百八十咎徵部七地震引漢書五行志補。

4.30　宣帝本始四年四月壬寅,地震河南以東四十九郡,北海琅邪壞祖宗廟、城郭,殺六千餘人。〔一〕後又京師地震至北邊郡國三十餘,壞城郭,殺四百餘人。

〔一〕“殺六千餘人”，諸本同。太平御覽卷八百八十咎徵部七地震
　　　引漢書五行志作“殺人千餘”，記纂淵海卷五災異部地震引漢
　　　書作“殺六千人”。漢書宣帝紀載此事云：“夏四月壬寅，郡國
　　　四十九地震，或山崩水出。”夏侯勝傳載此事云：“四年夏，關
　　　東四十九郡同日地動，或山崩，壞城郭室屋，殺六千餘人。”

　　後霍禹反誅，清河王遷房陵，皇后霍氏廢。〔一〕

〔一〕“後又”至“霍氏廢”，此三十八字原無，諸本同，今據太平御覽
　　　卷八百八十咎徵部七地震引漢書五行志補。太平御覽“禹”
　　　上有“顯”字，今删。記纂淵海卷五災異部地震引漢書五行志
　　　有“後又”至“四百餘人”二十二字。宣帝地節四年七月，大
　　　司馬霍禹謀反伏誅；八月，皇后霍氏廢；十二月，清河王年有
　　　罪，廢遷房陵，事見漢書宣帝紀。

4.31　元帝永光三年冬，地震。

4.32　建昭四年，藍田地震，沙石流擁灞水，〔一〕安陵岸崩，擁水，水逆流。

〔一〕“擁”，讀爲“壅”，塞也。下同。

　　時石顯用事。〔一〕

〔一〕“建昭”至“用事”，此條二十八字原無，諸本同，今據太平御覽
　　　卷八百八十咎徵部七地震引漢書五行志補。記纂淵海卷五
　　　災異部地震引漢書有“建昭四年，藍田地震，沙石流擁潭水，
　　　安陵岸崩，擁水逆流”二十二字，“潭”乃“灞”字誤，“逆”上
　　　“水”字不重。

4.33　成帝綏和二年九月丙辰,〔一〕地震自京師至北邊郡國三十餘,壞城郭,凡殺四百一十五人。

〔一〕"成帝"二字原無,諸本同,今據文例補。王念孫云:"'綏和'上脱'成帝'二字。"(讀書雜志四漢書第五五行志"綏和二年"條)

4.34　釐公十四年"秋八月辛卯,沙麓崩"。〔一〕

〔一〕僖十四年左氏經杜注云:"沙鹿,山名。陽平元城縣東有沙鹿土山,在晉地。災害繫於所災所害,故不繫國。"(見春秋左傳正義卷十三)

穀梁傳曰:"林屬於山曰麓。師古曰:"屬,聯也,音之欲反。"沙,其名也。"〔一〕

〔一〕僖十四年左氏經孔疏云:"服虔云:'沙,山名。鹿,山足。林屬於山曰鹿。'取穀梁爲説也。漢書元后傳稱:'后祖翁孺自東平陵徙魏郡元城委粟里。元城建公曰:"昔春秋沙鹿崩,晉史卜之,曰:'陰爲陽雄,土火相乘,故有沙鹿崩。崩後六百四十五年,宜有聖女興。'今王翁孺徙,正值其地,日月當之。元城郭東有五鹿之虛,即沙鹿地。"'計爾時去聖猶近,所言當得其實,故以'沙鹿'爲山名,依漢書爲義也。"(春秋左傳正義卷十三)漢書元后傳"故有沙鹿崩"下不重"崩"字,孔疏有者乃衍文。臧琳云:"以'沙'爲山名,本漢志所載左氏舊義,非取穀梁爲説。'鹿'字之訓,本諸穀梁,與左氏'沙'爲'山名'正合。杜氏統言'沙鹿'爲'山名',失古人正名之誼矣。"(經義雜記卷七"沙鹿崩"條)　軍案:臧説是也。

　　劉向以爲：“臣下背叛散落，不事上之象也。先是，齊桓行伯道，會諸侯，師古曰：“伯，讀曰‘霸’。其下亦同。”〔一〕事周室。管仲既死，桓德日衰。天戒若曰：‘伯道將廢，諸侯散落，政逮大夫，陪臣執命，臣下不事上矣。’桓公不寤，天子蔽晦。師古曰：“被掩蔽而暗也。”及齊桓死，〔二〕天下散而從楚。王札子殺二大夫，師古曰：“二大夫，召伯、毛伯也。”晉敗天子之師，師古曰：“謂敗之於貿戎也。已解於上也。”〔三〕莫能征討，從是陵遲。公羊以爲：‘沙麓，河上邑也。’”董仲舒説略同。

〔一〕“師古”至“亦同”，北監本、殿本無此注十一字。

〔二〕“桓”，建安本、蔡本、鷺洲本、大德本、崇正本、汪本、北監本、殿本、點校本同；毛本、局本、王本作“威”，非是。葉德輝云：“德藩本作‘齊桓’。”王先謙云：“官本作‘桓’。”（漢書補注卷二十七五行志第七下之上）

〔三〕見本書五行志中之下第五條。“已解於上也”，北監本無此五字，殿本無“也”字。

　　一曰：“河，大川象；齊，大國。桓德衰，伯道將移於晉文，故河爲徙也。”

　　左氏以爲：〔一〕“沙麓，晉地；沙，山名也。地震而麓崩，不書‘震’，舉重者也。伯陽甫所謂‘國必依山川，山崩川竭，亡之徵也。〔二〕不過十年，數之紀也’。〔三〕至二十四年，晉懷公殺於高梁。”〔四〕師古曰：“懷公，謂子圉，惠公之子也。文公入國而使殺之。高梁，晉地。”

〔一〕朱一新云：“此謂治左氏者之説耳，非左氏本文也。”（漢書管

見卷三五行志下之上）

〔二〕僖六年左傳杜注云：“國主山川，山崩川竭，亡國之徵。”（見春秋左傳正義卷十三）朱一新云：“杜注左氏蓋用此説。”（漢書管見卷三五行志下之上）

〔三〕文見國語周語上。參見本卷第二十條。

〔四〕僖二十四年左傳杜注云：“懷公奔高梁。高梁在平陽楊縣西南。”（見春秋左傳正義卷十五）

　京房易傳曰：“小人剝廬，師古曰：“剝卦上九爻之辭。”〔一〕厥妖山崩，兹謂陰乘陽，弱勝彊。”

〔一〕周易剝上九爻辭云：“碩果不食，君子得輿，小人剝廬。”王弼注云：“處卦之終，獨全不落，故果至於碩而不見食也。君子居之，則爲民覆蔭；小人用之，則剝下所庇也。”（見周易正義卷三）

4.35　成公五年“夏，梁山崩”。〔一〕

〔一〕成五年左氏經杜注云：“記異也。梁山在馮翊夏陽縣北。”孔疏云：“公羊傳曰：‘梁山崩，何以書？記異也。’公羊以爲，非常爲異，害物爲災。此山崩無所害，故爲異也。”（春秋左傳正義卷二十六）

　穀梁傳曰：“雍河三日不流。師古曰：“雍，讀曰‘壅’。”晉君帥羣臣而哭之，迺流。”師古曰：“從伯宗用輦者之言。”

　劉向以爲：“山陽，君也；水陰，民也。天戒若曰：‘君道崩壞，下亂，百姓將失其所矣。’哭然後流，喪亡象也。梁山在晉地，自晉始而及天下也。後晉暴殺三卿，厲公以弑。師古曰：“三卿，謂郤犫、郤錡、郤至也。厲公殺之，而欒書、中行偃又弑厲公。事在成十七年。”〔一〕溴梁之會，天下大夫皆執國政。師古曰：“已解於上。”〔二〕其後，孫、甯出衛獻，師古曰：“孫，孫林父；甯，甯殖，皆衛大夫也。衛獻公，定公之子也，名衎。獻公戒二子食，日旰不召，而射鴻於囿。〔三〕二子怒，因作亂。公如鄄，〔四〕遂出奔齊。孫氏追之，敗公徒于柯澤。〔五〕事在襄十四年。”三家逐魯昭，單、尹亂王室。”師古曰：“並解於上。”〔六〕董仲舒説略同。

〔一〕“暴”，殘也。晉厲公殺三郤，見成十七年左傳；欒書、中行偃弑厲公，見成十八年左傳。

〔二〕見本書五行志中之上第二十八條。

〔三〕襄十四年左傳杜注云：“敕戒二子，欲共宴食。旰，晏也。”（見春秋左傳正義卷三十二）

〔四〕襄十四年左傳杜注云：“鄄，衛地。”（同上）

〔五〕“徒”，原作“徙”，形近而譌，今據諸本改。水經河水“又東北過東阿縣北”，酈道元注云：“河水右歷柯澤，春秋左傳襄公十四年，衛孫文子‘敗公徒于柯澤’者也。”（水經注卷五）朱謀㙔箋云：“今左傳作‘阿澤’。”（水經注箋卷五）襄十四年左傳杜注云：“濟北東阿縣西南有大澤。”（見春秋左傳正義卷三十二）太平御覽卷七十二地部三十七澤引左傳亦作“敗公徒于柯澤”。路史卷二十四國名紀炎帝後姜姓國云：“柯，齊邑。柯澤在鄄之東阿。”

〔六〕“三家逐魯昭”，見本書五行志上第十八條。“單、尹亂王室”，見本書五行志上第十七條。

劉歆以爲："梁山,晉望也;崩,弛崩也。[一]師古曰：
"言漸解散也。弛,音式爾反。"[二]古者,三代命祀,祭不越
望;吉凶禍福,不是過也。國主山川,山崩川竭,亡之徵
也。[三]美惡周必復。師古曰："復,音扶目反。"是歲,歲在
鶉火。至十七年,復在鶉火,欒書、中行偃殺厲公而立
悼公。"

〔一〕"弛",建安本、蔡本、鷺洲本、大德本、崇正本、汪本、毛本、局
　　本、王本、點校本同,北監本、殿本作"弛"。

〔二〕"弛,音式爾反",北監本無此五字,殿本"弛"作"弛"。

〔三〕僖六年左傳杜注云："国主山川,山崩川竭,亡国之徵。"(見春
　　秋左傳正義卷十三)　軍案：杜預此注用劉歆説也。

4.36　高后二年正月,武都山崩,[一]殺七百六十人,地震
至八月迺止。

〔一〕漢書高后紀云："二年春正月乙卯,地震羌道,武都道山崩。"
　　師古注云："武都道屬武都郡。"王先謙云："'道'字衍。前漢
　　爲武都縣,後漢加'道'耳,在今階州成縣西八十里。五行志
　　作'武都山崩',而無'羌道'。"(漢書補注卷三高后紀第三)

4.37　文帝元年四月,齊、楚地震,山崩二十九所,同日俱
大發水潰出。[一]

〔一〕"地"下原無"震"字,"山"下原無"崩"字,諸本同,今補。王
　　念孫云："此當依漢紀孝文紀作'齊、楚地震,山崩二十九所,
　　同日俱大發水潰出'。此因地震,故山崩而水潰出也。且上下

文皆紀山崩之事,則此亦當有‘崩’字,明矣。文紀亦云:‘齊、楚地震,二十九山同日崩,大水潰出。’”(讀書雜志四漢書第五五行志“齊、楚地山二十九所”條)　軍案:王説是也。

劉向以爲:“近水沴土也。天戒若曰:‘勿盛齊、楚之君,今失制度,將爲亂。’後十六年,帝庶兄齊悼惠王之孫文王則薨,無子,帝分齊地,立悼惠王庶子六人皆爲王。師古曰:“謂齊孝王將閭、濟北王志、菑川王賢、膠東王雄渠、膠西王卬、濟南王辟光。”〔一〕賈誼、鼂錯諫,以爲違古制,恐爲亂。至景帝三年,齊、楚七國起兵百餘萬,漢皆破之。〔二〕春秋四國同日災,師古曰:“宋、衞、陳、鄭。”〔三〕漢七國同日衆山潰,咸被其害,不畏天威之明效也。”

〔一〕見漢書卷三十八高五王傳。

〔二〕“七國”,吳、楚、趙、膠東、膠西、淄川、濟南也。事詳史記卷五十二齊悼惠王世家、漢書卷三十八高五王傳。

〔三〕昭十八年春秋云:“五月壬午,宋、衞、陳、鄭災。”左傳云:“宋、衞、陳、鄭皆火。”杜注云:“天火曰災。”(見春秋左傳正義卷四十八)　軍案:參見本書五行志上第十七條。

4.38 成帝河平三年二月丙戌,犍爲柏江山崩,捐江山崩,〔一〕皆廱江水,師古曰:“廱,讀曰‘壅’。次下亦同。”江水逆流壞城,殺十三人,地震積二十一日,百二十四動。

〔一〕沈欽韓云:“水經注:‘江水東南逕南安縣西,有熊耳峽,連山競險,接嶺爭高。漢河平中,山崩地震,江水逆流也。’(明志眉州青神縣西有熊耳山峽,青衣水經其下,縣東南有松柏灘。)

按：一統志嘉定府有‘青衣江’（自雅州府雅安縣流入，經洪雅縣南、夾江縣西南，又東南經府城西，合大渡河入江，名平羌水，又名洪雅江）、‘陽江’（即大渡河，自夷界流入，經峨眉縣南，又東經樂山縣界，至城西南合青衣水入江），并無‘柏江’、‘捐江’之名。雖古今名易，應亦文有譌也。”（漢書疏證卷二十一五行志）　軍案：沈氏引水經注，見水經注卷三十三江水；引一統志，見嘉慶大清一統志卷四百四嘉定府山川。

4.39　元延三年正月丙寅，蜀郡岷山崩，壅江，江水逆流，三日迺通。

劉向以爲：“周時岐山崩，三川竭，而幽王亡。〔一〕岐山者，周所興也。漢家本起於蜀漢，今所起之地山崩川竭，星孛又及攝提、大角，從參至辰，如淳曰：“孛星尾長及攝提、大角，始發於參，至辰也。”殆必亡矣。”其後，三世亡嗣，王莽篡位。〔二〕

〔一〕參見本卷第二十、二十一條。

〔二〕王先謙云：“以上‘金木水火沴土’。”（漢書補注卷二十七五行志第七下之上）

4.40　傳曰：“皇之不極，〔一〕是謂不建。厥咎眊，服虔曰：“眊，音‘老眊’。”〔二〕厥罰恒陰，厥極弱。時則有射妖，時則有龍蛇之孽，時則有馬禍，時則有下人伐上之痾，〔三〕時則有日月亂行，星辰逆行。”

〔一〕王先謙云：“續志劉注云：‘大傳“皇”作“王”，鄭注：“王，君

也。不名體而言‘王’者，五事象五行，則王極象天也。”’”（漢
書補注卷二十七五行志第七下之上）　軍案：王引續志劉注，
見後漢書卷一百七五行志五劉昭注。

〔二〕王先謙云：“續志注云：‘大傳作“瞀”，鄭注：“瞀，與‘思心’
之‘咎’同耳。故子駿傳曰：‘瞀，眊；眊，亂也。’君臣不立，則
上下亂矣。”’”（漢書補注卷二十七五行志第七下之上）　軍
案：王引續志劉注，“傳曰”上脫“子駿”二字，今據北宋刻遞
修本後漢書卷一百七五行志五注、文獻通考卷八十八郊社考
二十一補；“傳曰”下脫“瞀”字，後漢書五行志五注同，今補。
陳壽祺云：“‘瞀’，漢志、續漢志引並作‘眊’，劉昭注云：‘尚書
大傳作“瞀”。’鄭注引劉子駿五行傳，以‘眊’釋‘瞀’，是也。
文獻通考郊社考引作‘雺’，與‘思心’傳同，非。”’”（左海文
集輯本尚書大傳卷三洪範五行傳）陳説是也。

〔三〕王先謙云：“續志注引鄭注：‘夏侯勝説：“‘伐’宜爲‘代’，書
亦或作‘代’。陰陽之神曰精氣，情性之神曰魂魄。君行不
由常，俯張無度，則是魂魄傷也，王極氣失之病也。天於不中
之人，恒耆其味，厚其毒，增以爲病，將以開賢代之也。”’案：
勝傳作‘伐上’。鄭説未詳所出。續志亦作‘伐’。”（漢書補注
卷二十七五行志第七下之上）　軍案：王引續志注，“失”誤作
“先”，今據北宋刻遞修本後漢書卷一百七五行志五注、文獻通
考卷八十八郊社考二十一改；“耆其”下脫“味厚其”三字，今
據宋淳熙十三年内府寫本洪範政鑒卷十一上皇極上補。王引
“勝傳”，見漢書卷七十五夏侯勝傳，參本卷第四十二條。

“皇之不極，是謂不建”，皇，君也；極，中；建，立也。

人君貌、言、視、聽、思心五事皆失，不得其中，則不能立
萬事，失在眊悖，故“其咎眊”也。師古曰：“眊，不明也。悖，
惑也，音布内反。”王者自下承天理物。雲起於山，而彌於
天；師古曰：“彌，滿也。”天氣亂，故“其罰常陰”也。一曰：
“上失中，則下彊盛而蔽君明也。”易曰：“亢龍有悔，貴
而亡位，高而亡民，賢人在下位而亡輔。”師古曰：“乾上九
文言也。”如此，則君有南面之尊，而亡一人之助，故“其
極弱”也。盛陽動進輕疾。服虔曰：“陽行輕且疾也。”禮，春
而大射，以順陽氣。韋昭曰：“將祭，與羣臣射，謂之‘大射’。”
上微弱則下奮動，故“有射妖”。易曰“雲從龍”，師古曰：
“乾九五文言。”又曰“龍蛇之蟄，以存身也”。師古曰：“下繫
辭也。”陰氣動，故“有龍蛇之孽”。於易，乾爲君、爲馬。
馬任用而彊力，君氣毀，故“有馬禍”。一曰“馬多死及
爲怪”，亦是也。〔一〕君亂且弱，人之所叛，天之所去，不
有明王之誅，則有篡弑之禍，故“有下人伐上之痾”。凡
君道傷者，病天氣。不言五行沴天，而曰“日月亂行，星
辰逆行”者，爲若下不敢沴天，猶春秋曰“王師敗績于貿
戎”，不言敗之者，以自敗爲文，尊尊之意也。

〔一〕沈欽韓云：“隋志引洪範五行傳曰：‘逆天氣，故馬多死。’又
　　曰：‘馬者，兵象。將有寇戎之事，故馬爲怪。’”（漢書疏證卷
　　二十一五行志）

　　劉歆“皇極”傳曰：“有下體生上之痾。説以爲：‘下
人伐上，天誅已成，不得復爲痾云。’”

4.41　皇極之“常陰”,劉向以爲:“春秋亡其應。一曰‘久陰不雨’,是也。”

　　劉歆以爲:“自屬‘常陰’。”

4.42　昭帝元平元年四月崩,亡嗣,立昌邑王賀。賀即位,天陰,晝夜不見日月。賀欲出,光禄大夫夏侯勝當車諫曰:〔一〕“天久陰而不雨,臣下有謀上者,陛下欲何之?”賀怒,縛勝以屬吏,師古曰:“屬,委也,音之欲反。”〔二〕吏白大將軍霍光。光時與車騎將軍張安世謀欲廢賀。光讓安世,以爲泄語,安世實不泄,召問勝。勝上洪範五行傳曰:“‘皇之不極,厥罰常陰,時則有下人伐上。’不敢察察言,臣瓚曰:“不敢察察明言之。”故云‘臣下有謀’。”光、安世讀之,大驚,以此益重經術士。後數日,卒共廢賀。

〔一〕錢大昕云:“此事又見勝傳。”(廿二史考異卷七漢書二五行志下之上)　軍案:見漢書卷七十五夏侯勝傳。

〔二〕“師古”至“欲反”,北監本、殿本無此注十字。

　　此“常陰”之明效也。

　　京房易傳曰:“有蜺、蒙、霧。霧,上下合也;蒙,如塵雲;蜺,日旁氣也。其占曰:

　　“后妃有專,蜺再重,赤而專,至衝旱。孟康曰:“專,員也。〔一〕若五月再重,赤而員,至十一月旱也。”妻不壹順,黑蜺四背,又白蜺雙出日中。〔二〕妻以貴高夫,兹謂擅陽;蜺四方,日光不陽,解而温。服虔曰:“蒙氣解而温。”内取,兹謂禽;服虔曰:“人君内淫於骨肉也。”臣瓚曰:“人君取於國中也。”師古曰：“取，如禮記‘聚麀’之‘聚’。瓚説非。”〔三〕蜺如禽，在日旁。以尊降妃，兹謂薄嗣；蜺直而塞，六辰迺除，夜星見而赤。韋昭曰：“六辰，謂從卯至申。”女不變始，兹謂乘夫；孟康曰：“始貴高於夫，終行此不變也。”蜺白在日側，黑蜺果之，氣正直。師古曰：“果，謂干之也。”〔四〕妻不順正，兹謂擅陽；蜺中窺貫而外專。夫妻不嚴，兹謂媟，韋昭曰：“媟，言媟慢也。”師古曰：“音先列反。”蜺與日會。婦人擅國，兹謂頃；師古曰：“頃，讀曰‘傾’。”蜺白貫日中，赤蜺四背。服虔曰：“蜺背日。”適不答，兹謂不次；服虔曰：“言適妻不見答也。”臣瓚曰：“夫不接妻，爲‘不答’。”〔五〕師古曰：“適，讀曰‘嫡’。答，報也。言妻有承順之心，不見報答也。一曰：‘答，對也。言不以恩意接對之。’”蜺直在左，蜺交在右。取於不專，兹謂危嗣；蜺抱日兩未及。君淫外，兹謂亡；蜺氣左日交於外。取不達，兹謂不知；蜺白奪明而大温，温而雨。師古曰：“取，讀曰‘聚’。”尊卑不别，兹謂媟；蜺三出三已，三辰除，韋昭曰：“若從寅至辰也。蜺旦見西，晏則雨。”除則日出且雨。

〔一〕周壽昌云：“‘員’，即‘圓’。孟子：‘方，員之至也。’易繫辭‘圓而神’，釋文：‘圓，本又作“員”。’正文兩‘專’字，宜讀若‘團’。説文：‘團，圓也。從囗，員聲。’周禮大司徒‘其民專而長’，注：‘專，圜也。’一切經音義引字林：‘團，圓也。’”（漢書注校補卷二十五行志第七下之上）

〔二〕“白”原作“曰”，形近而譌，今據諸本改。

〔三〕沈欽韓云：“‘内取’當從瓚説。公羊傳：‘宋三世内娶。’禮坊記‘諸侯不下漁色’，鄭注：‘内取國中，爲“下漁色”。’”（漢書疏證卷二十一五行志） 軍案：“臣瓚”至“中也”、“瓚説非”，北監本、殿本無此十三字。

〔四〕楊樹達云：“‘果’當讀爲‘裹’。説文八篇上衣部云：‘裹，纏也。’顏訓非。”（漢書窺管卷三五行志第七下之上）

〔五〕“服虔”至“不咎”，北監本無此二十字。“爲”，建安本、蔡本、鷺洲本、大德本、崇正本、汪本、殿本同；毛本、局本、王本、點校本作“謂”，非是。

“臣私禄及親，兹謂罔辟；韋昭曰：“辟，君也。”師古曰：“辟，音壁。其下並同。”〔一〕厥異蒙，其蒙先大温，已蒙起，日不見。行善不請於上，兹謂作福；蒙一日五起五解。辟不下謀，臣辟異道，兹謂不見；上蒙下霧，風三變而俱解。立嗣子疑，兹謂動欲；蒙赤，日不明。德不序，兹謂不聰；蒙，日不明，温而民病。德不試，空言禄，師古曰：“試，用也。”兹謂主窳臣夭；〔二〕孟康曰：“謂君惰窳，用人不以次第，爲‘夭’也。”師古曰：“窳，音庾。”蒙起而白。君樂逸人，兹謂放；蒙，日青，黑雲夾日，左右前後行過日。公不任職，兹謂怙禄；蒙三日，又大風五日，蒙不解。利邪以食，兹謂閉上；蒙大起，白雲如山行蔽日。公懼不言道，〔三〕兹謂閉下；〔四〕蒙大起，日不見，若雨不雨，至十二日解，而有大雲蔽日。禄生於下，兹謂誣君；蒙微而小雨，已乃大雨。下相攘善，兹謂盗明；蒙黄濁。下陳功求於上，兹謂不知；蒙微而赤，風鳴條，解復蒙。下專刑，兹謂分威；蒙而日不得明，大臣厭小臣，〔五〕兹謂蔽；蒙微，日不明，若解不解，大風發，赤雲起而蔽日。衆不惡惡，兹謂閉；

蒙,尊卦用事,孟康曰:"尊卦,乾、坤也。"臣瓚曰:"京房謂之'方伯卦',震、兌、坎、離也。"師古曰:"孟説是也。"〔六〕三日而起,日不見。漏言亡喜,兹謂下厝用;師古曰:"厝,音千各反。"蒙微,日無光,有雨雲,雨不降。廢忠惑佞,兹謂亡;蒙,天先清而暴,蒙微而日不明。有逸民,兹謂不明;蒙濁,奪日光。公不任職,兹謂不紲;蒙白,三辰止,則日青,青而寒,寒必雨。忠臣進善君不試,兹謂遏;師古曰:"試,用也。"蒙,先小雨,雨已蒙起,微而日不明。惑衆在位,兹謂覆國;蒙微而日不明,一溫一寒,風揚塵。知佞厚之,兹謂庫;〔七〕蒙甚而溫。

〔一〕"師古"至"並同",北監本、殿本無此十字。

〔二〕朱一新云:"汪本'夭'作'大',注又誤作'人'。"(漢書管見卷三五行志下之上)

〔三〕王先謙云:"'懼',疑'拒'聲近而譌。拒下使不言道,所謂'閉下'也。作'懼'則無義。"(漢書補注卷二十七五行志第七下之上)

〔四〕"閉",建安本、蔡本、鷺洲本、崇正本、汪本、毛本、殿本、局本、王本、點校本同;大德本、北監本作"蔽",非是。齊召南云:"'閉',監本訛'蔽'。按:此與前文'閉上'相對。宋本作'閉',是也,從之。"(前漢書考證五行志下之上)

〔五〕"厭",壓也。

〔六〕"是也",大德本、崇正本、毛本、局本、王本、點校本無"也"字。北監本無"臣瓚"至"是也"二十二字。

〔七〕楊樹達云:"'庫'當作'痞',形近之誤。蓋知佞而不能遠,近

於麻痹不仁也。韓詩外傳三云：‘無使賢人伏匿，則痹不作。’
厚佞則隱賢，同一事也。説文‘庳’訓‘中伏舍’，又訓‘屋卑’，
與此文義皆不合。”（漢書窺管卷三五行志第七下之上）

“君臣故弼，兹謂悖；師古曰：“弼，猶‘相戾’也。悖，惑
也。”厥災風雨霧，風拔木，亂五穀，已而大霧。庶正蔽
惡，兹謂生孽災；厥異霧。”

此皆“陰雲”之類云。

4.43 嚴公十八年“秋，有蜮”。

劉向以爲：“蜮生南越。越地多婦人，男女同川，淫
女爲主，亂氣所生，故聖人名之曰‘蜮’。蜮，猶‘惑’也，
在水旁，能射人，射人有處，甚者至死，師古曰：“以氣射人
也。”南方謂之‘短弧’。〔一〕師古曰：“即射工也，亦呼‘水
弩’。”〔二〕近射妖，死亡之象也。時嚴將取齊之淫女，故
蜮至。天戒若曰：‘勿取齊女，〔三〕將生淫惑篡弑之禍。’
嚴不寤，遂取之。入後，淫於二叔，二叔以死，兩子見弑，
夫人亦誅。”師古曰：“並解於上。”〔四〕

〔一〕葉德輝云：“毛詩何人斯疏引‘洪範傳曰：“蜮如鼈，三足，生
於南越。南越婦人多淫，故其地多蜮，淫女惑亂之氣所生也。”
開元占經百二十引‘五行傳曰：“詩云：‘爲鬼爲蜮，則不可
得。’蓋氣精也’”’。”（見漢書補注卷二十七五行志第七下之
上） 軍案：沈氏引陸疏，見毛詩草木鳥獸蟲魚疏卷下“如鬼
如蜮”條。

〔二〕“呼”，建安本作“乎”，非是。

〔三〕“取”，建安本、蔡本、鷺洲本、毛本、局本、王本、點校本同，大德本、崇正本、汪本、北監本、殿本作“娶”。“取”、“娶”字通。

〔四〕見本書五行志中之上第八十五條、五行志中之下第六十二條。臧琳云：“穀梁傳云：‘一有一亡曰“有”。蜮，射人者也。’故劉以爲‘在水旁，能射人’，又以‘齊女淫惑’爲説，取義嚴切。范解秖引京房易傳，説亦不了。”（經義雜記卷二十一“莊十八年秋有蜮”條）

劉歆以爲：“蜮，盛暑所生，非自越來也。”〔一〕

〔一〕臧琳云：“左傳：‘“秋，有蜮”，爲災也。’正義曰：‘洪範五行傳曰：“蜮，如鼈，三足，生於南越。南越婦人多淫，故其地多蜮，淫女惑亂之氣所生也。”’與漢志載劉説同。又引‘陸璣毛詩義疏云：“蜮，短弧也，一名射景，如鼈，三足，在江、淮水中。人在岸上，景見水中，投人景則殺之，故曰‘射景’。或謂含沙射人，入皮肌，其創如疥。”服虔云：“徧身澲澲或或，故爲災”’。與劉子政‘射人，甚者至死’、何邵公‘毒害傷人形體’義合。劉子駿以爲‘盛暑所生’，未詳所本。”（經義雜記卷二十一“莊十八年秋有蜮”條）沈欽韓云：“紀年：‘晉獻公二年，王子頹亂，王居於鄭。鄭人入王府，多取玉，玉化爲蜮，射人。’御覽（九百五十）：‘抱朴子曰：“射工蟲，冬天蟄於谷間。大雪時索之，此蟲所在，其雪不積留，氣起如灼蒸。當掘之，不過入地一尺則得也。陰乾末帶之，夏天自辟射工也。”’徵諸書傳，則歆言亦有理也。”（漢書疏證卷二十一五行志）　軍案：沈氏引紀年，見竹書紀年卷下。御覽卷九百五十蟲豸部七短狐引文，見抱朴子内篇卷十七登涉，彼文“谷”上有“山”字。

京房易傳曰：“忠臣進善君不試，厥咎國生蝛。”師古曰：“試，用也。”〔一〕

〔一〕臧琳云：“范注作‘君不識’，字誤。何氏云：‘“蝛”之猶言“惑”也，其毒害傷人形體，不可見，象魯爲鄭瞻所惑。言“有”者，以有爲異也。’”（經義雜記卷二十一“莊十八年秋有蜮”條）蘇輿云：“范甯集解引易傳‘試’作‘識’。”（見漢書補注卷二十七五行志第七下之上）　軍案：“師古”至“用也”，北監本、殿本無此注六字。

4.44　史記魯哀公時，有隼集于陳廷而死，〔一〕師古曰：“隼，鷙鳥，即今之鶻也。説者以爲鷂，失之矣。〔二〕廷，朝廷也。鶻字音胡骨反。”楛矢貫之，應劭曰：“楛，木名。”師古曰：“音怙，其木堪爲箭笴，今幽以北皆用之，土俗呼其木爲‘楛子’也。”石砮，應劭曰：“砮，鏃也，音奴，又乃互反。”長尺有咫。張晏曰：“八寸曰咫。”陳閔公使使問仲尼，師古曰：“閔公名周，懷公之子。”〔三〕仲尼曰：“隼之來，遠矣！昔武王克商，通道百蠻，使各以方物來貢，肅慎貢楛矢，臣瓚曰：“肅慎，東北夷。”石砮長尺有咫。先王分異姓以遠方職，使毋忘服，師古曰：“服，事也。”故分陳以肅慎矢。”試求之故府，果得之。師古曰：“得昔所分之矢於府藏中。”

〔一〕事見國語魯語下、史記孔子世家、説苑辨物篇。

〔二〕沈家本云：“爾雅釋鳥‘鴄，鋪枝’，説文作‘鴄，鋪豉也’，與隼絶非一類。師古之説，或唐時方言。爾雅釋鳥‘鷹，隼醜’疏引陸璣曰：‘鷂屬也。’則師古以爲‘失之’者，正舊説也。國語

注：‘隼，今之鶽也。’’”（漢書瑣言卷六漢書三五行志）　軍案：
沈説是也。

〔三〕錢大昭云：“魯語作‘陳惠公’。韋昭曰：‘惠公，陳哀公之孫，
悼太子之子也。’”（漢書辨疑卷十三五行志下之上）　軍案：
史記孔子世家司馬貞索隱云：“家語、國語皆作‘陳惠公’，非
也。按：惠公以魯昭元年立，定四年卒。又按系家，湣公十六
年，孔子適陳，十三年亦在陳。則此‘湣公’爲是。”司馬貞所
言是也。國語魯語下、説苑辨物篇、孔子家語辨物篇皆以此
事爲孔子在陳時。

劉向以爲：“隼，近黑祥，貪暴類也；〔一〕矢貫之，近射
妖也；死於廷，國亡表也。象陳眊亂，不服事周，師古曰：
“眊，音莫報反。”而行貪暴，將致遠夷之禍，〔二〕爲所滅也。
是時，中國齊晉、南夷吳楚爲彊，師古曰：“中國則齊、晉爲
彊，南夷則吳、楚爲彊。”陳交晉不親，附楚不固，數被二國之
禍。後楚有白公之亂，師古曰：“白公，楚平王太子建之子勝也。
建遇讒，奔鄭而死。勝在吳，子西召之，使處吳境，爲白公。〔三〕吳人
伐慎，〔四〕白公敗之，請以戰備獻，〔五〕因作亂，子西、子期皆死。事
在哀十六年。”〔六〕陳乘而侵之，師古曰：“白公之亂，陳人恃其聚
而侵楚。事見哀十七年。”〔七〕卒爲楚所滅。”師古曰：“陳閔公
之二十年，獲麟之歲也。其二十四年，而爲楚所滅。”〔八〕

〔一〕王先謙云：“‘黑祥’互見。”（漢書補注卷二十七五行志第七
下之上）

〔二〕朱一新云：“汪本‘夷’下有‘狄’字，案下文，則‘狄’字似衍。”
（漢書管見卷三五行志下之上）

〔三〕哀十六年<u>左傳杜注</u>云：“白，楚邑也。<u>汝陰褒信縣</u>西南有<u>白亭</u>。”（見<u>春秋左傳正義</u>卷六十）

〔四〕哀十六年<u>左傳杜注</u>云：“<u>汝陰慎縣</u>也。”（同<u>上</u>）

〔五〕哀十六年<u>左傳杜注</u>云：“與<u>吳</u>戰之所得鎧杖兵器，皆備而獻之，欲因以爲亂。”<u>孔</u>疏云：“<u>服虔</u>云：‘欲陳士卒甲兵如與<u>吳</u>戰時所入獻捷。’<u>杜</u>以陳列甲兵士卒以入王宮，人情所不許，豈當時肯聽之？故以爲戰時所得鎧杖兵器，皆備具獻之。所得既多，欲因獻用之以作亂。”（同<u>上</u>）

〔六〕事見哀十六年<u>左傳</u>。

〔七〕事見哀十七年<u>左傳</u>。

〔八〕<u>王先謙</u>云：“以上‘射妖’。又一條見下。”（<u>漢書補注</u>卷二十七五行志第七下之上）

4.45 <u>史記夏后氏</u>之衰，有二<u>龍</u>止於<u>夏</u>廷，〔一〕而言：“余，<u>褒</u>之二君也！”〔二〕<u>師古</u>曰：“<u>褒</u>，古國名。”<u>夏</u>帝卜殺之、去之、止之，莫吉；卜請其漦而藏之，乃吉。<u>應劭</u>曰：“漦，沬也。”<u>鄭氏</u>曰：“漦，音‘牛齝’之‘齝’。”<u>師古</u>曰：“去，謂驅逐也。止，謂拘留也。去，音丘吕反。漦，音丑之反。”〔三〕於是布幣策告之。<u>師古</u>曰：“奠幣爲禮，讀策辭而告之也。説者以爲‘策者，糈米’，蓋失之矣。”〔四〕<u>龍</u>亡而漦在，柙匵去之。<u>師古</u>曰：“匵，匱也。去，藏也。〔五〕匵，音讀。去，音丘吕反。”其後<u>夏</u>亡，傳匵於<u>殷</u>、<u>周</u>，〔六〕三代莫發，至<u>厲王</u>末，發而觀之，漦流于廷，不可除也。<u>厲王</u>使婦人臝而譟之，<u>應劭</u>曰：“羣呼曰譟。”<u>師古</u>曰：“譟，音先到反。”漦化爲玄黿，<u>韋昭</u>曰：“玄，黑；黿，蜥蜴

也,似蛇而有足。"師古曰:"黿,似鱉而大,非蛇及蜥蝪。"〔七〕入後
宫。處妾遇之而孕,師古曰:"處妾,宫中之童女。"生子,懼
而棄之。宣王立,女童舎曰:〔八〕"檿弧萁服,實亡周國。"
服虔曰:"檿,檿桑也。"〔九〕師古曰:"女童謡,閭里之童女爲歌謡
也。檿,山桑之有點文者也。木弓曰弧。服,盛箭者,即今之'步
叉'也。〔一○〕萁,草似荻而細,織之爲服也。檿,音一簞反。萁,音
基。荻,音敵。"後有夫婦鬻是器者,宣王使執而僇之。師
古曰:"鬻,賣也,音弋六反。"既去,見處妾所棄妖子,〔一一〕聞
其夜號,哀而收之,遂亡奔褒。後褒人有罪,入妖子以
贖,是爲褒姒。幽王見而愛之,生子伯服。王廢申后及
太子宜咎,而立褒姒、伯服代之。廢后之父申侯與繒西
畎戎共攻殺幽王。師古曰:"畎戎,即犬戎,亦曰昆夷。"詩曰:
"赫赫宗周,褒姒烕之。"師古曰:"小雅正月之詩也。赫赫,盛
貌也。宗周,鎬京也。烕,滅也,音呼悦反。"

〔一〕事見國語鄭語、史記周本紀。臧琳云:"史記周本紀作'有
　　二神龍止於夏帝廷,而言亡',國語鄭語作'褒人之神化爲二
　　龍'。"(經義雜記卷八"龍黿之怪"條)

〔二〕臧琳云:"國語注云:'二先君也。'裴駰引虞翻曰:'龍自號褒
　　之二先君也。'"(同上)

〔三〕"丑",汪本作"且",形近而譌。

〔四〕"糈"原作"糯",建安本、蔡本、鷺洲本、大德本、崇正本、汪本、
　　毛本、殿本、局本、王本、點校本同,今改。"糯"乃"糈"字形
　　譌,"糈"爲"糈"之俗字。屈原離騷"懷椒糈而要之",王逸注
　　云:"糈,精米,所以享神也。"顏説是也。北監本無"説者"至

“之矣”十二字。

〔五〕臧琳云：“以‘去’爲‘藏’，此古訓也。史記亦作‘櫝而去之’。
國語作‘櫝而藏之’，蓋後人私改。”（同上）

〔六〕臧琳云：“史記作‘夏亡，傳此器殷。殷亡，又傳此器周’。國
語作‘傳郊之’，當有誤字。詩白華正義引無此三字。韋注云
‘傳祭於郊’，可疑。”（同上）

〔七〕朱一新云：“史記索隱云：‘蝘，亦作“蚖”。’説文：‘榮蚖，蜥
蝪。’故韋有此訓。小顏似未達其意也。”（漢書管見卷三五
行志下之上）葉德輝云：“玉燭寶典引‘爾雅：“榮蠑、蝘、蜥蝪、
蝘蜓，守宮。”舍人注：“榮蠑，名蝘，一名蜥蝪。蜥蝪又名蝘
蜓，蝘蜓又名守宮也”’。是舍人所據本‘榮蠑’下有‘蝘’字。
‘榮蠑、蝘、蜥蝪’皆是一物，韋注不爲無本。”（見漢書補注卷
二十七五行志第七下之上）　軍案：朱、葉説是也。

〔八〕“𧨡”，建安本、蔡本、鷺洲本、大德本、崇正本、汪本、北監本、毛
本、殿本、局本、王本同，點校本改作“謠”，下同。説文言部云：
“𧨡，徒歌。從言，肉聲。”段注云：“‘𧨡’、‘謠’古今字也，‘謠’
行而‘𧨡’廢矣。凡經傳多經改竄，僅有存者，如漢五行志：
‘女童𧨡曰：“檿弧其服。”’篇、韵皆曰：‘𧨡，於周切，從也。’此
古音古義。”（説文解字注三篇上）　軍案：段氏云“篇、韵”，
謂玉篇、廣韵也。

〔九〕“服虔”至“桑也”，北監本、殿本無此注七字。

〔一〇〕“乂”原作“又”，建安本、蔡本、鷺洲本、崇正本、北監本、毛
本、殿本、局本作“义”，皆形近而譌，今據大德本、汪本、王
本、點校本改。通典卷六十四禮二十四嘉九天子車輅“戎

車”條引通俗文云：“箭箙謂之步叉。”

〔一一〕臧琳云：“史記作‘逃於道，而見鄉者後宮童妾所棄妖子出於
　　　路者。’徐廣曰：‘妖，一作“夭”。夭，幼少也。’案：作‘妖
　　　孽’本字是。”（經義雜記卷八“龍鼋之怪”條）

劉向以爲：“夏后季世，周之幽、厲，皆詙亂逆天，師
古曰：“詙，惑也，音布内反。”〔一〕故有龍鼋之怪，近龍蛇孽
也。‘嫠’，血也，一曰沬也。‘檿弧’，桑弓也；‘萁服’，蓋
以萁草爲箭服。近射妖也。〔二〕‘女童謠’者，禍將生於
女，國以兵寇亡也。”師古曰：“因婦人以致兵寇也。”

〔一〕“師古”至“内反”，北監本、殿本無此注十字。

〔二〕王先謙云：“‘射妖’互見。”（漢書補注卷二十七五行志第七
　　　下之上）

4.46 左氏傳昭公十九年，龍鬥於鄭時門之外洧淵。師古
曰：“時門，鄭城門也。洧泉，〔一〕洧水之泉也。洧水出滎陽密縣，東
南至潁川長平入潁也。”

〔一〕“泉”本作“淵”，師古避唐高祖李淵諱改，下同。

劉向以爲：“近龍孽也。鄭以小國攝乎晉、楚之
間，師古曰：“攝，收持之。”〔一〕重以彊吳，師古曰：“重，音直用
反。”〔二〕鄭當其衝，不能修德，〔三〕將鬥三國，以自危亡。
師古曰：“言若不修德，則三國伐之，必危亡。”是時，子產任政，
內惠於民，外善辭令，以交三國，鄭卒亡患，能以德消變
之效也。”

〔一〕“之”，大德本、毛本、局本、王本、點校本同，建安本、蔡本、鷺洲

本、崇正本、汪本、北監本、殿本作“也”。

〔二〕“師古”至“用反”，北監本、殿本無此注八字。

〔三〕蘇輿云：“劉知幾云：‘昭之十九年，晉、楚連盟，干戈不作。吳
雖强暴，未擾諸華。鄭無外虜，非子產之力也。又吳爲遠國，
僻在江干，必略中原，當以楚、宋爲始。鄭居河、潁，地匪夷庚，
謂“當要衝”，殊爲乖角。’”（見漢書補注卷二十七五行志第七
下之上）　軍案：蘇氏引劉語，見史通卷十九外篇漢書五行志
雜駁。成十八年左傳“以塞夷庚”，杜注云：“夷庚，吳、晉往來
之要道。楚封魚石於彭城，欲以絶吳、晉之道。”孔疏云：“夷，
平也。詩序云：‘由庚，萬物得由其道。’是以‘庚’爲‘道’也。
此云‘以塞夷庚’，下云‘而懼吳、晉’，知謂塞吳、晉往来之要
道也。‘夷庚’止謂吳、晉往來之平道耳，非山川險難之名，故
杜土地名不得指其所在。”（春秋左傳正義卷二十八）郎瑛云：
“乖角，‘不曉事’意，故韓詩曰‘親朋頓乖角’，是也。今人反
以爲‘聰明’意，錯矣。”（七修類稿卷二十四辯證類“俗言訛”
條）方以智云：“宋子京謂：‘俗以不循理曰“乖角”。’”（通雅
卷四十九諺原）

　　京房易傳曰：“衆心不安，厥妖龍鬬。”〔一〕

〔一〕葉德輝云：“隋志引洪範傳曰：‘龍，獸之難害者也，天之類君之
象。天氣害君道傷，則龍亦害鬬者，兵革之象也。’”（見漢書
補注卷二十七五行志第七下之上）　軍案：葉引“隋志”，見隋
書卷二十三五行志下。

4.47 惠帝二年正月癸酉旦，有兩龍見於蘭陵廷東里温

陵井中,師古曰:"蘭陵縣之廷東里也。溫陵,人姓名也。"〔一〕至
乙亥夜去。

〔一〕齊召南云:"孝惠紀作'見蘭陵家人井中'。"(前漢書考證五行
　　志下之上)　軍案:齊氏引文見漢書卷二惠帝紀,師古注云:
　　"家人,言庶人之家。"

　　劉向以爲:"龍,貴象,而困於庶人井中,象諸侯將有
幽執之禍。〔一〕其後,呂太后幽殺三趙王,〔二〕諸呂亦終
誅滅。"

〔一〕葉德輝云:"隋志引洪範傳曰:'龍,陽類,貴之象也,上則在天,
　　下則在地;不當見庶人邑里室家井中,幽深之象也。諸侯且有
　　幽執之禍,皇不建之咎也。'"(見漢書補注卷二十七五行志第
　　七下之上)　軍案:葉引"隋志",見隋書卷二十三五行志下。

〔二〕史記呂后本紀司馬貞索隱云:"趙隱王如意、趙幽王友、趙
　　王恢,是'三趙王'也。"

　　京房易傳曰:"有德遭害,厥妖龍見井中。"〔一〕又
曰:"行刑暴惡,黑龍從井出。"

〔一〕沈欽韓云:"此下脱'成帝時,黑龍見東萊'事。"(漢書疏證卷
　　二十一五行志)　軍案:"黑龍見東萊",事在成帝永始二年九
　　月,見前漢紀卷二十六孝成皇帝紀三。漢書卷八十五谷永傳
　　亦載此事。

4.48　左氏傳魯嚴公時,有内蛇與外蛇鬬鄭南門中,内蛇
死。〔一〕

〔一〕事見莊十四年左傳。

劉向以爲：“近蛇孽也。先是，鄭厲公劫相祭仲而逐兄昭公，代立。師古曰：“厲公母，宋雍氏之女也。祭仲，祭封人仲足也。桓十一年，宋人執祭仲，曰：‘不立突，將死！’仲乃與宋盟而立厲公，昭公奔衞。祭，音側介反。”後厲公出奔，昭公復入。師古曰：“桓十五年，厲公與祭仲之婿雍糾謀殺祭仲，不克，五月，出奔蔡。六月，昭公復歸于鄭。九月，厲公殺檀伯而居櫟也。”〔一〕死，弟子儀代立。師古曰：“桓十七年，高渠彌弑昭公而立其弟子亹。十八年，齊人殺子亹，祭仲乃立亹之弟儀也。”厲公自外劫大夫傅瑕，使傮子儀。師古曰：“傅瑕，鄭大夫也。莊十四年，厲公自櫟侵鄭，獲傅瑕，與之盟。於是傅瑕殺子儀而納厲公也。”〔二〕此外蛇殺内蛇之象也。蛇死六年，而厲公立。〔三〕嚴公聞之，問申繻曰：‘猶有妖乎？’師古曰：“申繻，魯大夫也。繻，音須。”對曰：‘人之所忌，其氣炎以取之。〔四〕師古曰：“炎，音弋贍反。”妖由人興也。人亡釁焉，妖不自作。人棄常，故有妖。’”〔五〕師古曰：“已解於上。”〔六〕

〔一〕桓十五年左傳杜注云：“檀伯，鄭守櫟大夫。”（見春秋左傳正義卷七）

〔二〕“也”，建安本、蔡本、鷺洲本、崇正本、汪本、北監本、毛本、局本、王本、點校本同，大德本、殿本無此字。

〔三〕葉德輝云：“後漢書楊賜傳注引洪範五行傳曰：‘初，鄭厲公劫相祭仲而篡兄昭公，立爲鄭君。後雍糾之亂，厲公出奔，鄭人立昭公。既立，内蛇與外蛇鬬鄭南門中，内蛇死。是時，傅瑕仕於鄭，欲納厲公。故内蛇死者，昭公將敗、厲公將勝之象也。是時，昭公宜布恩施惠以撫百姓，舉賢崇德以屬羣臣，觀察左右以省姦謀，則内變不得生，外謀無由起矣。<u>昭公</u>不覺，果殺於傅瑕，二子死而<u>厲公</u>入，此其效也。詩曰：“維虺維蛇，女子之祥。”<u>鄭昭公</u>殆以女子敗矣。’”（見<u>漢書</u>補注卷二十七<u>五行志</u>第七<u>下之上</u>）　軍案：“維虺”至“之祥”，詩<u>小雅斯干</u>文。

〔四〕<u>錢大昕</u>云：“今<u>左氏傳</u>‘炎’作‘惔’。<u>陸德明</u>本亦是‘炎’字。”（<u>三史拾遺</u>卷三<u>漢書五行志下之上</u>）

〔五〕<u>莊十四年左傳孔</u>疏云：“蛇鬥之事，由人興也。若使人無釁隙焉，則妖孽不能自作。人棄其常，則妖自興，以此故有妖。‘棄常’，謂既不能彊，又不能弱，失常度也。”（<u>春秋左傳正義</u>卷九）

〔六〕見本書<u>五行志中之下</u>第三條。

<u>京房易傳</u>曰：“立嗣子疑，厥妖蛇居國門鬥。”

4.49　<u>左氏傳文公</u>十六年“夏，有蛇自泉宮出，<u>師古</u>曰：“泉宮，即泉臺。”入于國，如先君之數”。〔一〕

〔一〕<u>文十六年左傳杜</u>注云：“伯禽至僖公十七君。”<u>陸德明釋文</u>云：“<u>史記魯世家</u>：<u>魯公伯禽</u>，子<u>考公酋</u>，弟<u>煬公熙</u>，子<u>幽公宰</u>，弟<u>魏公費</u>，子<u>厲公躍</u>，子<u>鄭公具</u>，子<u>順公濞</u>，弟<u>武公敖</u>，子<u>懿公獻</u>，弟<u>孝公稱</u>，子<u>惠公弗皇</u>，子<u>隱公息姑</u>，弟<u>桓公允</u>，子<u>莊公同</u>，子<u>閔公開</u>，兄<u>僖公申</u>，十七也。<u>魏公</u>，<u>世本</u>作‘<u>微公</u>’。<u>順公</u>，一作‘<u>慎公</u>’。”（見<u>春秋左傳正義</u>卷二十）

<u>劉向</u>以爲：“近蛇孽也。<u>泉宮</u>在囿中，公母<u>姜氏</u>嘗居之。蛇從之出，象宮將不居也。詩曰：‘維虺維蛇，女子之祥。’<u>師古</u>曰：“<u>小雅斯干</u>之詩。”又蛇入國，國將有女憂也。‘如先君之數’者，公母將薨象也。秋，公母薨。公

惡之，乃毁泉臺。〔一〕夫妖孽應行而自見，非見而爲害也。文不改行循正，共御厥罰，師古曰："共，讀曰'恭'。御，讀曰'禦'，又讀如本字。"而作非禮，以重其過。師古曰："重，音直用反。"〔二〕後二年薨，公子遂殺文之二子惡、視，而立宣公。師古曰："惡，即子赤也。視，其母弟。"文公夫人大歸于齊。"〔三〕師古曰："本齊女，故出而歸齊，所謂哀姜者也。"

〔一〕文十六年左傳杜注云："魯人以爲蛇妖所出而聲姜薨，故壞之。"孔疏云："人見蛇出而姜薨，以爲臺是妖之穴，仍謂此處有妖，更將爲害，毁之所以絶其源、安民意也。故釋例曰：'衆蛇自泉臺出，如先君之數，入於國。聲姜之薨適與妖會，而國以爲災，遂毁泉臺。書"毁"而不變文以示義者，君人之心，一國之俗，須此爲安，故不譏也。'"（春秋左傳正義卷二十）臧琳云："公羊、穀梁皆以書'毁'爲譏，劉子政、何邵公、范武子義同。獨釋例改古義，以爲不譏，恐非是。劉氏言'妖孽應行而自見，非見而爲害'，二語尤破的。惑於災異者，可爽然自失矣。"（經義雜記卷二十九"有蛇自泉宫出"條）

〔二〕"師古"至"用反"，北監本、殿本無此注八字。

〔三〕文十八年左傳杜注云："惡、視之母出姜也。所謂出姜，不允於魯。"（見春秋左傳正義卷二十）

4.50　武帝太始四年七月，趙有蛇從郭外入，與邑中蛇鬭孝文廟下，邑中蛇死。〔一〕

〔一〕事見漢書卷六武帝紀。彼文服虔注云："趙所立孝文廟也。"

後二年秋，有衛太子事，事自趙人江充起。〔一〕

〔一〕<u>王先謙</u>云：“以上‘<u>龍蛇之孽</u>’。”（<u>漢書補注</u>卷二十七<u>五行志</u>第
　　七下之上）

4.51　<u>左氏傳定公</u>十年，<u>宋公子地</u>有白馬駟，<u>師古</u>曰：“<u>地</u>，
<u>宋元公</u>子也。四馬曰駟。”公嬖<u>向魋</u>欲之，<u>師古</u>曰：“公，謂<u>景
公</u>，即<u>地</u>之兄也。<u>魋</u>，<u>宋</u>司馬<u>桓魋</u>也。向，音式尚反。<u>魋</u>，音大回
反。”公取而朱其尾、鬣<u>師古</u>曰：“鬣，領上鬣也，音力涉反。”以
予之。<u>地</u>怒，使其徒挾<u>魋</u>而奪之。<u>師古</u>曰：“挾，擊也，音丑
失反。”<u>魋</u>懼，將走，公閉門而泣之，目盡腫。公弟<u>辰</u>謂
<u>地</u>曰：“子爲君禮，不過出竟，君必止子。”<u>師古</u>曰：“<u>辰</u>，亦
<u>元公</u>子也。言若見君怒，懼而出奔，是爲臣之禮也。竟，讀曰‘境’
也。”〔一〕<u>地</u>出奔<u>陳</u>，公弗止。<u>辰</u>爲之請，不聽。<u>辰</u>曰：“是
我迂吾兄也！〔二〕<u>應劭</u>曰：“迂，音‘若狂’。”〔三〕臣<u>瓚</u>曰：“迂，音
九放反。”〔四〕<u>師古</u>曰：“二說皆非也。〔五〕迂，〔六〕欺也，音求往反。”
吾以國人出，君誰與處？”遂與其徒出奔<u>陳</u>。明年，俱入
于<u>蕭</u>以叛，〔七〕大爲<u>宋</u>患。<u>師古</u>曰：“<u>蕭</u>，<u>宋</u>邑。”

　　近馬禍也。

〔一〕“境”，<u>建安</u>本作“竟”，非是。“也”，<u>殿</u>本無此字。

〔二〕“迂”，<u>建安</u>本、<u>汪</u>本作“廷”，形近而譌。“迂”乃“誑”之
　　假借字。

〔三〕“迂”，<u>建安</u>本、<u>汪</u>本作“廷”，形近而譌。“若狂”下原有“反”
　　字，<u>建安</u>本、<u>蔡</u>本、<u>鷺洲</u>本、<u>汪</u>本同，非是，今據<u>大德</u>本、<u>崇正</u>本、
　　<u>毛</u>本、<u>局</u>本刪。<u>禮記雜記</u>下載<u>子貢</u>云：“一國之人皆若狂。”是
　　<u>應劭</u>注音所本。<u>王</u>本“若”作“君”，形近而譌；然無“反”字，

則是。點校本據王本作“君狂”,又據景祐本補“反”字,皆非。“應劭”至“若狂”,北監本、殿本無此七字。

〔四〕“迁”字原無,今據蔡本、鷺洲本、大德本、崇正本、毛本、局本、王本、點校本補。建安本、汪本“迁”作“廷”,形近而譌。“放”,建安本誤作“於”。“臣瓚”至“放反”,北監本、殿本無此八字。

〔五〕“二說皆非也”,北監本、殿本無此五字。

〔六〕“迁”,大德本作“迁”,形近而譌。

〔七〕定十一年春秋云:“春,宋公之弟辰及仲佗、石彄、公子地自陳入于蕭以叛。”杜注云:“蕭,宋邑。”孔疏云:“莊十二年,宋萬弑閔公;蕭叔大心者,宋蕭邑大夫也,平宋亂,立桓公,宋人嘉之,以蕭邑封叔爲附庸。宣十二年,楚子滅之,復爲宋邑。故辰等今入之以叛也。”(春秋左傳正義卷五十六)

4.52 史記秦孝公二十一年,有馬生人;昭王二十年,牝馬生子而死。

劉向以爲:“皆馬禍也。孝公始用商君攻守之法,東侵諸侯。至於昭王,用兵彌烈。師古曰:“烈,猛也。”其象將以兵革抗極成功,而還自害也。牝馬非生類,妄生而死,猶秦恃力彊得天下,而還自滅之象也。一曰:〔一〕‘諸畜生非其類,子孫必有非其姓者。至於始皇,果呂不韋子。’”

〔一〕“一曰”,建安本、蔡本、鷺洲本、大德本、崇正本、汪本、北監本、殿本、點校本同;毛本、局本、王本無“一”字,非是。葉德輝

云：“德藩本‘曰’上有‘一’字。”王先謙云：“官本有‘一’字，是。”（漢書補注卷二十七五行志第七下之上）

京房易傳曰：“方伯分威，厥妖牝馬生子。上亡天子，〔一〕諸侯相伐，〔二〕厥妖馬生人。”

〔一〕“上”字原無，諸本同，今補。“子”，大德本、崇正本、汪本、毛本、殿本、局本、王本、點校本同；建安本、蔡本、鷺洲本、北監本、殿本作“下”，非是。錢大昕云：“搜神記作‘上無天子’。”（三史拾遺卷三漢書五行志下之上）王念孫云：“開元占經馬占引此，‘亡’上有‘上’字，是也。‘上無天子’，語出公羊傳。”（讀書雜志四漢書第五五行志“脫一字”條）沈欽韓云：“續漢志及晉志引京房有‘上’字，此脫。”（漢書疏證卷二十一五行志）　暈案：錢氏引文，見搜神記卷六。開元占經卷一百十八馬咎徵“馬生人”條引京房易傳作“上無天子”。王氏云“馬占”，不確，當作“馬咎徵”。沈氏引“續漢志”，見後漢書卷一百七五行志五；引“晉志”，見晉書卷二十九五行志下。

〔二〕開元占經卷一百十八馬咎徵“馬生人”條引京房易傳此下有“民流百姓勞”五字。

4.53　文帝十二年，有馬生角於吳，角在耳前，上鄉。師古曰：“鄉，讀曰‘嚮’。次下亦同。”右角長三寸，左角長二寸，皆大二寸。

劉向以爲：“馬不當生角，猶吳不當舉兵鄉上也。是時，吳王濞封有四郡五十餘城，師古曰：“高紀云：‘六年春，以故東陽郡、鄣郡、吳郡五十三縣立劉賈爲荊王。’十二年十月詔

曰：‘吳，古之建國，日者荊王兼有其地，今死無後，朕欲復立吳王。’
長沙王臣等請立沛侯爲吳王。而荊燕吳傳云：‘荊王劉賈爲黥布
所殺，無後，上患會稽輕悍，無壯王填之，乃立濞爲吳王，王三郡
五十三城。’是則濞之所封，賈本地也，止有三郡，荊燕吳傳與紀同
矣。〔一〕今此云‘四郡’，未詳其説。若以賈本不得會稽，濞加一郡
者，則不得言‘五十三城’也。”〔二〕**内懷驕恣，變見於外，天戒**
早矣。王不寤，後卒舉兵，誅滅。”

〔一〕“同”，建安本、蔡本、鷺洲本、大德本、崇正本、汪本、北監本、
　　殿本、點校本同；毛本、局本、王本作“罔”，非是。朱一新云：
　　“注‘罔’，汪本作‘同’，是。”（漢書管見卷三五行志下之上）
　　王先謙云：“官本作‘同’。”（漢書補注卷二十七五行志第七
　　下之上）

〔二〕顧炎武云：“‘四’當作‘三’。古‘四’字積畫以成，與‘三’
　　易混。猶左傳‘陳、蔡、不羹’三國之爲四國也。”（日知録卷
　　二十七漢書注）錢大昕云：“高帝紀：‘六年，以故東陽郡、鄣
　　郡、吳郡五十三城立劉賈爲荊王。’吳濞所封，即賈故地，故傳
　　云‘王三郡五十三城’。而伍被傳云‘吳王王四郡之衆’，此志
　　亦云‘四郡’者，楚、漢之際，會稽嘗析爲吳郡。灌嬰傳‘度江，
　　破吳郡長吳下，得吳守，遂定吳、豫章、會稽郡’，此有會稽又有
　　吳郡之證。吳王濞傳‘上患吳、會稽輕悍’，亦兩郡兼舉也。吳
　　郡本會稽所分，言‘吳’可以包會稽。高帝紀單稱‘吳郡’，則
　　爲三郡。此兼舉吳、會，故言‘四郡’也。”（廿二史考異卷七
　　漢書二五行志下之上）

京房易傳曰：“臣易上，政不順，厥妖馬生角，兹謂

賢士不足。”又曰：“天子親伐，馬生角。”

4.54 **成帝綏和**二年二月，[一]大廄馬生角，在左耳前，圍、長各二寸。

〔一〕“二”，建安本、蔡本、鷺洲本、大德本、崇正本、汪本、北監本、殿本、點校本同；毛本、局本、王本作“三”，非是。葉德輝云：“德藩本作‘二年’。”王先謙云：“官本作‘二年’。”（漢書補注卷二十七五行志第七下之上）

是時，王莽爲大司馬，害上之萌自此始矣。師古曰：“萌，若草木之始生也。”

4.55 **哀帝建平**二年，定襄牡馬生駒，三足，隨羣飲食，太守以聞。

馬，國之武用；三足，不任用之象也。後侍中董賢年二十二爲大司馬，居上公之位，天下不宗。哀帝暴崩，成帝母王太后召弟子新都侯王莽入，收賢印綬，賢恐，自殺。莽因代之，並誅外家丁、傅；又廢哀帝傅皇后，令自殺；發掘帝祖母傅太后、母丁太后陵，更以庶人葬之。辜及至尊，大臣微弱之禍也。[一]

〔一〕王先謙云：“以上‘馬禍’。”（漢書補注卷二十七五行志第七下之上）

4.56 **文公**十一年，“敗狄于鹹”。師古曰：“鹹，魯地也。”

穀梁、公羊傳曰：長狄師古曰：“防風之後，漆姓也，國號

郪瞞。郪,音所求反。瞞,音莫干反。”兄弟三人,〔一〕一者之
魯,師古曰:“僑如也。來伐魯,爲叔孫得臣所獲。”一者之齊,
師古曰:“榮如也。齊襄公二年,伐齊,爲王子成父所獲。”一者
之晉,〔二〕師古曰:“焚如也。宣十五年,晉滅潞國而獲之。”皆殺
之,身橫九畮,師古曰:“畮,古‘畝’字。”斷其首而載之,眉
見於軾。〔三〕師古曰:“軾,車前橫木。”何以書?記異也。

〔一〕葉德輝云:“初學記人部引洪範五行傳曰:‘長狄之人,長蓋五
　　　丈餘也。’”(見漢書補注卷二十七五行志第七下之上)

〔二〕文見文十一年公羊傳。

〔三〕文見文十一年穀梁傳。

　　劉向以爲:“是時,周室衰微,三國爲大,可責者也。
天戒若曰:‘不行禮義,大爲夷狄之行,將至危亡。’其
後,三國皆有篡弑之禍,師古曰:“謂魯文公薨,襄仲弑惡及視,
而立宣公;〔一〕齊連稱、管至父弑襄公,而立無知;〔二〕晉欒書、中行
偃弑厲公,而立悼公。”〔三〕近‘下人伐上之痾’也。”

〔一〕事見文十八年左傳。杜注云:“惡,大子。視,其母弟。”(見春
　　　秋左傳正義卷二十)

〔二〕陳景雲云:“齊襄公之弑,在魯莊公八年,去文公遠矣。此當
　　　謂邴歜、閻職弑懿公事。”(兩漢訂誤卷一前漢書五行志下
　　　上)　軍案:陳説是也。“邴歜、閻職弑懿公”,事見文十八
　　　年左傳。

〔三〕事見成十八年左傳。

　　劉歆以爲:“人變,屬黃祥。一曰:‘屬臝蟲之
孽。’〔一〕一曰:‘天地之性,人爲貴。凡人爲變,皆屬皇

極“下人伐上之痾”云。’〔二〕

〔一〕王先謙云：“‘黃祥’、‘蠃蟲之孽’互見。”（漢書補注卷二十七五行志第七下之上）

〔二〕王先謙云：“因此類，記人變。”（漢書補注卷二十七五行志第七下之上）

京房易傳曰：“君暴亂，疾有道，厥妖長狄入國。”又曰：“豐其屋，下獨苦。師古曰：“豐其屋，易豐卦上六爻辭也。〔一〕豐，大也。”長狄生，世主虜。”

〔一〕“辭”原作“亂”，形近而譌，今據諸本改。

4.57　史記秦始皇帝二十六年，有大人長五丈，足履六尺，皆夷狄服，凡十二人，見于臨洮。師古曰：“隴西之縣也，音吐高反。”〔一〕

〔一〕“吐”，建安本、蔡本、鷺洲本、汪本、毛本、局本、王本、點校本同，大德本、崇正本、北監本、殿本作“土”。

天戒若曰：“勿大爲夷狄之行，將受其禍。”是歲，始皇初并六國，反喜以爲瑞，銷天下兵器，作金人十二以象之。遂自賢聖，〔一〕燔詩書，阬儒士；奢淫暴虐，務欲廣地；南戍五嶺，北築長城，以備胡越，師古曰：“五嶺，解在張耳陳餘傳。”塹山填谷，西起臨洮，東至遼東，徑數千里。故大人見於臨洮，明禍亂之起。後十四年而秦亡，亡自戍卒陳勝發。〔二〕

〔一〕“賢聖”，大德本作“聖賢”。錢大昭云：“‘賢聖’，閩本作‘聖賢’。”（漢書辨疑卷十三五行志下之上）

〔二〕“發”，起也。

4.58 史記魏襄王十三年，魏有女子化爲丈夫。〔一〕

〔一〕葉德輝云：“太平御覽妖異部引洪範傳曰：‘魏襄王十三年，張
儀詐得罪於秦而去相魏，將爲秦而欺奪魏君。是歲，魏有女子
化爲丈夫者。天若語魏曰：“勿用張儀，陰變爲陽，臣將爲君。”
是時，魏王亦覺之，不用儀。儀免去歸秦，魏無害。’”（見漢書
補注卷二十七五行志第七下之上）　軍案：葉氏引文，見太平
御覽卷八百八十七妖異部三。

京房易傳曰：“女子化爲丈夫，兹謂陰昌，賤人爲王；
丈夫化爲女子，兹謂陰勝，厥咎亡。”

一曰：“男化爲女，宮刑濫也；如淳曰：“宮刑之行大濫
也。”〔一〕女化爲男，婦政行也。”

〔一〕“大濫也”，建安本無“也”字。“如淳”至“濫也”，北監本、殿
本無此注十字。

4.59 哀帝建平中，豫章有男子化爲女子，嫁爲人婦，
生一子。

長安陳鳳言此陽變爲陰，將亡繼嗣，自相生之象。

一曰：“‘嫁爲人婦，生一子’者，〔一〕將復一世乃絕。”

〔一〕“者”，建安本、蔡本、鷺洲本、大德本、崇正本、汪本、北監本、毛
本、殿本、局本、點校本同；王本無“者”字，非是。

4.60 哀帝建平四年四月，山陽方與女子田無嗇生子。師

古曰："方與者，山陽之縣也。女子姓田，名無嗇。方與，音房豫。"
先未生二月，兒嘄腹中；及生，不舉，葬之陌上；三日，人
過聞嘄聲，母掘收養。

4.61 平帝元始元年二月，朔方廣牧女子趙春病死，師
古曰："廣牧，朔方之縣也。姓趙，名春。"斂棺積六日，師古曰：
"斂，音力贍反。棺，音工喚反。"〔一〕出在棺外，自言見夫死
父，〔二〕曰："年二十七，不當死。"太守譚以聞。

〔一〕"師古"至"喚反"，北監本、殿本無此注十三字。

〔二〕王念孫云："'見夫死父'當作'見死夫死父'。今脱一'死'
字，則文不成義。漢紀孝平紀作'見死夫與父'，是其證。"（讀
書雜志四漢書第五五行志"夫死父"條）葉德輝云："西漢會
要三十引亦云'見夫死父'。按文義，猶言'見夫故父'耳。下
文'年二十七，不當死'亦一人之辭。王説非也。"（見漢書補
注卷二十七五行志第七下之上）　軍案：葉説是也。搜神記
卷六引此文亦作"見夫死父"。

京房易傳曰："'幹父之蠱，有子，考亡咎。'韋昭曰：
"蠱，事也。子能正父之事，是爲'有子'，故考不爲咎累。"師古曰：
"易蠱卦初六爻辭也。"子三年不改父道，思慕不皇，亦重見
先人之非，師古曰："言父有不善之事，當速改之；若唯思慕而已，
無所變易，是重顯先人之非也。一曰：'三年之内，但思慕而已，不
暇見父之非，故不改也。'重，音直用反。"〔一〕不則爲私，厥妖人
死復生。"

〔一〕周壽昌云："禮郊特牲注'重以未成人之時呼之'，疏引'賀氏

云：“重，難也’”。史記司馬相如傳‘重煩百姓’，索隱：‘重，猶“難”也。’此‘重’亦當訓‘難’。顏兩注俱不合。”（漢書注校補卷二十五行志第七下之上）

一曰：“至陰爲陽，下人爲上。”

4.62 六月，長安女子有生兒，兩頭異頸面相鄉，四臂共匈俱前鄉，〔一〕師古曰：“鄉，讀曰‘嚮’。”尻上有目長二寸所。〔二〕

〔一〕“匈”，讀爲“胸”。

〔二〕“尻”，與“居”同。搜神記卷六引此文作“尻”，形近而譌。

京房易傳曰：“‘睽孤，見豕負塗’，師古曰：“易睽卦上九象辭也。睽孤，乖剌之意也。塗，泥也。睽，音苦攜反。”厥妖人生兩頭。下相攘善，妖亦同。人若六畜首目在下，兹謂亡上，正將變更。凡妖之作，以譴失正，各象其類。二首，上不壹也；手多，所任邪也；〔一〕足少，下不勝任或不任下也。凡下體生於上，不敬也；上體生於下，媟瀆也。生非其類，淫亂也。人生而大上，速成也；生而能言，好虛也。羣妖推此類，不改乃成凶也。”

〔一〕“上不壹”原作“下不壹”，“手多”原作“足多”，諸本同，今改。

　　王念孫云：“‘下不壹’當爲‘上不壹’。人首在上，故上不專壹則人生二首，上文所謂‘各象其類’也。今作‘下’者，涉上下文諸‘下’字而誤。漢紀作‘二首，上不一也’，是其證。‘足多’當爲‘手多’。此承上文‘四臂共匈’而言，故曰‘手多’。今作‘足’者，亦涉下文‘足’字而誤。漢紀作‘手多，下僭濫也’，開元占經人占篇引此志作‘手多，所任邪也’，是其證。”
（讀書雜志四漢書第五五行志“夫死父”條）　軍案：王説是
也。搜神記卷六引此文亦作“手多，所任邪也”。

4.63　景帝二年九月，膠東下密人年七十餘生角，角有毛。
時膠東、膠西、濟南、齊四王有舉兵反謀，〔一〕謀由吳
王濞起，連楚、趙，凡七國。下密，縣居四齊之中；師古
曰：“四齊，即上所云‘膠東、膠西、濟南、齊’也。本皆齊地，故謂之
‘四齊’。”角，兵象，上鄉者也；師古曰：“鄉，讀曰‘嚮’。次下亦
同。”〔二〕老人，吳王象也；年七十，七國象也。天戒若曰：
“人不當生角，猶諸侯不當舉兵以鄉京師也。禍從老人
生，七國俱敗云。”諸侯不寤。明年，吳王先起，諸侯從
之，七國俱滅。

〔一〕“王”，建安本、蔡本、鷺洲本、大德本、崇正本、汪本、北監本、殿
本、點校本同；毛本、局本、王本作“主”，非是。王先謙云：“官
本作‘王’。”（漢書補注卷二十七五行志第七下之上）

〔二〕“次”，汪本作“以”。“師古”至“亦同”，北監本、殿本無此注
十一字。

京房易傳曰：“冢宰專政，厥妖人生角。”

4.64　成帝建始三年七月丁未，〔一〕京師相驚，言大水至。
渭水虒上小女陳持弓年九歲，師古曰：“虒上，地名也，音斯。”
走入橫城門，〔二〕入未央宮尚方掖門、殿門，〔三〕門衛户者
莫見，〔四〕至句盾禁中而覺得。〔五〕師古曰：“句盾，少府之署。

覺得，事覺而見執得也。”

〔一〕“七月”原作“十月”，諸本同，今改。王念孫云：“‘十月’當爲
‘七月’，字之誤也。成紀曰‘建始三年秋，關内大水。七月，
虒上小女陳持弓聞大水至，走入横城門’云云，是其證。開元
占經人占篇引五行志正作‘七月’也。”（讀書雜志四漢書第
五五行志“十月”條） 軍案：王説是也。其引占經文，見開
元占經卷一百十三人及神鬼占。

〔二〕漢書卷十成帝紀如淳注云：“横，音光。三輔黄圖：‘北面西頭
第一門。’”

〔三〕漢書卷十成帝紀應劭注云：“‘掖門’者，正門之傍小門也。”師
古注云：“掖門在兩傍，言如人臂掖也。”

〔四〕王念孫云：“‘門衞户者’當作‘門户衞者’。言門户之衞者皆
莫之見也。今作‘門衞户者’，則文不成義。開元占經引此正
作‘門户衞者’。”（讀書雜志四漢書第五五行志“十月”條）葉
德輝云：“‘門衞’，即衞尉者，掌宫門衞屯兵，見百官表。續志
本注：‘謂之宫門衞士。’是也。‘户’者，即司户之人耳。志文
不誤，王説非也。”（見漢書補注卷二十七五行志第七下之上）
軍案：葉説是也。開元占經卷一百十三人及神鬼占人怪“人
走入宫室”條引漢書五行志云“門内諸衞户者莫見”，則作“門
衞户者”不誤。

〔五〕王念孫云：“此當作‘至句盾禁中（句），覺而得（句）’，即師古所
謂‘事覺而見執’也。今作‘而覺得’，亦文不成義。漢紀孝成
紀正作‘覺而得’。”（讀書雜志四漢書第五五行志“十月”條）
楊樹達云：“此當‘覺’字斷句，‘得’字一字爲句，志文不誤。

溝洫志云‘中作而覺’，與此句例正同。張釋之傳云‘其後人有盜高廟坐前玉環，得’，‘得’字一字爲句，其明證也。顏出‘覺得’二字，本是誤讀，王氏不能訂正，反據漢紀校改本文，不知漢紀多不得班義而妄改，不足據也。”（漢書窺管卷三五行志第七下之上）

民以水相驚者，陰氣盛也。小女而入宮殿中者，下人將因女寵而居有宮室之象也。名曰“持弓”，有似周家“檿弧”之祥。〔一〕易曰：〔二〕“弧矢之利，以威天下。”師古曰：“下繫之辭也。”是時，帝母王太后弟鳳始爲上將，秉國政，天知其後將威天下而入宮室，故象先見也。其後，王氏兄弟父子五侯秉權，至莽卒篡天下，蓋陳氏之後云。

〔一〕參見本卷第四十五條。

〔二〕“曰”原作“日”，形近而譌，今據諸本改。

京房易傳曰：“妖言動衆，兹謂不信；路將亡人，司馬死。”

4.65　成帝綏和二年八月庚申，鄭通里男子王褒師古曰：“鄭縣之通里。”衣絳衣小冠，帶劍入北司馬門、殿東門，師古曰：“入北司馬門，又入殿之東門也。”上前殿，入非常室中，如淳曰：“殿上室名。”〔一〕解帷組結佩之，師古曰：“組，綬類，所以係帷，又垂以爲飾也。佩帶之。”招前殿署長業等曰：〔二〕“天帝令我居此。”業等收縛考問，褒故公車大誰卒，應劭曰：“在司馬殿門掌誰呵者也。”服虔曰：“衛士之師也，著樊噲冠。”〔三〕師古曰：“‘大誰’者，主問非常之人，云‘姓名是誰’也。而應氏乃以‘譁譁’爲義，云‘大讙呵’，不當厥理。後之學者輒改此書‘誰’字爲‘讙’，違本文矣。‘大誰’本以‘誰何’稱，因用名官，有‘大誰長’。[四]今此‘卒’者，[五]長所領士卒也。”**病狂易**，師古曰：“謂病狂而變易其常也。”**不自知入宮狀，下獄死。**

〔一〕沈欽韓云：“黃圖：‘漢宮殿疏曰：“未央宮有非常室。”’”（漢書疏證卷二十一五行志）　軍案：沈氏引文見三輔黃圖卷二。

〔二〕沈欽韓云：“百官表諸僕射署長皆屬少府。”（同上）

〔三〕後漢書卷一百二十輿服志云：“樊噲冠，漢將樊噲造次所冠，以入項羽軍，廣九寸，高七寸，前後出各四寸，制似冕。司馬殿門大難衛士服之。或曰：‘樊噲常持鐵楯，聞項羽有意殺漢王，噲裂裳以裹楯冠之，入軍門，立漢王旁，視項羽。’”

〔四〕沈欽韓云：“莊子天運篇：‘子生五月而能言，不至乎孩而始誰。’郭象注：‘“誰”者，別人之意也。’按：掌門衛者見人，輒呵問曰：‘誰？’故取以爲名。大誰長屬公車司馬令。”（同上）

〔五〕“今”原作“令”，建安本同，形近而譌，今據蔡本、鷺洲本、大德本、崇正本、汪本、北監本、毛本、殿本、局本、王本、點校本改。

　　是時，王莽爲大司馬，哀帝即位，莽乞骸骨就第，天知其必不退，故因是而見象也。姓名、章服甚明，徑上前殿路寢，入室取組而佩之，稱天帝命，然時人莫察。後莽就國，天下冤之，哀帝徵莽還京師。明年，帝崩，莽復爲大司馬，因是而篡國。

4.66　**哀帝建平四年正月**，[一]**民驚走，持橐或梀一枚**，如淳曰：“梀，麻幹也。”師古曰：“橐，禾稈也，音工老反。[二]梀，音鄒，又音側九反。"傳相付與，曰"行詔籌"。道中相過逢多至千數，或被髮徒踐，〔三〕師古曰："徒踐，謂徒跣也。"或夜折關，或踰牆入，或乘車騎奔馳，以置驛傳行，經歷郡國二十六，至京師。其夏，京師、郡國民聚會里巷仟伯，〔四〕設張博具，〔五〕師古曰："博戲之具。"〔六〕歌舞祠西王母，又傳書曰："母告百姓，佩此書者不死。不信我言，視門樞下，當有白髮。"師古曰："樞，門扇所由開閉者也，音昌于反。"〔七〕至秋止。〔八〕

〔一〕"正月"，諸本同。錢大昭云："閩本作'五月'。"（漢書辨疑卷十三五行志下之上）　軍案：閩本非是。漢書卷二十六天文志載此事云："哀帝建平四年正月、二月、三月，民相驚動，讙譁奔走，傳行詔籌，祠西王母。"亦作"正月"。

〔二〕"音工老反"，北監本無此四字。"工"，殿本作"二"，形近而謁。

〔三〕"徙"，毛本、局本、王本作"徒"，形近而謁。王先謙云："官本'徙'作'徒'，是。"（漢書補注卷二十七五行志第七下之上）

〔四〕"仟伯"，大德本、崇正本、汪本、毛本、局本、王本、點校本同，建安本、蔡本、鷺洲本、北監本、殿本作"阡陌"。錢大昭云："'仟伯'，即'阡陌'也。"（漢書辨疑卷十三五行志下之上）朱一新云："'仟伯'，今作'阡陌'。"（漢書管見卷三五行志下之上）王先謙云："官本作'阡陌'，下同。"（漢書補注卷二十七五行志第七下之上）

〔五〕"設"下，建安本、蔡本、鷺洲本、大德本、崇正本、北監本、毛本、殿本、局本、王本有"祭"字。錢大昭云："閩本無'祭'字。"（漢書辨疑卷十三五行志下之上）朱一新云："汪本無

‘祭’字。”（漢書管見卷三五行志下之上）

〔六〕蔡本、鷺洲本此下有校語“〇劉氏校本云：‘監本、越本“阡陌”

　　作“仟伯”’”十五字，乃後人所增附。

〔七〕“音昌于反”，北監本、殿本無此四字。

〔八〕“至秋止”三字原竄入師古注“所由”下，今據諸本移正。

　　是時，帝祖母傅太后驕，與政事，師古曰：“與，讀曰
‘豫’。”故杜鄴對曰：“春秋災異，以指象爲言語。籌，所
以紀數。民，陰，水類也。水以東流爲順走，而西行，反
類逆上。象數度放溢，妄以相予，違忤民心之應也。西
王母，婦人之稱。博弈，男子之事。於街巷仟伯，〔一〕明
離闌内，師古曰：“闌，門橛也，音魚列反。”與疆外。師古曰：
“與，讀曰‘預’。”臨事盤樂，炕陽之意。白髮，衰年之象，體
尊性弱，難理易亂。門，人之所由；樞，其要也。居人之
所由，制持其要也，其明甚著。〔二〕今外家丁、傅並侍帷
幄，布於列位，有罪惡者不坐辜罰，亡功能者畢受官爵。
皇甫、三桓，詩人所刺，春秋所譏，亡以甚此。師古曰：“皇
甫，周卿士之字也。用后嬖寵而處職位，〔三〕詩人刺之。事見小
雅十月之交篇。”指象昭昭，以覺聖朝，奈何不應！”〔四〕後
哀帝崩，成帝母王太后臨朝，王莽爲大司馬，誅滅丁、傅。

〔一〕“仟伯”，建安本、蔡本、鷺洲本、大德本、崇正本、汪本、毛本、局

　　本、王本、點校本同，北監本、殿本作“阡陌”。

〔二〕王念孫云：“‘其’當爲‘甚’。謂所陳災異之象，甚明甚著也。

　　漢紀孝哀紀作‘甚明著’，是其證。”（讀書雜志四漢書第五五

　　行志“其明甚著”條）

〔三〕“用”原作“周”,形近而譌,今據諸本改。

〔四〕“奈”,建安本、蔡本、鷺洲本、崇正本、王本、點校本作“柰”,乃假借字。

　　一曰:“丁、傅所亂者小,此異乃王太后、莽之應云。”〔一〕

〔一〕王先謙云:“以上‘下人伐上之痾’。”(漢書補注卷二十七五行志第七下之上)

漢書五行志校疏卷五

五行志下之下

5.1　隱公三年“二月己巳，日有食之”。〔一〕

〔一〕隱三年春秋杜預注云：“今釋例以長歷推經、傳，明此食是二月朔也。不書‘朔’，史失之。”（見春秋左傳正義卷三）王韜云：“是年據周正爲推算，正月初四日癸酉冬至。故英國湛約翰以庚午爲三年正月朔日；日食當在三月己巳朔，當西國二月十四日。經誤一月耳。後秦姜岌校春秋日食云：‘是歲二月己亥朔，無己巳，似失一閏。三月己巳朔，去交分，入食限。’大衍同。”（春秋日食辨正春秋日食考）

穀梁傳曰：“言日不言朔，食晦。”公羊傳曰：“食二日。”〔一〕

〔一〕臧琳云：“漢志引公羊傳‘食二日’，此西漢儒說公羊之言，傳無此文。傳曰：‘其或日，或不日；或失之前，或失之後。失之前者，朔在前也。’何注：‘謂二日食，“己巳，日有食之”是也。’又云：‘是後，衞州吁弒其君完，諸侯初僭，魯隱係獲，公子翬進諂謀。’與董、劉義皆合。”（經義雜記卷二十二“隱三年日食”條）

董仲舒、劉向以爲："其後,戎執天子之使,師古曰:"凡伯,周大夫也。隱七年,天王使凡伯來聘,戎伐凡伯于楚丘以歸。"〔一〕鄭獲魯隱,師古曰:"公羊傳隱六年:'春,鄭人來輸平。〔二〕輸平,墮成也。〔三〕曰:"吾成敗矣!吾與鄭人未有成。"狐壤之戰,隱公獲焉。〔四〕何以不言"戰"?〔五〕諱獲也。'"滅戴,師古曰:"十年秋,宋人、蔡人、衛人伐戴,鄭伯伐取之。戴國,今外黃縣東南戴城是也。讀者多誤爲'載',故隋室置載州焉。"〔六〕衛、魯、宋咸殺君。"師古曰:"四年,衛州吁殺其君完。十一年,羽父使賊殺公于寪氏。〔七〕桓二年春,宋督弒其君與夷。"

〔一〕隱七年春秋杜預注云:"凡伯,周卿士。凡,國;伯,爵也。汲郡共縣東南有凡城。"陸德明釋文云:"共,音恭。凡,字本作'汎',音凡。"(見春秋左傳正義卷四)

〔二〕"輸平"原作"渝平",諸本同,今據隱六年公羊傳改,下同。朱一新云:"'渝平'當作'輸平'。左氏作'渝',公羊作'輸',此引公羊傳文也。"(漢書管見卷三五行志下之下)　軍案:朱說是也。

〔三〕"成",建安本、蔡本、鷺洲本、大德本、崇正本、汪本、北監本、殿本、點校本同;毛本、局本、王本作"城",非是。朱一新云:"汪本'墮'誤作'爲'。"(漢書管見卷三五行志下之下)

〔四〕王鳴盛云:"注引狐壤之戰,此自是隱爲公子時事,故洪邁譏之。"(十七史商榷卷十三漢書七"鼠妖證青祥"條)　軍案:洪邁說見容齋三筆卷一"漢志之誤"條。

〔五〕"何"原作"所",建安本、蔡本、鷺洲本、大德本、崇正本同,今據隱六年公羊傳、汪本、北監本、毛本、殿本、局本、王本、點校本改。

〔六〕“隋”原作“隨”，大德本、崇正本、汪本、毛本、局本、王本、點校
本同，今據建安本、蔡本、鷺洲本、北監本、殿本改。朱一新云：
“汪本‘室’誤作‘墮’。”（漢書管見卷三五行志下之下）

〔七〕“鷾”，大德本、崇正本、北監本、殿本、王本、點校本同；建安本、
蔡本、鷺洲本作“蔦”，字通；毛本、局本作“鷾”，汪本作“室”，
非是。隱十一年左傳杜注云：“鷾氏，魯大夫。”陸氏釋文云：
“鷾，于委反。”（見春秋左傳正義卷四）

　　左氏、劉歆以爲：“正月二日，〔一〕燕、越之分野也。〔二〕
凡日所躔而有變，則分野之國失政者受之。師古曰：“躔，
踐也，音纏。”人君能修政，共御厥罰，則災消而福至；師古
曰：“共，讀曰‘恭’。御，讀曰‘禦’，又讀如本字。”不能，則災息
而禍生。師古曰：“息，謂蕃滋也。”故經書災而不記其故，蓋
吉凶亡常，隨行而成禍福也。周衰，天子不班朔，師古曰：
“班，布也。”魯歷不正，〔三〕置閏不得其月，月大小不得其
度。史記日食，〔四〕或言朔而實非朔，〔五〕或不言朔而實
朔，或脱不書朔與日，皆官失之也。”

〔一〕臧琳云：“‘正’當作‘二’。”又云：“劉子駿言左氏以爲‘二
日’，與公羊説同。惟杜云：‘今釋例以長歷推經、傳，明此食
是二月朔也。不書朔，史失之。’與古義不合，以待能筭者定
之。”（經義雜記卷二十二“隱三年日食”條）　　軍案：臧引杜
説，見隱三年春秋杜注。王韜云：“雲間宋慶雲春秋朔閏日食
考云：‘今以三統、四分術推之，食限在夏正正月，於周爲三月。
劉歆以爲“正月二日”者，指夏正言也。本朝新法入交亦在三

月。洵乎非失閏之説無以通之。’韜按：隱、桓之時，多用商正建丑。若以周正核經、傳日月，往往不合。即如是年正月初四日癸酉冬至，乃在隱二年閏十二月。是年正月庚子朔也。徐圃臣曰：‘用夏正而失一閏，故以寅月爲二月。’”（春秋日食辨正春秋日食考）

〔二〕錢大昕云：“‘越’，本或作‘趙’者，誤也。劉歆説春秋日食各占其分野之國，蓋本左氏‘去魯地，如衛地’之旨而推衍之。如：周正月，日在星紀，爲吴、越分。其前月，日在析木，爲燕分。故正月朔，食以燕、越當之。二月爲齊、越，三月爲齊、衛，四月爲魯、衛，五月爲魯、趙，六月爲晉、趙，七月爲秦、晉，八月爲周、秦，九月爲周、楚，十月爲楚、鄭，十一月爲宋、鄭，十二月爲宋、燕也。若食在晦者，則以本月及後月日所在分野之二國占之。如嚴公十八年三月食，劉以爲‘食在晦’；宣公十七年六月食，劉亦以爲‘在三月晦’，故皆云‘魯、衛分’，三月之晦與四月之朔等也。”（三史拾遺卷三漢書五行志下之下）

〔三〕“歷”，建安本、蔡本、鷺洲本、大德本、崇正本、汪本、北監本、毛本、殿本、局本、王本同，點校本改作“曆”。“歷”、“曆”字通，此不必改。

〔四〕“日”原作“曰”，形近而譌，建安本、蔡本、鷺洲本、毛本、局本、王本同，今據大德本、崇正本、汪本、北監本、殿本、點校本改。錢大昭云：“‘曰’，南雍本、閩本作‘日’。”（漢書辨疑卷十三五行志下之下）王先謙云：“官本作‘日’，是。”（漢書補注卷二十七五行志第七下之下）

〔五〕蔡本、鷺洲本此下有校語“○劉攽曰：‘“曰”當作“日”’”八字,乃宋人增附。

京房易傳曰:"亡師,茲謂不御;厥異日食,其食也既,並食不一處。誅衆失理,茲謂生叛;厥食既,光散。縱畔,茲謂不明;厥食先大雨三日,雨除而寒,寒即食。專禄不封,茲謂不安;厥食既,先日出而黑,光反外燭。韋昭曰:"中無光,四邊有明外燭。"君臣不通,茲謂亡;厥蝕三既。同姓上侵,茲謂誣君;厥食四方有雲,中央無雲,其日大寒。公欲弱主位,茲謂不知;厥食中白青,四方赤,已食地震。諸侯相侵,茲謂不承;厥食三毀三復。君疾善,下謀上,茲謂亂;厥食既,先雨雹,殺走獸。弑君獲位,茲謂逆;厥食既,先風雨折木,日赤。內臣外鄉,茲謂背;師古曰:"鄉,讀曰'嚮'。"厥食食且雨,地中鳴。韋昭曰:"地中有聲如鳴耳。或曰:'如狗子聲。'"冢宰專政,茲謂因;厥食先大風,食時日居雲中,四方亡雲。伯正越職,茲謂分威;師古曰:"伯,讀曰'霸'。'正'者,長帥之稱。"厥食日中分。諸侯爭美於上,茲謂泰;厥食日傷月,食半,天瞢而鳴。韋昭曰:"食半,謂食望也。"臣瓚曰:"月食半,謂食月之半也。月食常以望,不爲異也。"賦不得,茲謂竭;厥食星隨而下。受命之臣專征,云試;厥食雖侵,光猶明,師古曰:"試,用也,自擅意也。一說:'試,與"弑"同,謂欲弑君。'"[一]若文王臣獨誅紂矣。韋昭曰:"是時,紂臣尚未欲誅紂,獨文王之臣欲誅之。"小人順受命者征其君,云殺;厥食五色,至大寒隕霜,師古曰:"殺,亦讀曰'弑'。"若紂臣順武王而誅紂矣。韋昭曰:"紂惡益甚,其臣欲順武王而誅紂。"

諸侯更制，茲謂叛；師古曰："更，改也。" 厥食三復三食，食
已而風，地動。適讓庶，茲謂生欲；師古曰："適，讀曰'嫡'。"
厥食日失位，光晻晻，月形見。師古曰："晻，音烏感反。見，
音胡電反。" 酒亡節，茲謂荒；厥蝕乍青乍黑乍赤，明日大
雨，發霧而寒。

〔一〕朱一新云："'試'，謂試其端也。受命之臣專征，則僭端見矣，
　　但事未成耳，故曰'厥食雖侵，光猶明'。師古後一說未當，下
　　文方言'弒君'也。"（漢書管見卷三五行志下之下）

　　"凡食二十占，其形二十有四，改之輒除；不改，三
年；三年不改，六年；六年不改，九年。推隱三年之食，
貫中央，上下竟而黑，臣弒從中成之形也。後衞州吁弒
君而立。"〔一〕

〔一〕事見隱四年左傳。

5.2　桓公三年"七月壬辰朔，日有食之，既"。〔一〕

〔一〕桓三年左氏經杜注云："既，盡也。"孔疏云："食既者，謂日光
　　盡也，故云'既，盡也'。"（春秋左傳正義卷六）王韜云："惠
　　氏半農曰：'"既"者，有繼之詞，非"盡"也。新法謂之"金錢
　　食"。日大月小，月不能盡掩日光，故全食之時，其中闕然而光
　　溢於外，狀若金錢。' 按：歷法食八分以上爲'既'。元史歷志
　　推是月壬辰朔，食六分一十四秒，不得爲既。徐圃臣推所食
　　（九分九二一一），恰是既外分。日本疇人安井算哲貞享歷云：
　　'推是歲八月壬辰朔，加時在申，食七分有奇。' 皆與經吻合。
　　徐圃臣曰：'凡刻分微異者，或建都南北不同，或異術算法不齊

之故,或天象原有微末小差.'梅氏定九曰:'古人不知定朔,故日食或在晦、二日。後世歷法漸密。今更合中、西之長,交食應時,虧復應候,雖有刻分微異,不得爲差.'"(春秋日食辨正春秋日食考)

董仲舒、**劉向**以爲:"前事已大,後事將至者又大,則既。先是,魯、宋弑君,魯又成宋亂,易許田,亡事天子之心;楚僭稱王。後鄭岠王師,〔一〕射桓王,師古曰:"並已解於上。"〔二〕又二君相篡。"師古曰:"謂厲公奔蔡而昭公入,高渠彌殺昭公而立子亹。"〔三〕

〔一〕"岠",建安本、蔡本、鷺洲本、大德本、崇正本、汪本、北監本、毛本、局本、王本、點校本同,殿本改作"拒"。齊召南云:"'拒',監本、別本俱訛'岠',從宋本改正。"(前漢書考證五行志下之下)　軍案:齊説非是。"岠"、"距"字通,"距"即"拒"也,此不必改。今所見宋本亦皆作"岠"。

〔二〕見本書五行志上第四十六條、五行志中之下第五條。

〔三〕孔穎達云:"案左傳及鄭世家,武公生莊公。莊公娶鄧曼,生太子忽,是爲昭公;又娶宋雍氏女,生公子突,是爲厲公;又生公子亹、公子儀。春秋桓十一年夏五月,莊公卒而昭公立。其年九月,昭公奔衞而厲公立。桓十五年夏,厲公奔蔡;六月,昭公入。桓十七年,高渠彌弑昭公而立子亹。十八年,齊人殺子亹,鄭人立公子儀。莊十四年,傅瑕殺子儀而納厲公。厲公前立四年而出奔,至此而復入。至莊二十一年卒,前後再在位,凡十一年。"(毛詩正義卷四之二鄭譜)

劉歆以爲:"六月,趙與晉分。〔一〕晉灼曰:"周之六月,

今之四月,始去畢而入參。參,晉分也。畢,趙也。日行去趙遠,入
晉分多,故曰'與'。計二十八宿,分其次,度其月及所屬,下皆以爲
例。"先是,晉曲沃伯再弑晉侯。師古曰:"曲沃伯,本桓叔成
師之封號也,其後遂繼襲焉。魯惠公三十年,大夫潘父殺昭侯而納
成師,不克,晉人立孝侯。惠之四十五年,成師之子曲沃莊伯伐翼,
殺孝侯也。"是歲,晉大亂,師古曰:"桓三年,〔二〕莊伯之子曲沃
武公伐翼,逐翼侯于汾隰,〔三〕夜獲而殺之。"滅其宗國。"師古
曰:"桓八年,曲沃武公滅翼,遂并其國。"

〔一〕王韜云:"劉歆以爲'六月,趙與晉分',此指夏正而言。姜岌
謂:'是歲七月癸亥朔,無壬辰,亦失閏。其八月壬辰朔,去交
分,入食限。'大衍、授時二歷並與之合。宋慶雲以時憲法推
之,入限亦在六月。夏之六月,即周之八月也。"(春秋日食辨
正春秋日食考)

〔二〕"三",汪本作"二",非是。

〔三〕桓三年左傳杜注云:"汾隰,汾水邊。"孔疏云:"釋例曰:'汾
水出太原故汾陽縣,東南至晉陽縣,西南經西河平陽,至河
東汾陰縣入河。'爾雅釋地云:'下濕曰隰。'知'汾隰,汾水
邊'也。"(春秋左傳正義卷六)

京房易傳以爲:"桓三年,日食貫中央,上下竟而
黃,臣弑而不卒之形也。後楚嚴稱王,兼地千里。"師
古曰:"'楚武王荊尸'久已見傳,〔一〕今此言莊始'稱王',未詳其
說。"〔二〕

〔一〕"楚武王荊尸",事見莊四年左傳。

〔二〕劉知幾云:"楚自武王始僭號,歷定、成、繆三王,始至於嚴。然

則楚之稱王已四世矣,何得言嚴始稱哉? 又魯桓薨後,世歷嚴、閔、釐、文、宣凡五君,而楚嚴作霸,安有桓三年日食而應之邪?"(史通卷三内篇書志五行志)　軍案:劉説是也。

5.3　十七年"十月朔,日有食之"。〔一〕

〔一〕桓十七年左傳云:"不書日,官失之也。"王韜云:"是年正月初十日甲申冬至,應推至十一月庚午朔日食,當西國十月初三日。大衍歷推得在十一月交分入食限,失閏也。趙東山引長歷'十月庚午朔日食',與今歷所推恰合。今推是歲十一月庚午朔,加時在酉,入食限。"(春秋日食辨正春秋日食考)朱文鑫云:"桓公十七年,周正十一月朔,合於西曆前六九五年十月十日。春秋未書干支,今以西曆及儒略周日推之,當爲'庚午'。杜預云:'日食以書朔爲例,推十年庚午朔日食。'是也。姜岌、一行、郭守敬皆推得十一月入食限,而經文誤爲'十月'。"(歷代日食考春秋日食考)

穀梁傳曰:"言朔不言日,食二日也。"

劉向以爲:"是時,衞侯朔有罪出奔齊,師古曰:"朔,衞惠公也。桓十六年經書'衞侯朔出奔齊',公羊傳曰'得罪乎天子',穀梁傳曰'天子召而不往也'。" 天子更立衞君。師古曰:"謂公子黔牟。"〔一〕朔藉助五國,舉兵伐之而自立,王命遂壞。師古曰:"莊五年冬,公會齊人、宋人、陳人、蔡人伐衞。莊六年春,王人子突救衞;〔二〕夏,衞侯朔入,放公子黔牟于周,是也。" 魯夫人淫失於齊,卒殺桓公。"〔三〕師古曰:"失,讀曰'佚'。"

〔一〕"謂",建安本、蔡本、鷺洲本、崇正本、汪本、毛本、局本、王本、點校本同；大德本、北監本、殿本作“衛”，非是。

〔二〕莊六年春秋杜注云：“王人，王之微官也。雖官卑而見授以大
　　事，故稱人而又稱字。”孔疏云：“穀梁傳曰：‘王人，卑者也；
　　稱名，貴之也，善救衛也。救者善，則伐者不正矣。’杜意取彼
　　爲説，唯以‘子突’爲字耳。范甯注穀梁亦云：‘此“名”當爲
　　“字”誤爾。’”（春秋左傳正義卷八）

〔三〕“桓”，建安本、蔡本、鷺洲本、大德本、崇正本、北監本同；汪本、
　　毛本、殿本、局本、王本、點校本作“威”，非是。

　　董仲舒以爲：“言朔不言日，惡魯桓且有夫人之禍，
將不終日也。”

　　劉歆以爲：“楚、鄭分。”

5.4　嚴公十八年“三月，日有食之”。〔一〕

〔一〕莊十八年左氏經杜注云：“不書朔，官失之。”孔疏云：“經亦
　　無‘朔’字，當云‘不書朔與日’。注不言朔，脱也。”（春秋左
　　傳正義卷九）王韜云：“是年正月十一日甲子冬至，應推至五
　　月壬子朔日食，當西國四月初七日。”（春秋日食辨正春秋日
　　食考）朱文鑫云：“莊十八年三月不書日與朔，如法推之，當爲
　　‘壬子’。隋書律曆志云：‘三月不應食，五月壬子朔入食限。’
　　元史曆志云：‘五月壬子朔，加時在晝，交分入食限。經誤
　　“五”爲“三”。’足證前人之推算亦頗核實。”（歷代日食考春
　　秋日食考）

　　穀梁傳曰：“不言日，不言朔，夜食。”張晏曰：“日夜
食，則無景。立六尺木，不見其景，以此爲候。”史記推合朔在

夜，〔一〕明旦日食而出，出而解，孟康曰：“夜食地中，出而
止。”是爲夜食。〔二〕

〔一〕“史記”，崇正本、殿本同，建安本、蔡本、鷺洲本、大德本、汪本、
　　北監本、毛本、局本、王本、點校本無“記”字。齊召南云：“監
　　本無‘記’字，宋本有，從之。”（前漢書考證五行志下之下）

〔二〕朱文鑫云：“春秋日食多在實朔，其有不書日與朔者，惟莊公
　　十八年三月與僖公十五年五月而已。左氏謂之‘官失’，穀梁
　　謂之‘夜食’。後之治春秋者，莫不斥穀梁而宗左氏。王夫之、
　　趙子常皆不從穀梁，而獨取其‘夜食’之説，非無據也。前人
　　論‘夜食’，約可分爲三類：一，晨見日帶食而出，可知其食自
　　夜也；二，晚見日帶食而入，可知其食至夜也；三，合朔在夜，
　　初虧復圓，盡在夜中，並無帶食可見，則必由推算得之。莊公
　　十八年三月之日食，隋、元志皆以爲在晝，而經文誤‘五’爲
　　‘三’。查是年日食在西曆四月十五日，與周正五月相合；合
　　朔在十六時二十二分，食甚約在十七時，復圓當在十九時。魯
　　都曲阜，北緯三十五度四十三分五十秒；四月十五日，日入在
　　十八時三十五分，則復圓已在日入之後，可見帶食而入也。謂
　　之‘夜食’，與第二説合。”（歷代日食考春秋日食考）

　　劉向以爲：“‘夜食’者，陰因日明之衰而奪其光。
象周天子不明，齊桓將奪其威，專會諸侯而行伯道。師
古曰：“伯，讀曰‘霸’。”〔一〕其後，遂九合諸侯，師古曰：“解在
郊祀志。”〔二〕天子使世子會之。師古曰：“僖五年，齊侯、宋
公、陳侯、衞侯、鄭伯、許男、曹伯會王太子于首止，是。”〔三〕此其
效也。”

〔一〕“師古”至“曰霸”，北監本、殿本無此注七字。

〔二〕漢書郊祀志上載齊桓公曰：“兵車之會三，乘車之會六，九合諸侯。”師古注云：“兵車之會三，謂莊十三年，會於北杏，以平宋亂；僖四年，侵蔡，蔡潰，遂伐楚，次于陘；六年，伐鄭，圍新城也。乘車之會六，謂莊十四年，會于鄄；十五年，又會于鄄；十六年，同盟于幽；僖五年，會于首止；八年，盟于洮；九年，會于葵丘也。”

〔三〕“是”，大德本、崇正本無此字。汪本、殿本“是”下有“也”字。

公羊傳曰“食晦”。董仲舒以爲：“宿在東壁，魯象也。後公子慶父、叔牙果通於夫人以弑公。”〔一〕

〔一〕“弑”原作“劫”，建安本、蔡本、鷺洲本、毛本、局本、王本、點校本同，今據大德本、崇正本、汪本、北監本、殿本改。王先謙云：“官本‘劫’作‘弑’，是。”（漢書補注卷二十七五行志第七下之下）莊三十二年公羊傳“俄而牙弑械成”，何休注云：“是時，牙實欲自弑君，兵械已成，但事未行爾。”（見春秋公羊傳注疏卷九）

劉歆以爲：“晦，魯、衛分。”〔一〕

〔一〕臧琳云：“今公羊無傳，何注無‘食晦’之文。而漢志引公羊傳曰‘食晦’者，蓋董仲舒等所見公羊有之，或漢初公羊家説也。劉歆説左氏亦以爲食晦，與公羊合。杜氏云‘不書日，官失之’，非古義。漢志云‘合朔在夜，明旦日食而出，出而解’，則穀梁家亦以夜食屬前月之晦矣。鄭君釋癈疾云‘夜食屬前月之晦’，與三傳及漢志並合。”（經義雜記卷十三“莊十八年日食”條）

5.5　二十五年“六月辛未朔，日有食之”。〔一〕

〔一〕莊二十五年左傳杜注云：“長歷推之，‘辛未’實七月朔，置閏
失所，故致月錯。”（見春秋左傳正義卷十）王韜云：“是年正月
二十八日辛丑冬至，中間應閏五月，推至七月辛未朔日食，當
西國五月二十日。大衍歷推得七月辛未朔，交分入食限，失閏
也。與授時、長歷並同。”（春秋日食辨正春秋日食考）

董仲舒以爲：“宿在畢，主邊兵夷狄象也。後狄滅
邢、衛。”師古曰：“春秋閔元年，狄伐邢；二年，狄滅衛。其後，並
爲齊所立，而邢遷于夷儀，〔一〕衛遷于楚丘。”〔二〕

〔一〕事見僖元年春秋。杜注云：“邢遷如歸，故以自遷爲辭。夷儀，
邢地。”孔疏云：“傳稱‘師逐狄人，具邢器用而遷之’，則是諸
侯遷邢也，而文作邢自遷者，以邢遷如歸，故以自遷爲文。公
羊傳曰：‘“遷”者何？其意也。“遷之”者何？非其意也。’言
‘邢遷于夷儀’、‘許遷于白羽’者，皆是其國之意自欲遷之；‘宋
人遷宿’、‘齊人遷陽’者，他人强遷，其國之意不欲遷也。”（春
秋左傳正義卷十二）　軍案：“夷儀”，左氏經、穀梁經同，公羊
經作“陳儀”。

〔二〕事見僖二年春秋。杜注云：“楚丘，衛邑。”（見春秋左傳正義
卷十二）

劉歆以爲：“五月二日，魯、趙分。”〔一〕

〔一〕王韜云：“劉歆指夏正而言也。今推是歲七月辛未朔，食在
申。徐圃臣曰：‘自莊十八年至此，應有再閏，而長歷衹置一
閏，又失本年閏正月，故差夏正二月。’”（春秋日食辨正春秋
日食考）

5.6　二十六年"十二月癸亥朔,日有食之"。〔一〕

〔一〕王韜云:"是年正月初九日丙午冬至,推至十二月癸亥朔日食,
　　當西國十一月初三日。是年日躔大火次之尾九度。周十二
　　月平朔得壬戌。今經書'癸亥'者,實後一日。"(春秋日食辨
　　正春秋日食考)

　　董仲舒以爲:"宿在心,心爲明堂,文、武之道廢,'中
國不絶若綫'之象也。"〔一〕師古曰:"綫,縷也,音先箭反。"

〔一〕"中國不絶若綫",僖四年公羊傳文。何休注云:"綫,縫帛縷,
　　以喻微也。"(見春秋公羊傳注疏卷十)

　　劉向以爲:"時戎侵曹,師古曰:"事在莊二十四年。"魯
夫人淫於慶父、叔牙,將以弑君,〔一〕故比年再蝕以見
戒。"師古曰:"比,頻也。見,顯也。"〔二〕

〔一〕參見本卷第四條。

〔二〕"師古"至"顯也",北監本、殿本無此注九字。

　　劉歆以爲:"十月二日,楚、鄭分。"〔一〕

〔一〕王韜云:"劉歆……蓋據夏正而言也。徐圃臣云:'此實先夏
　　正二月,周正無疑,殆變法實始此。'"(春秋日食辨正春秋
　　日食考)

5.7　三十年"九月庚午朔,日有食之"。

　　董仲舒、劉向以爲:"後魯二君弑,師古曰:"謂子般爲
圉人所殺,閔公爲卜齮所殺也。"夫人誅,師古曰:"哀姜爲齊人所
殺。"兩弟死,〔一〕師古曰:"謂叔牙及慶父也。"狄滅邢,師古曰:
"已解於上。"〔二〕徐取舒,師古曰:"僖三年,徐人取舒。舒,國名

也,在盧江舒縣也。"〔三〕**晉殺世子**,師古曰:"僖五年,晉侯殺其太子申生。"**楚滅弦。**"師古曰:"僖五年,楚人滅弦。弦,國名也,在弋陽。"

〔一〕參見本書五行志中之上第八十五條。

〔二〕見本卷第五條。

〔三〕僖三年春秋杜注云:"徐國,在下邳僮縣東南。舒國,今盧江舒縣。勝國而不用大師,亦曰'取'。例在襄十三年。"孔疏云:"諸侯相滅亡者,多是土壤鄰接,思啟封疆。今檢杜注,徐在下邳,舒在盧江,相去甚遥,而越竟滅國,無傳無注,不知所以?襄十三年傳例曰:'凡書"取",言易也;用大師焉,曰"滅"。'然則'滅'之與'取',俱是絕其國家、有其土地,難則稱'滅',易則爲'取'。釋例曰:'用大師,起大衆,重力以陷敵,因而有之,故曰勝國,通以"滅"爲文也。"取"者,乘其衰亂,或受其潰叛,或用小師而不頓兵勞力,則直言"取"。如取如攜,言其易也。'是勝國而不用大師亦爲'取'。"(春秋左傳正義卷十二)

劉歆以爲:"八月,秦、周分。"

5.8　僖公五年"九月戊申朔,日有食之"。

董仲舒、劉向以爲:"先是,齊桓行伯,江、黃自至,師古曰:"伯,讀曰'霸'。"〔一〕江、黃,二國名也。僖二年,齊侯、宋公、江人、黃人盟于貫。傳曰'服江、黃也'。江國在汝南安陽縣,黃國在弋陽縣。"**南服彊楚。**師古曰:"僖四年,齊侯以諸侯之師侵蔡,遂伐楚,盟于召陵。"〔二〕其後,不内自正,而外執陳大夫,則陳、楚不附,師古曰:"召陵盟後,以陳轅濤塗爲誤軍而執之,陳不服罪,故伐之。楚自是不復通。"鄭伯逃盟,師古曰:"僖五年秋,齊侯與諸侯盟于首止,〔三〕鄭伯逃歸不盟。"諸侯將不從桓政,故天見戒。其後,晉滅虢,師古曰:"事在僖五年。"楚圍許,〔四〕諸侯伐鄭,師古曰:"事並在僖六年。"晉弑二君,師古曰:"謂里克弑奚齊及卓子。"〔五〕狄滅溫,師古曰:"溫,周邑也。僖十年,狄滅之。"〔六〕楚伐黃,師古曰:"僖十一年,〔七〕黃不歸楚貢,故伐之。"桓不能救。"〔八〕

〔一〕"伯,讀曰'霸'",北監本、殿本無此四字。

〔二〕"召陵"原作"邵陵",今據北監本、殿本、僖四年春秋改,下注同。僖四年春秋杜注云:"召陵,潁川縣也。"(見春秋左傳正義卷十二)漢書卷二十八地理志上"召陵"師古注云:"即齊桓公伐楚,次于召陵者也。"許慎說文解字序"自彼徂召",段注云:"謂自許往遷汝南召陵縣也。左傳僖四年、昭十四年、定四年之'召陵',漢爲縣,屬汝南;晉改屬潁川。今河南許州郾城縣縣東四十五里有故召陵城。漢時,召陵有萬歲里,許氏所居也。闞駰說'召陵'曰:'召,高也。'然則'召'同'邵'。卩部曰:'邵,高也。'是也。"(說文解字注十五篇下)

〔三〕"止"原作"上",形近而譌,今據諸本改。僖五年春秋杜注云:"首止,衛地。陳留襄邑縣東南有首鄉。"(見春秋左傳正義卷十二)

〔四〕"圍",建安本、蔡本、鷺洲本、大德本、崇正本、汪本、北監本、殿本、點校本同;毛本、局本、王本作"國",非是。朱一新云:"汪本'國'作'圍',是。"(漢書管見卷三五行志下之下)葉德輝

云：“德藩本作‘圍’。”王先謙云：“官本作‘圍’。”（漢書補注
卷二十七五行志第七下之下）

〔五〕僖九年左傳云：“十月，里克殺奚齊于次。十一月，里克殺公子
卓于朝。”杜注云：“次，喪寢。”僖十年左傳云：“晉殺其大夫
里克。”孔疏云：“宣四年傳例曰：‘弑君，稱君，君無道也；稱
臣，臣之罪也。’里克殺奚齊、弑卓子皆書里克之名，是奚齊與
卓子未爲無道也。殺大夫，傳言不稱名者爲無罪，則稱名爲有
罪，故今稱里克之名以罪之。”（春秋左傳正義卷十三）

〔六〕僖十年左傳云：“狄滅溫，蘇子無信也。蘇子叛王即狄，又不能
於狄，狄人伐之，王不救，故滅。蘇子奔衞。”杜注云：“蘇子，
周司寇蘇公之後也，國於溫，故曰溫子。‘叛王’事在莊十九
年。”（見春秋左傳正義卷十三）

〔七〕“一”，汪本作“二”，非是。朱一新云：“汪本作‘十二年’，
非也。十二年乃滅黃，非伐黃也。”（漢書管見卷三五行志
下之下）

〔八〕僖十一年冬，楚人伐黃；十二年夏，楚人滅黃。

　　劉歆以爲：“七月，秦、晉分。”

5.9　十二年“三月庚午，〔一〕日有食之”。

〔一〕“午”下原有“朔”字，建安本、蔡本、鷺洲本、大德本、崇正本、
汪本、北監本、毛本、殿本、局本、王本同，今據點校本、僖十二
年春秋刪。齊召南云：“僖十二年經無‘朔’字。”（前漢書考
證五行志下之下）王引之云：“‘朔’，衍字也。檢左氏、公羊、
穀梁，皆無‘朔’字。春秋日食，言日不言朔者凡七，公羊以爲

二日，穀梁以爲晦日，故下文云‘穀梁晦七，公羊二日七’。一，隱公三年二月己巳。二，僖公十二年三月庚午。三，文公元年二月癸亥。（公羊衍“朔”字，辯見經義述聞。）四，宣公八年七月甲子。五，宣公十年四月丙辰。六，宣公十七年六月癸卯。七，襄公十五年八月丁巳也。此七者，皆言日不言朔，故或以爲晦日，或以爲二日。若有‘朔’字，則非晦，亦非二日；而穀梁之晦、公羊之二日，皆不得有七矣。且下文曰：‘春秋日食三十六，左氏以爲朔十六。’今徧數上下文，劉歆以爲朔者，已滿十六之數。若僖公十二年三月庚午，日食又書朔，而歆無異辭，則以爲朔者十七，與下文不符矣。”（讀書雜志四漢書第五五行志“左氏春秋日食分野”條）王韜云：“杜注：‘不書朔，官失之。’韜按：是年若以周正建子推算，則正月二十日辛卯冬至，三月並無日食，應推至五月庚午朔日食，當西國三月二十九日。劉歆以爲：‘三月，齊、衞分。’周正之五月，實夏正之三月也。元史歷志云‘誤“五”爲“三”’者，乃據周正建子以言之也。其實是年仍用商正建丑，日食在四月庚午朔，經乃誤‘四’爲‘三’也。”（春秋日食辨正春秋日食考）饒尚寬云：“當四月庚午朔。”（春秋戰國秦漢朔閏表春秋朔閏表）

董仲舒、劉向以爲：“是時，楚滅黄，師古曰：“事在十二年夏。”狄侵衞、鄭，師古曰：“僖十三年，狄侵衞；十四年，狄侵鄭。”莒滅杞。”師古曰：“僖十四年，諸侯城緣陵。〔一〕公羊傳曰：‘曷爲城？杞滅也。孰滅之？蓋徐、莒也。’”〔二〕

〔一〕僖十四年穀梁經范甯注云：“緣陵，杞邑。”楊士勛疏云：“公羊以爲，杞國爲徐、莒脅滅，故諸侯爲之城。左氏以爲，淮夷

病杞，故齊桓爲之城。二傳説城之所由雖殊，皆是爲杞也，故范注亦云‘緣陵，杞邑’。”（春秋穀梁傳注疏卷八）

〔二〕劉知幾云：“如中壘所釋，當以公羊爲本爾。然則公羊所説，不如左氏之詳。左氏襄公二十九年，晉平公時，杞尚在云云。”（史通卷十九外篇漢書五行志雜駁）

劉歆以爲：“二日，齊、衞分。”〔一〕

〔一〕“二日”原作“三月”，諸本同，今改。王引之云：“‘三月’當爲‘二日’。凡春秋日食不書朔者，劉歆皆實指其晦、朔與二日。若隱公三年二月己巳，日食，劉歆以爲：‘正月二日。’嚴公十八年三月日食，劉歆以爲：‘晦。’僖公十五年五月日食，劉歆以爲：‘二月朔。’文公元年二月癸亥日食，劉歆以爲：‘正月朔。’宣公十七年六月癸卯日食，劉歆以爲：‘三月晦眺。’襄公十五年八月丁巳日食，劉歆以爲：‘五月二日。’是也。今僖公十二年三月庚午，日食不書朔，則歆亦當實指其晦、朔與二日，不當但言‘三月’也。下文曰‘左氏以爲二日十八’，又曰‘當春秋時，侯王率多縮朒不任事，故食二日仄慝者十八’。今徧數上下文，劉歆以爲‘二日’者十六，（哀公十四年五月庚申朔，日有食之，劉歆以爲：“三月二日，齊、衞分。”此獲麟後事，不在“日食三十六”之內，故不數也。）尚缺其二。蓋一爲僖公十二年三月二日，一爲宣公十年四月二日也。不然，則凡言‘劉歆以爲’者，月、日皆與經文不同。若經文言‘三月’而歆無異辭，則但言‘齊、衞分’可矣，（桓公十七年十月朔，日有食之，劉歆以爲：“楚、鄭分。”是也。）何須重複經文而言‘三月’乎？”（讀書雜志四漢書第五五行志“左氏春秋日食分野”

條）　軍案：王説是也。

5.10 十五年"五月,〔一〕日有食之"。〔二〕

〔一〕"五"原作"正",建安本、蔡本、鷺洲本同,今據大德本、崇正
　　本、汪本、北監本、毛本、殿本、局本、王本、點校本、僖十二年
　　春秋改。

〔二〕朱文鑫云："僖公十五年五月不書日與朔,如法推之,當爲'甲
　　申'。案：杜預長曆云'五月壬子朔',隋志劉孝孫云'合推癸
　　未朔',元志郭守敬云'大衍推四月癸丑朔入食限',朱兆熊春
　　秋日食星度表云'五月推得壬午朔,食胃一度',皆未合。王
　　韜春秋日食辨正云'五月壬子朔,並無日食。惟古術謂二月
　　甲申朔入食限',干支固合而月仍有誤。吳守一云'當是三
　　月甲申朔,日食',始合矣。案：僖公十五年五月之日食,經文
　　誤'三'爲'五',合於西曆二月四日,合朔在四時四十一分,
　　食甚約在四時二十分,復圓不及六時。魯都是日日出七時,
　　則復圓時日尚未出,並無帶食可見,全爲夜食,衹可由推算知
　　之。穀梁創'夜食'之例,可謂巧合,然非春秋經義。蓋春秋
　　時無推算日食之法,經所書皆由目見。即使當時果能推算,則
　　二百四十二年中,夜食之爲中國不可見者不可勝數,何以獨書
　　此一食? 此必經、傳傳寫之誤也。日人安井算哲謂'帶食在
　　卯',實未深考。英人湛約翰謂'中國不可見',是也。或者有
　　因此而疑及春秋日食皆由後人推算而假託者,亦不免因噎而
　　廢食矣。左氏謂史官之失者,實亦不偏之論也。"（歷代日食
　　考春秋日食考）　軍案：朱氏云"穀梁創'夜食'之例",參見

本卷第四條。

　　劉向以爲："**象晉文公將行伯道**，師古曰："伯，讀曰
'霸'。"〔一〕**後遂伐衞，執曹伯，敗楚城濮**，師古曰："事並在
二十八年。"**再會諸侯**，師古曰："二十八年五月，盟于踐土；冬，會
于溫。"**召天王而朝之**，師古曰："晉侯不欲就朝王，故召王使來。
經書'天王狩于河陽'。"**此其效也。日食者，臣之惡也；夜
食者，掩其罪也。以爲上亡明王，桓、文能行伯道，攘夷
狄，安中國**，師古曰："伯，讀曰'霸'。攘，卻也。"〔二〕**雖不正，
猶可，蓋春秋'實與而文不與'之義也。**"

〔一〕"師古"至"曰霸"，北監本、殿本無此注七字。

〔二〕"師古"至"卻也"，北監本、殿本無此注十字。

　　董仲舒以爲："**後秦獲晉侯**，師古曰："晉侯，夷吾也。
僖十五年十一月，晉侯及秦伯戰于韓，秦獲晉侯以歸也。"**齊滅
項**，〔一〕師古曰："事在公羊傳僖十七年。項國，今項城縣是也。"
楚敗徐于婁林。"師古曰："事在僖十五年冬。婁林，徐地。"

〔一〕朱一新云："左氏謂魯滅項。以爲齊滅者，二傳之説。"（漢書
　　管見卷三五行志下之下）

　　劉歆以爲："**二月朔，齊、越分。**"

5.11 文公元年"二月癸亥，日有食之"。〔一〕

〔一〕文元年春秋杜注云："癸亥，月一日。不書朔，官失之。"（見春
　　秋左傳正義卷十八）王韜云："是年正月二十三日丙戌冬至，中
　　間應閏八月，今推至三月癸亥朔日食，當西國正月二十七日。
　　姜岌云：'二月甲午朔，無"癸亥"。三月癸亥朔入食限。'大衍

歷亦以爲然,蓋失閏也。徐氏亦以爲合夏正而失一閏。今推得夏正正月交周五宮二十一度十七分二十七秒五十一微,入食限。正月平朔癸亥。"(春秋日食辨正春秋日食考)饒尚寬云:"當閏三月癸亥朔。"(春秋戰國秦漢朔閏表春秋朔閏表)

董仲舒、劉向以爲:"先是,大夫始執國政,師古曰:"謂東門襄仲也。"**公子遂如京師,**師古曰:"事在僖三十年,報宰周公之聘。"**後楚世子商臣殺父,齊公子商人弑君,皆自立,**師古曰:"已解於上。"〔一〕**宋子哀出奔,**師古曰:"宋子哀,宋卿高哀也,不義宋公而來奔魯。事在文十四年。"**晉滅江,**師古曰:"春秋文四年,'楚人滅江'。今此云'晉',未詳其説。"〔二〕**楚滅六,**師古曰:"六,國名也,在廬江六縣。文五年,楚人滅之。"**大夫公孫敖、叔彭生並專會盟。"**師古曰:"文七年冬,公孫敖如莒蒞盟;十一年,叔彭生會郤缺于承筐。〔三〕公孫敖,孟穆伯;叔彭生,叔仲惠伯也。"

〔一〕"商臣殺父",事在文元年,見本書五行志下之上第二十二條。"商人弑君",事在文十四年。

〔二〕"此"原作"比",形近而譌,今據諸本改。蘇輿云:"劉知幾亦云:'今云"晉滅",其説無取。且江居南裔,與楚爲鄰,晉處北方,去江殊遠,稱晉所滅,其理難通。'案:'晉'字直是誤文,疑班書本作'宋子哀出奔魯,楚滅江、滅六','魯'、'晉'形近,因誤'魯'爲'晉'。(晏子春秋内篇問上"以遠望魯"當作"以遠望晉",與此正同。)校書者妄移'楚'字於'滅六'上耳。"(見漢書補注卷二十七五行志第七下之下) 軍案:蘇引劉語,見史通卷十九外篇漢書五行志雜駁。

〔三〕“筐”原作“匡”，諸本同，今據文十一年春秋改。彼文杜注云：“承筐，宋地，在陳留襄邑縣西。”（見春秋左傳正義卷十九下）

劉歆以爲：“正月朔，燕、越分。”

5.12 十五年“六月辛丑朔，日有食之”。〔一〕

〔一〕王韜云：“是年正月二十八日庚子冬至，中間應閏四月，推至五月辛丑朔日食，當西國四月二十日。經書‘六月’，蓋失閏也。此條與元史異。雲間宋氏推得夏正四月食。四月交周五宮十九度十八分十八秒三十一微，入食限，加時在卯、辰間。四月平朔辛丑。施彥士云：‘按：前僖十二年三月交食，辰在辰，合夏正。至本年六月，中間應置十四閏。而趙東山所引杜氏長歷，止十一閏，是三失閏矣。以辰月爲六月，宜哉！’徐圃臣謂‘巳月合交限，蓋未數本年閏月耳’，微誤。”（春秋日食辨正春秋日食考）

董仲舒、劉向以爲：“後宋、齊、莒、晉、鄭八年之間五君殺死，師古曰：“文十六年，宋弒其君杵臼。十八年夏，齊人弒其君商人；冬，莒弒其君庶其。宣二年，晉趙盾弒其君夷皋。四年，鄭公子歸生弒其君夷也。”**楚滅舒蓼。”**〔一〕

〔一〕“楚”，建安本、蔡本、鷺洲本、大德本、崇正本、汪本、北監本、殿本、點校本同；毛本、局本、王本作“夷”，非是。沈欽韓云：“舒蓼事在宣八年，胡可以十五年日食應之？不得已，當言‘滅庸’耳（在十六年）。”（漢書疏證卷二十一五行志）

劉歆以爲：“四月二日，魯、衞分。”

5.13 宣公八年“七月甲子,日有食之,既”。〔一〕

〔一〕宣八年春秋杜注云:“月三十日食。”（見春秋左傳正義卷
二十二）王韜云:“是年正月初一日丁酉冬至。經書‘秋七月
甲子’,不書朔。杜預以爲七月甲子晦食。今以長歷考之,七
月實爲乙未朔,與甲子相距甚遠。即如杜説,以法推之,八
月之前亦無日食。是年日食應在十月甲子朔,當在西國九
月十三日。姜岌云:‘十月甲子朔食。’大衍歷同。今推得夏
正八月（夏正八月,周正十月。）食。八月平朔甲子,交周五
宫二十三度五十分一秒五十微,入食限。食九分,加時在申。
徐氏圃臣云:‘今推得置定朔小餘在午後,以時差分加之,得
七千六百四〇分,爲食甚定分。置半晝分二千五百六三三二,
加半日周,爲日入分。用減食甚定分,餘七十六分,以一四四
歸之,得十分〇九秒,爲不見食甚定分。是爲帶食差。’施彥
士曰:‘按:西月經朔乙丑,定朔甲子。杜注“月三十日食”,則
在申月矣。以申月爲七月,豈是時偶合夏正歟? 然詳核前後
交食,亦多定朔。春秋未嘗不書朔,此何得獨指爲晦? 且自文
十五年至此,以經、傳較之,實多一閏。前以辰月爲六月,則此
西月當爲十月。蓋“十”誤作“七”也。徐氏亦同元史之説。
但徐氏以爲法得戌月朔合交限,蓋未數本年閏月耳。此亦不
可不知。’”（春秋日食辨正春秋日食考）饒尚寬云:“七月無日
食,誤‘十’爲‘七’,當十月甲子朔。王韜定十月甲子朔,新城
氏定九月甲子晦,王是。”（春秋戰國秦漢朔閏表春秋朔閏表）

董仲舒、劉向以爲:“先是,楚商臣弑父而立,至于
嚴王遂彊。諸夏大國,唯有齊、晉;齊、晉新有篡弑之

禍,〔一〕内皆未安。故楚乘弱橫行,八年之間,六侵伐而一滅國;師古曰:"'六侵伐'者,謂宣元年侵陳,三年侵鄭,四年伐鄭,五年伐鄭,六年伐鄭,八年伐陳也。'一滅國'者,謂八年滅舒蓼也。"伐陸渾戎,觀兵周室,師古曰:"宣三年,楚子伐陸渾之戎,遂至于洛,觀兵于周疆。'觀兵'者,示威武也。"後又入鄭,鄭伯肉袒謝罪;北敗晉師于邲,流血色水;師古曰:"事並在十二年。邲,鄭地。色水,謂血流入水而變水之色也。邲,音蒲必反。"圍宋九月,析骸而炊之。"師古曰:"事在十五年。炊,爨也。言無薪樵,示困之甚也。"

〔一〕"簒"原作"纂",今據諸本改。文十八年,齊邴歜、閻職弑其君商人。宣二年,晉趙盾弑其君夷皋。

劉歆以爲:"十月二日,楚、鄭分。"

5.14 十年"四月丙辰,日有食之"。〔一〕

〔一〕宣十年春秋杜注云:"不書朔,官失之。"（見春秋左傳正義卷二十二）王韜云:"是年正月二十二日戊申冬至。四月丙辰朔日食,當西國二月二十七日。今推得卯月入交分,合食限。當夏正二月,平朔丙辰。"（春秋日食辨正 春秋日食考）饒尚寬云:"王韜定四月丙辰朔,新城氏定四月丙辰（月初）,王是。"（春秋戰國秦漢朔閏表 春秋朔閏表）

董仲舒、劉向以爲:"後陳夏徵舒弑其君,〔一〕師古曰:"弑靈公也。事在十年。"楚滅蕭,師古曰:"蕭,宋附庸國也。事在十二年。"晉滅二國,師古曰:"謂十五年,滅赤狄潞氏;〔二〕十六年,滅赤狄甲氏。"〔三〕王札子殺召伯、毛伯。"師古曰:"事在十五年。”

〔一〕宣十年春秋杜注云：“徵舒，陳大夫也。靈公惡不加民，故稱臣以弑。”（見春秋左傳正義卷二十二）

〔二〕宣十五年春秋杜注云：“潞，赤狄之別種。氏，國，故稱氏。”（見春秋左傳正義卷二十四）

〔三〕宣十六年春秋杜注云：“甲氏，赤狄別種。晉既滅潞氏，今又並盡其餘黨。”（同上）

劉歆以爲：“二日，魯、衞分。”〔一〕

〔一〕“日”原作“月”，諸本同，今改。錢大昕云：“‘月’當作‘日’。謂食在四月二日也。經書‘四月丙辰’而不言‘朔’，故知食二日。”（三史拾遺卷三漢書五行志下之下）王引之云：“‘二月’當爲‘二日’。蓋周之四月，今二月。是月二日，日躔去東壁而入奎。東壁，衞也；奎，魯也，故曰‘魯、衞分’。若作‘二月’，則義不可通。周之二月，今十二月。十二月二日，日躔去須女而入虛，當言‘越、齊分’，不當言‘魯、衞分’矣。自僖公十二年三月之‘二日’譌爲‘三月’，宣公十年四月之‘二日’譌爲‘二月’，而左氏以爲‘二日十八’，遂缺其二矣。此‘月’，‘日’之誤也。”（讀書雜志四漢書第五五行志“左氏春秋日食分野”條）

5.15 十七年“六月癸卯，日有食之”。〔一〕

〔一〕宣十七年春秋杜注云：“不書朔，官失之。”（見春秋左傳正義卷二十四）朱文鑫云：“宣公十七年六月癸卯日食，以西曆推之，當爲‘乙亥’，合於周正五月朔。江永云：‘此史誤也。姜

崀、大衍、授時皆云：“此年五月乙亥朔入食限，六月甲辰朔不
應食。”案：食當在五月，而朔又非癸卯。此等誤處，後世史家
多有之。’其説當矣。鄒伯奇謂‘定公元年六月癸卯日食，脱
簡於此’，王韜謂‘宣公七年六月癸卯日食，誤增筆畫’，或又謂
‘文公四年六月癸卯日食，因之錯簡’，皆泥於‘六月癸卯’而
強爲牽合者也。宣公十七年確有日環食，魯都可見一分以上，
不過在五月乙亥朔耳。江氏引姜崀諸家之説以爲證，是也。”
（歷代日食考春秋日食考）陳遵媯云：“‘癸卯’應作‘乙亥’。”
（中國天文學史第五編第二章第五節中國歷代日食）

董仲舒、劉向以爲：“後邾支解鄫子，師古曰：“十八年，
邾人戕鄫子于鄫，〔一〕支解而節斷之。謂解其四支，斷其骨節。” **晉
敗王師于貿戎**，師古曰：“事在成元年。”〔二〕**敗齊于鞌。**”師古
曰：“事在成二年。”

〔一〕“戕”，汪本作“伐”，非是。宣十八年春秋杜注云：“傳例曰：
　　‘自外曰戕。’邾大夫就鄫殺鄫子。”孔疏云：“杜以會盟之例，
　　卿則書名氏，大夫則稱‘人’，此稱‘邾人’，故云‘邾大夫’耳。
　　賈逵亦云：‘邾使大夫往殘賊之。’”（春秋左傳正義卷二十四）

〔二〕齊召南云：“貿戎與王師戰，此實事也；以王師自敗爲文，此書
　　法也。若實晉人，經可易爲‘貿戎’乎？此穿鑿也。”（見漢書
　　疏證卷二十一五行志）

劉歆以爲：“三月晦朓，魯、衞分。”服虔曰：“朓，相覰
也。〔一〕日晦食爲‘朓’。”臣瓚曰：“志云‘晦而月見西方曰朓’。以
此名之，非‘日食晦’之名也。”師古曰：“朓，音佗了反。”

〔一〕“覰”原作“頪”，大德本、崇正本作“朓”，皆形近而譌，今據建

安本、蔡本、鷺洲本、汪本、北監本、毛本、殿本、局本、王本、點校本改。

5.16 成公十六年“六月丙寅朔,日有食之”。

董仲舒、劉向以爲:“後晉敗楚、鄭于鄢陵,師古曰:“事在十六年。鄢陵,鄭地。”〔一〕執魯侯。”〔二〕師古曰:“已解於上。”〔三〕

〔一〕“地”原作“也”,今據諸本改。

〔二〕成十六年六月,晉厲公將與楚、鄭戰,使欒黶乞師於魯,魯侯爲國内有故,不及鄢陵之戰;秋,沙隨之會,晉侯恨乞師不得,欲執魯侯,季孫行父代公執;九月,晉人舍季孫行父于苕丘,實未執魯侯也。

〔三〕見本書五行志上第六條、五行志中之上第二十八條。

劉歆以爲:“四月二日,魯、衞分。”

5.17 十七年“十二月丁巳朔,日有食之”。

董仲舒、劉向以爲:“後楚滅舒庸,師古曰:“事在十七年日食之後。舒庸,蓋羣舒之一種,楚與國也。”晉弒其君,師古曰:“謂厲公也。事在十八年。”宋魚石因楚奪君邑,師古曰:“魚石,宋大夫也,十五年出奔楚。至十八年,楚伐宋,取彭城而納之。”〔一〕莒滅鄫,〔二〕齊滅萊,〔三〕師古曰:“事並在襄六年。鄫、萊,皆小國。”鄭伯弒死。”師古曰:“鄭僖公也。襄七年,〔四〕會于鄢,其大夫子駟使賊夜殺之,而以瘖疾赴。〔五〕鄢,音爲。”〔六〕

〔一〕成十八年春秋杜注云:“彭城,宋邑,今彭城縣。”(見春秋左傳

正義卷二十八）

〔二〕襄六年左傳云:"秋,莒人滅鄫,鄫恃賂也。"杜注云:"鄫有
　　貢賦之賂在魯,恃之而慢莒,故滅之。"(見春秋左傳正義
　　卷三十）

〔三〕襄六年左傳云:"十一月,齊侯滅萊,萊恃謀也。"杜注云:"賂
　　夙沙衛之謀也。事在二年。"(同上）

〔四〕"七",汪本作"十",非是。

〔五〕"瘧"原作"虐",大德本、崇正本、汪本、毛本、局本、王本、
　　點校同,今據建安本、蔡本、鷺洲本、北監本、殿本、襄七年春
　　秋杜注改。説文疒部云:"瘧,寒熱休作病。从疒,虐,虐亦
　　聲。"段注云:"謂寒與熱一休一作相代也。釋名曰:'瘧,酷虐
　　也。凡疾,或寒或熱耳;而此疾先寒後熱,兩疾似酷虐者。'周
　　禮曰:'秋時有瘧寒疾。'"(説文解字注七篇下)　　軍案:段引
　　釋名,見釋名釋疾病;引周禮,見周禮天官疾醫職。

〔六〕"爲"原作"蔿",建安本、蔡本、鷺洲本、毛本、局本、王本、點校
　　同,今據大德本、崇正本、汪本、北監本、殿本改。

　　劉歆以爲:"九月,周、楚分。"

5.18　襄公十四年"二月乙未朔,日有食之"。

　　**董仲舒、劉向以爲:"後衛大夫孫、甯共逐獻公,立孫
剽。"**孟康曰:"剽,音驃。"師古曰:"孫林父、甯殖逐獻公,襄十四年
四月出奔齊,而立剽。剽,穆公之孫也。剽,又音匹妙反。"

　　劉歆以爲:"前年十二月二日,宋、燕分。"

5.19 十五年“八月丁巳，日有食之”。〔一〕

〔一〕“丁巳”下原有“朔”字，建安本、蔡本、鷺洲本、點校本同，今
據大德本、崇正本、汪本、北監本、毛本、殿本、局本、王本删。
錢大昭云：“‘丁巳’下，閩本有‘朔’字。”（漢書辨疑卷十三五
行志下之下）襄十五年左氏、公羊、穀梁經皆無“朔”字。杜注
云：“八月無丁巳。丁巳，七月一日也。日月必有誤。”（春秋
左傳正義卷三十二）朱文鑫云：“襄公十五年八月丁巳日食，三
統、四分術皆推得夏五月丁巳朔入食限，加時在晝。夏五月，
合於周正七月。杜注云：‘八月無丁巳。丁巳，七月一日也。
日月必有誤。’姜岌、大衍、授時皆推得周七月丁巳朔入食限，
足證春秋經文月誤而日不誤。查是年七月丁巳、八月丙戌皆
有偏食，惟八月丙戌之偏食中國不可見；即七月丁巳之偏食，
魯都所見亦不及三分。據馮澄所推周七月丁巳朔，食甚用時
爲八時二十五分四秒，故從月誤之説爲允。”（歷代日食考春
秋日食考）饒尚寬云：“新城氏定七月丁巳（月初），王韜定七月
丁巳朔，王是。”（春秋戰國秦漢朔閏表春秋朔閏表）

**董仲舒、劉向以爲：“先是，晉爲雞澤之會，諸侯盟，
又大夫盟；後爲溴梁之會，諸侯在而大夫獨相與盟，**師
古曰：“並已解於上。”〔一〕**君若綴旒，**〔二〕**不得舉手。”**應劭曰：
“旒，旌旗之流，〔三〕隨風動搖也。”師古曰：“言爲下所執，隨人東
西也。”

〔一〕“雞澤之會”，見本書五行志下之上第二十三條。“溴梁之會”，
見本書五行志中之上第二十八條。

〔二〕“旒”，説文㫃部作“游”，云：“旌旗之流也。”段注云：“旗之游

如水之流，故得偁‘流’也。此字省作‘斿’，俗作‘旒’。集韻云：‘斿，亦作“旒”。’”（説文解字注七篇上）

〔三〕“流”，汪本、殿本作“旒”。

劉歆以爲：“五月二日，**魯、趙分**。”

5.20　二十年“十月丙辰朔，日有食之”。

　　董仲舒以爲：“**陳慶虎、慶寅蔽君之明**，師古曰：“二慶，並陳大夫也。襄二十年，陳侯之弟黃出奔楚，〔一〕將出，呼於國曰：‘慶氏無道，求專陳國，暴蔑其君，而去其親，五年不滅，是無天也！’”**邾庶其有叛心**，師古曰：“庶其，邾大夫。”**後庶其以漆、閭丘來奔**，〔二〕師古曰：“事在二十一年。〔三〕漆及閭丘，邾之二邑。”**陳殺二慶**。”師古曰：“二十三年，陳侯如楚，公子黃訴二慶。楚人召之，慶氏以陳叛楚，〔四〕屈建從陳侯圍陳，〔五〕遂殺二慶也。”

〔一〕襄二十年左傳云：“‘陳侯之弟黃出奔楚’，言非其罪也。”杜注云：“稱‘弟’，罪陳侯及二慶。”孔疏云：“稱‘弟’者，止爲罪陳侯。但陳侯之罪，罪在信二慶，故杜兼言二慶耳，稱‘弟’不爲罪二慶也。”（春秋左傳正義卷三十四）

〔二〕襄二十一年左氏經杜注云：“二邑在高平南平陽縣，東北有漆鄉，西北有顯閭亭。以邑出爲‘叛’，適魯而言‘來奔’，內外之辭。”（見春秋左傳正義卷三十四）

〔三〕“二”，蔡本、鷺洲本、大德本、崇正本、北監本、毛本、殿本、局本、王本、點校本同；建安本、汪本作“三”，非是。

〔四〕襄二十一年左傳杜注云：“二慶，虎及寅也。二十年，二慶譖黃，黃奔楚自理。今陳侯往，楚乃信黃，爲召二慶。二慶畏誅，

故不敢自往，因陳侯在楚而叛之。"（同上）

〔五〕襄二十一年左傳杜注云："屈建，楚莫敖。"（同上）

劉歆以爲："八月，秦、周分。"

5.21 二十一年"九月庚戌朔，日有食之"。〔一〕

〔一〕朱文鑫云："襄公二十一年九、十月，二十四年七、八月，皆比食。漢儒劉向、董仲舒皆以比月頻食爲大異。姜岌、一行皆以比月頻食，曆無其法。後世曆家亦以爲兩食之間，至少相隔半年，決無比月而食之理。迨王韜主修中、西曆書，咸豐九年寅卯、申酉俱兩月比食，始知西術所推竟有比食之理。因質諸西士偉烈亞力，謂'比食即有之，中國一次見，一次必不再見'。故王氏撰春秋中西日食考，仍以襄公時比食爲史誤。案：襄公二十一年十月及二十四年八月，以曆推之，皆不入食限。前人謂爲錯簡，非盡無據，但必欲移置他處，亦不免多事。蓋春秋二百四十二年間，中國可見之日食，奚止三十有七？如必以爲錯簡而移易，雖年月類似，亦不勝枚舉，何必强爲牽合哉？"（歷代日食考春秋日食考）

董仲舒以爲："晉欒盈將犯君，後入于曲沃。"師古曰："已解於上。"〔一〕

〔一〕見本書五行志下之上第二十三條。襄二十三年左傳云："晉欒盈復入于晉，入于曲沃。"杜注云："以惡曰'復入'。兵敗奔曲沃，據曲沃衆還與君爭，非欲出附他國，故不言'叛'。"孔疏云："案傳，欒盈潛入曲沃，乃率曲沃之甲以入晉都，及敗，又入于曲沃。潛入之時，晉人不覺，及敗後更入，晉人以其狀告，故

先書‘復入于晉’，後言‘入于曲沃’。謂其敗而後入，故云‘兵
敗奔曲沃’也。‘不言“叛”’者，‘叛’謂以邑叛屬他國，欒盈
既入曲沃，據曲沃之衆與君戰爭，兵敗而死，終亦不附他國，故
‘不言“叛”’也。”（春秋左傳正義卷三十五）

劉歆以爲：“七月，秦、晉分。”

5.22 “十月庚辰朔，日有食之”。〔一〕

〔一〕王韜云：“比月頻食，理所絕無，古來歷家如姜岌、一行皆有
此説。元郭守敬授時歷言：‘襄公二十一年歲在己酉，中
積六十六萬九千一百二十七日五十五刻。步至九月，定朔
四十六日六十五刻，庚戌日申時合朔，交汎一十四日三十六
刻，入食限，是也。步至冬十月庚辰朔，交汎一十六日六十七
刻，已過交限，不食。’今推襄二十一年己酉九月朔，交周〇宮
〇九度五一二八，入食限；十月朔，一宮一十度三一四二，不
入食限矣。諸家之説爲合，春秋史官失之也。日本貞享歷云：
‘今推連月不入交限，此天變也。’日本史官藤野正啟云：‘按：
以天保任演歷推之，九月交周在十一宮二十六度七十七分餘，
在限內；十月朔交周在初宮二十七度三十七分，已出限外。天
變之説若爲有他物以蔽之則可，日月之行豈可變耶？蓋亦史
官之誤寫耳。’萬希槐困學紀聞集證引劉炫説云：‘漢末以來
八百餘載，考其注記，都無頻月日食之事。計天道轉運，古今
一也，但其字則變古爲篆，改篆爲隸，書則以縑代簡，以紙代
縑，傳寫致誤，失其本真。’江氏慎修亦言，史誤雖漢高帝、文
帝時亦有之。”（春秋日食辨正春秋日食考）饒尚寬云：“各家

按：不當食。”（春秋戰國秦漢朔閏表　春秋朔閏表）

　　董仲舒以爲：“宿在軫、角，楚大國象也。後楚屈氏譖殺公子追舒，師古曰：“公子追舒，楚令尹子南也。二十二年，楚殺之。”齊慶封脅君亂國。”師古曰：“慶封，齊大夫也。二十七年，使盧蒲嫳帥甲攻崔氏，〔一〕殺成及彊，盡俘其家，崔杼縊而死。自是慶封當國，〔二〕專執政也。”

〔一〕襄二十七年左傳杜注云：“嫳，慶封屬大夫。”（見春秋左傳正義卷三十八）

〔二〕襄二十七年左傳杜注云：“當國，秉政。”（同上）

　　劉歆以爲：“八月，秦、周分。”

5.23　二十三年“二月癸酉朔，日有食之”。

　　董仲舒以爲：“後衛侯入陳儀，師古曰：“衛侯衎也，前爲孫、甯所逐，〔一〕二十五年入于陳儀。陳儀，衛邑。左傳云‘夷儀’。”〔二〕甯喜弑其君剽。”師古曰：“二十六年，甯喜殺剽，而衎入于衛。甯喜，殖子也。”

〔一〕“孫、甯”，謂孫林父、甯殖也。事在襄十四年，參見本卷第十八條。

〔二〕襄二十五年左氏經杜注云：“夷儀，本邢地，衛滅邢而爲衛邑。晉愍衛衎失國，使衛分之一邑。書‘入’者，自外而入之辭，非國逆之例。”（見春秋左傳正義卷三十六）

　　劉歆以爲：“前年十二月二日，宋、燕分。”

5.24　二十四年“七月甲子朔，日有食之，既”。

劉歆以爲："五月,魯、趙分。"

5.25 "八月癸巳朔,日有食之"。〔一〕

〔一〕襄二十四年左氏經孔疏云："今七月日食既,而八月又食,於
推步之術,必無此理。蓋古書磨滅,致有錯誤。"(春秋左傳
正義卷三十五)王韜云："是年有兩日每食,今以法推之,襄
二十四年壬子歲七月朔,交周〇宮〇三度一九三五,入食限;
八月朔,交周一宮三度五九四九,不入食限。大衍歷云:'不
應頻食,在誤條。'元郭守敬以授時歷推之,立分不叶,不應
食。大衍説是,此又史官之誤記也。"(春秋日食辨正春秋日
食考)朱文鑫云："兹再申論比食之理。朔、望時月在黃、白道
之交點,則地與日、月正在一直線上,即生日、月食。若朔、望
不遇於交點,即無日、月食。故日食必在朔,而逢朔不皆有日
食;月食必在望,而遇望不皆有月食也。倘合朔正在交點,必
有日食。前、後兩望距此朔約十四日十八時,月距交點約十五
度二十分,是大於月食限十二度十五分,則前、後兩望皆不
能有月食,故月食不能比食也。倘望時正在交點,必有月食。
前、後兩朔距此望亦十四日十八時,月距交點十五度二十分,
是在日偏食限十八度三十一分之内,則前、後兩朔皆有日食之
可能,至少必得一日食,故日食能有比食也。凡逢比食,必皆
爲偏食;如祇有一日食,必爲環食或全食矣。一年之中,至少
有二次日食而無月食;最多有七次,其中五次日食、二次月食,
或四次日食、三次月食。如逢五次日食,則第一次必在一月初
旬,第五次在十二月;是年必有二次比食,而比食之間必有一

月食。如逢四次日食,則第一次必在一月十五日以後;是年或有二次比食,或有一次比食。又據交食周十八年十一日中,平均有日食四十一次,遇比食者四次。由此可知,比食亦常有之事,惟皆爲偏食,而非同一地方所能迭見。若全食、環食之後,決無間一月而再食之理。襄公二十一年九月有日環食,故十月不能再食;二十四年七月有日全食,故八月不能再食。此係經、傳傳寫之誤爾,非比月之不能頻食也。漢書高帝三年及文帝三年皆紀比食,以曆推之,亦不合,皆史之誤也。”(歷代日食考春秋日食考)饒尚寬云:“各家按:不當食。”(春秋戰國秦漢朔閏表春秋朔閏表)

　　董仲舒以爲:“比食又既,師古曰:“比,頻也。”象陽將絕,孟康曰:“陽,君也。”夷狄主上國之象也。〔一〕後六君弒,師古曰:“謂二十五年,齊崔杼殺其君光;二十六年,衞甯喜弒其君剽;二十九年,閽殺吳子餘祭;三十年,蔡太子般弒其君固;〔二〕三十一年,莒人弒其君密州;昭元年,楚令尹子圍入問王疾,縊而殺之。”〔三〕楚子果從諸侯伐鄭,師古曰:“二十四年冬,楚子、蔡侯、陳侯、許男伐鄭。”滅舒鳩,師古曰:“二十五年,楚屈建帥師滅舒鳩。舒鳩,亦羣舒一種。”〔四〕魯往朝之,師古曰:“二十八年,公如楚。”〔五〕卒主中國,師古曰:“謂楚靈王以昭四年與諸侯會于申。”伐吳討慶封。”師古曰:“慶封以二十八年爲慶舍之難自齊出奔魯,遂奔吳。至申之會,楚靈王伐吳,執慶封而殺之。”

〔一〕“上”,建安本、蔡本、鷺洲本、大德本、毛本、局本、王本、點校本同,崇正本、汪本、北監本、殿本作“中”。

〔二〕“般”原作“班”,諸本同,音近而譌,今據襄三十年春秋改。

〔三〕昭元年左傳杜注云："繲，絞也。孫卿曰：'以冠纓絞之。'"（見
　　春秋左傳正義卷四十一）

〔四〕"種"下，汪本、殿本有"也"字。

〔五〕襄二十八年左氏經杜注云："爲宋之盟故，朝楚。"（見春秋左
　　傳正義卷三十八）　軍案："宋之盟"，事在襄二十七年。

劉歆以爲："六月，晉、趙分。"

5.26 二十七年"十二月乙亥朔，日有食之"。〔一〕

〔一〕"十二月"，諸本同，襄二十七年春秋同，皆誤；左傳作"十一
　　月"，是也。左氏經杜注云："今長歷推十一月朔，非十二月。
　　傳曰：'辰在申，再失閏。'若是十二月，則爲三失閏，故知經
　　誤。"孔疏云："此經言'十二月'，而傳言'十一月'，今杜以長
　　歷推之，乙亥是十一月朔，非十二月也。傳曰：'辰在申，再失
　　閏矣。'若是十二月，當爲辰在亥；以申爲亥，則是三失閏，非
　　再失也。推歷與傳合，知傳是而經誤也。"（見春秋左傳正義
　　卷四十一）王韜云："是年二月初七日丙戌冬至，當西國十月初
　　七日，推得十一月乙亥朔日食。姜岌云：'十一月乙亥朔，交分
　　入限，應食。'大衍歷所推亦合。又按：周十一月爲夏之九月，
　　其建在戌。今以冬至推較月建，未嘗差誤。而左氏乃云'辰
　　在申，司歷之過'，則較之經所書之'十二月'且差三月矣，寧
　　有是理？此蓋左氏聽傳聞之誤説，而遂筆之於書者也。徐圃
　　臣云：'此年傳文當在襄二十一年。此錯簡也。'三統、四分術
　　並推得夏正九月，交周六宮〇度二十九分七秒二十一微，入食
　　限，加時在辰。是年丙戌冬至，時歷誤置於二月，遂以建亥爲

歲首,實失一閏。”（春秋日食辨正　春秋日食考）

　　董仲舒以爲:“禮義將大滅絶之象也。時吳子好勇,使刑人守門;師古曰:“吳子,即餘祭也。刑人,閽者。”**蔡侯通於世子之妻**;師古曰:“即蔡侯固,爲太子所殺者也。”**莒不早立嗣。**師古曰:“即密州也,生去疾及展輿,〔一〕既立展輿,又廢之。”**後閽戕吳子,**師古曰:“戕,傷也。它國臣來弑君曰戕,音牆。”〔二〕**蔡世子般弑其父,莒人亦弑君而庶子爭。”**〔三〕師古曰:“展輿因國人攻其父而殺之。展輿即位,去疾奔齊。明年,去疾入而展輿出奔吳。並非嫡嗣,〔四〕故云‘庶子爭’。”

〔一〕“輿”原作“與”,建安本同,形近而譌,今據蔡本、鷺洲本、大德本、崇正本、汪本、北監本、毛本、殿本、局本、王本、點校本改,下同。

〔二〕“音牆”,北監本、殿本無此二字。

〔三〕襄二十七年公羊經何休注云:“是後,閽殺吳子餘祭,蔡世子般弑其君,莒人弑其君之應。”徐彦疏云:“即下二十九年‘夏五月,閽弑吳子餘祭’,三十年‘夏四月,蔡世子般弑其君固’,三十一年冬十一月,‘莒人弑其君密州’是也。”（春秋公羊傳注疏卷二十一）　軍案:皆用董氏説。

〔四〕“非”字原無,今據諸本補。

　　劉向以爲:“自二十年至此歲,八年間日食七作,禍亂將重起,師古曰:“重,音直用反。”**故天仍見戒也。**師古曰:“仍,頻也。”**後齊崔杼弑君,**師古曰:“已解於上。”〔一〕**宋殺世子,**師古曰:“宋平公太子痤也。事在二十六年。”**北燕伯出奔,**孟康曰:“有南燕,故言‘北燕’。南燕姞姓,北燕姬姓也。”師古曰:

“昭三年,北燕伯款出奔齊。”〔二〕**鄭大夫自外入而篡位。**”師古曰:“謂伯有也。已解於上。”〔三〕**指略如董仲舒。**

〔一〕“師古”至“於上”,北監本、殿本無此注七字。“崔杼弒君”,事在襄二十五年,見本卷第二十五條。

〔二〕昭三年春秋杜注云:“不書大夫逐之而言‘奔’,罪之也。”孔疏云:“傳稱‘燕大夫比以殺公之外嬖,公懼,奔齊’,是被逐而出,非自去也。傳又云‘書曰“北燕伯款出奔齊”,罪之’,是仲尼新意,不書大夫逐之而言其自奔,是罪之也。”(春秋左傳注疏卷四十二)

〔三〕“已解於上”,北監本、殿本無此四字。伯有事在襄三十年,見本書五行志下之上第二十三條。

劉歆以爲:“九月,周、楚分。”

5.27 昭公七年“四月甲辰朔,日有食之”。

董仲舒、劉向以爲:“先是,楚靈王弒君而立,會諸侯,師古曰:“已解於上。”〔一〕**執徐子,滅賴;**師古曰:“申之會,楚人執徐子,遂滅賴。”**後陳公子招殺世子,**師古曰:“招,成公子,哀公弟也。昭八年經書‘陳侯之弟招殺陳太子偃師’。偃師,即哀公之子也。招,音韶。”**楚因而滅之,**師古曰:“偃師之死,哀公縊。〔二〕其九月,楚公子棄疾奉偃師之子孫吳圍陳,遂滅之。”**又滅蔡;**師古曰:“十一年,楚師滅蔡也,執太子有以歸,用之。”〔三〕**後靈王亦弒死。**”師古曰:“十三年,楚公子比弒其君虔于乾谿,〔四〕是也。”

〔一〕楚靈王會諸侯於申,事在昭四年,見本卷第二十五條。

〔二〕昭八年左傳杜注云：“憂恚自殺。”（見春秋左傳注疏卷
　　四十四）

〔三〕昭十一年春秋杜注云：“用之，殺以祭山。”（見春秋左傳注疏
　　卷四十五）

〔四〕昭十三年春秋云：“四月，楚公子比自晉歸于楚，弑其君虔于
　　乾谿。”杜注云：“比去晉而不送，書‘歸’者，依陳、蔡以入，言
　　陳、蔡猶列國也。比歸而靈王死，故書‘弑其君’。靈王無道而
　　弑稱臣，比非首謀而反書‘弑’，比雖脅立，猶以罪加也。靈王
　　死在五月，又不在乾谿，楚人生失靈王，故本其始禍以赴之。”
　　（見春秋左傳注疏卷四十六）

　　劉歆以爲：“二日，〔一〕魯、衞分。

〔一〕“日”原作“月”，形近而譌，諸本同，今改。錢大昕云：“‘月’
　　當作‘日’，與宣十年同。”（三史拾遺卷三漢書五行志下之
　　下）　軍案：錢説是也。參見本卷第十四條。

　　“傳曰：〔一〕‘晉侯問於士文伯曰：“誰將當日食？”
師古曰：“士文伯，晉大夫伯瑕。”對曰：“魯、衞惡之，〔二〕衞大
魯小。”公曰：“何故？”對曰：“去衞地，如魯地，〔三〕於
是有災，其衞君乎？魯將上卿。”是歲八月，衞襄公卒；
十一月，魯季孫宿卒。晉侯謂士文伯曰：〔四〕“吾所問日
食從矣，〔五〕可常乎？”師古曰：“從，謂如士文伯之言也。可
常，謂常可以此占之不。”〔六〕對曰：“不可。六物不同，民心
不壹，事序不類，官職不則，同始異終，胡可常也？詩
曰：‘或宴宴居息，或盡瘁事國。’如淳曰：“瘁，古‘悴’字
也。”師古曰：“小雅北山之詩也。宴宴，安息之貌也。盡瘁，言盡

力而悴病也。"〔七〕其異終也如是。"公曰:"何謂六物?"
對曰:"歲、時、日、月、星、辰是謂。"公曰:"何謂辰?"
對曰:"日、月之會是謂。"〔八〕公曰:"詩所謂'此日而
食,于何不臧',何也?"〔九〕師古曰:"小雅十月之交之詩也。
臧,善也。"對曰:"不善政之謂也。國無政,不用善,則自
取適于日月之災。師古曰:"適,讀曰'讁'。"故政不可不慎
也,務三而已:一曰擇人,二曰因民,三曰從時。"'〔一〇〕
此推日食之占,循變復之要也。

〔一〕文見昭七年左傳。

〔二〕昭七年左傳杜注云:"受其凶惡。"陸氏釋文云:"惡之,如字;
　　　或烏路反,非也。"(見春秋左傳注疏卷四十四)

〔三〕昭七年左傳杜注云:"衛地,豕韋也。魯地,降婁也。日食於
　　　豕韋之末,及降婁之始乃息,故禍在衛大,在魯小也。周四月,
　　　今二月,故日在降婁。"(同上)

〔四〕"曰"字原無,大德本、崇正本、汪本、北監本、毛本、局本、王本
　　　同,今據建安本、蔡本、鷺洲本、殿本、點校本、昭七年左傳補。

〔五〕昭七年左傳杜注云:"衛侯、武子皆卒故。"(同上)

〔六〕"不",毛本、局本、王本作"下",形近而譌。朱一新云:"汪本
　　　注'下'作'不',是。"(漢書管見卷三五行志下之下)王先謙
　　　云:"官本作'不'。"(漢書補注卷二十七五行志第七下之下)

〔七〕葉德輝云:"'宴宴',今詩作'燕燕'。陳喬樅齊詩遺説考:'劉
　　　歆述士文伯引詩語,與今左傳異,知其從魯詩之文也。'"(見
　　　漢書補注卷二十七五行志第七下之下)　軍案:"盡穎",今詩
　　　作"盡瘁",左傳作"憔悴"。昭七年左傳孔疏云:"'燕燕',安

息貌。'或盡瘁事國',盡力勞病以從國事。此作'憔悴',蓋師
讀不同。"（春秋左傳注疏卷四十四）臧琳云："今據漢志所載
左氏作'盡悴',知左傳古文本與毛詩同。杜本作'憔',聲近
之誤。"（經義雜記卷十一"昭七年日食"條）

〔八〕臧琳云："左傳作'是謂辰'。案：此與上句文法同,'辰'衍
文。"（同上）

〔九〕昭七年左傳杜注云："感日食而問詩。"孔疏云："詩作'此',
此云'彼'者,師讀不同也。"（春秋左傳注疏卷四十四）臧琳
云："作'彼日而食'非是。正言'日有食之',安得彼日而此
月？若日、月兩言'彼',蒙混更甚。孔氏所見本已然,則其誤
已久,當據漢志正之。"（經義雜記卷十一"昭七年日食"條）

〔一〇〕昭七年左傳杜注云："擇賢人,因民所利而利之,順四時之
所務。"（見春秋左傳注疏卷四十四）蘇輿云："'公曰：詩所
謂'云云至此,左傳在前問'魯將上卿'下,此參錯其文。"
（見漢書補注卷二十七五行志第七下之下）　軍案：蘇
說是也。

"易曰：'縣象著明,莫大於日月。'師古曰："上繫之辭
也。"是故聖人重之,載于三經。師古曰："謂易、詩、春秋。"
於易,在豐之震,曰：'豐其沛,日中見昧,折其右肱,亡
咎。'服虔曰："日中而昏也。"師古曰："此豐卦九三爻辭也。言
遇此災,則當退去右肱之臣,乃免咎。"於詩十月之交,則著卿
士、司徒,下至趣馬、師氏,咸非其材。師古曰："十月之交詩
曰：'皇父卿士,番維司徒。蹶維趣馬,〔一〕楀維師氏,〔二〕豔妻煽方
處。'司徒,地官卿也,掌邦教。趣馬,中士也,掌王馬之政。師氏,

中大夫也,掌司朝得失之事。番、蹶、楀,皆氏也。美色曰豔。豔妻,襃姒也。豔,或作‘閻’。閻,亦嬪妾之姓也。煽,熾也。詩人刺王淫於色,故皇父之徒皆用后寵並處職位,不以德選也。趣,音千后反。蹶,音居衛反。楀,音居禹反。番,音扶元反。”**同於‘右肱’之所折,協於‘三務’之所擇,明小人乘君子、陰侵陽之原也。”**

〔一〕“蹶”原作“樊”,建安本、蔡本、鷺洲本、大德本、崇正本、汪本、毛本、局本、王本、點校本同,今據北監本、殿本、詩小雅十月之交改,下同。

〔二〕“楀”原作“捔”,諸本同,今據詩小雅十月之交改,下同。阮元毛詩注疏校勘記云:“小字本、相臺本同,閩本、明監本、毛本亦同。唐石經初刻‘捔’,後改‘楀’。案:五經文字木部云:‘楀,氏也,見詩小雅。’‘楀’字是也。從‘木’、從‘扌’字多相亂。顏師古漢書人表注云‘萬,讀曰‘楀’’,集韻九麌亦作‘捔’,皆與唐石經初刻同。”(見皇清經解卷八百四十三)説文木部“楀”字段注云:“小雅‘楀維師氏’,箋云:‘楀,氏也。’唐石經初刻從‘手’,後改從‘木’。按:釋文、五經文字、急就篇顏注皆從‘木’。”(説文解字注六篇上)

5.28 十五年“六月丁巳朔,日有食之”。〔一〕

〔一〕王韜云:“是年二月初七日乙丑冬至,推得商正六月丁巳朔日食,當西國四月十一日。大衍歷推得五月丁巳朔食,失一閏,則以周正建子言之也。按:周以建子之月爲歲首,則冬至必當在正月,斷無遲至二月者。此年實爲建亥,故知前年實失一閏。昭十五年之正月,乃十四年之十二月也。史官之失,顯然可見。施彥士曰:‘按:七年四月辰在卯,實先夏正二月。此更先三月者何?蓋七年至十五年應置三閏,以經、傳所書甲乙推之,止置兩閏,杜氏長歷、顧氏朔閏表並同,蓋又失一閏矣。辰月之爲六月,宜哉!’”(春秋日食辨正春秋日食考)

　　劉歆以爲:“三月,齊、衞分。”〔一〕

〔一〕“齊”原作“魯”,諸本同,今改。錢大昕云:“‘魯’當作‘齊’。三月朔爲齊、衞分,若云‘魯、衞’,則當食於四月矣。依三統術,推得是年三月丁巳朔。”(三史拾遺卷三漢書五行志下之下)王引之云:“‘魯’當爲‘齊’。周之三月,今正月。是月之朔,日躔去危而入營室。危,齊也;營室,衞也,故曰‘齊、衞分’。若作‘魯’,則爲奎之分野。奎爲二月之朔日躔所在,非正月之宿矣。”(讀書雜志四漢書第五五行志“左氏春秋日食分野”條)　軍案:錢、王説是也。

5.29 十七年“六月甲戌朔,日有食之”。〔一〕

〔一〕王韜云:“是年正月晦丙子冬至,中間應置閏,在四月後,然時歷並未有閏。經文所書六月甲戌朔日食,以法推之,此月並無日食。閻若璩以爲當在九月朔,是也。九月癸酉朔日食,當西國八月十四日。日本貞享歷推是歲九月癸酉朔入交限,述歷作‘九月晦’。”(春秋日食辨正春秋日食考)朱文鑫云:“如法推之,當爲‘癸酉’。姜岌云:‘六月乙巳朔,不應食。’是已知日食不在六月而朔非甲戌也。大衍云‘當在九月朔’,郭守敬云‘是年九月甲戌朔,入食限’,是已知日食當在九月,而不知

朔仍非甲戌也。王韜云‘九月癸酉朔，日食’，始合矣。又，可
從儒略周日旁證之。蓋儒略周日相差之數，能以六十除盡無
餘，則干支必相同。今昭公十七年九月朔之儒略周日，與襄公
二十三年二月癸酉之差，及昭公二十二年十二月癸酉之差，皆
能以六十除盡之，足證其爲‘癸酉’無誤。”（歷代日食考春秋
日食考）陳遵嬀云：“‘甲戌’應作‘癸酉’。”（中國天文學史第
五編第二章第五節中國歷代日食）

董仲舒以爲：“時宿在畢，晉國象也。晉厲公誅四大
夫，失衆心，以弒死。師古曰：“四大夫，謂三郤及胥童也。胥童
非厲公所誅，以導亂而死，故總書‘四大夫’。厲公竟爲欒書、中行
偃所殺。”後莫敢復責大夫，六卿遂相與比周，專晉國，君
還事之。師古曰：“六卿，謂范氏、中行氏、智氏、韓、魏、趙也。”日
比再食，其事在春秋後，故不載於經。”

劉歆以爲：“晉、趙分。”〔一〕

〔一〕“晉”原作“魯”，諸本同，今改。錢大昕云：“‘魯’當作‘晉’。
六月，日在實沈，爲晉分；其前月，日在大梁，爲趙分。凡六月
朔，爲晉、趙分；五月朔，爲魯、趙分。二文易譌，故特辨之。”
（三史拾遺卷三漢書五行志下之下）　軍案：錢説是也。

左氏傳：〔一〕“平子曰：師古曰：“季平子。”‘唯正月朔，
慝未作，日有食之，於是乎天子不舉，伐鼓於社，諸侯用
幣於社，伐鼓於朝，〔二〕禮也。其餘則否。’太史曰：‘在
此月也。日過分而未至，三辰有災，百官降物，〔三〕君
不舉，避移時，樂奏鼓，祝用幣，史用辭，齊夫馳，庶人
走，〔四〕此月朔之謂也。當夏四月，是謂孟夏。’”

〔一〕見昭十七年左傳。

〔二〕“天子”至“於朝”十八字,昭十七年左傳作“有伐鼓用幣”,昭
　　二十五年左傳孔疏、毛詩小雅正月孔疏引同。

〔三〕“百官”上,昭十七年左傳有“於是乎”三字。

〔四〕“嗇夫”至“人走”,昭十七年左傳作“故夏書曰:‘辰不集于
　　房,瞽奏鼓,嗇夫馳,庶人走’”,儀禮覲禮賈疏、禮記曾子
　　問孔疏引同。

　　説曰:〔一〕“‘正月’,謂周六月、夏四月,正陽純乾之
月也。‘慝’,謂陰爻也。冬至陽爻起初,故曰‘復’。至
建巳之月爲純乾,亡陰爻,而陰侵陽,爲災重,故伐鼓、用
幣,責陰之禮。‘降物’,素服也。‘不舉’,去樂也。‘避
移時’,避正堂,須時移災復也。〔二〕‘嗇夫’,掌幣吏。
‘庶人’,其徒役也。”

〔一〕臧琳云:“所引‘説曰’云云,是西漢儒左氏舊説。晉杜預注多
　　本之,而猶有疏漏未盡者。”(經義雜記卷二十二“昭十七年日
　　食”條)

〔二〕王先謙云:“須,待也。”(漢書補注卷二十七五行志第七
　　下之下)

　　劉歆以爲:“五月二日,魯、趙分。”〔一〕

〔一〕“五”原作“六”,諸本同,今改。錢大昕云:“‘魯’當作‘晉’。”
　　(三史拾遺卷三漢書五行志下之下)王引之云:“‘六月’當
　　爲‘五月’。周之五月,今三月。是月二日,日躔去婁而入胃。
　　婁,魯也;胃,趙也,故曰‘魯、趙分’。嚴公二十五年六月辛未
　　朔,日有食之,劉歆以爲:‘五月二日,魯、趙分。’是其證也。

若作‘六月’，則爲今之四月。四月之朔，日躔去畢而入參，當
云‘趙、晉’，不當云‘魯、趙’矣。且凡歆以爲‘某月’者，皆
與經不同。經云‘六月’，則歆之所定必非‘六月’也。”（讀書
雜志四漢書第五五行志“左氏春秋日食分野”條）王先謙云：
“王説是。”（漢書補注卷二十七五行志第七下之下）

5.30 二十一年“七月壬午朔，日有食之”。

董仲舒以爲：“周景王老，劉子、單子專權，師古曰：
“已解於上。”〔一〕蔡侯朱驕，〔二〕君臣不説之象也。師古曰：
“蔡侯朱，蔡平公之子。説，讀曰‘悦’。”後蔡侯朱果出奔，師古
曰：“昭二十一年出奔楚。”劉子、單子立王猛。”

〔一〕見本書五行志上第十七條。

〔二〕沈家本云：“是時，劉單未嘗專權也。若專權，則尹氏亦不能立
　　王子朝矣。左傳云：‘葬蔡平公。蔡太子朱失位，位在卑。’是
　　懦而非驕也。董語與左氏異。”（漢書瑣言卷六漢書三五行
　　志）　軍案：沈説是也。

劉歆以爲：“五月二日，魯、趙分。”

5.31 二十二年“十二月癸酉朔，日有食之”。〔一〕

〔一〕昭二十二年春秋杜注云：“此月有‘庚戌’，又以長歷推校前
　　後，當爲‘癸卯朔’，書‘癸酉’誤。”孔疏云：“此年十二月當
　　爲‘癸卯朔’，經書‘癸酉’，明是誤也，故言。長歷推校，十一
　　月小，甲戌朔，傳有‘乙酉’，十二日也，又有‘己丑’，十六日
　　也；十二月大，癸卯朔，傳有‘庚戌’，八日也；閏月小，癸酉朔，

傳有‘閏月辛丑’，二十九日也；明年‘正月壬寅朔’，則上下符
合矣。”（春秋左傳正義卷五十）王韜云：“是年正月二十四日
壬寅冬至，推至十二月癸酉朔日食，當西國十一月十八日。中
間置有閏月，應在六月後，而傳誤置於歲終，是經文不誤而傳
誤也。傳是年所記日月，多與經不符。杜元凱以‘癸酉’爲
‘癸卯’，寧背經而從傳，且據此以作長歷，其謬可知矣。顧棟
高春秋大事表云：‘按：是年杜注經誤者三。是時，孔子年已
三十二，事皆耳聞目見，不應連書三事皆誤。疑當時置閏本在
四月後，傳誤置閏於歲終，遂與經異。大衍、授時推日食俱在
十二月癸酉朔入食限，明是傳誤。又如經書“冬十月，王子猛
卒”，傳“十一月乙酉，王子猛卒”；經書“四月乙丑，天王崩。
六月，葬景王。王室亂。劉子、單子以王猛居於皇”，傳“秋七
月，以王如平時，次於皇”。經、傳每差一月，杜氏並云經誤。
按：是年當閏五月，而經閏六月，傳據周史閏十二月。故六月
以前經、傳相符，六月以後經、傳互異。而反謂經誤，此釋經者
之蔽也。’”（春秋日食辨正春秋日食考）

　　**董仲舒以爲：“宿在心，天子之象也。後尹氏立王子
朝，天王居于狄泉。”**〔一〕師古曰：“天王，敬王也，避子朝之難，
故居狄泉。”

〔一〕事見昭二十一年春秋。杜注云：“敬王辟子朝也。狄泉，今洛
　　陽城內大倉西南池水也，時在城外。尹氏，周世卿也。書‘尹
　　氏立子朝’，明非周人所欲立。”孔疏云：“敬王是單、劉所立，
　　不書‘單子立’者，敬王，猛之母弟，兄死次正當立，立之是當；
　　朝不應立，立庶以亂國，書‘尹氏立朝’，所以惡尹氏也。隱四

年‘衛人立晉’，善其得衆，書‘衛人’，言舉國共立之。此書
‘尹氏立朝’，明非周人所欲立，獨尹氏立之耳。”（春秋左傳正
義卷五十）

劉歆以爲：“十月，楚、鄭分。”

5.32 二十四年“五月乙未朔，日有食之”。〔一〕

〔一〕朱文鑫云：“此次日食起於西比利亞西部，略偏東，即向西北而
　　入北冰洋，爲時極短，魯都不能望見，必係史誤。或者有因此
　　與僖公十五年之日食，以爲皆由後人推算假託者，終不免一偏
　　之見。”（歷代日食考春秋日食考）

董仲舒以爲：“宿在胃，魯象也。後昭公爲季氏
所逐。”

劉向以爲：“自十五年至此歲，十年間天戒七見，人
君猶不寤。後楚殺戎蠻子，師古曰：“昭十六年，楚子誘戎蠻
子殺之。戎蠻國在河南新城縣。”晉滅陸渾戎，師古曰：“十七
年，晉荀吳帥師滅陸渾之戎。其地，今陸渾縣是也。”盜殺衛侯
兄，師古曰：“衛靈公兄也，名縶，二十年爲齊豹所殺。以豹不義，
故貶稱‘盜’，所謂求名而不得。”〔一〕蔡、莒之君出奔，師古曰：
“蔡君，即朱也。〔二〕莒君，莒子庚輿也。〔三〕二十三年出奔魯。”吳
滅巢，師古曰：“二十四年，吳滅巢。巢，吳、楚間小國，即居巢城是
也。”〔四〕公子光殺王僚，師古曰：“事在二十七年。”〔五〕宋三
臣以邑叛其君。”師古曰：“二十一年，宋華亥、向寧、華定入于
宋南里以叛，是也。”〔六〕它如仲舒。

〔一〕“得”下，汪本、殿本有“也”字。

〔二〕昭二十一年冬,蔡侯朱出奔楚。昭二十三年夏,蔡侯東國卒于
　　楚。東國者,朱之叔父也。

〔三〕“興”原作“與”,大德本、崇正本、毛本、局本、王本、點校本同,
　　今據建安本、蔡本、鷺洲本、汪本、北監本、殿本、昭二十三年
　　春秋改。王先謙云:“官本‘與’作‘興’,是。”(漢書補注卷
　　二十七五行志第七下之下)

〔四〕文十二年春秋“楚人圍巢”杜注云:“巢,吳、楚間小國。盧
　　江六縣東有居巢城。”(見春秋左傳正義卷十九下)　軍案:
　　師古此注用杜意。

〔五〕昭二十七年春秋云:“夏四月,吳弒其君僚。”杜注云:“僚呕戰
　　民罷,又伐楚喪,故光乘間而動。稱國以弒,罪在僚。”(見春
　　秋左傳正義卷五十二)

〔六〕參見本書五行志下之上第二十四條。

　　劉歆以爲:“二日,魯、趙分。是月斗建辰。左
氏傳:‘梓慎曰:“將水。”〔一〕師古曰:“梓慎,魯大夫。”昭
子曰:“旱也。師古曰:“叔孫昭子。”日過分而陽猶不
克,克必甚,能無旱乎?孟康曰:“謂春分後,陰多陽少,
爲‘不克’。陽勝則盛,故言‘甚’。”〔二〕陽不克莫,將積聚
也。”’〔三〕蘇林曰:“莫,莫爾不勝,爲積聚也。”是歲秋,大
雩,旱也。〔四〕二至、二分,日有食之,不爲災。日月之
行也,春、秋分日夜等,故同道;冬、夏至長短極,故相過。
相過、同道而食輕,不爲大災,水、旱而已。”〔五〕

〔一〕“水”上原有“大”字,諸本同,今據昭二十四年左傳删。杜注
　　云:“陰勝陽,故曰‘將水’。”(見春秋左傳正義卷五十一)

〔二〕昭二十四年左傳杜注云：“過春分，陽氣盛時而不勝陰，陽將
　　猥出，故爲‘旱’。”（同上）

〔三〕昭二十四年左傳杜注云：“陽氣莫然不動，乃將積聚。”陸氏釋
　　文云：“陽不克莫，絕句。”（同上）

〔四〕昭二十四年左傳杜注云：“終如叔孫之言。”（同上）

〔五〕昭二十一年左傳云：“秋，七月壬午朔，日有食之。公問於梓慎
　　曰：‘是何物也？禍福何爲？’對曰：‘二至、二分，日有食之，不
　　爲災。日月之行也，分，同道也；至，相過也。其他月則爲災，
　　陽不克也，故常爲水。’”杜注云：“二至，冬至、夏至。二分，春
　　分、秋分。二分日夜等，故言‘同道’。二至長短極，故‘相過’。
　　陰侵陽，是陽不勝陰。”（見春秋左傳正義卷五十）然則劉歆所
　　言“二至、二分”以下，是用梓慎説也。

5.33　三十一年“十二月辛亥朔，日有食之”。

　　董仲舒以爲：“宿在心，天子象也。時京師微弱，後
諸侯果相率而城周；師古曰：“定元年，晉魏舒合諸侯之大夫于
狄泉以城周，是也。”宋中幾亡尊天子之心，〔一〕而不衰城。”
師古曰：“中幾，宋大夫。衰城，謂以差次受功賦也。衰，音初爲反。
一曰：‘衰，讀曰“蓑”。蓑城，謂以草覆城也。’蓑，音先和反。中，
讀曰‘仲’。”〔二〕

〔一〕“中幾”，諸本同，春秋三傳皆作“仲幾”。

〔二〕臧琳云：“春秋公羊：‘三月，晉人執宋仲幾于京師。’傳：‘仲幾
　　之罪何？不蓑城也。’何注：‘若今以草衣城是也。禮，諸侯爲
　　天子治城，各有分丈尺。宋仲幾不治所主。’釋文：‘仲幾，本

或作“機”。不衰，素戈反，一或作“蓑”，一音初危反。’解云：
‘謂不以蓑苫城也。’公羊之義，以爲昭三十二年‘城成周’者，
既是城訖，故於此處責其不蓑而已，不似左氏方始欲城耳。案
釋文及漢志，知公羊本作‘不衰城’。説文衣部：‘衰，艸雨衣。
从衣，象形。’何注用説文本義也。詩無羊‘何蓑何笠’，止當
作‘衰’，釋文與唐石經从‘艸’。公羊釋文亦云‘或作“蓑”’，
今注疏本同，俗字也。‘衰城’之義，當從師古説，‘謂以差次
受功賦’。顏氏必本漢、魏人舊注，故勝於何邵公。陸德明亦
‘一音初危反’。（玉篇：“衰，先和切，雨衣也，今作‘蓑’；又史
追切，微也；又初危切，等衰也。”）國語齊語：‘管子曰：“相地
而衰征，則民不移。”’韋注云：‘衰，差也。視土地之美惡及所
生出，以差征賦之輕重也。’可證顏注之有本矣。左傳：‘孟懿
子會城成周。庚寅，栽。宋仲幾不受功，乃執仲幾以歸。三
月，歸諸京師。’與顏注正合。徐疏謂‘昭卅二年既城訖，於此
責其不蓑而已’，此臆説也。（“仲幾”，左、公、穀及漢志並同。
釋文“或作‘機’”，非。）（經義雜記卷二十一“不衰城”條）
軍案：臧説是也。

　　劉向以爲：“時**吳滅徐**，師古曰：“事在昭三十年。”而**蔡**
滅沈，師古曰：“定四年，蔡公孫姓帥師滅沈。”**楚圍蔡，吳敗楚**
入郢，昭王走出。”師古曰：“事並在定四年。”

　　劉歆以爲：“**二日，宋、燕分**。”〔一〕
〔一〕“日”，諸本同。王先謙云：“錢氏大昕所見本作‘二月’，云：
　　‘“月”當作“日”。’又引陳詩庭云：‘南雍本作“日”。’今案：
　　官本作‘日’，與汲古本同。”（漢書補注卷二十七五行志第

七下之下）　軍案：王引錢説，見三史拾遺卷三漢書五行志
下之下。

5.34 定公五年“三月辛亥朔，日有食之”。〔一〕

〔一〕“三月”，諸本同，定五年左氏經同；公羊經、穀梁經作“正月”，
　　非是。饒尚寛云：“公羊傳、穀梁傳作‘正月’，誤。”（春秋戰國
　　秦漢朔閏表春秋朔閏表）

董仲舒、劉向以爲：“後鄭滅許，師古曰：“六年，鄭游速
帥師滅許，以許男斯歸。”魯陽虎作亂，竊寶玉、大弓，季桓
子退仲尼，宋三臣以邑叛。”師古曰：“已解於上。”〔一〕

〔一〕“陽虎作亂”，見本書五行志中之下第二十八條。“季桓子退仲
　　尼”，見本書五行志上第十八條。“宋三臣以邑叛”，見本書五
　　行志下之下第三十二條。

劉歆以爲：“正月二日，燕、越分。”〔一〕

〔一〕“趙”，諸本同，今改作“越”。錢大昕云：“‘趙’當作‘越’。”
　　（三史拾遺卷三漢書五行志下之下）王引之云：“‘趙’當作
　　‘越’。周之正月，今十一月。是月二日，日躔去箕而入斗。
　　箕，燕也；斗，越也，故曰‘燕、越分’。若作‘趙’，則爲胃之分
　　野。胃爲三月之朔日躔所在，非十月之宿矣。此國名之誤
　　也。”（讀書雜志四漢書第五五行志“左氏春秋日食分野”條）
　　蘇輿云：“‘趙’字不誤。乃‘正月’爲‘三月’之誤也。春秋
　　經本作‘正月辛卯朔，日有食之’。（三傳同。）上文‘三月’當
　　作‘正月’，此‘正月’當作‘三月’，轉寫互誤。班所據本春秋
　　經，前後無一異者。歆凡出‘某月’二字，所推皆與經異。此

以經作‘正月’，故云‘三月二日’，否則贅矣。且三月適趙分。
天文志‘辰邯鄲’，（王念孫云：“邯鄲，即趙。”）‘在辰曰執徐，
三月出’，即正本作‘三’之顯證。錢、王不據以正今本月分之
誤，轉改‘趙’爲‘越’，失之。”（見漢書補注卷二十七五行志
第七下之下）楊樹達云：“余所讀王氏補注本平江蘇厚庵先生
舊藏，蘇先生手注云：‘公羊作“正月”，左傳、穀梁作“三月”。’
此云‘三傳同’，不知何以失檢。‘辛卯朔’當作‘辛亥朔’。又
按：經作‘三月’，則此作‘正月’亦合，此條尚當酌改。”（漢
書窺管卷三五行志第七下之下）施之勉云：“‘正月’爲燕、越
分。志云：‘隱公三年“二月己巳，日有食之”。劉歆以爲：“正
月二日，燕、越之分野。”文公元年“二月癸亥，日有食之”。劉
歆以爲：“正月朔，燕、越分。”’此‘正月二日’，當爲燕、越分。
錢、王改‘趙’爲‘越’，是也。又，三月爲齊、衞分。志云：‘僖
公十二年“三月庚午朔，日有食之”。劉歆以爲：“三月，齊、衞
分。”哀公十四年“五月庚午朔，日有食之”。劉歆以爲：“三月
二日，齊、衞分。”’‘正月’改作‘三月’，則爲齊、衞分。蘇説
爲燕、趙分，誤也。又，歆説春秋日食，以占列國分野。正月爲
燕、越，二月爲齊、越，三月爲齊、衞，四月爲魯、衞，五月爲魯、
趙，六月爲晉、趙，七月爲秦、晉，八月爲周、秦，九月爲周、楚，
十月爲楚、鄭，十二月爲宋、燕，具見於志。蘇云‘三月爲燕、
趙’，又不合耳。（定公五年“三月辛亥”，左氏、穀梁二經俱作
“三”，公羊經作“正月”。蘇云“三傳同”，又非也。）”（漢書集
釋五行志第七下之下）　軍案：錢、王、楊、施説是也。

5.35 十二年“十一月丙寅朔，日有食之”。〔一〕

〔一〕王韜云：“是年正月二十七日丁酉冬至，中間有閏，應置在六月
　　後。推得十月丙寅朔日食，當西國九月十五日。經書‘十一
　　月’，蓋失一閏也。或疑月誤，非也。施彦士曰：‘按：此先夏
　　正三月，正月實爲建亥，蓋本年應閏二月，而移置歲終也。’以
　　三統、四分術推之，並得夏正八月食，於周爲十月，平朔丙寅。”
　　（春秋日食辨正春秋日食考）

　　董仲舒、劉向以爲：“後晉三大夫以邑叛，**薛弑其君，**
師古曰：“十三年，晉趙鞅入于晉陽以叛，荀寅、土吉射入朝歌以叛，
薛弑其君比。”〔一〕**楚滅頓、胡，**師古曰：“十四年，楚公子結帥師
滅頓，以頓子牂歸。十五年，楚人滅胡，以胡子豹歸。”**越敗吳，**師
古曰：“十四年五月，於越敗吳于檇李，〔二〕是也。檇，音醉。”**衞逐
世子。”**師古曰：“十四年，衞太子蒯聵出奔宋。”

〔一〕“弑”原作“殺”，建安本、蔡本、鷺洲本、毛本、局本、王本、點
　　校本同，今據大德本、崇正本、北監本、殿本、定十三年春秋改。
　　汪本作“役”，非是。王先謙云：“官本注‘殺’作‘弑’。”（漢書
　　補注卷二十七五行志第七下之下）

〔二〕定十四年左氏經杜注云：“於越，越國也。使罪人詐吳亂陳，
　　故從未陳之例書‘敗’也。檇李，吳郡嘉興縣南醉李城。”
　　孔疏云：“於越，即越也，夷言發聲謂之‘於越’，從彼俗而名之
　　也。傳稱‘陳于檇李’，則是皆陳，而從未陳之例云‘敗吳’者，
　　越使罪人詐吳，亂吳之陳，使不得用力，故從未陳之例書‘敗’
　　也。釋例云：‘長勺之役，雖俱陳，而鼓音不齊；檇李之役，勾
　　踐患吳之整，以死士亂吳，雖皆已陳，猶以獨克爲文，舉其權詐

也。’”（春秋左傳正義卷五十六）

　　劉歆以爲：“十二月二日，楚、鄭分。”〔一〕

〔一〕錢大昕云：“當作‘十月’，‘二’字衍。十月朔爲楚、鄭分，十二
　　　月則爲宋、燕分矣。”（三史拾遺卷三漢書五行志下之下）王引
　　　之云：“周之十月，今八月。八月二日，日躔去軫而入角。軫，
　　　楚也；角，鄭也，故曰‘楚、鄭分’。桓公十七年‘十月朔，日有
　　　食之’，劉歆以爲‘楚、鄭分’，是其證也。若作‘十二月’，則爲
　　　今之十月。十月之朔，日躔去心而入尾，當云‘宋、燕分’，不當
　　　云‘楚、鄭分’矣。”（讀書雜志四漢書第五五行志“左氏春秋
　　　日食分野”條）

5.36　十五年“八月庚辰朔，日有食之”。

　　董仲舒以爲：“宿在柳，周室大壞，夷狄主諸夏之象
也。明年，中國諸侯果累累從楚而圍蔡，師古曰：“哀元年，
楚子、陳侯、隨侯、許男圍蔡，是也。累，讀曰‘纍’。纍，不絶之貌。”
蔡恐，遷于州來。師古曰：“哀二年十一月，蔡遷于州來。州來，
楚邑，今下蔡縣是。”〔一〕晉人執戎蠻子歸于楚，師古曰：“哀公
四年，晉人執戎蠻子赤歸于楚。”京師楚也。”師古曰：“言以楚爲
京師。”〔二〕

〔一〕“是”下，殿本有“也”字。

〔二〕沈欽韓云：“因‘歸’字與‘歸于京師’相同，遂以楚爲京師。
　　　何休又甚爲之詞云：‘晉人執戎蔓子，不歸天子而歸於楚，惡
　　　晉背叛，當誅之。’然傳文嫌與成十五年‘晉侯執曹伯，歸于京
　　　師’同文，故稱‘晉人’、稱戎蠻子名以避之，非真京師楚也。”

（漢書疏證卷二十一五行志）

劉向以爲：“盜殺蔡侯，〔一〕師古曰：“哀四年，蔡公孫翩殺蔡侯申。翩非大夫，故賤之而書‘盜’。”齊陳乞弑其君而立陽生，〔二〕師古曰：“哀六年，齊陳乞弑其君茶。茶，即景公之子也。陽生，茶之兄，即悼公也。茶，音塗。”〔三〕孔子終不用。”

〔一〕哀四年春秋云：“盜杀蔡侯申。”杜注云：“賤者，故稱‘盜’。不言‘弑其君’，賤盜也。”陸氏釋文云：“蔡侯申，今本皆如此。案：宣十七年‘蔡侯申卒’，是文侯也。今昭侯是其玄孫，不容與高祖同名，未詳何者誤也。”孔疏云：“宣十七年‘蔡侯申卒’，是文侯也。蔡世家云：‘文侯申生景侯固，固生靈侯般，般生隱大子。’今昭侯申是隱大子之子。杜世族譜亦然。計昭侯是文侯玄孫，乃與高祖同名，周人以諱事神，二申必有誤者，俱是經文，未知孰誤。”（春秋左傳正義卷五十七）

〔二〕哀六年春秋云：“齊陳乞弑其君茶。”杜注云：“弑茶者，朱毛與陽生也，而書‘陳乞’，所以明乞立陽生而茶見弑，則禍由乞始也。楚比劫立，陳乞流涕，子家憚老，皆疑於免罪，故春秋明而書之，以爲弑主。”孔疏云：“實非陳乞弑茶，而書‘乞弑其君’者，以茶死由乞，故書‘乞弑’也。此以楚公子比、鄭公子歸生俱非弑君之首，春秋顯而書之，以爲弑君之主，所以惡此三人。釋例曰：‘諸懷賊亂以爲心者，故不容於誅也。若鄭之歸生、齊之陳乞、楚公子比，雖本無其心，春秋之義，亦同大罪，是以君子慎所以立也。’是説罪之之意。”（春秋左傳正義卷五十八）

〔三〕“茶，音塗”，北監本、殿本無此三字。

劉歆以爲：“六月，晉、趙分。”

5.37 哀公十四年 “五月庚申朔，日有食之”，在獲麟後。〔一〕

〔一〕春秋記事止於“獲麟”。哀十四年春秋云：“春，西狩獲麟。”
　　杜注云：“麟者，仁獸，聖王之嘉瑞也。時無明王，出而遇獲，仲
　　尼傷周道之不興，感嘉瑞之無應，故因魯春秋而修中興之教，
　　絕筆於‘獲麟’之一句，所感而作，固所以爲終也。”（見春秋
　　左傳正義卷五十九）

　　劉歆以爲：“三月二日，齊、衛分。”

5.38 凡春秋十二公，二百四十二年，日食三十六。〔一〕

〔一〕本卷自第一條至第三十六條，依時序各記春秋日食一，合計
　　“日食三十六”也。第三十七條屬春秋“獲麟”後事，故不計
　　之。王韜云：“以上春秋日食三十六事，以西法推之，合者僅十
　　有六事，餘皆差謬。大抵閏餘失次，日月遂致乖違，古時歷法
　　之疏，概可知矣。所推冬至，稿凡三易。一次，宗元郭守敬授
　　時歷，以隱公三年辛酉歲爲庚午冬至，次年壬戌歲爲乙亥冬
　　至。第二次用新法增損，以隱公三年爲辛未冬至，推至僖公五
　　年爲辛亥冬至。雖與左氏所載正月朔旦辛亥日南至相合，而
　　與中、日食月、日一皆不符，因定隱三年爲癸酉冬至。蓋春
　　秋左氏傳所記兩冬至，皆先天二、三日，本難與今法強合也。”
　　（春秋日食辨正春秋日食考）

　　穀梁以爲朔二十六，晦七，夜二，二日一。

　　公羊以爲朔二十七，二日七，晦二。

　　左氏以爲朔十六，二日十八，晦二，〔一〕不書日者二。〔二〕

〔一〕“晦二”原作“晦一”，諸本同，今改。錢大昕云：“劉歆所説隱

三年,莊廿五年、廿六年,文十五年,宣八年、十年,成十六年,襄十四年、十五年、廿三年,昭七年、十七年、廿一年、廿四年、卅一年,定五年、十二年,哀十四年,皆食在二日,正合‘十八’之數。至莊十八年、宣十七年,兩食皆在晦。此云‘晦一’,當是誤‘二’爲‘一’也。經書‘日食三十有六’,並哀十四年一食數之,實三十有七。除去食、晦與二日者,則朔食蓋十有七。此云‘十六’,亦恐誤。”(三史拾遺卷三漢書五行志下之下)　　軍案:錢氏謂“晦一”乃“晦二”誤,是也;謂“朔十六”誤,則非。“左氏以爲朔十六,二日十八,晦二”,正合上文“日食三十六”之數。又,“左氏以爲二日十八”之數,王引之計入僖公十二年,不計哀公十四年,與錢大昕不同。王氏所計是也,參見本卷第九條。

〔二〕王鳴盛云:“五行志説春秋及漢興以來日食詳矣。七國及秦始皇、二世之時,生民之禍甚烈,宜有日食,而志無之,史失其官,不可考耳。”(十七史商榷卷十三漢書七“七國、秦無日食”條)王先謙云:“周定王二十六年,考王六年,威烈王十六年,安王二十年,烈王元年、七年,赧王十四年,日蝕,見史記年表,在‘秦’下。秦莊襄王三年,日蝕,見秦紀。志不録者,七國喪亂,其應殆不勝書。以爲‘史不可考’,則非也。”(漢書補注卷二十七五行志第七下之下)

5.39 高帝三年十月甲戌晦,日有食之,〔一〕在斗二十度,燕地也。

〔一〕文見漢書卷一上高帝紀上,下同。“食”,漢書紀作“蝕”,後皆倣此。

後二年,燕王臧荼反,誅;立盧綰爲燕王,後又反,
敗。〔一〕

〔一〕事詳史記卷九十三盧綰傳。

5.40 十一月癸卯晦,日有食之,〔一〕在虛三度,齊地也。

〔一〕張文虎云:"比月頻食,誤也。荀紀祇書前蝕。以今癸卯元術
上考,實十一月甲戌朔,(顓頊術同,殷術"乙亥"。)太陰交周
初宫十度八分十四秒入食限。"(舒藝室隨筆卷五)朱文鑫云:
"查是年十一月並無日食,史必有誤。況比月而食,中國一次
見,一次必不能再見。春秋書比食者凡二。漢志於高帝、文
帝三年均書比食,而皆不入食限,足證傳寫之誤。"(歷代日食
考兩漢日食考) 軍案:張氏云"荀紀",謂荀悦漢紀也。後
皆倣此。

後二年,齊王韓信徙爲楚王;〔一〕明年,廢爲列侯;後
又反,誅。

〔一〕史記卷八高祖本紀云:"齊王韓信習楚風俗,徙爲楚王,都下
邳。"正義云:"泗州下邳縣是楚王韓信之都。"

5.41 九年六月乙未晦,日有食之,既,〔一〕在張十三度。

〔一〕"既",盡也。參見本卷第二條。

5.42 惠帝七年正月辛丑朔,日有食之,〔一〕在危十三度。〔二〕

〔一〕文見漢書卷二惠帝紀,下同。朱文鑫云:"當作'十二月辛未

朔’。”（歷代日食考　兩漢日食考）

〔二〕西漢會要卷二十九祥異上“日食”條引作“在危十二度”。

　　谷永以爲：“歲首、正月、朔日，是爲‘三朝’，〔一〕尊者惡之。”

〔一〕錢大昕云：“漢初以十月建亥爲歲首，正月非歲首也。”（廿二史考異卷三漢書二五行志下之下）

5.43 五月丁卯，先晦一日，〔一〕日有食之，幾盡，師古曰：“幾，音鉅依反。後皆類此。”在七星初。〔二〕

〔一〕朱文鑫云：“當作‘五月丁卯晦’。”（歷代日食考　兩漢日食考）

〔二〕葉德輝云：“西漢會要引‘星’下無‘初’字。”（見漢書補注卷二十七五行志第七下之下）　軍案：葉氏引文見西漢會要卷二十九祥異上。

　　劉向以爲：“五月，微陰始起而犯至陽，其占重。至其八月，宮車晏駕，〔一〕有呂氏詐置嗣君之害。”

〔一〕漢書卷二惠帝紀云：“七年秋八月戊寅，帝崩于未央宮。”臣瓚注云：“帝年十七即位，即位七年，壽二十三。”

　　京房易傳曰：“凡日食不以晦、朔者，名曰‘薄’。人君誅將不以理，或賊臣將暴起，日月雖不同宿，陰氣盛，薄日光也。”〔一〕

〔一〕“薄”，迫也。

5.44 高后二年六月丙戌晦，〔一〕日有食之。

〔一〕朱文鑫云：“當作‘四月丁亥晦’。”（歷代日食考　兩漢日食考）

5.45 七年正月己丑晦,日有食之,既,在營室九度,爲宮室中。

　　時高后惡之,曰:"此爲我也!"〔一〕明年應。師古曰:"謂高后崩也。"

〔一〕史記卷九吕后本紀云:"七年正月己丑,日食,晝晦。太后惡之,心不樂,乃謂左右曰:'此爲我也!'"

5.46 文帝二年十一月癸卯晦,日有食之,〔一〕在婺女一度。

〔一〕文見漢書卷四文帝紀,下同。

5.47 三年十月丁酉晦,日有食之,在斗二十二度。〔一〕

〔一〕"二十二",建安本、蔡本、鷺洲本、汪本同,大德本、崇正本、北監本、毛本、殿本、局本、王本、點校本作"二十三"。錢大昭云:"閩本作'二十二度'。"(漢書辨疑卷十三五行志下之下)齊召南云:"宋本作'二十二度'。"(前漢書考證五行志下之下)葉德輝云:"德藩本作'二十三度'。西漢會要二十九引亦作'二十三度'。"(見漢書補注卷二十七五行志第七下之下)軍案:葉説不確。宋嘉定建安郡齋刻元明遞修本、清文淵閣四庫全書本西漢會要卷二十九祥異上"日食"條引此文皆作"二十二度"。

5.48 十一月丁卯晦,日有食之,〔一〕在虛八度。

〔一〕張文虎云:"史於'十月丁酉晦,日有食之'下即書'十一月,

詔列侯之國,及丞相勃免',無'丁卯晦,日有食之'之文,班書
誤衍。癸卯元術十一月丁酉朔,太陰交周五宮二十四度五分
五十七秒入食限。古'卯'、'丣'字形近易亂,後人莫定,遂兩
仍之。五行志亦承其誤。"(舒藝室隨筆卷五)朱文鑫云:"查
十一月晦並無日食,張氏謂班書誤衍,是也。且文帝三年十一
月爲丙寅晦,'丁卯'乃十二月朔。"(歷代日食考兩漢日食考)

5.49 後四年四月丙辰晦,[一]日有食之,在東井十三度。

〔一〕齊召南云:"孝文紀作'丙寅晦'。"(前漢書考證五行志下之
下)　軍案:齊氏引"孝文紀",謂漢書文帝紀也,下同。彼文
作"丙寅",非是。張文虎云:"四月丁亥朔,無'丙寅'。五行
志作'丙辰',是也。癸卯元術五月丙辰朔,(顓頊術同,殷術
"丁巳"。)交周初宮七度十八分三十秒入食限。"(舒藝室隨筆
卷五)朱文鑫云:"查是年日食過西比利亞,當在五月乙酉晦。
以西曆及儒略周日推之,均合。漢紀'四月丙寅晦',誤。張推
'五月丙辰朔',亦非。"(歷代日食考兩漢日食考)

5.50 七年正月辛未朔,日有食之。[一]

〔一〕齊召南云:"孝文紀未及書。"(前漢書考證五行志下之下)
軍案:"正月辛未朔",朱文鑫云:"當作'三月己亥晦'。"(歷代
日食考兩漢日食考)陳遵嬀亦云:"史載'正月辛未朔',當作
'三月己亥晦'。"(中國天文學史第五編第二章第五節中國歷
代日食)

5.51 景帝三年二月壬午晦，〔一〕日有食之，在胃二度。〔二〕

〔一〕齊召南云：“景紀作‘壬子晦’。”（前漢書考證五行志下之下）
施之勉云：“公卿表：‘三年正月壬子，錯有罪要斬。’是‘壬子’
在正月也。”（漢書集釋五行志第七下之下）　軍案：齊氏引
“景紀”，謂漢書卷五景帝紀也，下同。張文虎云：“二月癸丑
朔，則‘壬子’是正月晦。而上已書‘正月’，則‘二’字非誤，
當依五行志作‘二月壬午晦’。癸卯元術三月壬午朔，交周初
宮七度十二分四十六秒入食限。（荀紀作“二月辛巳朔”，干
支、晦朔皆誤。）”（舒藝室隨筆卷五）朱文鑫云：“本紀作‘壬
子’，誤。”（歷代日食考兩漢日食考）

〔二〕齊召南云：“紀於‘四年十月戊戌晦’書食，此志不書。”（前
漢書考證五行志下之下）朱文鑫云：“查十月無日食，史必有
誤。”（歷代日食考兩漢日食考）

5.52 七年十一月庚寅晦，日有食之，在虛九度。

5.53 中元年十二月甲寅晦，日有食之。〔一〕

〔一〕齊召南云：“紀未及書。”（前漢書考證五行志下之下）朱文鑫
云：“當作‘十月甲寅，先晦一日’。”（歷代日食考兩漢日食考）
陳遵嬀亦云：“史載‘十二月甲寅晦’，當作‘十月甲寅，先晦一
日’。”（中國天文學史第五編第二章第五節中國歷代日食）

5.54 中二年九月甲戌晦，日有食之。

5.55　三年九月戊戌晦,日有食之,幾盡,在尾九度。〔一〕

〔一〕齊召南云:"紀於'中四年十月戊午'書食,此志不書。"（前漢
　　書考證五行志下之下）錢大昭云:"景帝四年十月戊戌晦,日
　　有食之。中四年十月戊午,日有食之。皆見本紀,志失載。"
　　（漢書辨疑卷十三五行志下之下）朱文鑫云:"李天經古今交
　　食考推得定朔在午初一刻四十六秒,食甚在巳正初刻十分
　　三十二秒,應食七分四十餘秒。五行志云'幾盡',是也。"（歷
　　代日食考兩漢日食考）

5.56　六年七月辛亥晦,日有食之,在軫七度。

5.57　後元年七月乙巳,先晦一日,〔一〕日有食之,在翼
十七度。〔二〕

〔一〕齊召南云:"紀但言'晦',不言'先晦一日'。"（前漢書考證五
　　行志下之下）張文虎云:"蓋當時以丙午爲晦,而乙巳爲晦前一
　　日,故百官表書'丙午,丞相舍死'系於七月也。癸卯元術八
　　月丙午朔,交周初宮十四度十九分四十四秒入食限。"（舒藝
　　室隨筆卷五）　軍案:張氏引"丞相舍死"當作"丞相舍免"。
　　劉舍於景帝七年任御史大夫,中三年任丞相,後元年免相,武
　　帝建元元年薨。

〔二〕王先謙云:"史記景帝紀:'後三年十月,日、月皆食,赤五日。
　　十二月晦,日如紫。'本書景紀及志皆不載。"（漢書補注卷
　　二十七五行志第七下之下）　軍案:王氏引文原無"十月"、
　　"晦"三字,"食"作"蝕",今據史記景帝紀補改。

5.58　武帝建元二年二月丙戌朔,日有食之,〔一〕在奎
十四度。

〔一〕文見漢書卷六武帝紀,下同。朱文鑫云:"當作'四月甲寅
　　晦'。"(歷代日食考兩漢日食考)

　　劉向以爲:"奎爲卑賤婦人。後有衞皇后自至微興,
卒有不終之害。"〔一〕師古曰:"皇后自殺,不終其位也。"

〔一〕事詳漢書卷九十七上外戚列傳上。

5.59　三年九月丙子晦,日有食之,在尾二度。

5.60　五年正月己巳朔,日有食之。〔一〕

〔一〕齊召南云:"紀不書。"(前漢書考證五行志下之下)　軍案:
　　齊氏引"紀",謂漢書武帝紀也,下同。朱文鑫云:"當作'二月
　　丁卯晦'。"(歷代日食考兩漢日食考)

5.61　元光元年二月丙辰晦,日有食之。〔一〕

〔一〕齊召南云:"紀不書。"(前漢書考證五行志下之下)朱文鑫云:
　　"當作'二月丁亥朔'。"(歷代日食考兩漢日食考)

5.62　七月癸未,先晦一日,日有食之,在翼八度。

　　劉向以爲:"前年高園便殿災,與春秋'御廩災'後
日食於翼、軫同。其占内有女變,外爲諸侯。其後,陳皇
后廢,江都、淮南、衡山王謀反,誅。日中時食從東北,過
半,〔一〕晡時復。"

〔一〕朱文鑫云："朱載堉古今交食考云：'日食必起自西，理無從東起者，疑有脱文故也，當作"從西北向東北，食過半"。"過半"，謂六、七分已上。'並推得初虧在午正一刻，食甚在未初三刻，復圓在申初初刻，應食九分四十九秒。"（歷代日食考兩漢日食考）　軍案：朱文鑫引文見朱載堉聖壽萬年曆卷五古今交食考，清文淵閣四庫全書本。後皆倣此。

5.63　元朔二年二月乙巳晦，〔一〕日有食之，在胃三度。〔二〕

〔一〕齊召南云："紀作'三月乙亥'。"（前漢書考證五行志下之下）

〔二〕西漢會要卷二十九祥異上"日食"條引作"在胃二度"。

5.64　六年十一月癸丑晦，日有食之。〔一〕

〔一〕齊召南云："紀不書。"（前漢書考證五行志下之下）朱文鑫云："當作'十二月'。"（歷代日食考兩漢日食考）

5.65　元狩元年五月乙巳晦，日有食之，在柳六度。

京房易傳推以爲："是時，日食從旁右，法曰君失臣。〔一〕明年，丞相公孫弘薨。日食從旁左者，亦君失臣；從上者，臣失君；從下者，君失民。"

〔一〕"曰"原作"日"，形近而譌，今據諸本改。

5.66　元鼎五年四月丁丑晦，日有食之，在東井二十三度。

5.67 元封四年六月己酉朔,日有食之。〔一〕

〔一〕齊召南云:“紀不書。”(前漢書考證 五行志下之下)朱文鑫云:
“當作‘八月丙子晦’。”(歷代日食考 兩漢日食考)

5.68 太始元年正月乙巳晦,日有食之。〔一〕

〔一〕齊召南云:“紀不書。”(前漢書考證 五行志下之下)朱文鑫云:
“當作‘正月丙午朔’。”(歷代日食考 兩漢日食考)

5.69 四年十月甲寅晦,日有食之,〔一〕在斗十九度。

〔一〕朱文鑫云:“‘甲寅’爲十一月朔。”(歷代日食考 兩漢日食考)

5.70 征和四年八月辛酉晦,日有食之,〔一〕不盡如鉤,在
亢二度。晡時食從西北,日下晡時復。

〔一〕朱文鑫云:“朱載堉所推食甚在未正三刻,復圓在申正初刻,應
食九分半有餘,與志相合。”(歷代日食考 兩漢日食考)

5.71 昭帝 始元三年十一月壬辰朔,日有食之,〔一〕在斗九
度,燕地也。

〔一〕文見漢書卷七昭帝紀,下同。

後四年,燕刺王謀反,誅。

5.72 元鳳元年七月己亥晦,日有食之,〔一〕幾盡,在張
十二度。

〔一〕齊召南云:“昭紀作‘乙亥’。”(前漢書考證 五行志下之

下） 　軍案：齊氏引“昭紀”，謂漢書昭帝紀也。彼文作“乙
亥”，非是。

劉向以爲：“己亥而既，其占重。**孟康曰**：“己，土；亥，
水也。純陰，故食爲最重也。日食盡爲‘既’。”後六年，宮車晏
駕，卒以亡嗣。”

5.73　宣帝地節元年十二月癸亥晦，日有食之，〔一〕在營室
十五度。

〔一〕文見漢書卷八宣帝紀，下同。

5.74　五鳳元年十二月乙酉朔，日有食之，在婺女十度。

5.75　四年四月辛丑朔，日有食之，〔一〕在畢十九度。

〔一〕齊召南云：“宣紀‘朔’作‘晦’。”（前漢書考證五行志下之下）
　　軍案：齊氏引“宣紀”，謂漢書宣帝紀也。彼文作“晦”，非是。

是爲正月朔，慝未作，左氏以爲重異。〔一〕

〔一〕“重異”之説，見於公羊。定元年公羊傳云：“異大乎災也。”何
休注云：“異者，所以爲人戒也。重異不重災，君子所以貴教化
而賤刑罰也。”徐彦疏云：“雖曰但傷一物，若以害物言之，災
而必書者，正以異重于災故也。何者？隱三年傳何注云‘異
者，非常而可怪，先事而至者’，隱五年何注云‘災者，有害於
人物，隨事而至者’。然則正由先事而至，可以爲戒，若其變
改，竟不害人物，若似君父教戒臣子之義，故但謂之‘異’而貴
之矣。災者，隨事而至，害於人物，雖言變改，亦無所及，若似

刑罰一施,不可追更之義,故謂之'災'而不重之。故注云'重
異不重災,君子所以貴教化而賤刑罰也'。然則直是美大此
異,故言異大於災,不論害物與否。五行傳云'害物爲災,不害
物爲異',亦通於此矣。"(春秋公羊傳注疏卷二十五)

5.76　元帝永光二年三月壬戌朔,日有食之,[一]在婁
八度。

〔一〕文見漢書卷九元帝紀,下同。

5.77　四年六月戊寅晦,日有食之,在張七度。

5.78　建昭五年六月壬申晦,日有食之,[一]不盡如鉤,
因入。

〔一〕朱文鑫云:"當作'四月乙亥朔'。"(歷代日食考兩漢日食考)

5.79　成帝建始三年十二月戊申朔,日有食之,[一]在婺女
九度。[二]其夜,未央殿中地震。

〔一〕文見漢書卷十成帝紀,下同。

〔二〕"在婺女九度"五字原無,諸本同,今據西漢會要卷二十九祥
　　異上"日食"條補。

　　谷永對曰:"日食婺女九度,占在皇后。地震蕭牆
之内,咎在貴妾。師古曰:"蕭牆,謂門屏也。蕭,肅也。人臣至
此,加肅敬也。"[一]二者俱發,明同事異人,共掩制陽,將害
繼嗣也。宣日食,則妾不見;師古曰:"宣,讀曰'但'。下例

並同。”甯地震，則后不見。異日而發，則似殊事；亡故動
變，則恐不知。是月，后、妾當有失節之郵。師古曰：“郵，
與‘尤’同。尤，過也。”故天因此兩見其變，若曰：‘違失婦
道，隔遠衆妾，師古曰：“遠，音于萬反。”妨絶繼嗣者，此二人
也。’”〔二〕

〔一〕周壽昌云：“顏注本之論語鄭氏。鄭云：‘“蕭”之爲言“肅”
　　也。牆，謂屏也。’”（漢書注校補卷二十五行志第七下之下）

〔二〕王先謙云：“二人，謂許皇后、班婕妤，永傳所云‘建始、河平之
　　際，許、班之貴，頃動前朝’者也。此永應直言詔對，後上特復
　　問永，永對云云。”（漢書補注卷二十七五行志第七下之下）
　　軍案：王引“永傳”，謂漢書卷八十五谷永傳。

　　杜欽對亦曰：〔一〕“日以戊申食，時加未。戊、未，〔二〕
土也，中宮之部。其夜，殿中地震，此必適妾將有爭寵
相害而爲患者。師古曰：“適，讀曰‘嫡’。”〔三〕人事失於下，
變象見於上。能應之以德，〔四〕則咎異消；忽而不戒，則
禍敗至。師古曰：“忽，怠忘。”〔五〕應之，非誠不立，非信不
行。”〔六〕

〔一〕文見漢書卷六十杜欽傳。

〔二〕“戊”下原無“未”字，今據諸本、漢書杜欽傳補。

〔三〕漢書杜欽傳師古注云：“嫡，謂正后也。”

〔四〕“以”，建安本、蔡本、鷺洲本、大德本、崇正本、汪本、北監本、
　　毛本、殿本、局本、點校本同；王本作“司”，非是。楊樹達云：
　　“‘司’字誤。杜欽傳作‘以’，是也。”（漢書窺管卷三五行志第
　　七下之下）

〔五〕“師古”至“怠忘”,北監本、殿本無此注六字。

〔六〕王先謙云：“文與欽傳大同。”（漢書補注卷二十七五行志第七
　　下之下）

5.80　河平元年四月己亥晦,日有食之,不盡如鉤,〔一〕在
東井六度。

〔一〕葉德輝云：“本紀無末四字。”（見漢書補注卷二十七五行志第
　　七下之下）朱文鑫云：“李天經古今交食考云：‘定朔在巳正二
　　刻九分四十四秒,食甚在己初三刻四分二十一秒,應食九分半
　　有餘。志云“不盡如鉤”,與法吻合。初虧在辰正初刻十一分,
　　正劉向所謂“蚤食時”也。’”（歷代日食考兩漢日食考）

　　劉向對曰：“四月交於五月,月同孝惠,日同孝
昭。〔一〕東井,京師地,且既,其占恐害繼嗣。日蚤食
時,從西南起。”

〔一〕何焯云：“孝惠時,以十月爲歲首。今食於夏正之四月,雖變之
　　大者,月固不同也。”（義門讀書記卷二前漢書）

5.81　三年八月乙卯晦,日有食之,在房。

5.82　四年三月癸丑朔,日有食之,在昴。

5.83　陽朔元年二月丁未晦,日有食之,在胃。

5.84　永始元年九月丁巳晦，日有食之。〔一〕

〔一〕齊召南云：“成紀不書。”（前漢書考證五行志下之下）　軍案：
　　齊氏引“成紀”，謂漢書成帝紀也。

　　谷永以京房易占對曰：“元年九月日蝕，〔一〕酒亡節
之所致也。〔二〕獨使京師知之、四國不見者，若曰：‘湛湎
于酒，君臣不別，禍在內也。’”師古曰：“湛，讀曰‘沈’，又讀
曰‘耽’也。”〔三〕

〔一〕“蝕”，建安本、蔡本、鷺洲本、大德本、崇正本、汪本、北監本、毛
　　本、王本、局本、點校本同，殿本作“食”。

〔二〕葉德輝云：“開元占經九引京房易傳曰：‘人君荒酒無節，則日
　　蝕乍青、乍黑、乍赤。’”（見漢書補注卷二十七五行志第七下
　　之下）　軍案：葉氏引文見開元占經卷九日占五日蝕而地鳴
　　震裂十五。

〔三〕“耽也”，大德本、崇正本、汪本、毛本、局本、王本、點校本同，建
　　安本、蔡本、鷺洲本、北監本、殿本無“也”字。

5.85　二年二月乙酉晦，日有食之。

〔一〕“二年”上原有“永始”二字，諸本同，今據西漢會要卷二十九
　　祥異上“日食”條删。依行文體例，上條已出“永始”二字，此
　　不當複出。

　　谷永以京房易占對曰：“今年二月日食，賦斂不得
度，民愁怨之所致也。所以使四方皆見、京師陰蔽者，若
曰：‘人君好治宮室，大營墳墓，賦斂茲重，而百姓屈竭，
師古曰：“茲，益也。屈，盡也，音其勿反。”〔一〕禍在外也。’”

〔一〕周壽昌云：“‘屈’，抑也。顏注‘盡也’，則以‘屈’與‘絀’同
　　音而訓也。”（漢書注校補卷二十七五行志第七下之下）王先
　　謙云：“‘屈’、‘竭’同訓。荀子榮辱、王制、禮論等篇注：‘屈，
　　竭也。’淮南原道訓：‘怳兮忽兮，用不屈兮。’‘不屈’猶‘不
　　竭’。”（漢書補注卷二十七五行志第七下之下）　　軍案：王説
　　是也。説文尸部云：“屈，無尾也。”段注云：“淮南‘屈奇之
　　服’許注云：‘屈，短也；奇，長也。’凡短尾曰‘屈’，今俗語尚
　　如是。引伸爲凡‘短’之稱。山短高曰‘崛’，其類也。今人
　　‘屈伸’字，古作‘詘申’，不用‘屈’字，此古今字之異也。”（説
　　文解字注八篇下）

5.86 三年正月己卯晦，日有食之。

5.87 四年七月辛未晦，日有食之。

5.88 元延元年正月己亥朔，日有食之。

5.89 哀帝元壽元年正月辛丑朔，日有食之，不盡如鈎，在
營室十度，與惠帝七年同月日。〔一〕
〔一〕文見漢書卷十一哀帝紀，下同。“朔”字原無，今據諸本、哀帝
　　紀補。“與惠帝七年同月日”，參見本卷第四十二條。

5.90 二年三月壬辰晦，〔一〕日有食之。
〔一〕齊召南云：“哀紀作‘夏四月’。”（前漢書考證五行志下之下）

軍案:哀帝紀作"夏四月",非是。

5.91　平帝元始元年五月丁巳朔,日有食之,[一]在東井。

〔一〕文見漢書卷十二平帝紀,下同。

5.92　二年九月戊申晦,日有食之,既。

5.93　凡漢著紀十二世,二百一十二年,日食五十四,[一]朔十四,晦三十七,[二]先晦一日三。

〔一〕"四"原作"三",諸本同,今改。本卷自第三十九條至第九十二條,依時序各記西漢日食一,合計實有日食五十四也。

〔二〕"七"原作"六",諸本同,今改。本卷上文所載西漢日食,合計晦三十七也。

5.94　成帝建始元年八月戊午,晨漏未盡三刻,有兩月重見。

京房易傳曰:"'婦貞厲,月幾望,君子征,凶。'師古曰:"小畜上九爻辭也。幾,音鉅依反。"言君弱而婦彊,爲陰所乘,則月並出。晦而月見西方謂之'朓',朔而月見東方謂之'仄慝'。孟康曰:"'朓'者,月行疾在日前,故早見。'仄慝'者,行遲在日後,當没而更見。"師古曰:"朓,音吐了反。"[一]仄慝則侯王其肅,朓則侯王其舒。"

〔一〕錢大昕云:"周禮疏引尚書五行傳作'側匿'。"(廿二史考異卷三漢書二五行志下之下)王先謙云:"'匿'正字,'慝'借字,

亦作‘縮朒’。說文：‘晦而月見西方謂之“朓”。朔而月見東
方謂之“縮朒”。’‘側’與‘縮’，‘匿’與‘朒’，聲近義同。”（漢
書補注卷二十七五行志第七下之下）

劉向以爲：“‘朓’者，疾也。君舒緩則臣驕慢，故日
行遲而月行疾也。〔一〕‘仄慝’者，不進之意。君肅急則
臣恐懼，故日行疾而月行遲，不敢迫近君也。不舒不急，
以正失之者，食朔日。”

〔一〕王先謙云：“後漢盧植傳植封事云：‘五行傳曰：“日晦而月見
謂之‘朓’，王侯其舒。”此謂君政舒緩，故日食晦也。’與向説
同。”（漢書補注卷二十七五行志第七下之下）

劉歆以爲：“‘舒’者，侯王展意顓事，臣下促急，故
月行疾也。〔一〕‘肅’者，王侯縮朒不任事，服虔曰：“朒，
音‘忸怩’之‘忸’。”鄭氏曰：“不任事之貌也。”師古曰：“朒，音女
六反。”臣下弛縱，故月行遲也。師古曰：“弛，放也，音式爾
反。”〔二〕當春秋時，侯王率多縮朒不任事，故食二日仄慝
者十八，食晦日朓者一，此其效也。”

〔一〕王先謙云：“後書鄭興傳興疏云：‘夫日月交會，數應在朔。而
頃年日食，每多在晦。先時而合，皆月行疾也。日，君象；而
月，臣象。君亢急，則臣下促迫，故行疾也。’與歆説同。”（漢
書補注卷二十七五行志第七下之下）

〔二〕“弛”，同“弛”。説文弓部云：“弛，弓解弦也。”段注云：“‘弦’
字各本無，今補。引申爲凡‘懈廢’之稱。”（説文解字注十二
篇下）“師古”至“爾反”，北監本、殿本無此注十字。

考之漢家，食晦朓者三十六，終亡二日仄慝者，歆説

信矣。此皆謂 “日月亂行” 者也。〔一〕

〔一〕“日月亂行”，參見本書五行志下之上第四十條。

5.95　元帝 永光元年四月，日色青白，亡景，韋昭曰：“日下無
景也。無景，謂唯質見耳。” 正中時有景亡光。韋昭曰：“無光
曜也。” 是夏寒，至九月，日乃有光。〔一〕

〔一〕王先謙云：“元紀不載，亦見劉向傳。”（漢書補注卷二十七五
　　行志第七下之下）

　　京房易傳曰：“美不上人，茲謂上弱；厥異日白，七
日不溫。順亡所制，茲謂弱；孟康曰：“君順從於臣下，無所能
制。”日白六十日，物亡霜而死。天子親伐，茲謂不知；日
白，體動而寒。弱而有任，茲謂不亡；日白不溫，明不動。
辟嘗公行，〔一〕茲謂不伸；孟康曰：“辟，君也。有過而公行之。”
厥異日黑，大風起，天無雲，日光晻。師古曰：“晻，與‘闇’
同也。”〔二〕不難上政，茲謂見過；日黑居仄，大如彈丸。”

〔一〕“嘗”原作“譽”，形近而譌，建安本、大德本、崇正本、汪本、北
　　監本、毛本、殿本、局本、王本同，今據蔡本、鷺洲本、點校本改。
　　楊樹達云：“‘譽’當作‘嘗’。‘嘗’與‘愆’同。”（漢書窺管卷
　　三五行志第七下之下）　軍案：楊説是也。

〔二〕“同”下“也”字，殿本無。

5.96　成帝 河平元年正月壬寅朔，日月俱在營室，時日
出赤。二月癸未，日朝赤，且入又赤，夜月赤。甲申，日
出赤如血，亡光，漏上四刻半，乃頗有光，燭地赤黄，食

後乃復。

　　京房易傳曰："辟不聞道,茲謂亡;厥異日赤。"

5.97　三月乙未,日出黃,有黑氣大如錢,居日中央。

　　京房易傳曰："祭天不順,茲謂逆;厥異日赤,其中黑。聞善不予,茲謂失知;厥異日黃。夫大人者,與天地合其德,與日月合其明。故聖王在上,總命羣賢,以亮天功,師古曰:"虞書舜典:'帝曰:"咨! 二十有二人,欽哉! 惟時亮天功。"'謂敕六官、十二牧、四嶽,〔一〕令各敬其職事,信定其功,順天道也。故志引之。"則日之光明,五色備具,燭燿亡主;有主則爲異,應行而變也。色不虛改,形不虛毀,觀日之五變,足以監矣。故曰:'縣象著明莫大乎日月。'〔二〕此之謂也。"〔三〕

〔一〕"六",建安本、蔡本、鷺洲本、大德本、毛本、局本、王本、點校本同;崇正本、汪本、北監本、殿本作"九",非是。王先謙云:"官本注'六'作'九',是。"(漢書補注卷二十七五行志第七下之下)　軍案:王說誤也。尚書舜典孔安國傳云:"禹、垂、益、伯夷、夔、龍六人新命有職,四嶽、十二牧,凡二十二人,特敕命之。"孔穎達疏云:"帝既命用衆官,乃總戒敕之曰:'咨嗟! 汝新命六人,及四嶽、十二牧,凡二十有二人,汝各當敬其職事哉! 惟是汝等敬事,則信實能立天下之功。天下之功,成王在於汝,可得不敬之哉!'據上文'詢於四嶽','咨! 十有二牧',及新命六官等,適滿二十二人,謂此也。其稷、契、皋陶、殳斯、伯與、朱虎、熊羆七人仍舊,故不須敕命之。嶽、牧亦應是舊

而救命之者,嶽、牧外内之官,常所諮詢,故亦救之。"(尚書正
義卷三)

〔二〕"縣象"至"日月",周易繫辭上文,孔穎達疏云:"謂日月中
時,遍照天下,無幽不燭也。"(周易正義卷七)

〔三〕王先謙云:"以上‘日月亂行’。‘日光有異’附見。又哀
帝元壽元年,月行失道,見李尋傳,志不載。"(漢書補注卷
二十七五行志第七下之下)

5.98 嚴公七年"四月辛卯夜,恒星不見。夜中,星隕如
雨"。〔一〕

〔一〕莊七年公羊傳云:"‘如雨’者,非雨也。非雨則曷爲謂之‘如
雨’? 不修春秋曰:‘雨星不及地尺而復。’君子修之曰:‘星霣
如雨。’何以書? 記異也。"

　　董仲舒、劉向以爲:"常星,二十八宿者,〔一〕人君之
象也;衆星,萬民之類也。列宿不見,象諸侯微也;衆星
隕墜,民失其所也。‘夜中’者,爲中國也。不及地而復,
象齊桓起而救存之也。鄉亡桓公,星遂至地,中國其良絶
矣。"師古曰:"鄉,讀曰‘嚮’。中國,中夏之國也。良,猶‘信’也。"

〔一〕葉德輝云:"穀梁莊七年傳范甯注引劉向曰:‘隕者,象諸侯
隕墜,失其所也。又中夜而隕者,象不終其性命,中道而落。’
文與此向説同,惟董説‘夜中’爲異,故下重言‘劉向以爲’云
云。"(見漢書補注卷二十七五行志第七下之下)

　　劉向以爲:"‘夜中’者,言不得終性命,中道敗也。
或曰:‘象其叛也。言當中道,叛其上也。’天垂象以視

下,師古曰:“視,讀曰‘示’。”將欲人君防惡遠非,慎卑省微,以自全安也。師古曰:“遠,離也。省,視。”〔一〕如人君有賢明之材,畏天威命,若高宗謀祖己,師古曰:“謂殷之武丁有雉雊之異,而祖己訓諸王,作高宗肜日、高宗之訓。”成王泣金縢,師古曰:“武王有疾,周公作金縢之書爲王請命,王翌日乃瘳。後武王崩,成王即位,管、蔡流言,而周公居東。天大雷電以風,〔二〕禾盡偃,大木斯拔。王啟金縢,乃得周公代武王之說。王執書以泣,遣使者逆公。〔三〕王出郊,天乃雨,反風,禾則盡起。”改過修正,立信布德,存亡繼絕,修廢舉逸,下學而上達,師古曰:“下學,謂博謀於羣下也。上達,謂通於天道而畏威。”〔四〕裁什一之稅,復三日之役,師古曰:“古之田租,十稅其一,一歲役兆庶不過三日也。”節用儉服,以惠百姓,則諸侯懷德,士民歸仁,災消而福興矣。遂莫肯改寤,法則古人,而各行其私意,終於君臣乖離,上下交怨。自是之後,齊、宋之君弒,師古曰:“莊八年,齊無知弒其君諸兒;十二年,宋萬弒其君捷也。”譚、遂、邢、衞之國滅,師古曰:“十年,齊侯滅譚;十三年,齊人滅遂;閔二年,狄人入衞;僖二十五年,衞侯燬滅邢。”宿遷於宋,師古曰:“莊十年,宋人遷宿,蓋取其地也。宿國,東平無鹽縣是。”〔五〕蔡獲於楚,師古曰:“莊十年,荊敗蔡師于莘,〔六〕以蔡侯獻舞歸也。”〔七〕晉相弒殺,五世乃定,師古曰:“謂殺奚齊、卓子及懷公也。自獻公以至文公反國,凡易五君乃定。”此其效也。”

〔一〕殿本“離”下無“也”字,“視”下有“也”字。

〔二〕“雷”上原無“大”字,今據諸本、尚書金縢補。

〔三〕“逆”,迎也。

〔四〕“下學而上達”，論語憲問篇文。周壽昌云：“論語鄭氏曰：‘下學人事，上知天命。’顏注云‘下學，謂博謀於輩下也’，則以‘下’爲‘不恥下問’之‘下’；‘上達，謂通於天道而畏威’，則加入‘畏天命’意，與論語本旨不合。”（漢書注校補卷二十五行志第七下之下）　軍案：周氏引“下學”至“天命”八字，乃何晏論語集解引孔安國注，“鄭氏曰”當作“孔氏曰”。

〔五〕“是”下，建安本、蔡本、鷺洲本、殿本有“也”字。

〔六〕“荆”，諸本同，莊十年春秋經同，左氏傳作“楚”。莊十年左氏經杜注云：“荆，楚本號，後改爲‘楚’。楚辟陋在夷，於此始通上國，然告命之辭猶未合典禮，故不稱將帥。莘，蔡地。”孔疏云：“荆、楚一木二名，故以爲國號亦得二名。終莊公之世，經皆書‘荆’。僖之元年，乃書‘楚人伐鄭’，蓋於爾時始改爲‘楚’，以後常稱‘楚’也。他國雖將有尊卑，師有多少，或稱師，或稱將，不得直書國名，史之書策承彼告辭。此直稱國，知其告命之辭未合典禮，故不稱將帥也。”（春秋左傳正義卷八）

〔七〕“獻舞”，諸本同，莊十年左氏、公羊經、傳同，穀梁經作“獻武”。

左氏傳曰：“‘恒星不見’，夜明也。‘星隕如雨’，與雨偕也。”

劉歆以爲：“晝象中國，夜象夷狄。夜明，故常見之星皆不見，象中國微也。‘星隕如雨’，如，而也。星隕而且雨，故曰‘與雨偕’也。〔一〕明‘雨’與‘星隕’兩變相成也。洪範曰：‘庶民惟星。’易曰：‘雷雨作，解。’師古曰：“解卦象辭也。”是歲，歲在玄枵，齊分壄也。夜中而星隕，象庶民中離上也。雨以解過施，復從上下，象齊桓行伯，復興周室也。師古曰：“伯，讀曰‘霸’。”〔二〕周四月，夏二月也，日在降婁，魯分壄也。先是，衞侯朔奔齊，衞公子黔牟立，齊帥諸侯伐之，天子使使救衞。師古曰：“已解於上。”〔三〕魯公子溺顓政，〔四〕會齊以犯王命。師古曰：“溺，魯大夫名也。莊三年，‘溺會齊師伐衞’。疾其專命，故貶而去族。〔五〕天子救衞，而溺伐之，故云‘犯王命’。”嚴弗能止，卒從而伐衞，逐天王所立，師古曰：“謂放黔牟也。”不義至甚，而自以爲功。民去其上，〔六〕政繇下作，師古曰：“繇，讀與‘由’同。次下亦同。”〔七〕尤著，〔八〕故星隕於魯，天事常象也。”〔九〕

〔一〕葉德輝云：“公羊傳云：‘“如雨”者，非雨也。’又云：‘不修春秋曰“雨星”，則是無雨也。’穀梁傳亦云：‘其隕也如雨。’均與左傳異義。劉歆古文學，故與左傳同。”（見漢書補注卷二十七五行志第七下之下）

〔二〕“師古”至“曰霸”，北監本、殿本無此注七字。

〔三〕見本書五行志下之上第十一條、五行志下之下第三條。

〔四〕“顓”，建安本、蔡本、鷺洲本、大德本、崇正本、汪本、北監本、殿本同，毛本、局本、王本、點校本改作“專”。“顓”、“專”字同，此不必改。師古漢書注屢云：“顓，與‘專’同。”如五行志上第二十五條、第五十一條，五行志中之上第二十七條、第六十二條皆是。

〔五〕“貶”，汪本作“販”；“去”，大德本、汪本作“云”，皆形近而譌。朱一新云：“汪本‘貶’誤作‘販’，‘去’誤作‘云’。”（漢書管

見卷三五行志下之下）　軍案：朱説是也。又案：莊三年春秋
云：“溺會齊師伐衞。”杜注云：“溺，魯大夫。疾其專命而行，
故去氏。”孔疏云：“隱四年：‘翬會宋公、陳侯、蔡人、衞人伐
鄭。’傳曰：‘羽父請以師會之，公弗許，固請而行，故書曰“翬
帥師”，疾之也。’彼不稱‘公子’，傳言‘疾之’。今溺亦不稱
‘公子’，傳亦言‘疾之’，知其事與翬同，疾其專命而行，故‘去
氏’也。‘公子’非氏，貶與氏同，故言‘氏’也。”（春秋左傳正
義卷八）

〔六〕“民”，建安本、蔡本、鷺洲本、崇正本、汪本、北監本、殿本、點校
本同；大德本、毛本、局本、王本作“名”，非是。葉德輝云：“宋
本‘名’作‘民’，德藩本亦作‘民’。”（見漢書補注卷二十七五
行志第七下之下）

〔七〕“師古”至“亦同”，北監本、殿本無此注十二字。

〔八〕朱一新云：“尤，過也。‘尤著’者，言其過甚著也。”（漢書管見
卷三五行志下之下）楊樹達云：“‘尤著’當與‘民去其上，政繇
下作’連讀，猶上文云‘不義至甚’也。朱以‘尤著’二字爲一
句，訓‘尤’爲‘過’，非也。”（漢書窺管卷三五行志第七下之
下）　軍案：楊説是也。

〔九〕臧琳云：“董、劉以‘常星’爲二十八宿，人君之象。穀梁集解
引鄭康成云：‘衆星，列宿，諸侯之象。“不見”者，是諸侯棄
天子禮義法度也。’與董、劉合。何氏以‘列星’爲常，以時列
見；范氏以經‘星’爲常列宿，皆隨文立解，蓋不知‘常星’即
二十八宿也。左氏‘夜明’之文，當從劉子駿以爲‘象中國
微’。杜云‘蓋時無雲，日光不以昏没’，非也。子政説此經言

詳理精，可爲人君炯鑒。後之君子采此以爲規諫，未必無補
云。”（經義雜記卷十“恒星不見”條）

5.99 成帝永始二年二月癸未，夜過中，星隕如雨，長一二
丈，繹繹未至地滅，師古曰：“繹繹，光采貌。”至雞鳴止。

　　谷永對曰：“日月星辰燭臨下土，其有食隕之異，則
遒邁幽隱靡不咸睹。星辰附離于天，猶庶民附離王者
也。王者失道，綱紀廢頓，下將叛去，故星叛天而隕，以
見其象。春秋記異，星隕最大，自魯嚴以來，至今再見。
臣聞三代所以喪亡者，皆繇婦人羣小，湛湎於酒。師古
曰：“湛，讀曰‘沈’，又讀曰‘耽’。其下亦同。”書云：‘乃用其婦
人之言，四方之逋逃多罪，是信是使。’師古曰：“周書泰誓
也。〔一〕言紂惑於妲己，而昵近亡逃罪人，信用之。”詩曰：‘赫赫
宗周，褒姒威之。’師古曰：“小雅正月之詩也。已解於上。〔二〕
威，音許悦反。”‘顛覆厥德，荒湛于酒。’〔三〕師古曰：“大雅抑
之詩也。刺王傾敗其德，荒廢政事而耽酒。”及秦所以二世而亡
者，養生大奢，奉終大厚。〔四〕方今國家兼而有之，社稷
宗廟之大憂也。”

〔一〕錢大昭云：“此牧誓文也，志及谷永傳注師古並以爲泰誓，疑
　　誤。”（漢書辨疑卷十三五行志下之下）　軍案：史記卷四周本
　　紀云：“十一年十二月戊午，師畢渡盟津。武王乃作太誓，告于
　　衆庶：‘今殷王紂乃用其婦人之言，自絕于天，毀壞其三正。’”
　　則司馬遷以“乃用其婦人之言”云云爲泰誓文。

〔二〕見本書五行志下之上第四十五條。

〔三〕“湛”原作“沈”，諸本同，今據詩大雅抑篇改。朱一新云：
　　“‘沈’當作‘湛’。師古上文注云：‘湛，讀曰“沈”。其下亦
　　同。’正謂此‘湛’字也。今作‘沈’者，後人誤改。”（漢書管
　　見卷三五行志下之下）　軍案：朱説是也。
〔四〕“大奢”、“大厚”，諸本同，漢書卷八十五谷永傳作“泰奢”、“泰
　　厚”。“大”、“泰”皆讀爲“太”。

　　京房易傳曰：“君不任賢，厥妖天雨星。”

5.100 文公十四年“七月，有星孛入于北斗”。〔一〕

〔一〕文十四年春秋杜注云：“孛，彗也。既見而移入北斗，
　　非常所有，故書之。”孔疏云：“公羊傳曰：‘“孛”者何？彗星也。其言
　　“入于北斗”何？北斗有中也。何以書？記異也。’穀梁傳曰：
　　‘“孛”之爲言猶“茀”也。其曰“入北斗”，斗有環域也。’釋天
　　云：‘彗星爲欃槍。’郭璞曰：‘妖星也，亦謂之“孛”，言其形孛
　　孛似掃彗也。’經言‘入於北斗’，則從他處而入，是‘既見而移
　　入北斗’也。彗星長，有尾入於北斗杓中。妖星非常所有，故
　　書。”（春秋左傳正義卷十九下）

　　董仲舒以爲：“‘孛’者，惡氣之所生也。謂之‘孛’
　　者，言其孛孛有所防蔽，闇亂不明之貌也。北斗，大國
　　象。後齊、宋、魯、莒、晉皆弑君。”師古曰：“文十四年，齊公
　　子商人弑其君舍；十六年，宋人弑其君杵臼；十八年，襄仲殺惡及
　　視，莒弑其君庶其；宣二年，晉趙穿攻靈公於桃園。”

　　劉向以爲：“君臣亂於朝，政令虧於外，則上濁三光
　　之精，五星赢縮，〔一〕變色逆行，甚則爲孛。北斗，人君

象；孛星，亂臣類，篡殺之表也。星傳曰：‘魁者，貴人之牢。’〔二〕又曰：‘孛星見北斗中，大臣諸侯有受誅者。’一曰：‘魁爲齊、晉。夫彗星較然在北斗中，天之視人顯矣，師古曰：“視，讀曰‘示’。”史之有占明矣，時君終不改寤。是後，宋、魯、莒、晉、鄭、陳六國咸弑其君，師古曰：“宋、魯、莒、晉，已解於上。〔三〕宣四年，鄭公子歸生弑其君夷；十年，陳夏徵舒弑其君平國。”齊再弑焉。師古曰：“‘再弑’者，謂商人殺舍，〔四〕而閻職等又殺商人。”〔五〕中國既亂，夷狄並侵，兵革從橫，楚乘威席勝，深入諸夏，師古曰：“謂邲戰之後。”六侵伐，師古曰：“謂宣十二年春，楚子圍鄭；夏，與晉師戰于邲，晉師敗績；十三年，楚子伐宋；十四年，楚子圍宋；成二年，楚師侵衞，遂侵魯師于蜀；成六年，楚公子嬰齊帥師伐鄭。”一滅國，師古曰：“謂宣十二年，楚子滅蕭。”觀兵周室。師古曰：“已解於上。”〔六〕晉外滅二國，師古曰：“謂宣十五年，晉滅赤狄潞氏；十六年，滅赤狄甲氏也。”内敗王師，師古曰：“謂成元年，晉敗王師于貿戎，是也。”又連三國之兵大敗齊師于鞌，師古曰：“謂成二年，晉郤克會魯季孫行父、衞孫良夫、曹公子首，及齊侯戰于鞌，齊師敗績。鞌，齊地。”追亡逐北，東臨海水，師古曰：“謂逐之，三周華不注，〔七〕又從之入自丘輿，擊馬陘，〔八〕東至海濱也。”威陵京師，武折大齊。皆孛星炎之所及，流至二十八年。’〔九〕師古曰：“炎，音弋贍反。其下並同。”星傳又曰：‘彗星入北斗，有大戰。其流入北斗中，得名人；孟康曰：“謂得名臣也。”不入，失名人。’宋華元，賢名大夫。大棘之戰，華元獲於鄭，師古曰：“宣二年，宋華元帥師及鄭公子歸生戰于大棘，宋師敗績,獲華元。大棘,宋地。"〔一〇〕傳舉其效云。"

〔一〕"贏",建安本、蔡本、鷺洲本、汪本、北監本、毛本、殿本、局本、王本、點校本作"贏",大德本、崇正本作"贏"。作"贏"、"贏"者,皆"盈"之假借字;作"贏"者,乃形近而譌。

〔二〕王先謙云:"天理四星在斗魁中,爲貴人之牢。詳天文志。"（漢書補注卷二十七五行志第七下之下）

〔三〕見本條上段師古注。

〔四〕"商",建安本、蔡本、鷺洲本、大德本、崇正本、汪本、北監本、殿本、點校本同;毛本、局本、王本作"向",形近而譌。王先謙云:"官本'向'作'商',是。"（漢書補注卷二十七五行志第七下之下）

〔五〕"閻"原作"聞",形近而譌,今據諸本改。

〔六〕參見本卷第十三條。沈家本云:"上文宣公八年'七月甲子,日有食之'下云:'楚乘弱橫行,八年之間,六侵伐而一滅國,伐陸渾戎,觀兵周室。'按:其文與此大同,而師古注'六侵伐',前則舉宣八年以前事,此則舉宣十二年以後事,何也?竊謂:文十四年'孛入北斗',以叔服之言爲允。"（漢書瑣言卷六漢書三五行志）

〔七〕成二年左傳杜注云:"華不注,山名。"（春秋左傳正義卷二十五）

〔八〕成二年左傳杜注云:"丘輿、馬陘,皆齊邑。"（同上）

〔九〕錢大昭云:"'炎'與'焱'同。後'流炎'、'芒炎'放此。"（漢書辨疑卷十三五行志下之下）朱一新云:"謂自文十四年星孛之時,至成六年楚公子嬰齊帥師伐鄭,適得'二十八年'也。"

（漢書管見卷三五行志下之下）

〔一〇〕宣二年春秋杜注云："大棘在陳留襄邑縣南。"（春秋左傳
　　　正義卷二十一）

　　左氏傳曰："有星孛入于北斗。〔一〕周史服曰：〔二〕
'不出七年，宋、齊、晉之君皆將死亂。'"師古曰："史服，周
内史叔服也。"

〔一〕"入于"二字原無，諸本同，今據文十四年左傳補。

〔二〕"史服"，文十四年左傳作"内史叔服"。

　　劉歆以爲："北斗有環域，四星入其中也。斗，天之
三辰，綱紀星也。宋、齊、晉，天子方伯，中國綱紀。彗，
所以除舊布新也。斗七星，故曰'不出七年'。至十六
年，宋人弒昭公；師古曰："即杵臼。"十八年，齊人弒懿公；
師古曰："即商人。"宣公二年，晉趙穿弒靈公。"〔一〕

〔一〕文十四年左傳杜注云："後三年，宋弒昭公；五年，齊弒懿公；
　　　七年，晉弒靈公。史服但言事徵，而不論其占，固非末學所得
　　　詳言。"（見春秋左傳正義卷十九下）　軍案：杜注乃用劉歆
　　　説。梁履繩云："五行志載董仲舒、劉向説及星傳，俱與歆不
　　　合。杜氏未敢謂然，故云'非末學所得詳言'也。"（左通補
　　　釋卷十）

5.101　昭公十七年"冬，有星孛于大辰"。

　　董仲舒以爲："大辰，心也。心爲明堂，〔一〕天子之
象。後王室大亂，三王分爭，此其效也。"師古曰："三王，已
解於上。"〔二〕

〔一〕"爲"，建安本、蔡本、鷺洲本、大德本、崇正本、汪本、北監本、
　　殿本、點校本同；毛本、局本、王本作"在"，非是。王先謙云：
　　"官本'在'作'爲'，是。"（漢書補注卷二十七五行志第七
　　下之下）

〔二〕見本書五行志中之上第二十六條。

　　劉向以爲："星傳曰：'心，大星，天王也。其前星，
太子；後星，庶子也。尾爲君臣乖離。'孛星加心，象天
子適庶將分爭也。師古曰："適，讀曰'嫡'。"〔一〕其在諸侯，
角、亢、氐，陳、鄭也；房、心，宋也。後五年，周景王崩，王
室亂，大夫劉子、單子立王猛，尹氏、召伯、毛伯立子朝。
子朝，楚出也。師古曰："姊妹之子曰'出'。"〔二〕時楚彊，宋、
衛、陳、鄭皆南附楚。王猛既卒，敬王即位，子朝入王城，
天王居狄泉，莫之敢納。五年，楚平王居卒，子朝奔楚，
王室乃定。後楚帥六國伐吳，吳敗之于雞父，殺獲其君
臣。師古曰："昭二十三年，楚薳越帥師，〔三〕及頓、胡、沈、蔡、陳、
許之師，與吳師戰于雞父，楚師敗績，胡子髡、沈子逞滅，〔四〕獲陳大
夫夏齧。雞父，楚地也。父，讀曰'甫'。"蔡怨楚而滅沈，楚怒，
圍蔡。吳人救之，遂爲柏舉之戰，敗楚師，屠郢都，妻昭
王母，鞭平王墓。師古曰："沈，楚之與國。定四年四月，蔡公
孫姓帥師滅沈，以沈子嘉歸。秋，楚爲沈故圍蔡。冬，吳興師以救
之，與楚戰于柏舉，楚師敗績。庚辰，吳入郢，君舍乎君室，大夫舍
乎大夫室，妻楚王之母，撻平王之墓也。"此皆孛彗流炎所及之
效也。"

〔一〕"師古"至"曰嫡"，北監本、殿本無此注七字。

〔二〕釋名卷三釋親屬云:“姊妹之子曰‘出’,出嫁於異姓而生之也。”

〔三〕“越”原作“姓”,今據諸本、昭二十三年左傳改。

〔四〕“髡”,北監本、殿本作“鬈”,非是。昭二十三年春秋杜注云:“國雖存,君死曰‘滅’。”孔疏云:“公羊傳曰:‘君死於位曰“滅”。’其意言本國雖存,其君見殺,與滅國相類,據君身言之謂之‘滅’。”(春秋左傳正義卷五十)

左氏傳曰:“有星孛于大辰,西及漢。申繻曰:‘彗,所以除舊布新也,師古曰:“申繻,〔一〕魯大夫。”天事恒象。今除於火,火出必布焉。諸侯其有火災乎?’梓慎曰:‘往年吾見,是其徵也。火出而見,今茲火出而章,必火,入而伏,〔二〕其居火也久矣,其與不然乎?火出,於夏爲三月,於商爲四月,於周爲五月。夏數得天,若火作,其四國當之,在宋、衞、陳、鄭乎?宋,大辰之虛;陳,太昊之虛;鄭,祝融之虛:師古曰:“虛,讀皆曰‘墟’。其下並同。”皆火房也。星孛及漢;〔三〕漢,水祥也。衞,顓頊之虛,其星爲大水。水,火之牡也。張晏曰:“水以天一爲地二牡。丙與午,南方,火也;子及壬,北方,水也,又其配合。”〔四〕其以丙子若壬午作乎?水、火所以合也。若火入而伏,必以壬午,不過見之月。’”明年“夏五月,火始昏見,丙子風。梓慎曰:‘是謂融風,火之始也。張晏曰:“融風,立春木風也,火之母也,火所始生也。淮南子曰:‘東北曰炎風。’高誘以爲:‘艮氣所生也。炎風一曰融風。’”〔五〕七日其火作乎?’張晏曰:“自丙子至壬午凡七日,既其配合之日,又火以七爲紀。”戊寅風甚,

壬午太甚,師古曰:"'太甚'者,又更甚也。"宋、衛、陳、鄭皆火"。〔六〕

〔一〕"繻"原作"須",建安本、蔡本、鷺洲本、大德本、崇正本、汪本、毛本、局本同,今據北監本、殿本、王本、點校本改。

〔二〕臧琳云:"左傳昭十七年杜注:'隨火行也。'正義曰:'服虔注本"火出而章,必火,火入而伏",重"火"別句。孫毓云:"賈氏舊文無重'火'字。"'案:當從服子慎本,有重"火"字爲是。梓慎以火、彗之隱、顯占諸侯之有災。下云:'其居火也久矣,其與不然乎?'言彗星隨火行已二年矣,諸侯之有火災,必然而無疑也。若此作'必火入而伏'爲'火星入而彗伏',則下文'其與不然'何所指乎?賈景伯不重'火'字,與漢志同,疑當以'必火'句,'入而伏'句。審注義,知杜氏五字一句讀,恐非。"(經義雜記卷十六"必火,火入而伏"條)　軍案:臧說是也。

〔三〕朱一新云:"今本左傳作'天漢'者,非。阮元云:'宋本左傳"天"作"及"。'"(漢書管見卷三五行志下之下)

〔四〕參見本書五行志上第十六條。

〔五〕"東北曰炎風",淮南子墜形訓文,高誘注云:"艮氣所生。一曰融風也。"

〔六〕參見本書五行志上第十七條。

劉歆以爲:"大辰,房、心、尾也。八月,心星在西方,孛從其西過心東及漢也。宋,大辰虛,謂宋先祖掌祀大辰星也;陳,太昊虛,虙羲木德,火所生也;師古曰:"虙,讀與'伏'同。"〔一〕鄭,祝融虛,高辛氏火正也:故皆爲火所

舍。衞，顓頊虛，星爲大水，營室也。天星既然，又四國
失政相似，及爲王室亂皆同。”

〔一〕“與”原作“曰”，今據建安本、蔡本、鷺洲本、大德本、崇正本、
　　汪本、毛本、殿本、局本、王本、點校本改。“師古”至“伏同”，
　　北監本無此注八字，殿本、點校本此注在上文“木德”下。

5.102　哀公十三年“冬十一月，有星孛于東方”。

　　董仲舒、劉向以爲：“不言宿名者，不加宿也。孟康
曰：“不在二十八宿之中也。”以辰乘日而出，亂氣蔽君明也。
明年，春秋事終。一曰：‘周之十一月，夏九月，日在氐。
出東方者，軫、角、亢也。軫，楚；角、亢，陳、鄭也。’或
曰：‘角、亢大國象，爲齊、晉也。’其後，楚滅陳，師古曰：
“襄十七年，楚公孫朝帥師滅陳也。”田氏篡齊，師古曰：“齊平公
十三年，春秋之傳終矣。平公二十五年卒。〔一〕卒後七十年，而康
公爲田和所滅。”六卿分晉，師古曰：“晉出公八年，春秋之傳終
矣。出公十七年卒。卒後八十年，至靜公爲韓、魏、趙所滅，〔二〕而
三分其地。蓋晉之衰也，六卿擅權，其後范氏、中行氏、智氏滅，而
韓、魏、趙兼其土田人衆，故總言‘六卿分晉’也。”此其效也。”

〔一〕“平”原作“至”，今據諸本改。

〔二〕“靜”，北監本、殿本作“靖”。王先謙云：“官本注‘靜’作
　　‘靖’，是。”（漢書補注卷三五行志下之下）　軍案：王説不確。
　　“靜”、“靖”字通，此不必改。古文苑卷五載劉歆遂初賦云：
　　“憐後君之寄寓兮，唁靖公於銅鞮。”章樵注云：“靖公，晉之末
　　君。三卿分晉，靖公寄寓於銅鞮，降爲家人，故憐而弔之。”

劉歆以爲：“孛東方大辰也。不言大辰，旦而見，與日爭光，星入而彗猶見。是歲再失閏，十一月實八月也。日在鶉火，周分野也。”

5.103 十四年“冬，有星孛”，在獲麟後。

劉歆以爲：“不言所在，官失之也。”〔一〕

〔一〕哀十四年春秋杜注云：“不言所在，史失之。”（春秋左傳正義卷五十九）　軍案：杜注乃用劉説。

5.104 高帝三年七月，有星孛于大角，旬餘乃入。〔一〕

〔一〕文見漢書卷一上高帝紀上，無“旬餘乃入”四字。彼文李奇注云：“孛，彗類也，是謂妖星，所以除舊布新也。”

劉向以爲：“是時，項羽爲楚王，伯諸侯，師古曰：“伯，讀曰‘霸’。”〔一〕而漢已定三秦，〔二〕與羽相距滎陽，〔三〕天下歸心於漢，楚將滅，故彗除王位也。一曰：‘項羽阬秦卒，〔四〕燒宮室，弑義帝，亂王位，故彗加之也。’”

〔一〕“師古”至“曰霸”，北監本、殿本無此注七字。

〔二〕漢書卷一上高帝紀上應劭注云：“章邯爲雍王，司馬欣爲塞王，董翳爲翟王，分王秦地，故曰‘三秦’。”

〔三〕“滎”原作“熒”，大德本同，建安本作“榮”，皆形近而譌，今據蔡本、鷺洲本、崇正本、汪本、北監本、毛本、殿本、局本、王本、點校本改。

〔四〕“阬”，同“坑”。

5.105 文帝後七年九月,有星孛于西方,〔一〕其本直尾、箕,末指虛、危,長丈餘,及天漢,十六日不見。

〔一〕文見漢書卷五景帝紀。

劉向以爲:"尾,宋地,今楚彭城也。箕爲燕,又爲吳、越、齊。宿在漢中,負海之國水澤地也。是時,景帝新立,信用鼂錯,將誅正諸侯王,其象先見。後三年,吳、楚、四齊與趙七國舉兵反,師古曰:"四齊,膠東、膠西、菑川、濟南也。"〔一〕皆誅滅云。"

〔一〕參見本書五行志下之上第三十七條。

5.106 武帝建元六年六月,有星孛于北方。〔一〕

〔一〕朱一新云:"此事武紀不載。"（漢書管見卷三五行志下之下）

劉向以爲:"明年,淮南王安入朝,與太尉武安侯田蚡有邪謀,而陳皇后驕恣。其後,陳后廢,而淮南王反,誅。"

5.107 八月,長星出于東方,長終天,〔一〕三十日去。

〔一〕漢書卷六武帝紀載此事作"秋八月,有星孛于東方,長竟天",其下文"元光元年"臣瓚注云:"以長星見,故爲'元光'。"又,卷四文帝紀云:"八年夏,有長星出于東方。"文穎注云:"孛、彗、長三星,其占略同,然其形象小異。孛星光芒短,其光四出蓬蓬孛孛也。彗星光芒長,參參如埽彗。長星光芒有一直指,或竟天,或十丈,或三丈,或二丈,無常也。大法,孛、彗星多爲除舊布新、火災,長星多爲兵革事。"

占曰："是爲蚩尤旗,見則王者征伐四方。"其後,兵
誅四夷,連數十年。

5.108 元狩四年四月,長星又出西北。

是時,伐胡尤甚。〔一〕

〔一〕漢書卷六武帝紀云:"元狩四年夏,有長星出于西北。大將軍
衞青將四將軍出定襄,將軍去病出代,各將五萬騎。步兵踵
軍後數十萬人。青至幕北圍單于,斬首萬九千級,至闐顔山乃
還。去病與左賢王戰,斬獲首虜七萬餘級,封狼居胥山迺還。
兩軍戰士死者數萬人。前將軍廣、後將軍食其皆後期,廣自
殺,食其贖死。"

5.109 元封元年五月,〔一〕有星孛于東井,又孛于三台。

〔一〕朱一新云:"武紀作'秋'。"(漢書管見卷三五行志下之下)

其後,江充作亂,京師紛然。此明東井、三台爲秦
地效也。

5.110 宣帝地節元年正月,有星孛于西方,〔一〕去太白
二丈所。

〔一〕文見漢書卷八宣帝紀。

劉向以爲:"太白爲大將,彗孛加之,掃滅象也。明
年,大將軍霍光薨;後二年,家夷滅。"

5.111 成帝建始元年正月,有星孛于營室,〔一〕青白色,長

六七丈,廣尺餘。

〔一〕文見漢書卷十成帝紀。

　　劉向、谷永以爲:"營室爲後宮懷任之象,〔一〕彗星加之,將有害懷任、絕繼嗣者。一曰:'後宮將受害也。'其後,許皇后坐祝詛後宮懷任者廢。〔二〕趙皇后立妹爲昭儀,害兩皇子,上遂無嗣。趙后姊妹卒皆伏辜。"

〔一〕"任",建安本、蔡本、鷺洲本、大德本、崇正本、汪本、毛本、局本、王本同;北監本、殿本作"姙",非是,下同。王先謙云:"官本'任'作'姙',下同。'姙'俗字,當作'任'。"(漢書補注卷二十七五行志第七下之下)

〔二〕"任"原作"姙",建安本、蔡本、鷺洲本、大德本、崇正本、汪本、北監本、毛本、殿本、局本、王本同,今據點校本改。

5.112 元延元年七月辛未,有星孛于東井,〔一〕踐五諸侯,孟康曰:"五諸侯,星名。"出河戌北率行軒轅、太微,〔二〕後日六度有餘,晨出東方。十三日夕見西方,犯次妃、長秋、斗、填,蠢炎再貫紫宮中。〔三〕大火當後,達天河,除於妃后之域。南逝度犯大角、攝提,至天市而按節徐行,服虔曰:"謂行遲。"炎入市,中旬而後西去,五十六日與倉龍俱伏。

〔一〕文見漢書卷十成帝紀。

〔二〕"戌"原作"戒",蔡本、鷺洲本作"戊",皆形近而譌,今據建安本、大德本、崇正本、汪本、北監本、毛本、殿本、局本、王本、點校本改。

〔三〕王先謙云："‘長秋’見百官表,此謂皇后星位也。天文志:‘中宮後句四星,末大星,正妃;餘三星,後宮之屬也。’天官書索隱引援神契云:‘辰極橫后妃,四星從。’禮檀弓鄭注:‘后妃四星,其一明者爲正妃,餘三小者爲次妃。’言孛星犯次妃、長秋,又犯北斗,又犯填星,再貫紫宮。次妃、長秋在紫宮中,故此云‘再貫’也。‘蠭’,與‘鋒’同,見藝文志及各傳注。‘炎’,俗作‘餤’。‘鋒炎’,猶下言‘芒炎’矣也。"(漢書補注卷二十七五行志第七下之下)

谷永對曰:"上古以來,大亂之極,所希有也。察其馳騁驟步,芒炎或長或短,所歷奸犯,師古曰:"奸,音干。"內爲後宮女妾之害,外爲諸夏叛逆之禍。"〔一〕

〔一〕王先謙云："此永傳所謂‘七月辛未,彗星橫天’也。杜鄴傳云:‘永言彗星之占語,在五行志。’即此內有二句,轉不如本傳之詳。"(漢書補注卷二十七五行志第七下之下)

劉向亦曰:"三代之亡,攝提易方;秦、項之滅,星孛大角。"

是歲,趙昭儀害兩皇子。後五年,成帝崩,昭儀自殺。哀帝即位,趙氏皆免官爵,徙遼西。哀帝亡嗣。平帝即位,王莽用事,追廢成帝趙皇后、哀帝傅皇后,皆自殺。外家丁、傅皆免官爵,徙合浦,歸故郡。平帝亡嗣,莽遂簒國。

5.113 釐公十六年"正月戊申朔,隕石于宋五。是月,六鶂退飛過宋都"。〔一〕

〔一〕“隕”，左氏、穀梁同，公羊作“霣”。僖十六年左氏經杜注云：“隕，落也。聞其‘隕’，視之‘石’，數之‘五’，各隨其聞見先後而記之。是月，隕石之月。重言‘是月’，嫌同日。鶂，水鳥，高飛遇風而退，宋人以爲災，告於諸侯，故書。”陸氏釋文云：“鶂，五歷反，本或作‘鷊’，音同。”孔疏云：“‘隕，落’，釋詁文。公羊傳曰：‘曷爲先言“霣”而後言“石”？“霣石”記聞，聞其磌然，視之則“石”，察之則“五”。’是‘隨聞見先後而記之’也。‘石隕’、‘鶂退’俱是宋事，事相類而同時告，故‘重言“是月”，嫌同日’也。告者不以‘鶂退’之日告，故言‘是月’以異之。”（春秋左傳正義卷十四）　軍案：説文鳥部有“鷊”字，無“鶂”字。“鷊”、“鶂”字同，今字多作“鶂”。

董仲舒、劉向以爲：“象宋襄公欲行伯道，將自敗之戒也。師古曰：“伯，讀曰‘霸’。”〔一〕‘石’，陰類；‘五’，陽數。自上而隕，此陰而陽行，欲高反下也。石與金同類，色以白爲主，近白祥也。‘鷊’，水鳥；‘六’，陰數；‘退飛’，欲進反退也。其色青，青祥也，屬於‘貌之不恭’。天戒若曰：‘德薄國小，勿持炕陽。欲長諸侯，與彊大爭，必受其害。’襄公不寤，明年齊桓死，〔二〕伐齊喪，師古曰：“僖十七年，齊桓公卒。十八年，宋襄公以諸侯伐齊。”〔三〕執滕子，圍曹，師古曰：“十九年三月，宋人執滕子嬰齊；秋，宋人圍曹。”爲盂之會，與楚爭盟，卒爲所執。後得反國，師古曰：“二十一年春，爲鹿上之盟；秋，會于盂，於是楚執宋公以伐宋；冬，會于薄以釋之。鹿上、盂、薄，皆宋地。”〔四〕不悔過自責，復會諸侯伐鄭，與楚戰于泓，軍敗身傷，爲諸侯笑。”師古曰：“二十二年夏，宋公、

衛侯、許男、滕子伐鄭。十一月,宋公及楚人戰於泓,宋師敗績,〔五〕
公傷股,門官殲焉。〔六〕二十三年卒,傷於泓故也。泓,水名也,音
於宏反。"

〔一〕"師古"至"曰霸",北監本、殿本無此注七字。

〔二〕"桓",建安本、蔡本、鷺洲本、大德本、崇正本、汪本、北監本、
　　殿本同;毛本、局本、王本、點校本作"威",非是。王先謙云:
　　"官本'威'作'桓',下同。"(漢書補注卷二十七五行志第七
　　下之下)

〔三〕"伐",建安本作"代",形近而譌。

〔四〕僖二十一年春秋杜注云:"宋無德而爭盟,爲諸侯所疾。諸侯
　　既與楚共伐宋,宋服,故爲薄盟以釋之。"(見春秋左傳正義
　　卷十四)

〔五〕僖二十二年春秋杜注云:"宋伐鄭,楚救之,故戰也。楚告命,
　　不以主帥人數,故略稱'人'。"(見春秋左傳正義卷十五)

〔六〕僖二十二年左傳杜注云:"門官,守門者,師行則在君左右。
　　殲,盡也。"孔疏云:"此'門官',蓋亦天子虎賁氏之類,故在
　　國則守門,師行則在君左右。近公,故盡死也。'殲,盡',釋詁
　　文。舍人云:'殲,衆之盡也。'"(春秋左傳正義卷十五)

　　左氏傳曰:"'隕石',星也;'鶂退飛',風也。宋襄
公以問周内史叔興曰:'是何祥也?吉凶何在?'〔一〕對
曰:'今兹魯多大喪,明年齊有亂,師古曰:"今兹,謂此年。"
君將得諸侯而不終。'〔二〕退而告人曰:'是陰陽之事,非
吉凶之所生也。吉凶繇人,吾不敢逆君故也。'"〔三〕師古
曰:"繇,讀與'由'同。"〔四〕是歲,魯公子季友、鄫季姬、公

孫兹皆卒。師古曰："僖十六年三月,公子季友卒;四月,季姬卒;七月,[五]公孫兹卒。季姬,魯女適鄫者也。公孫兹,叔孫戴伯也。"明年,齊桓死,[六]適庶亂。師古曰："適,讀曰'嫡'。"[七]宋襄公伐齊行伯,卒爲楚所敗。師古曰:"已解於上。伯,讀曰'霸'。"[八]

〔一〕"何",諸本同,僖十六年左傳作"焉"。杜注云:"祥,吉凶之先見者。襄公以爲石隕、鶂退能爲禍福之始,故問其所在。"(見春秋左傳正義卷十四)

〔二〕僖十六年左傳杜注云:"魯喪、齊亂、宋襄公不終,別以政刑吉凶他占知之。"(同上)

〔三〕"繇",諸本同,僖十六年左傳作"由"。杜注云:"言石隕、鶂退,陰陽錯逆所爲,非人所生。叔興自以對非其實,恐爲有識所譏,故退而告人。積善餘慶,積惡餘殃,故曰'吉凶由人'。君問吉凶,不敢逆之,故假他占以對。"(同上)

〔四〕"師古"至"由同",北監本、殿本無此注八字。

〔五〕"七"原作"八",今據諸本、僖十六年春秋改。

〔六〕"桓",建安本、蔡本、鷺洲本、大德本、崇正本、汪本、北監本、殿本同;毛本、局本、王本、點校本作"威",非是。

〔七〕"師古"至"曰嫡",北監本、殿本無此注七字。

〔八〕"師古"至"曰霸",北監本、殿本無此注十一字。"已解於上",見本條上段。

劉歆以爲:"是歲,歲在壽星,其衝降婁。師古曰:"降,音户江反。"[一]降婁,魯分壄也,故爲魯多大喪。正月,日在星紀,厭在玄枵。玄枵,齊分壄也。石,山物;

齊,大嶽後。師古曰:"齊,姜姓也,其先爲堯之四嶽,四嶽分掌四方諸侯。"'五石',象齊桓卒而五公子作亂,〔二〕師古曰:"五公子,謂無虧也、元也、昭也、潘也、商人也。"故爲明年齊有亂。庶民惟星,隕於宋,象宋襄將得諸侯之衆,而治五公子之亂。星隕而鶂退飛,故爲得諸侯而不終。'六鶂',象後六年伯業始退,執於盂也。師古曰:"伯,讀曰'霸'。"〔三〕民反德爲亂,亂則妖災生,言吉凶繇人,然后陰陽衝厭受其咎。齊、魯之災非君所致,故曰'吾不敢逆君故也'。"

〔一〕"户",諸本作"胡"。

〔二〕"桓",建安本、蔡本、鷺洲本、大德本、崇正本、汪本、北監本、殿本同;毛本、局本、王本、點校本作"威",非是。

〔三〕"師古"至"曰霸",北監本、殿本無此注七字。

　　京房易傳曰:"距諫自彊,兹謂卻行;厥異鶂退飛。適當黜,則鶂退飛。"師古曰:"適,讀曰'嫡'。"

5.114 惠帝三年,隕石縣諸一。〔一〕師古曰:"縣諸,道也,屬天水郡也。"

〔一〕"一"原作"壹",建安本、蔡本、鷺洲本、大德本、崇正本、汪本、北監本、殿本同,今據毛本、局本、王本、點校本改。漢書卷二惠帝紀不載此文。

5.115 武帝征和四年二月丁酉,隕石雍二,〔一〕天晏亡雲,聲聞四百里。師古曰:"雍,扶風之縣也。晏,天清也。"

〔一〕文見漢書卷六武帝紀。

5.116 元帝建昭元年正月戊辰,隕石梁國六。〔一〕

〔一〕漢書卷九元帝紀不載此文。

5.117 成帝建始四年正月癸卯,隕石槀四,肥累一。〔一〕孟康曰:"皆縣名也,〔二〕故屬真定。"師古曰:"槀,音工老反。累,音力追反。"

〔一〕葉德輝云:"本紀不載。"(見漢書補注卷二十七五行志第七下之下)

〔二〕朱一新云:"汪本'縣'誤作'郡'。"(漢書管見卷三五行志下之下)

5.118 陽朔三年二月壬戌,〔一〕隕石白馬八。師古曰:"東郡之縣名。"

〔一〕朱一新云:"成紀作'三月'。"(漢書管見卷三五行志下之下)

5.119 鴻嘉二年五月癸未,隕石杜衍三。〔一〕師古曰:"南陽之縣名。"

〔一〕漢書卷十成帝紀不載此文,下同。王先謙云:"杜鄴傳:'谷永言隕石之占語,在五行志。'此未見。"(漢書補注卷二十七五行志第七下之下)

5.120 元延四年三月,隕石都關二。師古曰:"山陽之縣名。"

5.121 哀帝建平元年正月丁未,隕石北地十。^{〔一〕}

〔一〕漢書卷十一哀帝紀不載此文,下同。

5.122 其九月甲辰,隕石虞二。師古曰:"梁國之縣名。"

5.123 平帝元始二年六月,隕石鉅鹿二。^{〔一〕}

〔一〕漢書卷十二平帝紀不載此文。

5.124 自惠盡平,隕石凡十一,^{〔一〕}皆有光燿雷聲,成、哀尤屢。

〔一〕本卷自第一百一十四條至第一百二十三條,依時序記西漢"隕石凡十一"也。朱一新云:"隕石十一,惟征和四年、陽朔三年二者見於本紀,餘皆不載。"(漢書管見卷三五行志下之下)王先謙云:"以上'星辰逆行'。'星隕'、'隕石'附見。"(漢書補注卷二十七五行志第七下之下)

漢書五行志校疏參考文獻

一、經部著作

京氏易傳,漢京房撰,吳陸績注,四部叢刊(初編)影印明范欽校刻范氏二十一種奇書本

周易正義,魏王弼、晉韓康伯注,唐孔穎達等正義,影印清阮元校刻十三經注疏本,中華書局,一九八〇年

尚書大傳,漢伏勝傳,鄭玄注,清陳壽祺輯校,四部叢刊(初編)影印清嘉慶、道光間三山陳氏左海全集刻本

尚書大傳疏證,漢伏勝傳,鄭玄注,清皮錫瑞疏證,清光緒二十二年(一八九六)善化皮氏師伏堂叢書本

尚書正義,漢孔安國傳,唐孔穎達等正義,影印清阮元校刻十三經注疏本,中華書局,一九八〇年

古文尚書撰異,清段玉裁撰,續修四庫全書影印華東師範大學圖書館藏清乾隆、嘉慶間金壇段氏七葉衍祥堂刻本,上海古籍出版社,二〇〇二年

尚書今古文注疏,清孫星衍撰,陳抗、盛冬鈴點校,中華書局,一九八六年

汲冢周書,晉孔晁注,四部叢刊(初編)影印明嘉靖二十二年

（一五四三）四明章檗校刻本

毛詩正義，漢毛亨傳，鄭玄箋，唐孔穎達等正義，影印清阮元校刻十三經注疏本，中華書局，一九八〇年

周禮注疏，漢鄭玄注，唐賈公彥疏，影印清阮元校刻十三經注疏本，中華書局，一九八〇年

儀禮注疏，漢鄭玄注，唐賈公彥疏，影印清阮元校刻十三經注疏本，中華書局，一九八〇年

禮記正義，漢鄭玄注，唐孔穎達等正義，影印清阮元校刻十三經注疏本，中華書局，一九八〇年

春秋左傳正義，晉杜預注，唐孔穎達等正義，影印清阮元校刻十三經注疏本，中華書局，一九八〇年

春秋地名考略，清高士奇撰，景印文淵閣四庫全書本，臺灣商務印書館，一九八六年

左通補釋，清梁履繩撰，續修四庫全書影印清道光九年（一八二九）刻、光緒元年（一八七五）補修本，上海古籍出版社，二〇〇二年

春秋公羊傳注疏，漢何休注，唐徐彥疏，影印清阮元校刻十三經注疏本，中華書局，一九八〇年

公羊義疏，清陳立撰，劉尚慈點校，中華書局，二〇一七年

春秋穀梁傳注疏，晉范甯注，唐楊士勛疏，影印清阮元校刻十三經注疏本，中華書局，一九八〇年

春秋胡傳附錄纂疏，元汪克寬撰，景印文淵閣四庫全書本，臺灣商務印書館，一九八六年

論語義疏，魏何晏集解，梁皇侃義疏，清乾隆、嘉慶間長塘鮑

廷博刻知不足齋叢書本

　論語注疏，魏何晏集解，宋邢昺疏，影印清阮元校刻十三經注疏本，中華書局，一九八〇年

　孟子注疏，漢趙岐注，宋孫奭疏，影印清阮元校刻十三經注疏本，中華書局，一九八〇年

　經典釋文，唐陸德明撰，影印通志堂經解本，中華書局，一九八三年

　經典釋文，唐陸德明撰，影印北京圖書館藏宋刻宋元遞修本，上海古籍出版社，一九八五年

　經典釋文彙校，唐陸德明撰，黄焯彙校，中華書局，一九八〇年

　經義雜記校補，清臧琳撰，梅軍校補，中華書局，二〇二〇年

　九經古義，清惠棟撰，景印文淵閣四庫全書本，臺灣商務印書館，一九八六年

　十三經注疏校勘記，清阮元撰，清咸豐十年（一八六〇）補刻學海堂皇清經解本

　經傳釋詞，清王引之撰，高郵王氏四種之四，江蘇古籍出版社，二〇〇〇年

　説文解字繫傳，南唐徐鍇撰，影印清道光十九年（一八三九）壽陽祁寯藻刻本，中華書局，一九八七年

　説文解字注，漢許慎撰，清段玉裁注，影印清嘉慶二十年（一八一五）金壇段氏經韵樓刻本，上海古籍出版社，一九八一年

　説文解字羣經正字，清邵瑛撰，續修四庫全書影印華東師範大學圖書館藏民國六年（一九一七）邵啟賢影印清嘉慶二十一年（一八一六）桂隱書屋刻本，上海古籍出版社，二〇〇二年

釋名,漢劉熙撰,四部叢刊(初編)影印江南圖書館藏明翻宋書棚本

釋名疏證補,漢劉熙撰,清畢沅疏證,王先謙補,祝敏徹、孫玉文點校,中華書局,二〇〇八年

宋本玉篇,梁顧野王撰,影印清康熙四十三年(一七〇四)吳郡張士俊澤存堂刻本,中國書店,一九八三年

廣韻校本,周祖謨校,影印清康熙四十三年(一七〇四)吳郡張士俊澤存堂刻本,中華書局,二〇一一年

宋刻集韻,宋丁度等撰,影印北京圖書館藏宋刻本,中華書局,一九八九年

古今韻會舉要,元黃公紹、熊忠撰,中華再造善本叢書影印中國國家圖書館藏元刻本,北京圖書館出版社,二〇〇五年

隸釋,宋洪适撰,影印清同治十年(一八七一)洪氏晦木齋刻本,中華書局,一九八五年

二、史部著作

史記,漢司馬遷撰,南朝宋裴駰集解,唐司馬貞索隱,張守節正義,中華書局,一九八二年

史記志疑,清梁玉繩撰,中華書局,一九八一年

漢書,漢班固撰,唐顏師古注,中華再造善本叢書影印中國國家圖書館藏北宋刻遞修本,北京圖書館出版社,二〇〇三年

漢書,漢班固撰,唐顏師古注,中華再造善本叢書影印北京大學圖書館藏南宋慶元元年(一一九五)建安劉元起家塾刻本,北京

圖書館出版社,二〇〇六年

漢書,漢班固撰,唐顏師古注,中華再造善本叢書影印中國國家圖書館藏南宋嘉定間蔡琪家塾刻本,北京圖書館出版社,二〇〇三年

漢書,漢班固撰,唐顏師古注,中華再造善本叢書影印中國國家圖書館藏元至元二十一年(一二八四)白鷺洲書院刻本,北京圖書館出版社,二〇〇三年

漢書,漢班固撰,唐顏師古注,中華再造善本叢書影印中國國家圖書館藏元大德九年(一三〇五)太平路儒學刻明成化、正德遞修本,北京圖書館出版社,二〇〇五年

漢書,漢班固撰,唐顏師古注,美國哈佛大學漢和圖書館藏明嘉靖十六年(一五三七)廣東崇正書院刻本

漢書,漢班固撰,唐顏師古注,南京圖書館藏明嘉靖二十八年(一五四九)崇陽汪文盛刻本

漢書,漢班固撰,唐顏師古注,美國哈佛大學漢和圖書館藏明萬曆二十五年(一五九七)北京國子監刻本

漢書,漢班固撰,唐顏師古注,明崇禎十五年(一六四二)琴川毛晉汲古閣刻本

漢書,漢班固撰,唐顏師古注,清齊召南等考證,清光緒二十九年(一九〇三)五洲同文局石印清乾隆四年(一七三九)武英殿刻本

漢書,漢班固撰,唐顏師古注,四部叢刊(初編)影印常熟瞿氏鐵琴銅劍樓藏北宋刻遞修本

漢書,漢班固撰,唐顏師古注,中華書局,一九六二年

漢書考正，宋佚名撰，續修四庫全書影印南京圖書館藏清影鈔元至元三年（一二六六）余氏勤有堂刻本，上海古籍出版社，二〇〇二年（不分卷）

兩漢刊誤補遺，宋吳仁傑撰，清乾隆四十一年（一七七六）長塘鮑廷博輯知不足齋叢書刻本

兩漢訂誤，清陳景雲撰，二十四史訂補影印丙子叢編本，書目文獻出版社，一九九六年

前漢書注考證，清何若瑤撰，叢書集成新編影印清光緒二十年（一八九四）廣雅叢書本，新文豐出版公司，一九八五年

漢書辨疑，清錢大昭撰，續修四庫全書影印復旦大學圖書館藏清橋李沈濤刻銅熨斗齋叢書本，上海古籍出版社，二〇〇二年

漢書疏證，清佚名撰，續修四庫全書影印中國國家圖書館藏清鈔本，上海古籍出版社，二〇〇二年（二十七卷）

漢書疏證，清沈欽韓撰，續修四庫全書影印清光緒二十六年（一九〇〇）浙江官書局刻本，上海古籍出版社，二〇〇二年（三十六卷）

漢書注校補，清周壽昌撰，清光緒十年（一八八四）長沙周氏小對竹軒刻本

漢書瑣言，清沈家本撰，叢書集成三編影印民國歸安沈氏沈寄簃先生遺書刻諸史瑣言本，新文豐出版公司，一九九七年

漢書補注，清王先謙撰，續修四庫全書影印上海辭書出版社圖書館藏清光緒二十六年（一九〇〇）長沙王氏虛受堂刻本，上海古籍出版社，二〇〇二年

漢書管見，清朱一新撰，漢書研究文獻輯刊影印清光緒二十二

年（一八九六）順德龍氏葆真堂刻拙盦叢稿本，中國國家圖書館出版社，二〇〇八年

前漢書校勘札記，清劉光蕡等撰，漢書研究文獻輯刊影印清光緒二十三年（一八九七）陝甘味經刊書處刻本，中國國家圖書館出版社，二〇〇八年

漢書引經異文録證，清繆祐孫撰，四庫未收書輯刊第三輯影印清光緒十一年（一八八五）刻本，北京出版社，二〇〇〇年

百衲本漢書校勘記，張元濟撰，商務印書館，一九九七年

漢書窺管，楊樹達著，上海古籍出版社，二〇〇六年

漢書知意，劉咸炘著，推十書（增補全本）丙輯，上海科學技術文獻出版社，二〇〇九年

漢書新證，陳直著，天津人民出版社，二〇〇六年

漢書集釋，施之勉著，三民書局股份有限公司，二〇〇三年

漢書注商，吳恂著，上海古籍出版社，一九七九年

漢書五行志研究，蘇德昌著，"國立"臺灣大學出版中心，二〇一三年

後漢書，宋范曄撰，唐李賢等注，中華再造善本叢書影印中國國家圖書館藏北宋刻遞修本，北京圖書館出版社，二〇〇三年

後漢書，宋范曄撰，唐李賢等注，中華書局，一九六五年

晉書，唐房玄齡等撰，中華書局，一九七四年

宋書，梁沈約撰，中華書局，一九七四年

隋書，唐魏徵、令狐德棻等撰，中華書局，一九七三年

舊唐書，後晉劉昫等撰，中華書局，一九七五年

新唐書，宋歐陽修、宋祁等撰，中華書局，一九七五年

　　國語,吳韋昭注,中華再造善本叢書影印中國國家圖書館藏宋刻宋元遞修本,北京圖書館出版社,二〇〇六年

　　國語正義,清董增齡撰,續修四庫全書影印清光緒六年(一八八〇)會稽章壽康式訓堂刻本,上海古籍出版社,二〇〇二年

　　國語集解,徐元誥撰,王樹民、沈長雲點校,中華書局,二〇〇二年

　　戰國策集注匯考(增補本),諸祖耿著,鳳凰出版社,二〇〇八年

　　越絕書校釋,漢袁康撰,李步嘉校釋,武漢大學出版社,一九九二年

　　漢紀,漢荀悅撰,四部叢刊(初編)影印明嘉靖二十七年(一五四八)吳郡黃姬水刻本

　　漢紀,漢荀悅撰,張烈點校,中華書局,二〇〇二年

　　列女傳,漢劉向撰,四部叢刊(初編)影印長沙葉德輝觀古堂藏明刻本

　　水經注,北魏酈道元注,四部叢刊(初編)影印清武英殿聚珍版叢書本

　　水經注箋,明朱謀㙔撰,四庫未收書輯刊影印明萬曆四十三年(一六一五)李長庚刻本,北京出版社,二〇〇一年

　　合校水經注,北魏酈道元注,清王先謙校,影印清光緒十八年(一八九二)長沙思賢講舍刻本,中華書局,二〇〇九年

　　三輔黃圖,漢佚名撰,四部叢刊三編影印元刻本

　　長安志,宋宋敏求撰,景印文淵閣四庫全書本,臺灣商務印書館,一九八六年

　　路史,宋羅泌撰,景印文淵閣四庫全書本,臺灣商務印書館,

一九八六年

史通通釋,唐劉知幾撰,清浦起龍釋,上海古籍出版社,一九七八年

通志,宋鄭樵撰,影印民國二十四年(一九三五)商務印書館萬有文庫本,中華書局,一九八七年

西漢會要,宋徐天麟撰,中華再造善本叢書影印上海圖書館藏宋嘉定建寧郡齋刻元明遞修本,北京圖書館出版社,二〇〇四年

西漢會要,宋徐天麟撰,景印文淵閣四庫全書本,臺灣商務印書館,一九八六年

西漢會要,宋徐天麟撰,上海古籍出版社,二〇〇六年

文獻通考,宋馬端臨撰,上海師範大學古籍研究所、華東師範大學古籍研究所點校,中華書局,二〇一一年

十七史商榷,清王鳴盛撰,黃曙輝點校,上海古籍出版社,二〇一三年

廿二史劄記校證,清趙翼撰,王樹民校證,中華書局,一九八四年

廿二史考異(附三史拾遺、諸史拾遺),清錢大昕撰,方詩銘、周殿傑點校,上海古籍出版社,二〇〇四年

越縵堂讀史札記全編,清李慈銘撰,影印民國二十一年(一九三二)國立北平圖書館刊本,北京圖書館出版社,二〇〇三年

春秋歷學三種(春秋朔閏日至考、春秋朔閏表、春秋日食辨正),清王韜撰,中華書局,一九五九年

歷代日食考,朱文鑫著,商務印書館,一九三四年

中國天文學史,陳遵嬀著,上海人民出版社,二〇〇六年

春秋戰國秦漢朔閏表，饒尚寬編著，商務印書館，二〇〇六年

三、子部著作

呂氏春秋新校釋，戰國呂不韋撰，陳奇猷校釋，上海古籍出版社，二〇〇二年

春秋繁露，漢董仲舒撰，中華再造善本叢書影印中國國家圖書館藏南宋嘉定四年（一二一一）江右計臺刻本，北京圖書館出版社，二〇〇三年

淮南鴻烈集解，漢劉安撰，劉文典集解，馮逸、喬華點校，中華書局，一九八九年

説苑校證，漢劉向撰，向宗魯校證，中華書局，一九八七年

白虎通疏證，清陳立撰，吳則虞點校，中華書局，一九九四年

論衡校釋（附劉盼遂集解），黃暉撰，中華書局，一九九〇年

獨斷，漢蔡邕撰，四部叢刊三編影印常熟瞿氏鐵琴銅劍樓藏明弘治十六年（一五〇四）刻本，商務印書館，一九三六年

古今注，晉崔豹撰，四部叢刊三編影印宋刻本，商務印書館，一九三六年

搜神記，晉干寶撰，汪紹楹校注，中華書局，一九七九年

唐代四大類書，董治安主編，清華大學出版社，二〇〇三年

北堂書鈔，唐虞世南輯，清光緒十四年（一八八八）南海孔廣陶三十三萬卷堂校注重刻影宋鈔本

初學記，唐徐堅等撰，司義祖點校，中華書局，一九六二年

白氏六帖事類集，唐白居易撰，影印江安傅增湘舊藏南宋紹興

刻本，文物出版社，一九八七年（三十卷本）

開元占經，唐瞿曇悉達撰，景印文淵閣四庫全書本，臺灣商務印書館，一九八六年

太平御覽，宋李昉等撰，縮印商務印書館四部叢刊三編影宋本，中華書局，一九六〇年

記纂淵海，宋潘自牧撰，景印文淵閣四庫全書本，臺灣商務印書館，一九八六年

玉海，宋王應麟撰，影印清光緒九年（一八八三）浙江書局刻本，上海書店，一九八七年

丹鉛總録，明楊慎撰，景印文淵閣四庫全書本，臺灣商務印書館，一九八六年

七修類稿，明郎瑛撰，續修四庫全書影印明嘉靖刻本，上海古籍出版社，二〇〇二年

通雅，明方以智撰，景印文淵閣四庫全書本，臺灣商務印書館，一九八六年

日知録集釋，清顧炎武撰，黃汝成集釋，續修四庫全書影印清道光十四年（一八三四）嘉定黃氏西谿草廬刻本，上海古籍出版社，二〇〇二年

義門讀書記，清何焯撰，崔高維點校，中華書局，一九八七年

讀書雜志，清王念孫撰，高郵王氏四種之二，江蘇古籍出版社，二〇〇〇年

舒藝室隨筆，清張文虎撰，續修四庫全書影印清同治十三年（一八七四）刻本，上海古籍出版社，二〇〇二年

四、集部著作

文選,梁蕭統編,唐李善注,影印清胡克家重刻宋淳熙本,中華書局,一九七七年

六臣注文選,梁蕭統編,唐李善等注,四部叢刊(初編)影印上海涵芬樓藏宋刻本

古文苑,宋章樵注,中華再造善本叢書影印中国國家圖書館藏宋端平三年(一二三六)常州軍刻、淳祐六年(一二四六)盛如杞重修本,北京圖書館出版社,二〇〇三年

樂府詩集,宋郭茂倩編,中華書局,一九九八年